中西部地区农民集中居住过程中的文化适应研究（项目编号：13XSH031）
西北农林科技大学"仲英青年学者"项目（项目编号：2017001）

西北农林科技大学
农业与农村社会发展研究丛书

从村落共同体
到新型社区

中西部地区农民集中居住及其
文化适应

郭占锋 / 著

FROM VILLAGE
COMMUNITY
TO NEW COMMUNITY
Research On Farmers'
Acculturation of
Centralized Residence
In Midwest China

社会科学文献出版社
SOCIAL SCIENCES ACADEMIC PRESS(CHINA)

目录 CONTENTS

第一章　绪论 …………………………………………………………… 1

第二章　城镇化驱动型农民集中居住及其文化适应
　　　　——基于陕西省调研经验 ………………………………… 9

　第一节　研究现状与调查区域 …………………………………… 9

　第二节　失地农民集中居住状况与适应性调查——以陕西省杨区
　　　　　为例 …………………………………………………… 12

　第三节　小城镇型农民集中居住及其文化适应性研究——以陕西省
　　　　　邑县王家社区为例 …………………………………… 56

　第四节　小城镇型农民集中居住及其文化适应性研究——以陕西省
　　　　　邑县下西头村为例 …………………………………… 75

　第五节　灾害移民集中居住及其文化适应性研究——以陕西省阳县
　　　　　三镇为例 ……………………………………………… 98

　第六节　小结与讨论 …………………………………………… 133

第三章　产业支撑型农民集中居住及其文化适应
　　　　——基于四川省调研经验 ……………………………… 138

　第一节　四川省调研区域简介 ………………………………… 138

　第二节　产业支撑型农民集中居住及其文化适应性研究 …… 141

　第三节　农民集中居住后的文化适应过程 …………………… 149

　第四节　小结与讨论 …………………………………………… 181

1

第四章　产业依附型农民集中居住及其文化适应
——基于河南省调研经验 …… 186
第一节　河南省调研区域简介 …… 186
第二节　旅游产业依附型农民集中居住及其文化适应性研究——以河南省钢市张庄中心社区为例 …… 190
第三节　高新技术产业区依附型农民集中居住及其文化适应性研究——以河南省壁市旗县阳光社区为例 …… 233
第四节　讨论与启示 …… 253

第五章　就地城镇型农民集中居住及其文化适应
——基于山西省调研经验 …… 260
第一节　山西省调研背景简介 …… 260
第二节　就地城镇型农民集中居住及其文化适应性研究 …… 265
第三节　就地城镇型城镇化道路 …… 297
第四节　小结与讨论 …… 301

第六章　政策支持型农民集中居住及其文化适应
——基于甘肃省调研经验 …… 304
第一节　农民集中居住研究现状及调研区域简介 …… 304
第二节　资源枯竭型移民社区文化适应性研究——以甘肃省金市阿镇为例 …… 307
第三节　自然灾害型移民社区文化适应性研究——以甘肃省山县为例 …… 342
第四节　对比与总结 …… 372

第七章　结论与讨论 …… 377

致　谢 …… 379

附　录 …… 380

第一章 绪论

一 研究背景

近年来，在城乡统筹发展战略下，农民集中居住问题成为学术界的热点话题。自 2001 年以来，农民集中居住开始在经济发达的苏南地区推行并取得显著的成效。目前学界对农民集中居住问题的研究还比较少见，且现有内容多从农民集中居住的动力机制、功能、空间布局与居住模式、案例宣传等方面进行探讨。[1]

当前，一些学者认为，国家行政力量主导的村落合并，使农民在短时间内实现集中居住，这种巨变过程蕴含着巨大的冲突和风险，尤其在实施的过程中，地方政府往往仅从自身的利益考虑，以简单行政命令代替国家相关法律规定，没有充分考虑农民的意愿，造成很多严重隐患。[2] 也有学者认为，城郊的失地农民都是在被动城市化过程中逐步适应城市文化的非自愿移民，他们被迫迁移到新型农村社区，必然存在文化适应和角色转化问题。[3]

---

[1] 陈晓华、张小林：《城市化进程中农民居住集中的途径与驱动机制》，《特区经济》2006 年第 1 期，第 150—151 页。张东才、陈燕和：《试论农民集中居住》，《北方经贸》2009 年第 9 期，第 24—25 页。韩俊、秦中春等：《引导农民集中居住的探索与政策思考》，《中国土地》2007 年第 3 期，第 35—38 页。杨萍、朱建芬：《村庄变社区 农村变城镇的有益探索》，《小城镇建设》2004 年第 6 期，第 10—12 页。

[2] 郑风田、傅晋华：《农民集中居住：现状、问题与对策》，《农业经济问题》2007 年第 9 期，第 4—7 页。田毅鹏：《乡村"过疏化"背景下城乡一体化的两难》，《浙江学刊》2011 年第 5 期，第 31—35 页。

[3] 张海波、童星：《被动城市化群体城市适应性与现代性获得中的自我认同》，《社会学研究》2006 年第 2 期，第 86—106 页。施国庆：《非自愿移民：冲突与和谐》，《江苏社会科学》2005 年第 5 期，第 22—25 页。毛丹：《赋权、互动与认同：角色视角中的城郊农民市民化问题》，《社会学研究》2009 年第 4 期，第 28—60 页。

"文化适应"(acculturation)这一概念被国内学者引进后主要用于解释移民对新环境的适应问题。[①] 显然,农民搬进统一规划的集中居住区内,其居住方式、生产方式、生活方式以及社会交往方式都出现不同程度的变化,因此,他们会面临对新的生活环境的适应问题。如林聚任所说,农民集中化居住不仅使居住方式、生活方式、生产方式发生重大改变,而且使原有村落共同体迅速消解以及村庄组织形式与管理方式出现重组。[②] 叶继红对经济发达地区农民集中居住过程中的适应困境进行了探索,认为实质上是农民的文化适应问题。正是由于农民居住空间的变化,在某种程度上引发了原有生产方式、生活方式及社会交往方式的改变。[③] 当前,政府极力推行的农民集中居住其实就打破了农民原来沿袭了数千年的文化模式。因此,从一定程度上来说,农民集中居住过程中遭遇的核心问题就是文化适应问题。

纵观既有研究,仍然存在诸多不足:一是国内学术界对农民集中居住问题的研究才刚刚起步,而且仅有的研究多从政府(规划)的视角来研究农民集中居住问题,相对忽视农民主体的视角;二是当前的研究大多也局限在对农民集中居住的效果和功能的评价上,很少对农民集中居住后引发的利益冲突、资源支配机制变化等后续的许多社会问题进行跟踪研究;三是仅有研究都是基于经济相对发达的东部地区,对于经济欠发达的中西部地区农民集中居住问题,尤其是从居住区内农民微观日常生活角度出发,对农民集中居住过程中的文化适应研究显得非常薄弱,更是缺乏深入、系统的实证调查。

二 研究意义

农民集中居住是农村城镇化与城乡一体化发展的必然结果。农民集中居住将是一个长期的实践过程,也是探索一种新型农村社区的过程,对社

[①] 施国庆:《非自愿移民:冲突与和谐》,《江苏社会科学》2005年第5期,第22—25页。
叶继红:《农民集中居住、文化适应及其影响因素》,《社会科学》2011年第4期,第78—86页。
[②] 林聚任:《村庄合并与农村社区化发展》,《人文杂志》2012年第1期,第160—164页。
[③] 叶继红:《农民集中居住、文化适应及其影响因素》,《社会科学》2011年第4期,第78—86页。

会主义新农村建设有着重要的参考价值。本书从农民的视角出发，将农民这一主体在国家主导的农民集中居住实践过程中凸显出来。因为他们是参与其中的具体实践者，所以在居住状况发生了巨大转变之后，他们的主观体验是不容忽略的。本书通过农民对自身居住方式、生产方式、生活方式以及社会交往方式前后变化等比较，从文化适应的角度阐释当前经济欠发达的中西部地区农民集中居住过程中存在的主要问题，并尝试构建起相应的应对机制。

三　理论视角

"文化适应"这一概念的提出已有较长的历史，然而至今被广泛引用的是由人类学家雷德菲尔德（R. Redfield）、林顿（R. Linton）和赫斯科维茨（M. J. Herskovits）等人在1936年对这一概念所做的界定，他们认为"当不同文化群体的人们进行持续不断的直接接触时，一方或双方的原文化类型所产生的变化称为文化适应"。[①] 此外，近年来对文化适应进行了长期研究的是加拿大学者贝瑞（John W. Berry），其在研究中提出了文化适应参与者所采取的四种文化适应策略（acculturation strategies）：整合（integration）、同化（assimilation）、分离（separation/segregation）和边缘化（marginalization）。[②] "文化适应"这一概念所指涉的对象常常是两个族群之间的文化，有研究指出，跨文化适应的研究对象通常可以分为两类：一类为长期在某个社会文化中居留的非本土文化群体中的个体，如移民和难民等群体；另一类则是短期在某一社会文化中居留的非本土文化群体中的个体，如留学生、外交人员和商业人士等。[③] 从这个意义上来说，集中居住的农民可以说是从短期居留于某一文化向长期居留于某一文化转变，但国内对集中居住农民的文化适应进行的研究则比较少。国内稍早将"文化适应"这一概念引入集中居住农户研究中的是叶继红，他将移民文化适应

---

① R. Redfield, R. Linton, and M. J. Herskovits, "Memorandum for the study of Acculturation," *American Anthropologist* 38（1936）：149–152.
② John W. Berry. "Immigration, Acculturation, and Adaptation," *Applied Psychology* 46（2008）：10.
③ 陈慧、车宏生、朱敏：《跨文化适应影响因素研究评述》，《心理科学进展》2003年第11期，第704—780页。

定义为，"作为新移民的被征地农民迁入新型农村社区后在生产生活和行为方式上以及思想观念上进行的一系列调整和适应过程"。① 同时，其提出的失地农民文化适应模式是由物理适应、社会适应和观念适应构成的一个整体的适应系统。

在结合实地调查和已有研究的基础上，可以将集中居住农民的文化适应假设成一个过程。由于农户是从原来居住已久的农村搬入具有现代城市性质的集中居住社区居住，因此，集中居住农民的文化适应过程，实质上就是农民原来的乡土文化同现代性气息浓烈的城市文化之间的冲突碰撞和融合的过程。如图1-1所示，农民在集中居住之后，乡土文化和城市文化在集中居住社区中相遇，一般来说，两种文化由于彼此的异质性，在相遇之后极少情况下会直接融合，通常情况是，两种文化中有些要素相互融合从而实现适应，有些要素发生冲突。冲突发生后，两种文化若没有进行相应的调适，冲突就会继续下去，两种文化就极少可能出现融合。而在冲突发生后，如果两种文化实现了妥协，会进行相应的调适，或者是两种文化为了适应而共同进行调适，抑或者是一种文化单方面进行调适，单方面的调适可能是一方主动，也可能是因一方力量弱小、对方力量较强而被动调适。但是，总结起来说，如果调适成功，那么两种文化就会实现融合，从而实现对彼此的适应；而如果调适不成功，那么两种文化又会陷入冲突之中而进行另一轮的循环。值得注意的是，两种文化的冲突与融合发生在一定的场域中，调适过程也发生在一定的场域中，处于何种场域中，对于两

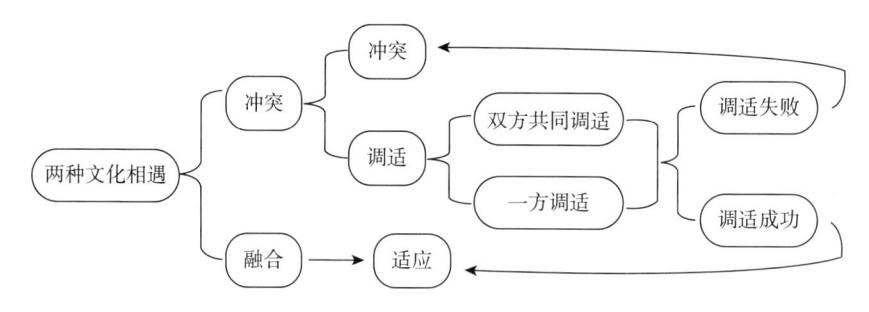

图1-1 集中居住社区农民文化适应

---

① 叶继红：《城市新移民的文化适应：以失地农民为例》，《天津社会科学》2010年第2期，第62—65页。

种文化的融合和适应也有着重要的影响。简单来说，集中居住社区农户参与的文化适应实质上是两种文化相互碰撞与融合的过程，在碰撞中调适，在调适中融合，在不断的循环中最终实现文化适应。

四　分析框架

本书将农民集中居住问题置于农民的视角下，主要从居住方式、生产方式、生活方式和社会交往方式四个层面了解农民自身对政府推动的农民集中居住这一实践过程的态度和看法，借用美国社会学家托马斯和波兰社会学家兹纳涅茨基的"生活研究法"（the life study method），让农民讲述自己在居住、生活、生产、社会交往四个层面的变化。此外，本书将"文化适应"作为分析概念贯穿到这四个层面中去，从而探究农民在集中居住过程中文化适应的良性运行规律，并尝试建立起相应的应对机制。

本书的逻辑结构如图 1-2 所示。

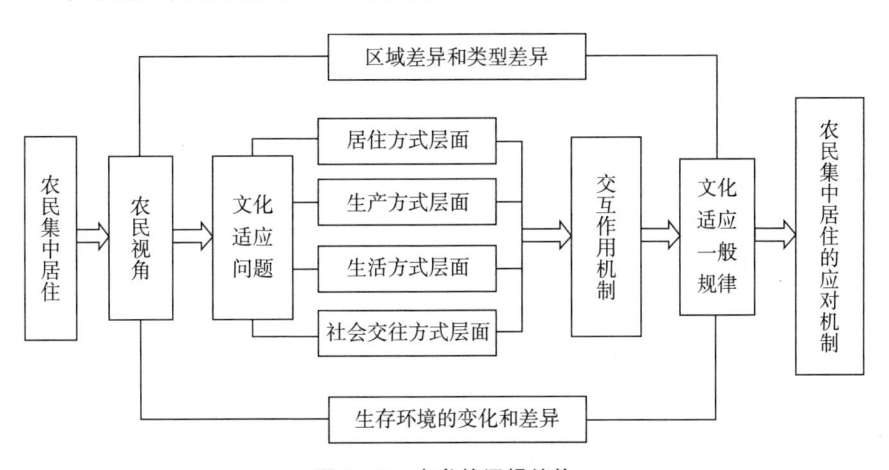

图 1-2　本书的逻辑结构

五　主要内容

目前农民集中居住区分为三种类型——城郊型小区、小城镇小区和中心村小区，本书从陕西省、河南省、甘肃省、四川省和山西省五个中西部省份中选取了若干不同类型的农民集中居住区，将居住区内足够数量的农民作为样本，主要从以下四个方面展开研究。

第一，通过调查不同类型农民集中居住区的发展历程与现状，对其变革机制与主导力量、土地资源利用方式、产业结构调整和农民身份转变等状况进行了对比分析。

第二，通过调查不同类型农民集中居住区内的不同年龄阶段农民对居住方式、生产方式、生活方式以及社会交往方式四个层面前后变化的看法和态度，旨在从农民视角来审视农民集中居住过程中的文化适应问题。

第三，调查不同类型农民集中居住区所在地的社会经济发展差异，并对比分析社会经济发展差异对不同农民集中居住区内农民文化适应的影响，为提出相应对策奠定基础。

第四，在城乡统筹发展战略下，本书对经济欠发达的中西部地区农民集中居住过程中的文化适应问题提出应对策略。

六 研究方法

区域比较视野下的典型个案研究。课题组从陕西省、山西省、河南省、甘肃省、四川省五个中西部省份中选取若干不同类型的典型农民集中居住社区展开深入的实地调查，充分了解其发展历程和现状，从整体上把握经济欠发达的中西部地区农民集中居住的总体概况和一般特征，并将之与经济发达的东部地区农民集中居住研究成果进行对应比较。

问卷调查法。课题组发放问卷 1980 份，收回有效问卷 1659 份。课题组进行实地调查，重点从文化适应角度了解中西部地区集中居住区内农民对居住方式、生产方式、生活方式和社会交往方式等变化的看法和态度，为研究提供实证支撑。

生活研究法（the life study method）。本课题组将在每个农民集中居住社区内选取不少于 50 个农户进行深度访谈，现共收集典型案例 90 个。主要让农民讲述自身生存环境变化之后的真实感受和印象深刻的事件，为建构以农民文化适应为视角的农民集中居住的政策安排提供印证性资料。

七 创新之处

其一，本书的主要创新之处是从农民视角去研究农民集中居住的文化适应状况，注重农民的主体能动性，突破了以往的研究窠臼，即只关注政府在农民集中居住过程中的作用，而忽视了农民这一重要主体。

其二，本书将"文化适应"作为理论分析工具，将农民集中居住看作农民适应一种新的文化生活方式,注重农民个体对生存环境改变之后的主观心理感受,进而探析解决农民集中居住问题的应对机制。

其三,本书在区域比较的视野下,既可呈现不同地域农民集中居住区的农民文化适应状况的差异性,也可呈现不同类型农民集中居住的文化适应状况及其发展的内在逻辑,从而能够在宏观层面上为构建农民集中居住的文化适应机制提供指导性意见,并能够为城乡统筹战略提出建议。

八 调查区域列表及基本情况简介

表1-1所示的是在城镇化背景下农民集中居住及其文化适应性研究在不同省份、不同地区问卷调查的情况。

表1-1 2013~2016年调查区域及基本情况简介

调查地点		调查时间	发放问卷数量(份)	回收问卷数量(份)	回收率(%)
陕西省	杨区	2013年7月12日~16日	250	245	98.0
	邑县	2013年8月25日~9月1日	200	196	98.0
	邑县	2016年6月29日~7月5日	170	162	95.3
	阳县	2013年8月20日~24日	130	130	100.0
河南省	钢市	2015年1月17日~23日	250	193	77.2
	壁市	2016年7月3日~8日	200	192	96.0
甘肃省	山县	2014年8月25日~31日	150	138	92.0
	金市	2016年7月3日~9日	200	200	100.0
四川省	江区	2014年7月16日~22日	210	204	97.1
山西省	谷县	2015年7月24日~29日	220	207	94.1

从表1-1中可以看出，此项调查主要集中在陕西省、河南省、甘肃省、四川省、山西省五个省份进行，并且在陕西省采用了三个不同地区的调查数据。2013年7月~2016年9月分别在陕西省杨区温馨小区、邑县郑镇王家社区、邑县张镇下西头村及阳县三镇，甘肃省山县关镇陈门新村和邓家堡及金市阿镇民意小区，河南省钢市张庄中心社区及壁市桥盟街道办阳光社区，山西省谷县朝阳社区，以及四川成市江区安镇复兴社区等地展开实地调查，累计调查农户1980户，有效问卷1659份，收集典型案例90个。这五个省份因其所处的地理位置、经济、文化等特征情况的代表性，所以能在较大程度上代表我国中西部地区的普遍情况。对中西部地区这五个省份的调查主要集中在2013~2016年，由此可看出，此项调查所取得的数据对于当前来说具有一定的时效性。在所有地区的调查中，共计发放调查问卷1980份，回收的调查问卷总数为1867份，问卷总体回收率达到了94%，而有效回收率也达到了84%。因此，在实际调查中不论是发放的问卷数量还是回收的有效问卷数量都已经达到了研究前期的基本设想和进行数据统计的基本要求。在各地区的调查中，发放的问卷调查数量均在100份以上，尤其在陕西省的杨区和邑县、河南省钢市、四川省江区和山西省谷县所调查的问卷数量已经超过200份，由此表明在各地区进行此项问卷调查所选取的样本数量较大，能够满足样本所应具有的代表性要求。各地区的问卷回收数量均在100份以上，且除了河南省钢市外，其余各地区问卷有效回收率均在90%以上，陕西省阳县和甘肃省金市的问卷回收率达到了100%。由此可见，此项问卷调查的问卷有效回收率较高，在较大程度上保证了此项问卷调查的有效性。

综上所述，此项在城镇化背景下开展的农民集中居住及其文化适应性研究，调查区域具有较强的代表性，从而保证了问卷调查所采用样本的代表性；调查时间距当前较近，保证了时效性；问卷发放数量多，保证了对调查问卷分析结果的准确性；较高的问卷回收率提高了问卷调查结果的正确性。因此，此项调查中所采用的问卷调查方法是较为成功的，其调查数据的分析结果也是可信的。

第二章 城镇化驱动型农民集中居住及其文化适应

——基于陕西省调研经验

第一节 研究现状与调查区域

一 农民集中居住研究现状

近年来，伴随城市化的推进，农民集中居住问题成为学术界的热点话题。通过征用土地、撤村建居，加速城市化和城郊农民市民化，是近年来一些经济发达地区的地方政府着力推动的一项社会工程。[1] 自 2001 年以来，农民集中居住开始在经济发达的苏南地区推行并取得显著的成效。苏南农村地区实施的"三集中"，是指工业向园区集中、农民向镇区集中、农业向规模集中。[2]

根据居民点距离城市中心区的远近，可以将农民集中居住区划分为城郊型小区、小城镇小区以及中心村小区三类。[3] 在主动或被动的转型中，城郊农村以土地、居住和农业生产集聚的方式改变了传统农村的经济社会结构。[4] 林聚任认为，村庄合并与农民集中化居住使其居住方式、生活方

---

[1] 毛丹：《赋权、互动与认同：角色视角中的城郊农民市民化问题》，《社会学研究》2009 年第 4 期，第 28—60 页。
[2] 洪银兴：《发展经济学与中国经济发展》（第二版），高等教育出版社，2005。
[3] 韩俊等：《引导农民集中居住的探索与政策思考》，《中国土地》2007 年第 3 期，第 35—38 页。
[4] 张建华：《城乡一体化进程中的新型城乡形态》，《农业经济问题》（月刊）2010 年第 12 期，第 12—17 页。

式、生产方式发生重大改变，原有村落共同体迅速消解以及村庄组织形式与管理方式出现重组，① 国家行政力量主导的村落合并，使农民在短时间内实现集中居住，这种巨变过程蕴含着巨大的冲突和风险。② 贾燕、李钢等人对农民集中居住前后福利状况变化进行了研究。③ 同样，毛丹用角色理论解释了失地农民在撤村建居中的市民化问题。④ 叶继红认为，农民集中居住就是把分散在农村居住的农民集中到新型社区居住，使他们过上类似城市人的生活，以达到城乡一体化，并对农民集中居住的文化适应问题进行探索。⑤ 从国内现有对于农民集中居住的研究来看，大部分学者从国家的视角来研究农民集中居住的功能、空间布局与集中安置模式等内容，而对于农民自身的生产、生活尤其是文化适应方面的研究相对较少。张海波、童星认为，失地农民是在被动城市化过程中逐步适应城市文化的；⑥ 施国庆也认为，城郊失地农民是非自愿移民，他们因政府征地而被迫迁移到新型农村社区，必然存在文化适应问题。⑦

二　陕西调研区域简介

陕西省调研区域基本情况如表2-1所示：

表2-1　陕西调研区域基本情况

调研区域	农民集中居住类型	区域概况	调研社区概况
陕西省杨区	城郊型失地农民集中居住	1997年设立了国家农业高新技术示范区。随后，该示范区经济快速发展，城市化步伐加快，使周边的农	温馨小区是杨区第一批农民进城安置小区，是由3个行政村搬迁安置而成，温馨小区

---

① 林聚任：《村庄合并与农村社区化发展》，《人文杂志》2012年第1期，第160—164页。
② 田毅鹏：《乡村"过疏化"背景下城乡一体化的两难》，《浙江学刊》2011年第5期，第31—35页。
③ 贾燕、李钢等：《农民集中居住前后福利状况变化研究》，《农业经济问题》2009年第2期，第92—96页。
④ 毛丹：《赋权、互动与认同：角色视角中的城郊农民市民化问题》，《社会学研究》2009年第4期，第28—60页。
⑤ 叶继红：《农民集中居住、文化适应及其影响因素》，《社会科学》2011年第4期，第78—86页。
⑥ 张海波、童星：《被动城市化群体城市适应性与现代性获得中的自我认同》，《社会学研究》2006年第2期，第86—106页。
⑦ 施国庆：《非自愿移民：冲突与和谐》，《江苏社会科学》2005年第5期，第22—25页。

第二章　城镇化驱动型农民集中居住及其文化适应

续表

调研区域	农民集中居住类型	区域概况	调研社区概况
		村不断被纳入城市规划当中，导致许多村庄"消失"，同时出现了许多政府主导的"失地农民安置小区"	占地面积158亩，居民楼34栋，1390套单元房，建筑面积约20万平方米。该小区从2009年12月开始建造，2010年7月竣工后农民入住，温馨小区现有人口4043人
陕西省邑县	小城镇型农民集中居住	邑县郑镇位于该县西部19公里处，镇域面积40平方公里，耕地总面积两万七千多亩，主导产业是苹果种植，面积为两万三千多亩。目前，已初步建成王家、李家、郑家三个村民居住小区，建成民宅360户、多层居民楼4栋168户、两层商住楼330间、综合服务中心1200平方米、果蔬批发市场1.1万平方米、中心幼儿园1100平方米，先后被授予省级卫生村、市级平安村、卫生村等称号	王家社区是郑镇的第一个新型社区，位于郑镇政府东南1.5公里处，共有120户王家人，其中，李家村有40户，郑家村有80户。下西头村距原底社区约1.5公里，现有土地总量约3700亩，其中耕地1996亩，苹果面积1700亩。一共有1356人，常住人口约1156人。经济来源主要是种植苹果，产值约为1900万元/年
陕西省汉中市	灾害移民集中居住	阳县位于陕、甘、川三省交界地带，东西长约75公里，南北约54公里，总面积2831平方公里。阳县山地面积占全县总面积的97.7%。全县行政区划分为18个镇183个村委会。全县总人口有20.25万人，其中农业人口有14.66万人，占总人口的72.4%。全县需实施整村异地搬迁人口共10352户40467人，其中因地质灾害易发需异地搬迁5182户20247人；因地理条件脆弱需搬迁3100户12140人；因洪涝灾害易发需搬迁1035户4040人；因对生态环境造成潜在威胁需搬迁1035户4040人，分布在全县18个镇171个村	果镇位于汉中市阳县城西部，总人口为12891人，镇域面积为218.46平方公里，耕地面积为30010亩。徐镇总人口数为12008人，总面积为228.3平方公里，其中耕地面积为23000亩。金镇总人口数为6882人，行政区划总面积为109平方公里，耕地资源总面积为18277亩

11

第二节　失地农民集中居住状况与适应性调查
——以陕西省杨区为例

一　概况

近年来，我国经济高速发展和城市化进程不断加快，政府征收农民土地的步伐也在不断加快，越来越多的农民离开曾经赖以生存的土地，进入开放的、商业化的集中居住社区。无论是在生活环境，还是生活方式，甚至是生活态度上，社区生活对失地农民来说无疑是一次翻天覆地的大改变，尤其是城乡生活差异和就业形势的改变使他们的生活方式发生了根本变化。这场突如其来的改变必然会在不同程度上影响着失地农民原有生活中的各种平衡，从而导致一些新问题的产生。许多学者认为城郊的失地农民都是在被动城市化过程中逐步适应城市文化的非自愿移民，他们被迫迁移到新型农村社区，必然存在文化适应和角色转化问题。[1] 从中国的现实情况来看，大多数失地农民并没有顺利实现身份转换，沦为了既无地可耕又无工可做的游民，成为影响社会稳定与和谐发展的隐患。[2] 村庄合并与农民集中化居住已经显然使其居住方式、生活方式、生产方式发生重大改变，原有村落共同体迅速消解以及村庄组织形式与管理方式出现重组。[3] 有学者对经济发达地区农民集中居住过程中的城市适应困境进行了探索，认为实质上是农民的文化适应问题。[4] 相对而言，学界对目前经济欠发达的西部地区城郊失地农民的城市适应问题研究较少。

自1997年国家在陕西省杨区设立了国家农业高新技术示范区之后，该

---

[1] 施国庆：《非自愿移民：冲突与和谐》，《江苏社会科学》2005年第5期，第22—25页。
张海波、童星：《被动城市化群体城市适应性与现代性获得中的自我认同——基于南京市561位失地农民的实证研究》，《社会学研究》2006年第2期，第86页。毛丹：《赋权、互动与认同：角色视角中的城郊农民市民化问题》，《社会学研究》2009年第4期，第28页。

[2] 刘晓霞、周军：《城镇化进程中失地农民"问题化"的成因分析》，《社会科学战线》2012年第5期，第164—168页。

[3] 林聚任：《村庄合并与农村社区化发展》，《人文杂志》2012年第1期，第160—164页。

[4] 叶继红：《农民集中居住、文化适应及其影响因素》，《社会科学》2011年第4期，第78—86页。

示范区在经济快速发展、城市化进程加快的同时，使周边的农村不断被纳入城市规划当中，导致许多村庄"消失"，与此同时也出现了许多政府主导的"失地农民安置小区"。温馨小区是杨区第一批农民进城安置小区，是由3个行政村搬迁安置而成，温馨小区占地面积158亩，居民楼有34栋，单元房有1390套，建筑面积约有20万平方米。该小区从2009年12月开始建造，2010年7月竣工后农民入住，温馨小区现有人口4043人。温馨小区是杨区失地农民生活方式转型的起点，亦是他们开始寻找新生计的起点。为了探究影响杨区失地农民集中居住状况与适应性的因素，并为加快失地农民对社区生活的适应，使之更好地适应社区化生活方式，融入城市化生活提出针对性的建议，对温馨小区失地农民集中居住状况与适应性进行了实地调查。

二 调查与分析

（一）基本信息

课题组于2013年7月12日到2013年7月16日，走访了陕西杨区温馨小区、景苑小区等300余户人家，共发放问卷250份，回收245份，有效问卷245份，回收率达98%。整个样本的基本情况如表2-2所示：

表2-2 调查对象的基本信息情况

		频数	百分比（%）	样本数
性别	男性	121	49.4	245
	女性	124	50.6	
年龄	20岁及以下	13	5.3	245
	21~30岁	36	14.7	
	31~40岁	41	16.7	
	41~50岁	39	15.9	
	50岁以上	116	47.3	
	均值	49	20.0	
学历	未上过学	32	13.1	245
	小学及以下	57	23.3	
	初中	84	34.3	
	高中	48	19.6	
	专科或大学	24	9.8	

续表

		频数	百分比（%）	样本数
家庭总人口数	2人及以下	11	4.5	245
	3~4人	119	48.6	
	5~6人	98	40.0	
	7人及以上	17	6.9	
劳动人口数	1人及以下	104	42.4	245
	2~3人	125	51.0	
	4人及以上	16	6.5	
失地前务农人数	1人及以下	94	38.4	245
	2~3人	130	53.1	
	4人及以上	21	8.6	
失地前土地资源耕地	有	228	93.1	245
	无	17	6.9	
宅基地	有	202	82.4	245
	无	43	17.6	
林地	有	16	6.5	245
	无	229	93.5	
草地	有	14	5.7	245
	无	231	94.3	
荒地	有	3	1.2	245
	无	242	98.8	
土地用途	商业用地	134	54.3	245
	工业用地	18	7.3	
	农业用地	7	2.9	
	公共用地	39	15.9	
	其他	10	4.1	
	不清楚	38	15.5	
原来宅基地面积	60~100m^2	10	4.1	245
	101~200m^2	115	46.9	
	201~300m^2	94	38.4	
	300m^{2}以上	26	10.6	

续表

		频数	百分比（%）	样本数
现在宅基地面积	60～100m²	26	10.6	245
	101～200m²	149	60.8	
	201～300m²	60	24.5	
	300m² 以上	10	4.1	
您对这种补偿标准如何看	非常满意	1	0.4	245
	满意	18	7.3	
	一般	47	19.2	
	不满意	132	54.3	
	非常不满意	46	18.8	
您愿意搬到社区来吗	非常愿意	4	1.6	245
	满意	30	12.2	
	一般	46	18.8	
	不愿意	125	51.4	
	非常不愿意	39	15.9	

从表2-2可以看出，调查对象年龄平均为49岁，36.4%被调查者的学历止步于小学，34.3%的学历为初中。42.4%的家庭劳动人口为1人以及以下，51.0%的搬迁家庭劳动人口为2～3人，劳动人口占家庭总人口的比例低下。38.4%的家庭失地前务农人口为1人及以下，53.1%的家庭失地前务农人口为2～3人。失地前拥有的土地资源，82.4%的家庭拥有宅基地，93.1%的家庭拥有耕地。54.3%的家庭的土地被政府用作商业用地，15.9%被用作公共用地。46.9%的家庭失地前宅基地面积在101～200平方米，而现在60.8%的家庭宅基地面积在这个区间。54.3%的家庭对政府补偿标准不满意，51.4%的家庭不愿搬进新社区。综上可以看出，失地农民在住房和补偿标准等居住情况上并不适应。

（二）生活方式变化

由祖祖辈辈居住的分散村落迁入人口集中的安置社区，失地农民的生活方式发生了极为显著的变化。失地前后农民收入来源分别见表2-3和表2-4。失地农民能否适应这些变化直接影响其在安置社区的生活质量。通过经济适应和心理适应两个维度可以去考察失地农民在生活方式方面的适应情况。经济适应在社会学中并没有专门的解释，笔者认为经济适应就是指个体对所处环境的经济相关变化（如收入、支出等）的适应程度。

表2-3 失地前的农民收入来源

	频数	百分比（%）	有效百分比（%）
务农	121	49.4	54.3
务工	89	36.3	39.9
个体工商经营	12	4.9	5.4
政府补贴	1	0.4	0.4
缺失	22	9.0	
合计	245	100.0	100.0

表2-4 失地后的农民收入来源

	频数	百分比（%）	有效百分比（%）
务农	12	4.9	5.6
务工	184	75.1	85.6
个体工商经营	14	5.7	6.5
政府补贴	5	2.0	2.3
缺失	30	12.2	
合计	245	100.0	100.0

通过表2-3和表2-4的数据，我们可以获得失地前后农民家庭收入来源的变化情况。失地前农民家庭收入来源于务农的有121户，占有效样本总量的54.3%。来源于务工的有89户，占有效样本总量的39.9%。来源于个体工商经营和政府补贴的共计13户，占有效样本总量的5.8%。失地后农民家庭收入来源于务农的有12户，占有效样本总量的5.6%。来源于务工的有184户，占有效样本总量的85.6%。来源于个体工商经营和政府补贴的共计有19户，占有效样本总量的8.8%。从总体来看，失地前，农民的家庭收入主要来源于务农，辅之以务工。失地后，农民的家庭收入主要就是依靠务工获得。

杨区位于关中平原地区，土壤肥沃，地形平坦，发展农业生产的自然条件优越,农耕历史悠久,且为我国当代农业发展的示范基地,农业科学技术较为发达,因此对于许多当地农民来说,农业就是家庭生活的支撑。失地前,当地农民主要种植玉米、小麦等粮食作物以及蔬菜,土地较多的农户除种植粮食和蔬菜之外,还会经营果园,农闲时在家附近打零工。总的来说,失地前大部分农民能在自给自足的情况下获得额外储蓄,整体生活水平较高。然而,迁入社区后农民失去土地,依靠农业生产维持家庭生活的传统模式被打破,失去经济来源的农民必须开始适应新的经济模式。为满足基本的生活需求,失地农民只能寻找别的谋生手段,如务工、从事个体经营等。

通过表2-5和表2-6的数据,我们可以得知失地前后,农民家庭年总收入的变化情况。失地前,家庭年总收入在0~5000元的有6人,占样本总量的2.4%;年总收入在5001~10000元的有49人,占样本总量的20%;年总收入在10001~20000元的有58人,占样本总量的23.7%;年总收入在20001~50000元的有54人,占样本总量的22%;年总收入大于50000元的有7人,占据样本总量的2.9%。失地后,居民的家庭年总收入在0~5000元的有6人,占样本总量的2.4%;年总收入在5001~10000元的有27人,占样本总量的11%;年总收入在10001~20000元的有41人,占样本总量的16.8%;年总收入在20001~50000元的有81人,占样本总量的33.1%;年总收入大于50000元的有13人,占样本总量的5.3%。

表2-5 失地前农民家庭年总收入

	频数	百分比(%)	有效百分比(%)
0~5000元	6	2.4	3.4
5001~10000元	49	20.0	28.2
10001~20000元	58	23.7	33.3
20001~50000元	54	22.0	31.0
50000元以上	7	2.9	4.0
缺失	71	29.0	
合计	245	100.0	100.0

比较分析可知,失地前后家庭年总收入在0~5000元和大于50000元的所占比例较小且变化不大。与失地前相比,失地后家庭年总收入在

5001~10000元的下降了9个百分点，年总收入在10001~20000元的下降了6.9个百分点，年总收入在20001~50000元的上升了11.1个百分点。这表明，与失地前相比较，部分居民现在的家庭年总收入有所增加。

表2-6 失地后农民家庭年总收入

	频数	百分比（%）	有效百分比（%）
0~5000元	6	2.4	3.6
5001~10000元	27	11.0	16.1
10001~20000元	41	16.8	24.4
20001~50000元	81	33.1	48.2
50000元以上	13	5.3	7.7
缺失	77	31.4	
合计	245	100.0	100.0

通过表2-7和表2-8的数据，我们可以得知失地前后农民的月支出变化情况。表2-7数据显示，失地前农民月生活支出在0~200元的有29户，占样本总量的11.8%；月支出在201~500元的有69户，占样本总量的28.2%；月支出在501~1000元的有67户，占样本总量的27.3%；月支出在1001~2000元的有10户，占样本总量的4.1%；月支出大于2000元的有3户，占样本总量的1.2%。表2-8数据显示，失地后的农民月生活支出在0~500元的有14户，占样本总量的5.7%；月支出在501~1000元的有64户，占样本总量的26.1%；月支出在1001~2000元的有74户，占样本总量的30.2%；月支出在2000元以上的有30人，占样本总量的12.2%。

表2-7 失地前农民家庭每月支出

	频数	百分比（%）	有效百分比（%）
0~200元	29	11.8	16.3
201~500元	69	28.2	38.8
501~1000元	67	27.3	37.6
1001~2000元	10	4.1	5.6
2000元以上	3	1.2	1.7

续表

	频数	百分比（%）	有效百分比（%）
缺失	67	27.3	
合计	245	100.0	100.0

表 2-8 失地后农民家庭每月支出

	频数	百分比（%）	有效百分比（%）
0~500 元	14	5.7	7.7
501~1000 元	64	26.1	35.2
1001~2000 元	74	30.2	40.7
2000 元以上	30	12.2	16.5
缺失	63	25.7	
合计	245	100.0	100.0

比较分析可知，与失地前相比，现在失地前农民的月生活支出在 0~500 元的下降了 34.3 个百分点，月支出在 501~1000 元的下降了 1.2 个百分点，月支出在 1001~2000 元的上升了 26.1 个百分点，月支出在 2000 元以上的上升了 11 个百分点。由此表明，搬入安置社区后，失地农民的生活成本均有所增加，其中大部分失地农民的增加幅度很大。

综合分析失地前后农民的家庭年总收入和月支出情况，结合访谈调查所得，我们获知搬入安置社区之后失地农民的生活支出大大增加，然而，家庭年总收入增加的则是少部分，且增幅远远低于生活支出增幅。部分家庭甚至会入不敷出，依靠政府的征地补偿勉强度日。这种情况在中老年人家庭体现得尤为明显。

（三）心理适应

心理适应指的是个体在进入一个全新环境时对新事物的认知、认同情况。从传统的村落进入安置社区，失地农民的生活环境发生了极为显著的变化。失地农民能否认同及能否主动去适应，直接影响着未来的生活质量。

通过表 2-9 和表 2-10 显示的数据，我们可以获得失地前后农民对市场的依赖程度变化情况以及因此引起的生活方式的变化情况。表 2-9 数据显示，失地前，农民每周外出购物 8 次以上的有 31 人，占样本总量的

12.7%；4~8次的有47人，占样本总量的19.2%；1~3次的有89人，占样本总量的36.3%；每周几乎不外出购物的有61人，占样本总量的24.9%。表2-10数据显示，每周外出购物5次以上的有131人，占样本总量的53.5%；3~5次的有31人，占样本总量的12.7%，即每周外出购物3次及以上的累计占样本总量的66.2%；2次及以下的有64人，占样本总量的26.2%。

表2-9　失地前每周外出购物的次数

	频数	百分比（%）	有效百分比（%）
8次以上	31	12.7	13.6
4~8次	47	19.2	20.6
1~3次	89	36.3	39.0
几乎不去	61	24.9	26.8
缺失	17	6.9	
合计	245	100.0	100.0

表2-10　失地后每周外出购物次数

	频数	百分比（%）	有效百分比（%）
5次以上	131	53.5	58.0
3~5次	31	12.7	13.7
1~2次	43	17.6	19.0
基本不购物	21	8.6	9.3
缺失	19	7.8	
合计	245	100.0	100.0

改革开放至今，我国商品经济高速发展，农业生产也逐步走上了商品化的道路。然而，对于西北的部分偏远地区而言，自给自足的小农经济模式在农民的生活中依然占据着尤为重要的地位，农民生活对市场的依赖程度较低。失地前，大部分农民家的粮食和蔬菜特别是食品方面主要来自自家土地。失地后，日常生活需要的粮食和蔬菜主要是从市场上购买。因而，为满足基本生活需求，失地农民的生活方式由先前的"足不出户"转变为现今的"至少2天去一次市场"。由农民到社区居民的转变，使农民

的生活不断趋于市场化和商品化。

在访谈中课题组发现,失地农民对这些变化的适应程度与农民失地前的生活方式有着极为密切的联系。对于那些失地前家庭生活所需食物主要依靠购买的居民来说,搬入社区后,市场距离大大缩短,外出购物更为便捷,他们对这一变化表示认同并能快速适应。对于失地前种植粮食和蔬菜的居民来说,现在每天不仅增加了生活的开销,还要来回奔波,他们心理上不适应也不愿意接受这一变化。特别是对于老年人来说,上下楼不便,适应起来就更为困难。王某,徐东湾人士,年近80岁,家住安置小区×栋7层。据邻居反映,老人不会也不愿使用电梯,上下主要靠楼梯,无论是上楼还是下楼都需要花费将近1个小时,因此只能平均1个月下1次楼,日常生活用品和食物主要依靠邻居和家人送到家里,也不能到楼下和老友聊天,生活极为不便。

(四) 生产方式变化

农业生产与工商业生产之间的工作方式以及对从业者的要求差别很大。农业生产对从业者的年龄、身体状况以及纪律性限制较少,而工商业以及服务业则要求时间和效率。因此,对生产方式转变的适应,主要是针对青壮年等适龄工作人员。对于大多数中老年人来说不存在生产方式转变方面适应的问题,他们主要依靠征地补偿以及政府补助勉强维持生活,但也不排除部分中老年人迫于生活压力勉强从事其能力之外的一些工作。

表2-11表明,失地前有45.1%的有效调查对象有固定工作,有54.9%的有效调查对象没有固定工作。

表2-11 失地前是否有固定工作

	频数	百分比(%)	有效百分比(%)
是	96	39.2	45.1
否	117	47.8	54.9
缺失	32	13.1	
合计	245	100.0	100.0

表2-12数据显示失地前农民大多在家务农,从事的其他工作集中在服务业。

表 2-12　失地前主要工作

	频数	百分比（%）	有效百分比（%）
务农	41	16.7	53.9
服务员	15	6.1	19.7
装修工	7	2.9	9.2
搬运工	2	0.8	2.6
夜市经营	2	0.8	2.6
司机	8	3.3	10.5
其他	1	0.4	1.3
缺失	169	69.0	
合计	245	100.0	100.0

注：缺失部分的169人包括失地前无工作的117人。

表2-13数据显示迁入安置社区后，有64位是有工作的。目前有工作的居民中从事服务员工作的有26人（基本上都是女性），占有效样本总量的40.6%。从事装修、搬运等体力工作的有20人，占有效样本总量的31.2%。

表 2-13　失地后主要工作

	频数	百分比（%）	有效百分比（%）
务农	8	3.3	12.5
服务员	26	10.6	40.6
装修工	13	5.3	20.3
搬运工	7	2.9	10.9
夜市经营	1	0.4	1.6
司机	8	3.3	12.5
其他	1	0.4	1.6
缺失	181	73.9	
合计	245	100.0	100.0

注：缺失部分的181人包括现在无工作的117人。

表2-14数据显示，已经实现就业的农民中，工作性质属于固定工作的有39人，占有效样本总量的37.9%，工作属于临时工作的有64人，占有效样本总量的62.1%。

表 2-14 现在的工作性质

	频数	百分比（%）	有效百分比（%）
固定工作	39	15.9	37.9
临时工作	64	26.1	62.1
缺失	142	58.0	
合计	245	100.0	100.0

注：缺失部分的142人，包括现在无工作的117人。

由以上数据，我们可以得知，在失去土地之前，农民的主要工作是从事农业生产，辅以工业生产。对于大部分农民来说，失地就等同于失业。失去土地之后除去极少数有剩余土地的从事农业生产的人之外，其余绝大部分都开始转向第二、第三产业实现就业。但是由于受到当地劳动力市场饱和情况以及自身能力等主客观方面因素的影响，失地后，农民的就业率并不高，已就业的农民从事的主要是服务业、装修、搬运、建筑业等只需要简单体力劳动的工作且大部分属于临时性工作。这类工作技术含量低，稳定性较差，替代性强，随时会面临失业的风险。部分工作危险系数较高，可能会危及生命安全。与此同时，工资水平较低、收入少，所以很难满足基本的生活需求。

表 2-15 数据显示，失地农民目前工作的获得方式多种多样，其中工作靠自己找到的有 76 人，占有效样本总量的 74.5%；自主创业的有 7 人，占有效样本总量的 6.9%；亲戚朋友帮忙联系的有 15 人，占有效样本总量的 14.7%；通过其他方式获得的有 4 人，占有效样本总量的 3.9%。

表 2-15 现在的工作是通过什么方式取得的

	频数	百分比（%）	有效百分比（%）
自己找的	76	31.0	74.5
自主创业	7	2.9	6.9
亲戚朋友帮忙联系的	15	6.1	14.7
其他方式	4	1.6	3.9
缺失	143	58.4	
合计	245	100.0	100.0

表2-16数据显示，失地农民现在的工作地点在本地的有95人，占有效样本总量的93.1%；在外地的有7人，占有效样本总量的6.9%。

表2-16 现在的工作地点

	频数	百分比（%）	有效百分比（%）
本地	95	38.8	93.1
外地	7	2.9	6.9
缺失	143	58.4	
合计	245	100.0	100.0

由以上信息，我们可以得知，为了生存，大部分的失地农民开始积极主动地去适应现在的生活，通过自己的努力寻找工作，失地农民在主动适应生产方式上的角色转换。然而，从失地农民选择就近择业、工作地点集中在本地，可以看出失地农民并没有完全转变思想，以实现生产方式方面的角色转换。在访谈中，我们发现，大部分失地农民选择当前所从事的工作均是因为工作单位离家近和很难找到其他合适的工作。这一现象出现的主要原因是失地农民受传统思想以及乡土观念的限制。中国农民受小农经济体制影响，习惯于固守自家"一亩三分地"，即使已经失去土地，仍习惯于守在家中，排斥外出。

杨区周边主要是农村，第二、第三产业不发达，缺乏就业机会。因此，对于大多数失地农民来说，实现就业一直是难题。然而，由于农民能力有限，政府并未向其提供固定就业岗位。但是，为帮助农民就业，政府与当地培训机构合作，为失地农民提供免费的再就业技能培训。表2-17数据显示，被调查者中参加就业培训的有69人，占有效样本总量的34.2%；未参加就业培训的有133人，占有效样本总量的65.8%。

表2-17 家里是否有人参加培训

	频数	百分比（%）	有效百分比（%）
是	69	28.2	34.2
否	133	54.3	65.8
缺失	43	17.6	
合计	245	100.0	100.0

表 2-18 数据显示,在被调查者中觉得就业培训帮助很大的有 14 人,占有效样本总量的 7.8%;认为帮助一般的有 40 人,占有效样本总量的 22.3%;认为完全没帮助的有 85 人,占有效样本总量的 47.5%;不清楚是否有帮助的有 40 人,占有效样本总量的 22.3%。由以上数据以及调查访谈我们得知,认为再就业技能培训对找工作没有帮助的占大多数,主要是因为,培训机构提供的培训内容主要是家政服务、刺绣、保洁这一类的。但是在周边被农村包围的示范区,基本没有类似的工作岗位,即使参加就业培训并获得相关的证书,失地农民还是无法找到相应的工作。农民认为培训没有什么用处,时间久了就不愿意再参加培训。在失地农民看来,国家对农民的扶助政策是好的,但是培训机构没有真正为农民做事。这项政策并未实际解决失地农民向第二、第三产业转变就业的问题。

表 2-18 培训是否有帮助

	频数	百分比（%）	有效百分比（%）
帮助很大	14	5.7	7.8
帮助一般	40	16.3	22.3
完全没帮助	85	34.7	47.5
不清楚	40	16.3	22.3
缺失	66	26.9	
合计	245	100.0	100.0

从以上情况可以看出,失地农民在生产方式方面并未适应社区生活。失地农民实现从先前的农业生产转变为在工商业和服务业等非农领域内就业的过程漫长而艰难。钱纳里等人的多国模型表明,"在发展中国家经济结构转化过程中,工业就业的增加,远远低于农业就业的减少",因此,劳动力转移主要发生在农业和服务业之间。第三产业由于具有同等投资可以创造更多就业机会、劳动密集、对劳动力素质和技能要求低等特点,已经成为国民经济中就业增长最快、吸纳农村剩余劳动力最多的部门。[①]

[①] 崔子晗:《关于我国失地农民就业问题的研究》,硕士学位论文,首都经济贸易大学,2007。

(五) 居住方式变化

人的生存发展依赖于一定的自然地理环境，也在一定程度上受自然地理环境的制约。为了实现可持续发展，人类必须寻找适合的生产和生活方式以更好地适应和改造环境。而在这一过程中，人们也在寻找与环境相适应的居住方式。但如马克思指出，"不同的共同体，是在各自的自然环境内，发现不同的生产资料和不同的生活资料的，所以他们的生产方式、生活方式和生产物是不同的"[①]，不同的自然地理环境塑造不同的生产生活方式，从而影响着不同居住方式的形成。因此，居住方式是与居住环境相适应的。地形类型是自然环境的重要组成部分，因此，生活环境的地形类型对人们的居住方式有一定的影响。当人们的生活环境发生改变时，原有居住方式无法完全适用于新的环境，人们对新环境的适应会受到影响。由此看来，生活环境地形类型的改变影响人们对生活环境的适应。

表2-19反映了失地前农民所居住村庄的地形类型。由表2-19可知，在245名被访失地农民中，除去20个缺失值，居住在平原地区的有224人，占样本总量的91.4%；而居住在丘陵地区的仅有1人，占样本总量0.4%。数据表明，失地前，所调查社区绝大部分的失地农民居住在平原地区。原村庄所在的平原地区，拥有较为便利的交通、比社区更清新的空气和更优美的环境条件等。公路干线位于村口，外出交通便利。村内道路宽敞，通行车辆多为小型车种，因此村内因交通而产生的噪声小，安全系数高，几乎无交通事件发生。社区中街道多，车流量大，但主干道较少，加上社区的娱乐设施和仅有的休息场所都设置在主干道两旁，较多居民尤其是儿童聚集在主干道两旁娱乐。主干道上车辆与行人混杂，交通安全系数低。一些居民反映，社区发生过一些交通安全事件，造成居民受伤。他们也表示很担心孩子在主干道两旁的场所活动。与村庄一样的是，社区的门口也是公路干线，但车流量远大于村中公路。公路平线在给居民提供便利的同时，也带来更大的噪声污染。在绿化方面，村中拥有天然的植被，植被覆盖率高，空气质量好，而社区的绿化率远不如村庄。绿化率低和人口集中在一定程度上影响着社区的空气质量。因此，尽管社区同样位于平原地区，但其交通便利、环境绿化等条件无法形成地理优势，没有对失地

---

① 马克思：《资本论》（第一卷），郭大力、王力南译，人民出版社，1953。

农民产生足够的吸引力。

表2-19 原居住村庄的地形

	频数	百分比（%）	有效百分比（%）
平原地区	224	91.4	99.6
丘陵地区	1	0.4	0.4
缺失	20	8.2	
合计	245	100.0	100.0

自然环境对人的文化观念、意识形态等的形成和变化有着很大的影响。长期生活在一定环境下的人们，其文化思想、行为方式在潜移默化中受环境影响，与环境形成各种微妙的紧密关系，逐渐变为相互融合的统一体，形成特有的较为稳定的生活模式。人们在一定的环境中生活的时间越长，与该环境的关系就越密切，依赖性越强，形成的生活模式也就越稳定。

表2-20反映了失地农民在原房子的居住时间。其中，在原房子居住时间2~10年的有63人，占25.7%；11~30年的有90人，占总体的36.7%；31~50年的有29人，占总体的11.8%；50年以上的有3人，占总体的1.2%。由表2-20可以得出，近半数的人在原房子居住的时间为10年以上。长时间的居住使失地农民对原村庄的环境产生依赖性，形成了特定的生活模式。这些生活模式经过长时间的整合而成，难以改变。同时，失地农民对原村庄深厚的归属感和认同感，使其对新生活环境存在抗拒和排斥心理。

表2-20 在原来房子的居住时间

	频数	百分比（%）	有效百分比（%）
2~10年	63	25.7	34.1
11~30年	90	36.7	48.6
31~50年	29	11.8	15.7
50年以上	3	1.2	1.6
缺失	60	24.5	
合计	245	100.0	100.0

失地农民居住方式的改变，最明显的表现是居住形式的改变。无论失地农民原来居住的是何种形式的房子，搬入社区后均居住在楼房。尽管楼房是现代最基本、最普遍的一种居住形式，但在许多平原地区的农村，仍保留许多庭院式的平房。

表2－21表明，在245名被访失地农民中，有73人居住在村中庭院式的平房，占总体的29.8%；居住在非庭院式平房的有15人，占总体的6.1%；居住在庭院式楼房的有128人，占52.2%。可见，在庭院式房屋居住的被访者多达82.0%。由庭院式住房变为新型社区的楼房，可以说是失地农民转为非农的一大标志。客观物质的变化，并不代表着失地农民心理上已完全认可和适应新社区的居住方式。调查中，被访者表现出了对楼房居住形式的种种不满情绪。他们表示，居住在楼房的成本远高于住旧房子的成本，但居住条件远不如旧房子。首先，房子的装修和配置家具的费用高，对失地农民来说成本过高，负担沉重。而在原村庄中，住房基本上是只粉刷墙面，谈不上装修，费用很低。其次，住房规划不合理，采光和通风条件差。低层用户冬天采光困难，而高层用户夏天燥热难耐。而庭院式房子光线充足，通风条件好，冬暖夏凉。再次，住房上下间高度较低，容易使人产生压抑情绪。隔音效果差，社区嘈杂的噪声影响正常生活节奏，又使人易产生烦躁心理。而旧房子宽敞，村庄人口密度较小，环境安静。同时，社区人口密度大，公共资源十分有限。而在村庄里，公共资源比较宽松，如屋前屋后的公共空地上可种植一些瓜果蔬菜，或放置农具，但在社区则没有这样可利用的资源。调查中也发现，少部分居民仍然会占用绿化用地来种植蔬菜。在他们看来，绿化区的价值远比不上种植瓜果蔬菜来得实惠。为了适应原村庄的居住环境，失地农民通过长期的摸索和改变，形成了一种与自然和谐统一的居住方式，他们已完全融入原居住环境中。但搬进社区后，他们被迫放弃原居住模式，从而去寻求一种新的截然不同的居住模式。而新型社区环境与原村庄环境的巨大差异，又使他们在寻求新的居住模式过程中显得十分盲目和迷茫，产生较大的精神压力。这些差异无形中成了失地农民适应社区的重要因素。在这些差异面前，失地农民表现出了较大的不适应。

表 2-21　失地以前的居住房屋类型

	频数	百分比（%）	有效百分比（%）
村中庭院式平房	73	29.8	31.6
村中非庭院式平房	15	6.1	6.5
村中庭院式楼房	128	52.2	55.4
村中非庭院式楼房	12	4.9	5.2
本地或外地小区	1	0.4	0.4
其他	2	0.8	0.9
缺失	14	5.7	
合计	245	100.0	100.0

在传统的中国农村社会，家庭成员多是集中居住在一起，且大面积的分散的小农生产的存在，是亲情文化在当代得以延续的社会基础。[1] 在村庄里家庭成员间的沟通交流十分密切和频繁；农民失地后，无法继续保持小生产模式、家庭成员间的沟通交流方式和频次，这使亲情文化在一定程度上受到影响。

表 2-22 反映了失地前后农民家庭成员的居住方式。由表 2-22 可知，以前分开居住，现在住在一起的有 14 人，占总体的 5.7%；以前住在一起，现在分开居住的有 121 人，占总体的 49.4%；一直分开居住的有 25 人，占总体的 10.2%；一直住在一起的有 69 人，占总体的 28.2%。数据表明，失地前居住在一起但现在分开居住的家庭将近半数。失地前，农民家庭成员多进行面对面的沟通，交流十分频繁，家庭成员之间的关系得到较好的维持。失地后，青年人外出寻找经济来源，在社区居住的时间大大减少。家庭成员有的到不同的地点工作，有的则留守家中，彼此之间见面次数减少。不少失地农民在社区中的住房位于不同的单元楼，家庭成员分开居住，交流频次也减少，家庭气氛逐渐淡化。面对面的直接交流方式开始向电话交流方式转变。同时，许多老年人反映，他们留守家中，缺少子女陪伴，常常感到孤独和无助。他们对社区生活的抵触心理较强烈，不愿意主动适应社区生活，称社区内由与自己一样的老年人构成的队伍为"等死队"。

---

[1] 李冬妮：《亲情文化——中国问题的基本背景》，《东南学术》2000 年第 4 期，第 58—61 页。

表 2-22　家庭成员的居住方式

	频数	百分比（%）	有效百分比（%）
以前分开居住，现在住在一起	14	5.7	6.1
以前住在一起，现在分开居住	121	49.4	52.8
一直都是分开居住的	25	10.2	10.9
一直都是住在一起的	69	28.2	30.1
缺失	16	6.5	
合计	245	100.0	100.0

人的居住习惯需要经过较长时间才能形成，习惯的改变同样需要较长的时间。在调查过程中我们发现，许多失地农民仍保留在原村庄里的一些居住习惯，尽管在社区环境中，这些习惯显得不太协调。对社区居住方式的适应不仅仅体现在生活习惯、行为方式的转变上，更重要的是失地农民是否从内心接受这一新的居住环境，他们主观上是否感到真正的适应、感到舒适。表 2-23 大致反映了失地农民主观的适应情况。

表 2-23　对现在居住社区适应情况

	频数	百分比（%）	有效百分比（%）
非常不适应	10	4.1	4.3
不适应	49	20.0	21.1
一般	102	41.6	44.0
适应	65	26.5	28.0
非常适应	6	2.4	2.6
缺失	13	5.3	
合计	245	100.0	100.0

由表 2-23 可知，在 245 名被访失地农民中，除去 13 个缺失值后，认为非常不适应的有 10 人，占总体的 4.1%；认为不适应的有 49 人，占总体的 20.0%；认为一般的有 102 人，占总体的 41.6%；认为适应的有 65 人，占总体的 26.5%；认为非常适应的有 6 人，占总体的 2.4%。可以看出，认为自己未达到适应程度的失地农民共占 65.7%，他们对新居住方式的适应度低。

表2-24反映的是失地农民对"您认为自己是否属于城里人"的情况反馈。除去18个缺失值后,245人中认为自己是城里人的有25人,占总体的10.2%;认为自己不是城里人的有202人,占总体的82.4%。由数据可以发现,高达82.4%的失地农民认为自己不属于城里人,他们的心理适应情况并不乐观。尽管他们搬进了社区,但经济收入远低于城里人,生活无保障,居住条件不理想,他们主观上难以接受新的居住方式。

表2-24 对"您认为自己是否属于城里人"情况的反馈

	频数	百分比(%)	有效百分比(%)
是	25	10.2	11.0
否	202	82.4	89.0
缺失	18	7.3	
合计	245	100.0	100.0

(六)交往方式变化

失地后,农民被安排在城镇社区的楼房里集中居住。随着交往圈的扩大,他们的人际交往方式以及闲暇时间的安排方式发生了转变。失地农民农转非后有着和最初的城市居民不一样的生活背景和文化心理,在适应城市生活的过程中面临着较大的挑战。社会交往,是指在一定的历史条件下,人与人之间相互往来,进行物质、精神交流的社会活动,它是人本质的内在要求,是人们社会生活的重要组成部分。因此,促进失地农民交往观念、交往方式的转变,对其更好地适应城市生活有重要的意义。失地农民搬入社区后,由原来的农村村民转变为城市居民,原有的单纯简单的社会关系遭到破坏,新的社会关系网络尚未建成。因此,"失地农民的社会交往规模既小于城市居民,也小于乡村居民,但关系纽带仍以亲缘关系为主,关系紧密度介于城市居民和乡村居民之间"[1]。

在日常生活中,邻居又扮演怎样的角色呢?表2-25显示,有效调查数据有224个,闲暇时间会选择与邻居拉家常的有60人,仅次于选择朋友

---

[1] 张海波、童星:《被动城市化群体城市适应性与现代性获得中的自我认同——基于南京市561位失地农民的实证研究》,《社会学研究》2006年第2期,第86—106页。

的67人，占有效样本的26.8%。

表2-25 有时间您会选择和谁拉家常

	频数	百分比（%）	有效百分比（%）
家人	51	20.8	22.8
亲戚	39	15.9	17.4
朋友	67	27.3	29.9
邻里	60	24.5	26.8
同事	7	2.9	3.1
缺失	21	8.6	
合计	245	100.0	100.0

同样，表2-26中，会选择和家人、亲戚一起外出购物的调查对象占有效样本的49.7%，会选择与朋友、邻里、同事等一起外出购物的调查对象占有效样本的50.2%。

表2-26 外出购物您会选择与谁同行

	频数	百分比（%）	有效百分比（%）
家人	54	22.0	25.8
亲戚	50	20.4	23.9
朋友	50	20.4	23.9
邻里	49	20.0	23.4
同事	2	0.8	1.0
其他人	4	1.6	1.9
缺失	36	14.7	
合计	245	100.0	100.0

如表2-27所示，急需用钱时，首先会向家人、亲戚借债的调查对象占有效样本的54.1%。统计数据说明，作为城市居民的失地农民，交往对象增加，交往范围扩大，不但有亲人间的交往、邻里的相处，还有就业、衣食住行各方面的人与人之间的交往，但社会关系还是以亲缘关系为主，亲人是最重要的精神陪伴。

表 2-27　如果需要借一笔钱您会先找谁

	频数	百分比（%）	有效百分比（%）
信贷机构	33	13.5	16.1
家人、亲戚	111	45.3	54.1
朋友	55	22.4	26.8
邻里	2	0.8	1.0
同事	1	0.4	0.5
其他人	3	1.2	1.5
缺失	40	16.3	
合计	245	100.0	100.0

相比之下，业缘在居民的人际关系网上尤为缺乏。不管是聊天、外出购物还是借钱，会优先选择同事的有效百分比都小于5%。这说明，"集中安置的失地农民的社会交往网络依然保持了农村熟人社会人际交往的鲜明特征，呈现高度的内倾化、同质化态势，与城市社会以业缘为基础的人际交往特质有很大的差距"[1]。

由此，可以总结出两个亟待解决的问题：其一，失地农民入住小区后，是否成功地就业；其二，成功就业后的失地农民能否和谐地处理工作上的人际关系，建立新的友谊和关系网。"集中安置的失地农民新的业缘关系的建立和拓展是他们融入城市文明、实现角色转变的关键。"[2] 因此，这两个问题的解决不但是一个人经济价值、社会价值的诠释，更是失地农民适应城市生活的重要环节之一。

表 2-28 显示，参与调查的有245人，数据有效的有231个，居住在同一小区同一单元楼的大部分或全部是同村人的共有213人，占有效样本的92.2%。

表 2-28　与您住同一单元的人员构成

	频数	百分比（%）	有效百分比（%）
都是同村人	136	55.5	58.9

---

[1] 王彩芳：《集中安置的失地农民社会交往与城市文化适应》，《农业经济问题》2013年第1期，第68—72页。

[2] 王彩芳：《集中安置的失地农民社会交往与城市文化适应》，《农业经济问题》2013年第1期，第68—72页。

续表

	频数	百分比（%）	有效百分比（%）
大部分同村的，少部分外村的	77	31.4	33.3
少部分同村的，大部分外村的	13	5.3	5.6
其他	5	2.0	2.2
缺失	14	5.7	
合计	245	100.0	100.0

表2－29显示对邻居比较熟悉或非常熟悉的调查对象占有效样本的81.2%。原本是同一村庄的人熟悉程度较高，他们有着相同的生活背景和文化心理，能够较好地了解对方的思想和意愿，也能更好地满足农民初入社区后与他人沟通交流的需要，这对居民更好地适应从农村生活到城镇生活的转变是有利的。我们了解到，他们以前在农村时由于一些利益冲突如地皮界线、用水、牲畜等还可能会出现纠纷，而住在小区后，小区内除了房子就是公共设施，可能产生争议的东西特别少。

表2－29 您熟悉您的邻居吗

	频数	百分比（%）	有效百分比（%）
非常熟悉	95	38.8	41.5
比较熟悉	91	37.1	39.7
一般	37	15.1	16.2
很陌生	6	2.4	2.6
缺失	16	6.5	
合计	245	100.0	100.0

在农村的传统观念中，红白喜事是家族的重大事项之一，客人多为亲戚、朋友、同事等，一般来说邀请体现了主人对受邀人的尊敬和信任，而受邀人按时参加红白喜事也是客人对主人表达敬意的体现。据了解，住在同单元楼内的大部分是原来同一个村的农民，在家里有红白喜事时，84.4%的居民会邀请邻居来帮忙或参加，相同比例的人会主动在邻居办红白喜事时帮忙或者参加。由于社区内场所限制，办红白喜事时，有些居民会请服务队帮忙在单元楼下的过道上搭棚举行，招待客人的吃食全由自己家或者家族子弟们帮忙准备；另外一些家境较宽裕的居民则更倾向选择在

外面的饭店、餐馆请客，方便省事。正如张海波、童星所说，"失地农民的社会交往既部分保留了农村的特点，又有了一些城市的特征，兼具传统社会和现代社会的双重特征"。① 因此，失地农民的社会关系虽然呈现断层现象，但部分关系还是得以保留，并且在适应的过程中，不断加入城镇化的元素。换言之，城市居民的部分思想、交往观念逐渐渗入和冲击着传统乡村社会的思想理念。

表 2-30　邻居家有红白喜事您会主动去帮忙或者是参加吗

	频数	百分比（％）	有效百分比（％）
会	178	72.7	84.4
不会	33	13.5	15.6
缺失	34	13.9	
合计	245	100.0	100.0

然而，入住社区后，居民在具体的交往方式上和过去在农村还是有很大的不同。表 2-31 显示，失地前，有空闲时，会到邻居家串门聊天的有效百分比为 43.8%；而搬入社区后，该项指标仅占有效样本的 7%（见表 2-32）。在访谈时，大多数不愿意串门的居民反映说："住在社区内，基本上每家每户都随手关门，门一关，不知道里面是否有人，也不知道邻居是否在忙，因此串门很可能给邻居带来不便。另外，有时候进邻居家随便说说话，不脱鞋觉得不卫生，脱鞋的话又觉得麻烦。"在访谈中我们了解到，大多数时候邻居间的交流和相处主要在单元楼下、社区广场、小区门口等地。这些变化对居民来说有利有弊，一方面，居民有了更独立的私人空间；另一方面，社区内的公共设施在一定程度上影响了居民之间的交流。在调查的过程中，通过仔细观察我们发现，社区内可供居民休闲娱乐的公共场所空间几乎没有，缺乏专门的社区广场。单元楼下车辆摆放后的空间所剩无几，大道两旁的石板凳在下午四点到六点的高峰期时，根本无法满足需求。此时聚集的居民大多站着、蹲在墙根下或者直接坐在绿化地边缘的水泥板上。简言之，人性化程度不高的不合理不完善的公共设施也

---

① 张海波、童星：《被动城市化群体城市适应性与现代性获得中的自我认同——基于南京市561位失地农民的实证研究》，《社会学研究》2006年第2期，第86—106页。

在一定程度上阻碍了居民间的交流与沟通,且不利于农民社区生活适应性的提高。

表 2-31 失地前是否去串门

	频数	百分比（%）	有效百分比（%）
是	89	36.3	43.8
否	114	46.5	56.2
缺失	42	17.1	
合计	245	100.0	100.0

表 2-32 现在是否去串门

	频数	百分比（%）	有效百分比（%）
是	14	5.7	7.0
否	186	75.9	93.0
缺失	45	18.4	
合计	245	100.0	100.0

在讨论了失地农民社会交往方面的整体情况后,让我们把视线聚焦在老人这类特殊群体上。有研究证明,失地农民的年龄、文化程度、收入等个体特征会影响到他们的城市适应性水平,年龄越大越不容易适应城市生活。年龄偏大的农民一般来说都长期在农村生活劳作,对农村、土地有很深的感情。离开土地、搬入社区,无事可做,无田可耕,他们的精神便缺少了依托,这给他们的心灵会带来一定的伤害,也会对他们在新环境的人际交往造成不利的影响。除此之外,对于年龄偏大的农民来说,传统的小农思想扎根较深,城市新思想、新思维及新的交往观念对他们形成的冲击较小,这对他们适应城市生活有一定的影响。那些行动不便的老人,交往范围则进一步缩小。在农村时,出去走走,拜访邻居还可以;但入住社区后,住在楼上的他们下楼溜达变得愈加艰难,并且有很大的安全隐患。因此,正如受访老人所说,"我们最远的'旅行'只是从这个房间慢慢挪到另外一个房间"。他们的交流对象也往往只限于家人,因此他们的精神状态和心理健康现状令人担忧。

在过去的十多年里,中国的行政村数量减少得相当惊人(见表 2-

33）：村委会数量从2001年的699974个减少到2011年的589653个，共减少110321个，平均每年减少11032.1个，平均每天减少30.22个。每天30个村庄以三种方式消失：第一种是撤销和兼并，即多个行政村合并为一个行政村；第二种是村改居，即将原来的村委会变成居委会，原来的村民身份变为居民身份；第三种是整村拆迁，或分散或集中安置到城市、城镇小区和一些大型集中区。从表2-33可以看出，从2001年到2003年，社区居委会数量减少了14462个，但是2004~2010年，社区居委会数量逐年增加，总共增加9173个，仍没有恢复到2001年的水平。这增加的9173个社区居委会基本上源自撤并，也就是说过去10年中减少的110321个村委会中有相当部分改为了居委会。①

表2-33　从2001年到2011年村委会和居委会数量变化

单位：个

年份	2001	2002	2003	2004	2005	2006	2007	2008	2009	2010	2011
社区居委会	91893	86087	77431	77884	79947	80717	82006	83413	84689	87057	89480
村民委员会	699974	681277	663486	644166	629079	623669	612709	604285	599078	594658	589653

数据来源：中华人民共和国民政部，2012。

如山东诸城曾将1249个行政村合并为208个农村社区，平均6个行政村合并为一个农村社区，有的农村社区人口多达几万人。② 在拆迁和撤并过程中，地方政府对居民被动的反应采取各种方式加以遏制和打击，尽可能减少居民的自组织活动；在拆迁、撤并后，原来的一些居民组织（邻里、村组）解体，重建邻里关系需要较长的时间。更糟糕的是，集中居住改变了原来那种独栋居住状态，现在大家住在楼上楼下，据反映，居民经常会因为楼上的水漏到楼下而出现纠纷，居民不但没有增加合作，反而变得更离心，更"原子化"，社区共同体特征弱化，有事找居委会、找政府。

---

① 王春光：《城市化中的"撤并村庄"与行政社会的实践逻辑》，《社会学研究》2013年第3期，第15—28页。
② 高建忠：《诸城农村集中居住研究》，硕士学位论文，山东大学，2013。

由此可见，经过拆迁、撤并，"社会"变得更加虚弱。①

要保证中国新型城镇化的可持续发展，首先是必须从法治和法理的高度，推行国家级城镇化顶层设计的战略模式，并从学理性和科学性的双重视角认识城市化与城镇化在本质上的同一性意义；其次是从理论与实践相结合的层面，根据自然区位特点、资源禀赋、历史文化传承和地域生产力结构差异等要素对新型城镇化进行精准化的战略管理、分类指导和分层建设，杜绝以往"一刀切""运动式"的城镇化运作方式。中国的城镇化研究和制度设计必须从传统城市规划学、地理学和区域经济学科领域的局限中走出来，并上升到城市社会变迁、社会现代化的广域角度和高度来研究。我们必须学会用理性的、科学的方法来研究、探索中国城镇化的规律，而不是"设计"人类城镇化的规律。② 一段时间以来，全党、全国人民形成了一个共识，科学地推进新型城镇化，对于带动国内经济增长、解决我国发展当中的一系列问题都有巨大的作用。城镇化是重要问题，但"三农"问题也是我国全面建设小康进程中最艰巨的工作任务。把最强大的动力和最艰巨、最繁重的任务结合在一起，并处理好相互之间的关系，对中国的改革发展、实现全面小康、推进现代化，乃至实现中国梦，都很重要。如果处理不好，我们会有很大的麻烦。因此，城镇化进程中的"三农"问题是一个很大的问题。中央对处理好城镇化和农业现代化的问题高度重视。李克强总理在新当选之后的记者会上讲了这么一句话：新型城镇化要和农业现代化相辅相成，城镇化进程中要保住耕地红线、保障粮食安全、保证人民利益。他提出的"三保"原则，应该就是城镇化进程中关于"三农"问题的重点，简而言之，就是要解决好"粮、地、人"三件事。③

集中居住是农民居住方式、生活习惯改变的趋势，也符合中国保护耕地的国情。但是，农民集中居住的过程是一个客观的历史发展过程，只有在经济发展到一定水平、相关的配套政策（例如规划、土地政策

---

① 王春光：《城市化中的"撤并村庄"与行政社会的实践逻辑》，《社会学研究》2013年第3期，第15—28页。
② 张鸿雁：《中国新型城镇化理论与实践创新》，《社会学研究》2013年第3期，第1—14页。
③ 陈锡文：《三农问题是城镇化进程中最大的问题》，《江苏农村经济》2013年第7期，第7—8页。

等）得到施行、农民的思想意识得到改变时，农民集中居住的现象才会发生。在此过程中政府切不可勉强民意，更不可制定一个时间表，人为地强行推动农民集中居住，应该发挥政策引导和宣传作用，否则，事情将可能变质。[1]

（七）社区管理方式变化

农民失地后，在政府统一安置下入住人口较为密集的新社区。失地农民长期生活在村庄环境中，深受原生活环境中物质和文化两方面的影响，形成较为稳定的生产生活方式、居住方式和交往方式。生活环境由熟悉的村庄骤变为完全陌生的社区，失地农民原有的生活状态被打破，心理上容易产生不适应感。人的生活受到一定自然环境的影响，创设良好的生活环境可以对人的发展产生积极作用，增强其适应性。要创设一个良好的社区环境以增强失地农民的适应性，进行有效的社区管理是重要举措。社区管理主要包括公共设施管理、环境卫生管理、绿化管理、物业管理、治安管理及文化管理等方面。新型社区有其特殊性，如其为失地农民集中居住地，老年人占的比例大，失地农民社区意识淡薄，按照现代化城市住宅社区管理模式来对其进行管理，能否加快失地农民对新社区的适应？对此，需先对失地农民的新型社区管理现状进行了解，以便对具体问题进行具体分析。

1. 公共设施管理情况

公共设施是一个良好社区环境的重要组成要素，特定的公共设施为社区居民融入公共空间搭建了桥梁。公共设施最基本的功能是增加社区生活的便利性、轻松性和舒适性。同时，公共设施还能以其整体性、科学性、功能性、艺术性及文化性的形象表现社区内在的亲和力，产生一定的文化气氛。[2] 在社区管理中，公共设施管理是重要的组成部分，关系到居民的生活质量。而对于刚搬进社区的失地农民来说，这影响他们对社区的最初认知和适应性。

---

[1] 贾燕等：《农民集中居住前后福利状况变化研究——基于森的"可行能力"视角》，《农业经济问题》2009年第2期，第30—36页。
[2] 王蕾：《重庆城市公共设施的形态特征与人文价值研究》，《艺术与设计》（理论）2009年第2期，第97—99页。

调查显示，失地农民居住的社区基本设施较为齐全，拥有其他普通社区的大部分设施，如车棚、车位、电梯等。但据被访失地农民反映，这些设施缺乏有效管理，如车棚混乱，不仅放置车辆，还放置闲置的农具；车位形同虚设；电梯维修不及时等。相对于设施来说，小区内开设的场所较少，以简单的销售食物的场所为主。而在现代化的城市住宅社区，以休闲娱乐场所为主。大部分失地农民认为社区可供休闲娱乐的场所太少，空闲时没有去处，大量时间难以打发。由于青年劳动力外出工作，老人和儿童成了社区中的主要群体。这一特殊性使新型社区开设的场所远不能满足居民的休闲需要。失地农民无法继续从事农业活动，而社区又缺少休息的场所，老年人无处可去、无事可做，闲在家中，这又使社区居民间的交往减少，陌生感长时间存在，适应过程十分缓慢。

2. 环境卫生管理情况

社区环境卫生的管理是最基本的社区管理内容之一。社区环境卫生与失地农民日常生活的密切程度高，直接影响社区居民的健康状况和生活质量，亦是社区形象的表现。良好的卫生环境，对失地农民进行正常的生产生活有积极作用，有助于提高失地农民的适应性。

表2-34大致反映了社区内的垃圾清理情况。从表2-34可以看出，245位被访失地农民中，除去22个缺失值后，有153人认为社区垃圾清理及时，占样本总量的62.4%；有60人认为垃圾清理不及时，占样本总量的24.5%；有10人表示不清楚，占样本总量的4.1%。也就是说，超半数的被访农民认为垃圾清理及时，卫生情况较为理想，失地农民在环境卫生方面的适应情况较好。失地前，农民的生活垃圾较少，且自行处理；而搬入社区后，随着购物量的增加，生活垃圾增多，自行处理极不方便，社区统一的垃圾处理方式提供了便利。调查中还发现，社区内的街道清洁工作也比较及时到位；但单元楼内的街道清洁工作无人负责，楼道内堆积的生活垃圾及闲置农具或家具，影响楼道正常通行和卫生。一位被访的失地农民说道："走在楼道里就能看见厚厚的灰尘和杂七杂八的东西，有时候都要捂着鼻子上楼。"可见，与街道同为公共区域的楼道卫生区缺乏管理，新型社区的环境卫生工作深度和广度尚不足，没有完整的管理体系。

表 2-34 "社区的垃圾清理是否及时"情况反馈

	频数	百分比（%）	有效百分比（%）
是	153	62.4	68.6
否	60	24.5	26.9
不清楚	10	4.1	4.5
缺失	22	9.0	
合计	245	100.0	100.0

表 2-35 的数据显示了被访失地农民对社区绿化情况的看法。在 245 位调查对象中除去 25 个缺失值后，仅有 6 人认为社区绿化情况非常好，占样本总量的 2.4%；有 54 人认为绿化比较好，占样本总量的 22%；有 86 人认为一般，占样本总量的 35.1%；有 38 人认为不太好，占样本总量的 15.5%；还有 36 人认为很差，占样本总量的 14.7%。可见，失地农民对社区绿化情况的评价并不高，在绿化环境方面适应情况欠佳。他们原居住的村庄自然环境较好，植被覆盖率高，因此，他们对社区内的人造绿化环境并不十分满意。不少被访者反映，社区内的植被缺少管理，成活率很低，这在一定程度上引起失地农民的不满，加重了他们对社区的排斥感。

表 2-35 "社区的绿化情况如何"情况反馈

	频数	百分比（%）	有效百分比（%）
非常好	6	2.4	2.7
比较好	54	22.0	24.5
一般	86	35.1	39.1
不太好	38	15.5	17.3
很差	36	14.7	16.4
缺失	25	10.2	
合计	245	100.0	100.0

调查发现，社区存在较为严重的噪声污染问题。在现代城市住宅社区，噪声污染源较少，噪声污染现象较少。表 2-36 为被访农民对"社区是否存在噪声污染"问题的情况反馈。

表 2-36 "社区是否存在噪声污染"情况反馈

	频数	百分比（%）	有效百分比（%）
是	173	70.6	82.4
否	37	15.1	17.6
缺失	35	14.3	
合计	245	100.0	100.0

在 245 位调查对象中除去 35 个缺失值后，173 人认为社区存在噪声污染问题，占总体的 70.6%；仅有 37 人认为社区不存在噪声污染问题，占总体的 15.1%。据调查，噪声污染主要来自社区内的车辆鸣笛、楼上楼下的嘈杂说话声，以及社区居民操办红白喜事时会有的唢呐声等。大部分失地农民认为自己深受噪声困扰，正常的生活和休息受到很大的影响，容易烦躁，情绪波动变大。社区没有形成良好的建设规划和环境管理体系，噪声问题未引起相关部门的重视。嘈杂的社区环境与安静的村庄环境形成反差，加剧了失地农民对新生活的不适应。

3. 治安管理情况

马斯洛的需求层次理论将人类的需求分为五种，并将五种需求进行了等级的划分，按层次逐级递升，分别为：生理需求、安全需求、情感和归属的需求、尊重的需求及自我实现的需求。马斯洛认为，当人的低层次需求被满足之后，会转而寻求实现更高层次的需求。其中，安全需求属于低级别的需求，其中包括人身安全及生活稳定的需求等。当安全需求得不到满足时，人就会觉得这世界是不公平或是危险的，认为一切事物都是"恶"的，因而变得紧张、彷徨不安。因此，良好的秩序、稳定的治安是失地农民尽快适应社区生活，实现可持续发展的基本保障。调查中发现，社区盗窃现象严重，财物被盗屡见不鲜。

如表 2-37 所示，在 245 位调查对象中除去 19 个缺失值后，认为小区盗窃现象非常多的有 64 人，认为比较多的有 97 人，两者共占总体的 65.7%，超过样本量半数。

表 2-37 社区内的盗窃现象

	频数	百分比（%）	有效百分比（%）
非常多	64	26.1	28.3

续表

	频数	百分比（%）	有效百分比（%）
比较多	97	39.6	42.9
一般	41	16.7	18.1
很少	11	4.5	4.9
基本没有	6	2.4	2.7
不了解	7	2.9	3.1
缺失	19	7.8	
合计	245	100.0	100.0

同时，表2-38反映了社区盗窃现象处理的及时情况。认为小区对盗窃现象处理不及时的有58人，占总体的23.7%；认为基本不处理的有88人，占总体的35.9%。可见，社区的治安管理状况堪忧。同时，社区内未设置任何安全保障设备，采取治安管理措施严重不足。保安多为社区内的老年人，并不具备保安资格。

表2-38 "社区对盗窃现象的处理是否及时"情况反馈

	频数	百分比（%）	有效百分比（%）
非常及时	2	0.8	0.9
比较及时	14	5.7	6.2
一般	33	13.5	14.7
不及时	58	23.7	25.8
基本不处理	88	35.9	39.1
不了解	30	12.2	13.3
缺失	20	8.2	
合计	245	100.0	100.0

此外，调查过程中还发现，社区内外来人员租房子的现象较为普遍。表2-39显示，在245名调查对象中，除21个缺失值外，有49人认为外来人员租房子居住现象非常普遍，占总体的20.0%；110人认为该现象比较普遍，占总体的44.9%。

表2-39 社区外来人员租房子居住现象

	频数	百分比（%）	有效百分比（%）
非常普遍	49	20.0	21.9
比较普遍	110	44.9	49.1
一般	35	14.3	15.6
不太普遍	26	10.6	11.6
基本没有	4	1.6	1.8
缺失	21	8.6	
合计	245	100.0	100.0

表2-40显示，245名调查对象除18个缺失值外，有95人认可外来人员租住社区房子，占总体的38.8%；39人表示不认可，占总体的15.9%；93人认为无所谓，占总体的38.0%。由数据可得，大部分失地农民并不排斥外来人员进入社区内租住房子，甚至超过1/3的调查对象对此表示认可。土地是农民的生存根本，对大部分失地农民来说，失去土地就等于断了生活来源，必须寻找新的经济来源以维持生活。他们在市场竞争中处于劣势，现在仅有的资本就是在社区内的住房。利用这仅有的资本出租，是补贴生活费用的最快途径。因此，外来租住人员陆续进入社区。尽管这可能在一定程度上拓展了居民的社会交往空间，但人员混杂也使社区治安得不到保障。

表2-40 对外来人员租住社区房子的看法

	频数	百分比（%）	有效百分比（%）
认可	95	38.8	41.9
不认可	39	15.9	17.2
无所谓	93	38.0	41.0
缺失	18	7.3	
合计	245	100.0	100.0

表2-41大致反映了失地农民对社区治安管理环境的评价。在245名调查对象中，除26个缺失值外，仅有1人认为小区治安管理环境非常好，占总体的0.4%；认为比较好的有22人，占总体的9.0%；认为一般的有59人，占24.1%；认为较差的有73人，占总体的29.8%；认为很差的有

64人，占总体的26.1%。数据显示，社区的治安管理并未得到失地农民的普遍认可。在考虑生存发展问题时，还存在财物安全的后顾之忧。居民切身的治安管理问题得不到及时和满意的解决，使其对社区的初步感知发生偏差。安全需求得不到满足，居民对新环境更难以适应。

表2-41 对社区治安管理环境评价

	频数	百分比（%）	有效百分比（%）
非常好	1	0.4	0.5
比较好	22	9.0	10.0
一般	59	24.1	26.9
较差	73	29.8	33.3
很差	64	26.1	29.2
缺失	26	10.6	
合计	245	100.0	100.0

治安管理上的缺陷还会带来其他问题。马斯洛认为，当人的低层次需求被满足之后，会转而寻求实现更高层次的需求。需求层次理论有两个基本出发点：一是人人都有需求，某层需求获得满足后，另一层需求才出现；二是在多种需求未获满足前，首先满足迫切需求，该需求满足后，后面的需求显示出其激励作用。相对于安全需求来说，失地农民的社交需求属于较高层次的需求。如果他们的安全需求未被满足，寻求社交需求的主观意愿就不够强烈，即他们对于友谊、爱情等的需求减少，不利于形成和谐的人际关系，也就更难融入社区交往圈。

4. 文化管理情况

失地农民告别农业生活方式进入现代城市生活而引起的适应问题，其实就是一种文化的适应。[①] 新型社区居民由不同村庄的失地农民组成，各地的习俗、生活习惯等文化存在差异。进行有效的社区文化管理，创造和谐温馨的社区文化，有利于实现不同文化的磨合，保留优秀文化，同时发展新型的共同的社区文化，这在很大程度上影响失地农民的适应能力。社

---

① 叶继红：《试论影响失地农民城市适应能力的因素》，《农村经济》2007年第3期，第114—116页。

区文化管理首先体现在对村庄原有文化的保护上。我们对社区的庙宇和教堂的建立情况进行了调查。据所调查的社区发现，社区内都新建立了小型的庙宇，原村庄的庙宇未迁入社区。

表2-42显示，除77个缺失值后，50人选择经常去社区内庙宇，占总体的20.4%；118人选择从来不去，占总体的48.2%。初步的调查数据显示，虽然社区内部设立了庙宇，但失地农民并不乐意前去，对该庙宇认可度较低。在失地农民居住的原村庄，基本建立有庙宇或教堂，每年大部分村民都会到这些地方举行相关的宗教活动。这是中国农村地区广泛存在的传统习俗，这些场所对他们有着较为特殊的意义。调查中，不少被访者提到，过去在村庄时，每逢传统节日，村子里的人都一起举办各种活动；但进入社区后，节日期间居民都待在各自家中，节日气氛淡化。社区举办的集体活动极少，类型单一，参与人数少。社区缺少为失地农民所认可的新社区文化，他们的思想观念和文化心理都难以发生实质性的转变，融入新环境需要较长的时间。

表2-42 去社区内庙宇或教堂的情况

	频数	百分比（%）	有效百分比（%）
经常去	50	20.4	29.8
从来不去	118	48.2	70.2
缺失	77	31.4	
合计	245	100.0	100.0

5. 居委会职能行使情况

领导干部素质水平能力的高低，不只是个人形象好坏的反映，还决定了其所承担责任的优劣，从而影响一个团体的兴衰。[①] 一个强有力的领导核心，能对一个团体的发展产生强大的推动力。在失地前，各村的村委会是村中的领导核心，管理村中的大小事务，具有较高的威信。村委会在向居委会过渡过程中，职能也发生了相应的转变。居委会对整个社区事务的管理影响失地农民对社区的认同感。表2-43反映了失地农民对居委会的

---

① 王溱：《多选些"有为"的领导》，《商周刊》2013年第15期，第95页。

评价。

表 2-43 对居委会的评价情况

	频数	百分比（%）	有效百分比（%）
很满意	1	0.4	0.5
满意	67	27.3	30.9
不太满意	36	14.7	16.6
不满意	62	25.3	28.6
不了解没法评价	51	20.8	23.5
缺失	28	11.4	
合计	245	100.0	100.0

表 2-43 显示，除 28 个缺失值外，245 名调查对象中仅有 1 人表示对居委会很满意，占总体的 0.4%；表示满意的有 67 人，占总体的 27.3%；表示不太满意的有 36 人，占总体的 14.7%；表示不满意的有 62 人，占总体的 25.3%；表示不了解无法评价的有 51 人，占总体的 20.8%，换言之，对居委会未达到满意程度的共占总体 40.0%，且 20.8% 的人表示对居委会不了解。上述数据大致反映出社区居民对居委会的满意度较低。

失地农民集中居住的过程，也是其适应社区生活的过程。从他们的生产生活方式、居住方式、交往方式以及社区管理状况，可以大致了解其对社区生活的适应情况。根据调查，结合各个方面的情况，可以看出失地农民对社区生活的适应情况不理想。然而，失地农民的适应性问题又与其可持续发展问题紧密相关。只有当他们充分适应新生活时，其才能有效进行生产活动。为提高失地农民集中居住过程中的适应性，我们提出以下建议。

首先，为帮助失地农民尽快适应生产方式方面的转变，我们认为可以从两个方面着手。是国家层面。一方面，政府可以制定相关优惠政策，鼓励劳动密集型企业在失地农民集中而本地劳务市场较小的地区开设工厂，以吸纳更多的劳动力。同时可以鼓励青壮年失地农民自主创业，国家为其提供专项零利息贷款。另一方面，负责失地农民再就业的政府部门应该加强与再就业技能培训机构的联系，协调好培训内容，应该进行有针对性、有市场的培训，切实达到提高失地农民素质的培训目的。二是失地农民层面。到了新的环境，失地农民应逐步转变思想，自觉走出去，到经济发达地区去寻找更多的就业机会。此外，失地农民应顺应当前的社会发展趋势，提高自身素质，学习实用的就业技能，应认识到有一技之长才能更好地适应当前的生活，适应社会。

其次，为使失地农民能更好地适应社区居住方式，要先进行合理的社区规划，这主要是在社区建设前期的规划上。对社区布局的设计、住房以及公共场所的规划都要有严格的标准，综合考虑各方面的因素，提高失地农民生活的便利性和舒适度，如合理规划社区内的公共用地、提高其可利用性等。

再次，社会交往的改善与巩固是失地农民适应城市生活的重要环节。社会交往问题的解决需要个人、政府、社会等多方面的努力。作为个人，失地农民要以更积极的状态面对生活，破除落后的思想观念，汲取新思想的精华，努力完善自己，改善生活。作为政府，一方面要更好地保障农民的基本生活；另一方面则应该加强引导和辅助职能，完善各种公共设施，给人们的交流及学习提供更多更好的平台。而社会则应该对失地农民多一份尊重，多一份包容。

最后，加强社区管理的措施需要针对存在的问题进行具体分析。第一，社区管理中存在公共基础设施配置不合理，以及开设的场所无法满足失地农民休闲娱乐需要的问题。由于社区内对休闲娱乐需求较大的是老年人和儿童，因此公共基础设施的类型应以简单的健身设施和游乐设施为主，并尽量丰富其种类，保证其质量安全。开设场所的数量应考虑社区人口规模，而场所的类型应以方便居民日常生活的购物和卫生场所为主，并在听取居民建议的基础上适当增加有其他功能的场所。第二，在社区存在的环境卫生问题上，需要居委会对社区环境卫生情况进行盘查，了解卫生状况；增加清洁人员，明确清洁范围和工作；分区域进行卫生评选工作，对卫生工作出色的单元楼进行奖励；定期进行卫生检查，提高环境卫生管理的广度和深度。在绿化方面，合理规划绿化面积，适当增加植被种类，对植物进行定期的统一护理，不仅要发挥其美化作用，也要发挥其减少噪声污染的作用。在噪声污染方面，合理规划活动场所，增加活动的有序性。第三，在治安管理方面，选拔合格的治安管理人员，加强对租住社区住房的居民的审查和登记工作，并对出现的治安管理问题及时采取措施予以解决。建立和完善相关管理制度，形成有效的治安管理体系。第四，在社区文化管理方面，居委会应主动宣传与居民相关的政策方针，引导居民的各项活动走上正轨。同时，积极举办社区文化活动，保留传统节日活动形式，创新社区集体活动类型，增进社区居民间的交往。第五，居委会必须发挥其核心的领导作用，主动有效地行使其职能，这是社区所有工作得以正常开展的前提。因此对于居委会，需要严格选拔居委会成员，实行领导负责制，提升服务意识和服务方式，实现社区管理的创新。此外，成立专门的督察小组，对居委会日常工作进行监督。同时，成立专门的民意调查小组，鼓励居民对居委会的工作提意见，按期主动进行走访，加强与居民的沟通，了解其需求，切实解决居民问题。

三 失地农民的适应性困境

（一）失地农民的收入来源呈现不稳定性

收入是农民可持续发展中最为重要的金融资本。收入来源的变化影响着失地农民生活的方方面面。对于失地农民而言，失地之前的生产方式是农业生产，失地之后转变为工商业和服务业等非农领域。[①] 失地后，农民没有了土地这一强大保障，必须寻求新的收入来源。长期实行的城乡隔离政策和二元社会结构导致农民的素质较为低下，在离开土地后，他们缺乏一项谋生的技能。[②] 加之当地政府的创业扶持政策缺位、金融信贷排斥等因素，极大地影响了失地农民再就业。对于大部分青壮年失地农民来说，他们选择了打工。据调查，温馨小区有76%的青壮年失地农民选择在杨区内打工，仅有24%选择到外地打工。由于受到自身知识水平、劳动技能、工作经验，以及一些家庭因素的限制，失地农民更倾向于在本地寻找收入来源。但在社区附近，他们能够从事的也仅是一些收入微薄的工作，如建筑、清洁、搬运等。选择在本地打工的76%的人中，有81.5%的人每月工资在700~1200元。同时，由于失地农民不断增多，杨区的劳动力市场处于饱和状态，导致许多失地农民没有固定工作，以打零工为主，收入来源

[①] 叶继红：《试论影响失地农民城市适应能力的因素》，《农村经济》2007年第3期，第114—116页。

[②] 杨涛、施国庆：《我国失地农民问题研究综述》，《南京社会科学》2006年第7期，第102—109页。

极不稳定,甚至出现了不少闲置劳动力①,完全没有收入来源,生计问题堪忧。

案例2-1:穆先生,36岁,初中毕业,居住在温馨小区12号楼,收入来源不稳定。穆先生没有固定的工作,平时在杨区附近打零工。有时到小餐馆打杂活,有时替别人搬运家具,有时又给别人刷墙。每月平均工资为1500元左右,收入最低的时候一个月只有约500元。妻子失业,家中有一位老人,两个孩子读初中,生活过得十分窘迫。

案例2-2:刘女士,27岁,初中毕业,目前居住在温馨小区8号楼,在杨区某服装店当服务员。本来打算外出打工,但由于自己从未出远门,不了解自己适合从事哪些工作,考虑到家庭和安全因素,放弃了这一打算。在服装店中,她每月底薪为700元,每售出一件衣服提成一元,其每月平均工资约为750元。服装店不包吃住,每天吃住必须回家。家中有两位老人和一个3岁小孩,生活支出远大于收入。

当然,除了留在本地打工的劳动力外,有24%的劳动力流向外地,其中大部分外出劳动力集中在河南、山东、湖南、广东等省份,他们平均每月收入在1500元左右,每月给予家庭的费用平均仅为550元,最低仅为200元。同时,他们也主要从事一些艰辛的体力劳动。如温馨小区的李某和妻子都在河南某地从事信件配送工作,没有节假日,每人每月工资仅为1200元。他们租了一间小平房,房子每月租金为550元,生活环境差。夫妻两人每月省吃俭用给家里寄1000元。家中有两位老人照料家务,两个孩子在上学,女儿上高中,男孩上初中,学费负担沉重。显然,低收入和不稳定的收入来源,让失地农民的生活陷入了前所未有的困境,给他们的生活带来了巨大的压力。这表明失地农民的生存处于边缘化状态,他们从事着大部分城市人不愿干的职业,拿着低于城市人的工资,无法享有和城市人一样的权利。② 在这样的压力下,失地农民在激烈的工作竞争中被迫选

---

① 闲置劳动力则依靠征地补偿或国家补贴为生,完全无收入,但这不是一个静态固定状态,他们会一直寻找打零工的机会。
② 张海波、童星:《我国城市化进程中失地农民的社会适应》,《社会科学研究》2006年第2期,第86—106页。

择了工作强度更大、难度更高的工作。

(二) 失地农民的生活成本大幅增加

失地之前，农民通过以种植为主的农业劳动从土地上获得了大部分生存发展所需要的生存物质，如粮食、蔬菜、油、水果等。这些物质资源满足了他们的日常需求，从而减少了他们的购买消费行为。这样近乎自给自足的生活方式，生活成本是相当低的。加之农民一般习惯于朴素简单的生活，生活成本在这种状态下自然也就很低。商品化是城市化的特征之一，相对于原来的村庄，社区生活是开放的、商品化的。如今农民的可持续发展所需要的一切物质资源，如粮食、蔬菜等都必须像城市人一样用购买的方式获得。过去土地能够生产出来的物质资料，现在都变成了要用金钱去购买的商品，消费行为在他们的生活中骤然增加。由于农民受教育程度较低，专业技能欠缺，他们在城市劳动力市场中处于劣势，因此他们所获得的收入十分有限。但是"上楼"之后，他们不得不像城里人一样，进行着各种各样的基本消费行为，参与调查的98%的失地农民都反映生活成本大幅度增加。从原来的自给自足，甚至有所剩余到完全商品化，这是他们对于未来的可持续生计问题感到十分焦虑与无奈的主要原因。

案例2-3：杜先生，54岁，家中总人口为5人，居住在温馨小区9号楼，现在杨区附近打零工，每月收入约为700元。妻子无收入，主要在家做家务、照顾孙子。儿子在哈尔滨打工，每月工资为2000元左右。儿媳在杨区附近打工，每月工资为1000元左右。儿子、儿媳每月给予1000元左右生活费。失地前，除了儿子、儿媳外出打工外，杜先生和妻子均在家务农。当时家中有3.5亩地，种有小麦、蔬菜、花生、土豆、玉米等。每年土地的收成完全可以满足他们对粮食的需求，并能把剩余的粮食拿到市场上买。他们几乎不用到市场上购买食物，只吃自家种的粮食、蔬菜，用的油也是自家菜籽或花生榨的。这样下来，每月的伙食费最多只有100元左右。但失地后，粮食、蔬菜、油、盐都必须到市场上购买。杜先生表示，现在每天在买菜上的花费最低也要15元。加上油、盐、调料等，每月最低伙食费要550元左右。失地前，他家用的是井水，不需要花钱。进入温馨小区后，家里用社区统一供应的自来水，每立方米1.5元，每月最少要用10立方水，约15元水费。失地前，杜先生家使用柴草作为燃料，柴草是干枯的树枝、秸秆等，无需任何成本。现在用上了天然气，每月至少要花去100元的天然气费。同时，由于杜先生现居住的宅基地共有110平方米，因此每年的供暖费需要1100元。同时，由于市场距离缩短，加强了购物的方便性，杜先生的孙子每月花销近600元。

从上述杜先生的案例可以看出，用水从井水变为自来水，家庭燃料从柴草变为天然气，这些可利用资源的改变大大地增加了失地农民的生活成本。商品化在给失地农民带来城市化的舒适感的同时，也带来了沉重的负担。当然，在失地农民生活环境改变以后，也出现了一些被动的消费行为，如"上楼"之后的取暖费，这些消费行为在一定程度上也促进了生活成本的增加。

(三) 失地农民的社区归属感缺失

由居住空间的改变而带来的失地农民心理不适应性也异常明显。这种怀旧心理在老年人身上尤为突出，老人对现住小区的归属感不强，90%的中老年人对小区的生活方式都觉得不适应。对于他们这个年龄段的人来说，他们在农村过了大半辈子，已经适应了农家小院那种以种地为生的恬淡宁静的生活，现在搬进小区，住进楼房，尤其觉得空间狭小，气氛沉闷，身体很不适应。他们对新房子里的现代化设施的使用也难以适应，认为天然气使用就是高难度的技术。

另外，住进温馨小区以前，失地农民祖祖辈辈生活在有一定血缘关系的熟人社会，大家在农闲时一起聊天，谁家有困难，大家便一起支援，邻里关系十分融洽。失地后，农民搬到了新小区，以前的老邻居也分散住进不同的楼层。同时，由于温馨小区里住了很多别村的人，或者是社会上租房的人，因此失地农民的交往发生变化。这种交往空间的变化对于习惯了都市生活的年轻人来说是件好事，他们在这个环境中可以认识更多的人，扩大自己的交往网络，但是对于中老年人来说，这种日子是很难熬的，加之他们无地可种，整天没有事情做，以前的老朋友又离得远，走动也越来越少。现年60岁的淡先生，在失地前种植了2亩桃树，每亩收入每年有1.3万元左右。除去每年的生活花费还有不少的结余，可是现在没有了土地，也就断了这笔收入，如今整天都要花钱，生活费用又高，他觉得生活越发难过了。当然,对失地农民来说,失去了土地,他们觉得个人价值就难以实现。于是,在温馨小区的门口,好多老人就拿着小凳子坐在那里,看着来往人群,内心似乎显得非常孤独。在调查当中,很多老人都称自己住的小区为"伤心小区"。由此可见,这种政府主导下农民生活方式的急剧变迁对于许多老龄失地农民而言是难以在短时间完全适应的,而且这种适应过程是一个漫长的、内心充满煎熬的过程。

(四)新型社区管理的无序化

新型社区管理问题无疑是影响失地农民的又一个重要因素。在失地前村民接受各村村支部和村委会的领导,村干部与农民之间都是十分熟悉的,无论是宣传国家政策还是为农民办事都十分方便高效。但是自从三个村子的居民搬进小区之后,居住方式并不是按照原来的村落集合在一起,很多农户分散居住在不同的楼层上。现在温馨小区居委会成为唯一管理机构,而且居委会经常没有工作人员值班,这无疑会给居民生活造成诸多不便。

除此之外,小区的物业管理成为一个比较严重的问题。失地前农民居住在自家院子,自己打扫卫生。现在农民搬进了小区,政府征地后补给农民的只有住房,其他空间都是小区的公共空间。楼道、绿地都变成了公共空间,于是公共空间的管理成为一个突出问题。调查发现,温馨小区的物业管理的确存在很多问题。首先就是卫生不合格,楼道无人打扫卫生,垃圾遍地,甚至有的楼道会发出很难闻的气味。较低层的楼道内还停放着居民的电动车和摩托车,原因是在温馨小区的车棚内放车不够安全,这个棚子除了可以挡雨之外,完全没有安全保障。附近100米之内都没有任何的监控以及保护措施,甚至连小区的主干道以及门口都没有安装监控设备,这无疑就给了社会上不法分子以可乘之机。因此偷车事故频发,这让小区居民人心惶惶。小区的绿化也是不达标的,很多绿地都被破坏了,有农民随意在上面种植了玉米等作物,小区管理人员也置之不顾。还有就是电梯等基础设施出故障后,居民报修,物业或拖拉延迟,修理不及时,或草率应付,维修质量不高,小区居民苦不堪言。可见,失地农民一方面对政策、管理和社区服务表现出依赖与期望,另一方面又对政策、管理和服务表现出强烈不满。这种对制度环境认同的失衡来源于失地农民在制度上的

"市民身份"和"非市民待遇"之间的冲突。[1]

四 对策与建议

毋庸置疑，上述的调查结果并不能全方位反映失地农民的城市适应问题，但是由此观之，城乡一体化进程中失地农民的城市适应问题已经十分突出。在某种程度上而言，城市化进程的加快是以失地农民的生计方式转型为代价的。因此，在政府大力推进城市化的时代背景下，针对当前失地农民的城市适应困境，笔者认为可以从下述几个主要方面入手。

（一）地方政府要确保失地农民的生活有保障

地方政府要定期对社区内失地农民的生活状况进行详细调查，根据失地农民的家庭人口数量、劳动能力、就业现状以及家庭贫困程度等因素，制定合适的土地补偿标准，保障失地农民的最低生活标准。另外，考虑到失地农民的收入不稳定性因素，地方政府应适当降低小区内的水、电、天然气及暖气等各种收费标准，以减轻失地农民的生计压力。同时，确保失地农民在一定时期内不受非农业户口的限制，继续享受一定的惠民政策，如家电下乡等优惠政策。唯有如此，才能使失地农民逐步完成从农民到市民的角色转化，同时也有利于提高其生活水平。因此，政府必须充分认识到失地农民的特殊性及保护其权益的重要性，把由此产生的负担看作政府推进城市化付出的必然成本，努力提高失地农民的社会保障水平，避免在未来形成新的贫困阶层，减少社会不稳定因素。[2]

（二）地方政府要着力开拓失地农民的就业平台

目前解决失地农民问题只考虑补偿和保障是不够的，失地农民长远生计的保障方面存在制度缺失，未来政府应该制定失地农民的可持续长远生存战略。建立完善的创业支持体系，全方位地促进和支持失地农民创业是该战略的重要组成部分。[3] 其实，失地农民城市适应的核心问题在于就业

---

[1] 郁晓晖、张海波：《失地农民的社会认同与社会建构》，《中国农村观察》2006年第1期，第46—56页。
[2] 刘家强、罗蓉、石建昌：《可持续生计视野下的失地农民社会保障制度研究：基于成都市的调查与思考》，《人口研究》2007年第4期。
[3] 郑风田、孙谨：《从生存到发展——论我国失地农民创业支持体系的构建》，《经济学家》2006年第1期，54－61页。

问题。地方政府要鼓励失地农民自主创业，并对创业者实施政策优惠和财政扶持，促使失地农民自我发展。另外，地方政府要对失地农民进行技能培训，提高自身素质和工作能力，为其适应城市工作岗位奠定基础。除此之外，地方政府应该鼓励企业、事业单位积极承担社会责任，尽其可能为失地农民提供就业机会。

（三）动员失地农民积极参与新型社区管理

社区管理质量的高低不仅关系着失地农民对新型社区的认同度，而且也影响着失地农民能否顺利适应城市生活方式。因此，社区相关管理机构（社区居委会）要积极倾听失地农民的心声，在充分尊重失地农民的建议和意见的基础上进行民主商榷，一切计划要以他们的利益为导向。最为重要的是，社区的各项公共事务支出应该透明化，确保失地农民的知情权和监督权，以此增强他们参与社区管理的积极性和责任心。同时，新型社区管理机构要多组织开展一些社区文化活动，并鼓励失地农民积极参加，以此增强社区凝聚力和团结力，为失地农民快速适应新的生活方式并融入新型社区奠定坚实的基础。政府在其中起到了主导作用，政府主导的意蕴明显掩盖了民间社会自身的努力。[1] 加强农村公共服务，通过服务增强人们的社区归属感和认同感，这是当前农村社区建设的正确方向，也是构建新型社会生活共同体的必由之路。[2]

（四）确保政府的主导地位和农民的主体地位有机结合

组织化参与机制实际上就是在社区内部成立各种自组织，即社区社会组织。鉴于当前农村自组织发育还不完善，难以有效承接各种类型的社区服务，政府应大力扶持参与农村社区建设和服务的社会组织，增强社区服务功能。而对于个体化的参与，除了号召农民参与社区居委会的选举、治理、监督之外，还应该扩大志愿互助参与，让各种类型的农民都能参与到社区建设中来。[3]

---

[1] 谷中原、吴晓林：《农村社区建设与管理》，北京大学出版社，2012，第47页。
[2] 项继权：《中国农村建设：百年探索及路径转换》，《甘肃行政学院学报》2009年第2期，第87—94页。
[3] 陈建胜：《城乡一体化视野下的农村社区建设》，《浙江学刊》2011年第5期，第41—46页。

(五) 重构农村社区认同

政府主导的新型农村社区建设是基于詹姆斯·斯科特所谓"极端现代化意识形态"主导的"国家的视角",强调整齐划一的社区,不仅便于管理,而且可以节约政府的投资成本。极端现代化意识形态使政府官员特别相信,随着科学地掌握自然规律,人们可以理性地设计社会的秩序。[①] 另外,农村社区建设模式不能千篇一律,要因地制宜,应考虑经济发展的区域性差异。新型农村社区建设是一个系统复杂的实践过程,需要因地制宜,充分考虑地方社会经济发展的差异性。

(六) 政府对农户宅基地制定严格的管理和使用制度

政府和村级组织应加大对旧村农户宅基地的改造力度,并形成一套严格的管理和使用制度,以此达到促进土地流转、增加农民收入的目的。地方政府要对旧宅基地管理和使用形成一套的严格管理制度。对于村庄内低保户等穷人,要加大扶持力度,争取使他们搬迁到新型社区里,建立新型农村社区,充分利用旧宅基地,不浪费耕地资源。

第三节 小城镇型农民集中居住及其文化适应性研究

——以陕西省邑县王家社区为例

一 引言

党的十六届六中全会《关于构建社会主义和谐社会若干问题的决定》提出"积极推进农村社区建设,健全新型社区管理和服务体制,把社区建设成为管理有序、服务完善、文明祥和的社会生活共同体"。由此可见,农村社区建设对创新农村社会管理体制、统筹城乡均衡发展、构建和谐社会起到了重要的作用。进入21世纪以来,伴随城市化进程的加快,中国农村社会发展进入了新的转型阶段。尤其是东部相对发达的地区正大力推进合村并居,通过旧村改造和撤村并居等形式进行新农村社区建设。随着合

[①] [美]詹姆斯·斯科特:《国家的视角:那些试图改善人类状况的项目是如何失败的》,王晓毅译,社会科学文献出版社,2004。

村并居的广泛展开，许多地方出现了大规模的"造城运动"，使村落数量快速减少，而新建的集中化楼房居住区大量涌现。① 在经济欠发达地区，新型农村社区建设也在如火如荼进行。

农村社区建设旨在构建新型的农村社会生活共同体，实现农村社区及整个社会的融合，也是我国农村基层组织与管理方式的重大变革和制度创新，是新时期、新阶段我国农村的一项重大的社会建设工程，具有十分重要的现实意义和深远的历史意义。② 在西方，"城市化"一词是指居住在城市中的人口比例逐渐增长，与之相伴的是经济活动、管理和政治组织以及乡村地区通信网络的集中。③ 从历史上看，人类的城市化几乎发生在一夜之间。早在1850年，世界上没有一个国家的城市化像现在一样。当时只有超过10万人居住在城市，仅占世界总人口的2%。世界上最快速的城市化发生在19世纪的英国和美国，而20世纪时，城市化的加速则在另一些国家被世人见证。城市的数量在不断增长，这是因为相比农村，城市能够提供给人们更多的社会和经济福利。④ 从中国城乡社会变迁的历史看，城市与乡村始终构成了同一进程的两侧。从当代中国城镇化的进程看，城镇化每一阶段的推进必然牵涉乡村，引发农村、农业和农民的许多方面的实际反应。⑤ 毋庸讳言，这种由政府主导的"规划性变迁"⑥ 已经对农村社区建设产生了重要的影响，在极大改善了农村社区环境的同时，对农民原有的日常生活也产生了重要的影响。集中居住使个人与家庭的生活空间及社区与邻里的公共空间被高度压缩，同时还拉大了农民住所与土地之间的距离，增加了农民的生产成本与劳动负担。可以说，农村的城市化清除了农

---

① 林聚任：《村庄合并与农村社区化发展》，《人文杂志》2012年第1期，第160—164页。
② 项继权：《农村社区建设：社会融合与治理转型》，《社会主义研究》2008年第2期，第61—65页。
③ J. Friedmann, *The Prospect of Cities* (Minneapolis: University of Minnesota Press, 2002). G. Germani, *The Sociology of Modernization* (New Brunswick, NJ: Transaction Books, 1981), p. 203. N. Iverson, (ed.), *Urbanism and Urbanization: Views, Aspects, and Dimensions* (Leiden: E. J. Brill, 1984).
④ Steven Vago, *Social Change* (影印版)，北京大学出版社，2005，第112页。
⑤ 杨敏：《新型城镇化过程中"新三农"发展格局的构建》，《学术论坛》2013年第9期，第78—94页。
⑥ 许远旺：《规划性变迁：机制与限度——中国农村社区建设的路径分析》，博士学位论文，华中师范大学，2010，第123页。

业生产的环境与条件，也剥夺了农民生计的资源基础。[1]

当下的新农村建设在相当程度上也是百年来乡村建设运动的延续，从根本上说，一个世纪以来的农村建设和发展问题都是在中国现代化过程中农业和农村的发展问题，也是农业社会向现代社会转型中的问题。[2] 政府在其中起到了主导作用，政府主导的意蕴明显掩盖了民间社会自身的努力。[3] 加强农村公共服务，通过服务增强人们的社区归属感和认同感，这是当前农村社区建设的正确方向，也是构建新型社会生活共同体的必由之路。[4] 尽管近年来，学界关于农村社区建设的研究成果较多，但是当前农村社区谁来建设、怎样建设、从何处着手展开更有效等核心问题仍未解决，农村社区建设的现实可操作性有待提升。[5] 因此，在农村社区建设中必须将制度制定与实施有机结合起来，充分发挥农民主体在构建新型农村社会生活共同体中的作用，使农村社区建设既能适应新时期乡村治理的需要，促进农村各项事业全面发展，使广大农民真正从中受益，同时也有利于维护国家的政治稳定与经济发展。[6]

二 调研地点基本情况

邑县郑镇位于该县的西部，距县城19公里，三面临沟，东与太村镇相连，镇域面积40平方公里，耕地总面积两万七千多亩，主导产业——苹果种植的面积为两万三千多亩。王家社区位于郑镇区以南，由王家村、李家村、郑家村三个村组成，辐射带动席家村、贾家村等村的发展，规划占地500亩。目前，已初步建成王家、李家及郑家三个村民居住小区和全镇农民进城镇居住落户的小区，建成民宅360户、多层居民楼4栋168户、两

---

[1] 叶敬忠、孟英华：《土地增减挂钩及其发展主义逻辑》，《农业经济问题》2012年第10期，第43—50页。
[2] 项继权：《中国农村建设：百年探索及路径转换》，《甘肃行政学院学报》2009年第2期，第87—94页。
[3] 谷中原、吴晓林：《农村社区建设与管理》，北京大学出版社，2012，第47页。
[4] 项继权：《中国农村建设：百年探索及路径转换》，《甘肃行政学院学报》2009年第2期，第87—94页。
[5] 马光选：《新农村社区建设：目标与限度》，《甘肃行政学院学报》2009年第2期，第95—101页。
[6] 李增元：《农村社区建设：治理转型与共同体构建》，《东南学术》2009年第3期，第26—31页。

层商住楼 330 间、综合服务中心 1200 平方米、果蔬批发市场 1.1 万平方米、中心幼儿园 1100 平方米，先后被授予省级卫生村、市级平安村及卫生村等称号。"迁村并居"是城乡一体化建设的重要举措，但目前多数地区采用的直接转换方式已经表现出了诸多问题，急需从组织机构、职能设置、经费制度及人才机制等方面予以完善，并针对农民权益保护的重要需求提供针对性解决措施，学者李长健针对农民集中居住的治理困境以及存在的问题提出了建议和对策。①

三　调查发现

王家社区是郑镇的第一个新型社区，位于郑镇政府东南 1.5 公里处。社区居民由原来的王家村、郑家村及李家村三个行政村的部分农户构成。由于王家社区主要是以王家村的农户为主，因此就以王家社区命名。王家社区共有 120 户王家人、40 户李家村的人、80 户郑家村的人。可见，新建的社区已经打破了行政村的边界，容纳了来自不同村庄的农户。课题组于 2013 年 8 月在郑镇王家社区中的幸福小区进行调查，发放问卷 200 份，回收问卷 196 份，有效问卷 187 份，有效回收率为 95.4%。

如表 2-44 所示，整个样本的基本情况如下：从调查对象的性别方面来分析，男性占 52.4%，女性占 47.6%；从年龄结构来看，30 岁及以下的只有 14 个人，占样本的 7.5%，31 岁以上的占 92.5%，这个地区的青年人所占比例不高，青年劳动力流失，主要原因是青壮年劳动力外出打工，苹果的种植需要较高强度的劳动，一些年轻人难以承受，宁愿选择打工也不愿回到家乡种植苹果，而这个地区还存在 70 岁的老人下地从事生产活动的现象；从受教育程度上来分析，没上过学的有 34.2%，占总样本的 1/3 多，初中及以下学历的人占 83.9%，本科及以上的仅有两人，说明这个地区的教育发展还很落后。通过对陕西省郑镇王家社区的实地调查，我们可以大致了解到西部地区新型农村社区的建设现状。对于王家社区而言，新型农村社区建设极大地改善了农民的居住环境和生活质量，主要体现在下述四个方面。

---

① 李长健：《"迁村并居"后的治理困境》，《人民论坛》2010 年第 10 期，第 52—53 页。

表 2-44　调查样本基本情况

	变量	频数	百分比（%）
性别	女	89	47.6
	男	98	52.4
年龄	30 岁及以下	14	7.5
	31~40 岁	44	23.5
	41~50 岁	69	36.9
	51~60 岁	39	20.9
	60 岁以上	21	11.2
学历	从未上过学	64	34.2
	小学	38	20.3
	初中	55	29.4
	高中	21	11.2
	专科	7	3.7
	本科及以上	2	1.1

（一）农民宅基地远离滑坡危险，村庄规划从无序走向有序

王家村原来的村址靠近沟边，在雨季时沟壑容易滑坡，威胁着王家村的许多农户。在 2008 年之前，村庄农户的宅基地都是在老村的基础上划拨地基，而且没有统一的规划，农户之间可以兑换，只是这些新的宅基地距离沟边远了 1~2 公里。但是自从 2007 年邑县被划为全国新型农村社区建设试点县以来，新型农村社区建设的热潮在全县范围内涌动。王家村的村支书思想观念开放，当时就积极响应政府的号召，开始动员王家村村民抛弃旧思想，要专门划出一片空地建设统一的新型社区。当时许多农户对这一想法持怀疑态度，因为他们担心把平整的耕地用于建设房屋，觉得有点可惜，再说耕地上还有苹果树，都不愿意砍树。但是，村书记开始动员农户时主要的困难是置换出新型宅基地，然后才有可能建设新型统一社区。自从置换出 200 亩土地之后，王家村的新型宅基地规划都在距离郑镇 1.5 公里处，不再允许农户在老村里盖新房。这样，新型农村社区建设才有了保障。

（二）新农户住宅整齐划一，社区基础设施齐全

农村社区公共设施是社区建设的物质载体，是农户进行生活和生产活

动的基础。王家社区总面积为5.5万平方米,可容纳民宅500户左右。目前,王家社区由7条街构成,即王家村的120户,占据四条街;郑家村的80户,占据一条靠近郑镇的主街;李家村的40户,占据两条街。每条街路面都是水泥硬化的,路面宽5米,排水设施俱全。农户住宅都是由政府统一设计和建设,每户三室两厅两卫(约124平方米),地梁、柱子、彩瓦、装饰挂件等一应俱全。社区基础设施也很齐全,村办公室占地270平方米,配套桌椅25套;社区综合服务中心占地520平方米,休闲广场及公共绿地占地20000平方米;铺筑水泥街道1400米、供水管网5000米,地埋电缆2000米;入户电话宽带160户;安装路灯20盏,道沿2000米;铺设自来水入户管道1800米,且延伸输水管网,接通全村自来水;铺设下水道1400米、移动信息线路1000米,并设有两处垃圾堆放点。正是由于农户集中居住在统一规划的新型社区里,政府才能集中、有效地利用有限资金进行社区的基础设施建设。社区基础设施的完善对于美化社区居住环境以及方便民众生活都起到非常重要的作用。

(三) 社区服务体系更加完善,为留守人口群体提供了便利

随着王家社区基础设施的建设,其社会服务体系也显著改善。王家社区服务中心设有1间图书馆,配套图书5000余册,为村民提供了学习的场所和条件。2009年郑镇某煤矿公司投资200万元建设了1所幼儿园,目前共有学生160名,其中也有来自附近其他村庄的孩子;教师共有15名,都是从县里调过来的。在新建这所幼儿园之前,各个村上都有私人幼儿园,但教育质量差。各村原来的小学也因王家社区建立后许多孩子到离家较近的郑镇中心小学就读而于2011年相继撤销。王家社区有一处农村医疗卫生服务室,为留守老人和留守儿童的就医提供了极大的方便。另外,社区有3家商店,基本上能满足村民的日常生活需求。由于出现了7条公共的社区街道,现在街道的卫生工作都是由社区服务中心安排部分农户负责打扫,这些农户每月可以从社区服务中心领取一定的劳务费。由此可见,农村社区服务体系的完善为社区农户提供了极大的方便,同时也对改善教育环境和卫生环境等方面提供了基本保障。总的来说,王家社区的环境有了很大的改善,社区周围的医疗卫生设施和教育设施完备,调查当中发现,89.9%的农户认为新社区的环境较自己原来居住的村落有了很大的改善,包括社区绿化、公共设施建设、合作医疗点构建等,66%的农户对新社区

的医疗条件和服务表示"满意"。

（四）形成新的社区文化活动空间，丰富了村民的文化生活

新型农村社区公共文化设施的配套建设是形成社区农户新的文化活动空间的基础。在王家社区建设之前，王家村、李家村和郑家村每个村庄里都有一个庙，每年正月十五，各村村民都在各自庙前放烟火，以祈求新年的平安和吉祥。现在，在王家社区里修建了一个占地近两万平方米的五龙文化广场。郑镇政府每年都要安排的文艺会演，就在该广场上举行。文艺会演主要由镇政府组织，各个村庄都派代表来参加，比赛项目有拔河、扭秧歌等形式。有时候郑镇政府开大型会议也设在五龙文化广场上。这些活动在一定程度上对于提升人们的文化生活水平及保持留守人口的身心健康有着很重要的作用。

四　主要问题

从我国农村社区建设的兴起背景与发展历程来看，它是一场规划性变迁过程，政府在社区建设中扮演了积极能动者和行动主体的角色，起到了动员、组织、引导、规划和推动的重要作用。与传统内发和自然生长的社区不同，现代意义上的社区主要是一种计划性或规划性社区，体现了国家自上而下、由外向内地进行整合和理性建构的特点。① 毫无疑问，农村社区建设离不开政府的引导和支持，但是如果单纯从国家或者地方政府的视角去着力推动农村社区建设，可能还存在如下一些问题。

（一）新型社区呈现"形似而神不似"的过渡性特征

目前的村庄合并，多是停留在把村民的居住集中在一起，或者先把行政机构合并在一起。从表面上看，这打破了原有村庄的行政界限和社会边界，但实际上它们还没有完全融合成一个真正意义上的社区。其内部仍然保留原村庄"各自为政"的特点，各村自我管理，统一的社区化管理或组织还不健全。② 对村庄合并之后所建立的新型社区的管理，应不同于传统的

---

① 许远旺：《规划性变迁：机制与限度——中国农村社区建设的路径分析》，博士学位论文，华中师范大学，2010，第123页。
② 林聚任：《村庄合并与农村社区化发展》，《人文杂志》2012年第1期，第160—164页。

村庄式管理和城市社区管理。因为这类新型社区是既不同于传统村庄也不同于城市社区的一种新型生活单位，其具有一些新的特点。尤其是对于西部地区来说，由于城市化水平较低，新型社区的建设大多只是把农民在空间上集中于新建社区之内，而没有对社区的治理进行长期规划，对于社区的管理机构及人员也没有进行良好的设置与分配，使新型社区显现出"形似而神不似"的特征。通俗点来说，其只是建得像城市社区，而并没有达到城市社区应有的管理水平及社区认同，从而也就实现不了对新型社区的重新整合，使新型社区的治理出现了困难。以王家社区为例，原来的村干部虽然名义上在王家社区里任干部，但是在各村里仍然设有村"两委"办公室。住在王家社区里的农户，如果遇到问题还是习惯于找以前各村的村干部。土地流转也没有打破村与村之间的界限，都是在各村内部展开。另外，对来自乡镇以上的扶贫项目，王家社区的负责人无权分配，只能等待镇上统一安排，而且分配还是以原来行政村为单位进行的。例如，王家村由于启动社区建设项目比较早，最早搬进王家社区的王家村农户就能得到县计划局每户每人5000元的补贴，而后来的其他行政村的农户则没有享受到这种政策支持。从王家社区的这些现象中，可以看出社区治理在机构设置及人员配置上存在一定的问题，导致了社区治理的不科学；而正是王家社区在治理上的不科学，才导致了居民对于社区事务的不了解。由此可见，当前政府推动这种新型农村社区建设具有空间上的社区含义，但是缺乏实质意义的整合和融合，使新型社区管理呈现"有名无实""大社区，小管理"的治理格局。

同时，搬入新社区后，大多数农民的主要经济来源还是务农，外出打工的比重占28.3%，农民表示农闲时他们可能会去外地打工，如此既可以打发空闲时间又可以增加家庭收入。但同时我们也了解到外出打工的劳动力主要集中于青壮年，年龄偏大的农民表示更愿意在家中劳作。接下来依次是在附近打零工和做小生意的农民，各占11.8%和7.5%，他们大多还是以务农为主，打零工和做小生意都主要是作为副业。从表2-45可看出农民们的收入模式比较单一，并且农业生产对土地的依赖性强，受大自然的影响大，农业收入存在不稳定性，农民集中居住后的收入来源没有发生较大改变。

表 2-45　新社区农户的收入来源情况（多选）

项目	频数	百分比（%）
务农	156	83.4
外出打工	53	28.3
附近打零工	22	11.8
做小生意	14	7.5
政府补助	2	1.1
其他	6	3.2

（二）农户出现阶层分化，新型农村社区建设进程缓慢

当前，政府在推动新型农村社区建设的过程中忽视了农民群体内部的贫富分化问题。但实际情况是，经过40年的改革开放，当前农民内部阶层分化已经非常严重，这种情况对于西部地区的农民来说同样也是普遍存在的。农户进入新型农村社区是需要大量资金投入的，但依靠政府少量的补贴远远不够。当地农民大部分依然依靠苹果种植业获得收入来源，表2-46体现出了邑县的地域特色，邑县作为全国有名的苹果生产县，多数农民利用这一优势来保证自己的收入。相比之下，粮食种植所占的比例就只有19.8%，大多数的农民们在生活方式方面的调查中表示家中的粮食主要来源是到集市上购买。但是有少部分经济条件较差的农户只能通过自己种植的粮食来满足基本的生活需要。

表 2-46　种地农民生产类型

项目	频数	百分比（%）
粮食种植	37	19.8
经营果园	136	72.7
养殖	2	1.1
缺失	12	6.4
合计	187	100.0

在调查过程中，笔者了解到经营果园需要较大强度的劳动力，不单单是每天的浇水施肥，更重要的是苹果生长期间的光照培养，需要人工为苹果套袋。而村中的青壮年大多选择外出打工，由于劳动力价钱增长，雇人帮忙的现象较少，于是家中的老人成了此项重任的担当者，平均每家拥有

六亩土地，一亩土地需要套上一千来个袋子，难免会显现出力不从心的现象。同时，对于果园保险的情况，在访谈中发现各个村子的果园保险购买情况不一，有的村子集体购买，有的村子单独购买，有的村子甚至不提及，对于保险赔偿普遍没有贯彻落实，交保却难以获得赔偿，在这方面政府应该维护农民的利益。归根结底，生产模式的单一化导致农民收入风险增加，并且如果新农村想得到进一步的发展，不能单单依靠苹果产业，应该大力开发引进新兴产业，同时吸引年轻的劳动力重新回到村中，帮助新农村进一步发展壮大。

结合表2-47可见，在有效调查样本中，新型社区中有28.8%的村民拥有工作，而71.2%的村民都只是拥有临时工作，大多数村民是在农活较为清闲之时为了增加家庭收入而在村子附近找的零工，还有的村民是为新村房屋建设装修帮忙的，这些工作基本上都是由邻居、好友帮忙介绍的。村民们就业的范围几乎局限在了村子的周围，可见新型社区中居民的就业并没有能够很好地融入城市中去。

表2-47 农民就业情况：是否就业统计

	频数	百分比（%）	有效百分比（%）
是	45	24.1	28.8
否	111	59.4	71.2
缺失	31	16.6	
合计	187	100.0	100.0

王家社区的房子规划都由乡镇统一安排，由固定的建筑队施工修建，农户只需要支付资金。笔者调查发现，搬进新型社区的农户都是家庭条件经济较好，且有劳动力在外打工（做装修工、煤矿临时工等），或是能从亲戚、朋友处借到钱的。王家社区统一建设的新型房屋，2008年时一套大约需要12万元，加之一户能得到2万元的政府补贴，所以农户至少需要自己支付10万元才能修建政府统一规划的新型房屋，这些资金对普通农户而言是一笔巨大的开支。因此，首先搬进王家社区的农户都是家庭较为富裕者。其他家庭经济条件一般的农户为了能搬进新社区，只能贷款或借款。通过调查发现，如表2-48所示，有效调查样本的64.9%的农户在买房时

有贷款，而贷款的农户中有 54.5% 的人选择向商业银行（或农村信用社）贷款。另外，13.4% 的农户贷款在 3 万元以下，24.6% 的农户贷款在 3 万~5 万元，贷款数额在 5 万~7 万元以及 7 万元以上的农户分别占 11.8% 和 8.0%[①]。同样，67.9% 的被调查农户在建房时有借款，其中，56.1% 的农户会选择向亲戚借款，选择向家族人和朋友借款的农户所占比重分别为 2.7% 和 9.1%。当然，农户借款的数额也不一：借款在 3 万元以下的农户占 21.9%，借款在 3 万~5 万元的农户占 20.9%，借款在 5 万~7 万元的农户占 12.3%，借款在 7 万元以上的农户占 12.8%。对于他们来说，这么大数目的贷款和借款是他们以后生活挥之不去的负担。这不禁让人思考，什么原因会促使农户这么做。除了新社区的设施良好等硬件条件外，更深层次的原因与农民的愿望有关。农民一生有两个最大的愿望：其一是有房子；其二是有（儿）媳妇。而对这片土地上的农民来说，搬进新社区能够同时实现这两个愿望。在调查中，笔者接触到一位当地的农民，他说道："我娃今年都快 28（岁）了，还没找到媳妇，前段时间本来有个女子很有希望，但她来我家一看我家是土房，就不愿和我娃结婚了。现在我贷了 7 万元在王家社区买了新房子，明年就让娃娶个媳妇回来。"这就是心系后代、安土重迁的农民所在农村的传统。

此外，政府也可以提供贷款，但必须有抵押和担保，通常一般家庭都不具备担保的条件。现在王家村仍然有许多农户没有搬进王家社区，在调查当中发现，一部分农户是由于启动新型社区建设之前他们已经修建了新房，再无资金搬迁；一部分是空巢老人和五保户、特困户等贫困群体，他们更是没有资金搬进新型社区。

表 2-48 贷款情况统计

类型	频数	百分比（%）	有效百分比（%）
有	109	58.3	64.9
无	59	31.6	35.1
缺失	19	10.2	
合计	187	100.0	100.0

---

① 还有 7.1% 的人不愿透露金额，只表示有贷款。

各个家庭经济条件的差异,也造成农民搬入新型社区时间上的不统一,使新型社区的建设过程变得漫长和缓慢。以王家社区中的主要成员王家村农户来说,王家村共有315户,2008年,王家村搬进王家社区的农户只有40户;2009年有48户;2010年仅有20户;2011年只有5户搬进新型社区;直到2012年末,共有120户搬进王家社区,还不到王家村一半的农户。显然,对农户而言,搬进新型农村社区的成本是非常高的,普通农户和贫困农户是难以接受的,因此导致了新型农村社区建设呈现渐进性,同时也呈现不彻底性与缓慢性。

(三)新型社区农户社会交往仍然呈"内倾化",社区融合遭遇阻力

王家社区从外表来看是一个规划非常整齐的社区,公共设施齐全,但是从社区内部农户的社会交往来看,显然还缺乏一定的社区认同感和归属感。虽然来自不同行政村的农户住在一起,可是他们之间的交往不多,平时还是与本村的人打交道。社会交往是主体间一种依赖性的社会关系及社会互动所构成的相对稳定的体系。根据表2-49可发现,调查的187户人家中,有42.2%为同村人,25.1%的村民的邻居是"少部分同村人","大部分同村人"和"都是别村的人"分别次之。

表2-49 同一社区同村人人数

项目	频数	百分比(%)
都是同村人	79	42.2
大部分同村人	37	19.8
少部分同村人	47	25.1
都是别村的人	21	11.2
其他	3	1.6
合计	187	100.0

之所以出现以上现象,原因是王家社区中心区域居住的都是王家本村人,有接近40%的住户,但是由王家社区中心向外辐射的周边区域居住的有其他村落的人,其中李家村集中居住一部分,但是靠近街区零零散散分布着郑家村、葛家村、郭村的人,这些人也接近30%,而且街道房屋空置现象较为严重。这些村民与王家村、李家村村民不同,老村因挖矿而导致

地下塌陷,所以他们由政府统一补贴搬到新社区。

根据上述现象,笔者对处于王家新社区的非王家村人进行了邻里状况的调查,表2-50表明,除了"非常熟悉"和"关系很好"总体占了接近42%,"比较熟悉"和"交情一般"占了很大一部分,超过50%,甚至"很陌生"也占了7.5%,这更加说明同村人之间不再像原来一样交流颇多,而异村人之间的交流更是困难。

表2-50 和同街的人的熟悉程度

项目	频数	百分比(%)
关系很好	8	4.3
非常熟悉	70	37.4
比较熟悉	61	32.6
交情一般	34	18.2
很陌生	14	7.5
合计	187	100.0

中国传统农业社会的基础单位是村落,村落是由血缘、地缘关系结合而成的一个相对独立的生活圈。村民们的生产和生活就在村落社会中展开并世代相袭。农民在失去土地的基础上住进新型社区,随着社会和地理流动性的增加,他们逐渐"从过去那种盘根错节、相对同质性的共同体中解放出来",[①] 他们需要接受其他村落的村民,过去上百年的血缘血脉受到新型社区的冲击,他们需要或者说不得已要接受其他村户的融入,而其他村户也必然远离了其固有的人脉模式,为融入新的社区做出很大的努力。

表2-51和表2-52数据显示出同村人交往具有很稳固的内倾性和同质性,很难撼动。其中有一农户这样告诉我们:他觉得搬进新社区,生活水平逐渐提高了,虽然还要继续面朝黄土背朝天,但是对于城镇的人来说他终于也可以挺起腰板说话了。同时他们依然难以适应这种生活,如老少的分离。新房越建越高的墙壁隔绝了他们了解同村人的途径。对于从小生活在一起的同龄人,原来老村的聚集地像是一座巨大的四合院,他们的住

---

① 叶继红:《从生产、生活和交往看失地农民的城市适应》,《中州学刊》2008年第3期,第105—108页。

房也只是四合院中的某一间房。现在的这种住房结构和新的邻里环境,让他们倍感压力,担心随着新型社区的展开他们和老村人之间越来越断了联系。这是中国新农村建设存在的一个问题,也是中国新农村在未来要克服的问题。在王家社区,虽然具有占地近2万平方米的文化广场,可是除了乡镇组织的一些文化活动(体育比赛、社火等)在这里会演之外,王家社区并没有任何集体文化活动,社区农户依然在延续着固有的文化认同。虽然原有的村庄行政边界被打破了,农户"基于血缘、地缘关系的社会关系圈子"即"社会边界"却始终没有被打破,农户的心理认同仍然没有走进王家社区。[1] 人的归属感和自我的社会认同促使其在社会交往过程中固守"内群体"与"外群体"的划分。[2] 显然,王家社区内农户依然固守原有的社会交往阵地,使其社会交往呈现强烈的"内倾化"特征。这种较为封闭的社会交往使新型社区居民的融合遭遇阻力,也不利于新型社区的建设与发展。

表 2-51　与现在的邻居相处情况

项目	频数	百分比（%）	有效百分比（%）
关系很好	113	60.4	63.5
交情一般	58	31.0	32.6
关系不好	1	0.5	0.6
不好说	6	3.2	3.4
缺失	9	4.8	
合计	187	100.0	100.0

表 2-52　交流少的主要原因

选项	频数	百分比（%）
自己或邻居不常在家	14	19.4
自己或邻居很少出门	18	2.5

---

[1] 李培林:《村落的终结——羊城村的故事》,商务印书馆,2010,第39页。
[2] 李倩、李小云:《"分类"观念下的内倾性社会交往:失地农民市民化的困境》,《思想战线》2012年第5期,第43—47页。

续表

选项	频数	百分比（%）
双方均无交流意愿	9	12.5
对陌生人缺乏信任	5	7.0
与异村人缺乏交流话题	21	29.1
其他	5	7.0
合计	72	100.0

（四）旧村没有被充分利用，造成土地资源浪费

整村或村庄部分迁居的方式，从根本上改变了村民的居住生活和生产生活，此种方式关涉农民的居住方式、生产方式和生活方式的重大变动，其变动幅度较大，易引起严重的利益冲突和危机。剧烈的空间迁移也会导致村民社会资本发生一定程度上的折损。在农业经营方式未发生改变的条件下，单纯地改变其居住方式，必然对其农业经营活动产生严重的影响。[①] 如上所述，在新型社区里，王家村的农户截至2012年底共计搬迁120户，还有195户在老村生活。在调查当中发现，一部分是由于启动新型社区之前已经修建了新房，大部分是由于无资金搬迁。这种情况导致搬进社区的120户农民的宅基地荒废，在200亩左右。同时王家新型社区也占用了大量耕地，使农户的有效耕地面积不断缩减，在某种程度上浪费了耕地资源。另外，农民集中居住，但是土地流转困难。农户房屋搬迁时间不统一，加之大部分农户没有搬进王家社区，使镇政府对旧村的改造利用计划不能实施，同时也造成了旧村土地资源的严重闲置与浪费。

五 反思以及建议

王家社区只是中西部省份新型农村社区建设实践中的一种模式。这种新型农村社区建设是一个不断探索的过程，遭遇的困境远远不止上述四个方面。从目前涌现出来的新型农村社区建设模式来看，无论最后的运行载体是什么，政府都在其中起到了主导作用，政府主导的意蕴明显掩盖了民

[①] 田毅鹏：《乡村"过疏化"背景下城乡一体化的两难》，《浙江学刊》2011年第5期，第31—35页。

间社会自身的努力。[1] 伴随着城乡一体化进程的加快,在政府的主导下,将会有更多的新型农村社区出现。为了更好地建设中西部新型农村社区,笔者认为可以从下述四个方面入手。

(一) 鼓励集中居住区内农民充分参与公共事务是新型社区治理的基本前提

国家行政力量主导的村落合并,使农民在短时间内实现集中居住,这种巨变过程蕴含着一定的冲突和风险,尤其在实施的过程中,地方政府往往仅从自身的利益考虑,以简单的行政命令代替国家相关法律规定,没有充分考虑农民的意愿,造成很多隐患。[2] 一般而言,农民在农村社区建设中的参与机制主要有两种:一是组织化参与机制,一是个体化参与机制。组织化参与机制实际上就是在社区内部成立各种自组织,即社区社会组织。而对于个体化的参与,除了农民参与社区居委会的选举、治理、监督之外,还应该建立志愿互助参与机制,让各种类型的农民都能参与到社区建设中来。[3] 农民群众不仅是农村社区建设的直接受益者,同时也是农村社区建设的主体力量。要实现政府主导作用与农民主体地位的有机结合,最为关键的是要尊重群众首创精神,从农民需求和切身利益出发,从而寻找政府主动性与农民群众主体性之间的契合点。[4] 因此,在农村社区建设中,政府必须将制度实施与实践有机结合起来,充分发挥农民主体在构建新型农村社会生活共同体中的作用,既能使农村社区建设适应新时期乡村治理的需要,促进农村各项事业全面发展,使广大农民真正从中受益,同时也有利于维护国家的政治稳定与经济发展。[5]

简而言之,政府所主导的是单向度的新型社区建设,并没有与社区主体形成良好的双向互动,没有鼓励社区居民参与公共事务,所以在新型社

---

[1] 谷中原、吴晓林:《农村社区建设与管理》,北京大学出版社,2012,第47页。
[2] 郑风田、傅晋华:《农民集中居住:现状、问题与对策》,《农业经济问题》2007年第9期,第4—7页。
[3] 陈建胜:《城乡一体化视野下的农村社区建设》,《浙江学刊》2011年第5期,第41—46页。
[4] 许远旺:《当前农村社区的实验模式及组织定位》,《社会主义研究》2008年第2期,第77—81页。
[5] 李增元:《农村社区建设:治理转型与共同体构建》,《东南学术》2009年第3期,第26—31页。

区建设过程中，最为重要的就是要充分调动农户参与社区建设和发展的积极性。以王家社区为例，调动社区居民的积极性，首先要对社区的机构设置和人员配置进行良好的规划，应建立合理的社区居民委员会，并制定良好的运行准则，同时，各个原来村庄在机构中都应当有自己的合法代表，这需要当地政府制订计划并监督实施；其次要尽可能多地给居民提供参与社区建设的渠道和途径，同时也要使居民的参与能有所影响、有所效用；最后要鼓励社区自组织的发展，社区自组织由于是社区居民自建的，能符合居民自身的利益诉求，居民对其有认同感和归属感。社区居民得以充分参与公共事务是社区治理的前提，而上述措施若能实施，对于居民积极参与社区建设是有极大的鼓励作用的。

（二）推动农户经济可持续发展是新型农村社区建设的根本动力

由于经济欠发达，所以中西部农村社区建设路径必然与经济发达的苏南地区农村社区建设模式有很大的不同。中西部农村经济发展水平低下，缺乏企业带动，因此农民的生产、生活方式并未出现很大的改变，变化的只是居住空间和组织管理方式。由于中西部地区经济发展水平较低，城市化水平较之于东部地区也不高，加之农民内部所出现的阶层分化，使中西部地区新型社区的建设进程较为缓慢，出现了部分农户进入新型社区居住，而部分农户则留守旧村这一状况。对于不能搬入社区的农户而言，阻挠其搬迁的一大拦路虎就是资金不足，而对于搬进新型社区的农户来说，家庭的贷款和借款构成了巨大的压力，同时现代化装修也使家庭的日常费用开始不断增加。

因此，要解决新型社区建设的缓慢性，最为根本的是要因地制宜地发展地方支柱产业，促进地方经济发展，提高农民的收入，使农户经济能实现可持续发展。地方政府在加大对搬迁农户的补贴力度的同时，要正确引导当地经济发展。尤其对王家社区的农户而言，苹果产业是其支柱产业，当地政府可以与相关高校合作，加大技术创新，延长产业链，比如可以制定优惠政策，鼓励外来企业投资，建立小规模的苹果产品加工厂，吸纳当地农村剩余劳动力，在吸收新型社区居民就业的同时，也能使其从产业中受益，增加经济收入，从而摆脱进入社区之后的生活成本高涨等问题，也可避免劳动力和人才的外流，保证社区发展的后续动力。同时，新型农村社区建设是一个系统、复杂、漫长的实践过程，要加大扶持中西部村庄内的低保户、特困户等贫困人口，争取使他们搬迁到新型社区里，同样享受到新型城镇化的好处。同时最为根本性的是需要因地制宜，充分考虑地方社会经济发展的差异性，发展地方支柱产业，促进经济的发展，实现农民收入的增加，实现农户经济的可持续发展。

（三）重构新型农村社区认同是增进集中居住区社会融合的有力保障

从上述调查来看，来自王家村、李家村以及郑家村这三个不同行政村的农户对王家社区缺乏普遍的认同，把其仅仅看作一个居住范畴内的空间共同体而非生活共同体。原有的村落家族共同体一般来说生活在相对集中的地域之上，这既是他们的生活基地，也是他们的生产基地。[1] 大体上说来，血缘社会是稳定的，缺乏变动的，[2] 基于血缘关系建立起来的家族组织及地缘共同体组织也具有明显的封闭性。[3] 重构农村社区认同是新农村社区建设的基础，最为关键的是从农民生产和生活实际出发，从建设农村社区公共生活开始，加强农村公共服务，通过服务增强人们的社区归属感和认同感，这是当前农村社区建设的正确方向，也是构建新型社会生活共同体的必由之路。[4] 当然，社区公共性的生产，社区认同感、安全感和凝聚力的重构，将成为实现社区转型的核心问题，而这将是一个十分漫长的过程。[5] 简单地说，这种社区服务制首先要培养和提高社区居民既服务于自己，又服务于社区的意识和能力。[6] 强调整齐划一的社区，不仅便于管理，而且可以节约政府的投资成本。短时间内要在外力促使下组成一个新型社区，即一个新的社会生活共同体，是非常困难的。因为这个过程本身涉及村民原有社会网络的断裂和重建，同时也关系到村民对新型社区的重新适应问题。

---

[1] 王沪宁：《当代中国村落家族文化——对中国社会现代化的一项探索》，上海人民出版社，1991，第23页。
[2] 费孝通：《费孝通全集》（第六卷），内蒙古人民出版社，2009，第165页。
[3] 项继权：《中国农村社区及共同体的转型与重建》，《华中师范大学学报》（人文社会科学版）2009年第3期，第2—9页。
[4] 吴理财：《新农村建设中的农村社区认同重构的思考》，《学习月刊》2010年第8期，第26—27页。
[5] 黄锐、文军：《从传统村落到新型都市共同体：转型社区的形成及其基本特质》，《学习与实践》2012年第3期，第75—82页。
[6] 费孝通：《费孝通全集》（第十七卷），内蒙古人民出版社，2009，第120页。

对王家社区来说，最为重要的是要增加社区居民相互交流的机会，只有交流才能融合，如不能相互交流，要想实现相互融合是比较困难的。具体来说，社区需要组织更多的社区活动，而且这些活动不能只是单一的某种类型的活动，应保持多样性，比如可以在节日组织文艺演出，也可以定期组织体育比赛等活动，还可以坚持多种形式的活动相互交叉举行，这样产生的效果更好。当然，这些活动的举行需要一定的经费和精力，这就需要当地政府的政策支持以及选拔任命合格负责任的社区工作人员。总之，政府应鼓励社区增加举办社区活动的频率与次数，以增加社区居民相互交往的机会，为社区居民相互了解创造条件，从而逐渐实现居民的社区认同，增加居民的社区归属感，这是促进集中居住区社区融合的有力保障。

（四）科学规划与利用旧村宅基地是新型农村社区建设的必要环节

在中西部许多农村地区，虽然新型社区在不断建立，但由于经济状况不好，许多旧村仍然有一些贫困户留守，他们没有充足的搬迁资金，也享受不到政府支持新型社区建设的相关资金。同时，由于地方政府和村级组织都缺乏对旧村已搬迁的农户宅基地进行有效利用和管理，以至于造成土地资源闲置或浪费。新型社区的建设是一个漫长但是又环环相扣的过程，只有做好其中的每一环，才能达到最好的效果。因此，建议地方政府和村级组织完善搬迁政策，适当对困难农户加大补贴力度，使经济困难农户也能享受到新型社区的福利，实现新型社区积极影响的最大化。同时制订好对旧村的改造计划，加大对旧村农户宅基地的改造力度，形成一套严格的管理和使用制度，以此达到保护耕地资源和促进土地流转，增加农民收入和发展地方经济之目的。完善好搬迁政策和旧村宅基地的改造与利用计划对于实现搬迁的统一有着积极作用，同时也能在一定程度上加快新型社区的建设进程。

总之，鉴于各地区地理条件、自然资源禀赋及文化习俗等不尽相同，以及社会经济发展水平等多方面的差异，新型农村社区建设不可能有统一和固定的模式。但是农村新型社区建设模式要充分考虑社会经济发展的区域性差异以及当地的实际情况，要因地制宜，以发展地方经济、以支撑持续的新型农村社区建设和长远发展为根本立足点，并努力对旧村资源进行改造与利用，同时应促进社区居民间的相互交流，实现居民的社区认同，并鼓励居民参与社区建设，实现社区居民的文化适应，使其摆脱"半农半城"的尴尬处境，真正融入城市社区。

第四节　小城镇型农民集中居住及其文化适应性研究
——以陕西省邑县下西头村为例

一　引言

"农民集中居住"通俗地说，就是把分散在农村居住的农民集中到新型社区居住，使他们过上类似城市的生活，以达到城乡一体化。农民集中居住不仅是一个迁移空间聚集的过程，更是一个社会重组的过程。在这一过程中，必然伴随着移民社会关系网络在新居住地的重构。[①] 党的十六届五中全会上做出了加快社会主义新农村建设的决定，建设社会主义新农村是统筹城乡发展和以工促农、以城带乡的基本途径，是解决"三农"问题、全面建设小康社会的重大战略举措。张颖举、孟焕民等人对农民集中居住地建设进行了较为系统和深入的思考。通过对苏州农村较大型集中居住地的调查，孟焕民等人指出了农村较大型集中居住区在建设管理过程中存在着规划选址、社区规模、建设标准、配套设施以及管理体制等多方面的问题，并指出农民集中居住区的三个发展方向：一是那些选址欠妥、位置偏僻的农村较大型集中居住区，仍将以现有的"非城非乡"形态继续存在；二是那些选址得当、紧靠城镇的农村较大型集中居住区，随着外来常住人口的增多，将逐步演变成外来人口集中居住地；三是那些已经融入城市化进程的农村较大型集中居住区，将随着社区居民的城市化而变成真正的新型城市社区。我们现在要做的，就是要根据其未来发展变化的趋势与规律，因势利导地促进其健康发展。[②] 而张颖举则认为农民集中居住有其必要性，原因主要有：农民集中居住有利于改善农民的生产生活方式，推动城乡公共服务均等化；农民集中居住有利于实现耕地的保护和农地的规模化流转；农民集中居住有利于统筹城乡发展。但是全面开展农民集中居住并不可行，因为：首先，资金方面不具备全面开展的可行性；其次，现

[①] 叶继红：《农民集中居住与移民文化适应》，社会科学文献出版社，2008，第3页。
[②] 孟焕民、徐伟荣、陶若伦、卢水生：《农民集中居住区建设的若干思考——苏州农村较大型集中居住区调查》，《现代经济探讨》2011年第4期，第67—70页。

有的"摸着石头过河"的试点政策，不具备全面开展的政策基础；再次，有些地方失地农民利益补偿机制不合理，不具备全面开展的群众基础；最后，配套制度不完善，不具备全面开展的社会保障基础。对此，他提出了以下建议：确立因地制宜、渐进开展的总体思路，秉承农民自愿、政府引导原则，防止违背农民意愿强拆强建，创新建设方式，引入市场机制，建立公平合理的利益共享与社会保障机制。[1]

国内有关学者对于农民集中居住所存在的问题进行研究并提出了针对性的对策。作为一项新的制度变迁，农民集中居住最初是由地方基层政府抱着尝试的态度自发开展的，主要是为了解决由工业化、城市化的快速发展而导致的"空心村"现象。但是由于在这一过程中，地方政府既可以赚取高额的土地收益，又可以获得所谓的"政绩"，所以，集中居住很快由自发试验变成了地方政府强制推动的"政府工程"。由于没有处理好国家、地方政府以及被拆迁农户的利益关系，这一工程带来了很多严重的问题。在是否集中居住的问题上，要以农民的需求和意愿为本，并结合当地经济发展的实际情况统筹考虑。地方政府在这个过程中应该扮演引导者的角色，而不是替农民决策，更不能简单地依靠行政力量强制农民就范。[2] 农民集中居住涉及国家、地方政府和被拆迁农民三者的切身利益。在实施的过程中，地方政府如果仅从自身的利益考虑，以简单行政命令代替国家相关法律规定，没有充分考虑农民的意愿，就会造成很多严重隐患。同时建设过程中的资金筹措不当，也会阻碍集中居住进程的顺利推进。[3]

为了研究农民的集中居住意愿，蔡弘基于安徽省1121个样本的实证研究构建了农民集中居住满意度评价体系。他的研究表明，农民并没有因为生活习惯和生活环境的改变而表现出强烈的不适应感，中国农村熟人社会的社交模式在集中居住社区获得延续，人际关系也没有因为独门独户的居住形态而受到淡化，绝大部分村民仍然坚信遇到困难能够获得邻里关怀。

---

[1] 张颖举：《农民集中居住建设热下的冷思考》，《江苏农业科学》2011年第5期，第537—540页。
[2] 郑风田、付晋华：《农民集中居住：现状、问题与对策》，《农业经济问题》2007年第9期，第4—7页。
[3] 姚吉：《苏南地区农民集中居住过程中的问题与对策研究》，硕士学位论文，苏州科技学院，2008。

值得关注的是，随着生活条件改善，农民的生活需求趋于多元化，不单纯着眼于经济生活与政治生活，文化生活需求逐渐被激发，成了考察社区参与的关键指标。[①]

从文化适应性的视角，观察农民集中居住的现状，国内学者已进行了较为深入的研究。之所以将文化适应与农民集中居住联系起来，是因为农民整体搬迁到新居住地后，他们和移民一样会面临因生活环境突变而产生的适应问题。这一变化直接影响了移民群体原有的居住方式、生产和生活方式，从而彻底改变了移民的生活。[②] 集中居住农民的文化适应是一个长期的过程，农民原有的乡土文化与城市文化会在相互适应的过程中出现冲突，相互调适并产生融合。在这一过程中，冲突、调适与融合是同时进行的，并不是一个跟随一个产生的递进关系。冲突和融合可能是同时发生的，两种文化中的某些要素会相互融合，而另一些要素则会相互冲突，对于那些产生冲突的要素来说，只有对其进行调适，才会出现新的融合。[③]

集中居住对于农民自身有一定影响，这种影响是多方面的：对经济的影响表现为农民收支或福利变化；对社会文化的影响表现在社会心理和社会关系以及公共服务供给变化；对生态环境的影响途径反映在农户对水资源、土地资源利用等方面。[④] 在对于西部山区移民的集中居住调查中，郭占锋等人发现：移民迁移过程是一个由分散居住到集中居住的过程，移民迁移前后所处的自然环境和人文社会环境发生了巨大的变化，导致移民在生产、生活、社会交往及社区管理等方面都发生了明显改变，难免会使移民在短时间内对搬迁后陌生的居住环境和生活方式产生不适应感。从调查结果来看，陕南搬迁移民所面临的社会文化适应性问题主要体现在四个方面：搬迁移民的耕地远离新居，依赖土地的生计方式在逐渐隐退；搬迁移

---

① 蔡弘：《农民集中居住满意度评价体系建构——基于安徽省1121个样本的实证研究》，《安徽大学学报》（哲学社会科学版）2016年第1期，第137—147页。
② 叶继红、庄晓丹：《城乡一体化进程中农民集中居住问题研究述评》，《贵州社会科学》2011年第1期，第94—97页。
③ 郭占锋、张和荣、菅路洁：《文化适应视域下西部地区农民集中居住研究——以四川省成都市温江区×社区为例》，《中国名城》2015年第12期，第13—23页。
④ 杨亚楠、陈利根、郁晓非：《新型城镇化过程中农民集中居住研究进展》，《人文地理》2015年第2期，第83—88页。

民的收入来源减少,家庭生活成本却在不断增加;社会交往淡化且场所欠缺,使农户的婚丧礼仪习俗出现调适;集中居住社区环境有待改善,移民难以适应新社区管理模式。[①]

基于以上研究,本书试图通过对于邑县下西头村村民搬迁后的生活、生产、居住以及交往方式等多个方面进行调查,了解其搬迁后的变化和适应状况,并提出针对性的建议。

二 调研区域概况

咸阳市邑县下西头村是陕西省重点示范村,距原底社区约1.5公里,306省道线从村庄以南约1公里处经过,交通便利,地理位置优越。下西头村现有土地总量约3700亩,其中耕地1996亩,苹果面积1700亩,水资源以地下水为主。西头社区现有1356人,常住人口约1156人,经济来源主要是种植苹果,一年产值约1900万元。根据邑县下西头村新型社区的规划,住宅搬迁在2002~2012年分三批完成。下西头村的规划以特色苹果种植产业代替传统的粮食种植,在未来发展集特色农业、旅游业、商业及其他产业于一体的特色新社区。

三 调研发现

本次调研选取了咸阳市邑县下西头村作为调研地点,随机抽取170户村民作为调研对象,共发放问卷170份,回收有效问卷162份,有效回收率达95.3%,并对社区的主要领导和部分村民进行了深度访谈,访谈案例共24例。整个调查样本的基本情况如表2-53所示:

表2-53 基本信息情况统计

		频数	百分比(%)
性别	男	92	56.8
	女	70	43.2

[①] 郭占锋、娄梦玲:《西部山区移民集中居住与社会文化适应状况调查——以陕西省汉中市L县为例》,《中国名城》2016年第7期,第30—38页。

续表

		频数	百分比（%）
户口	农村	155	95.7
	城镇	5	3.1
	非农非城镇	1	0.6
	不清楚	1	0.6
受教育程度	从未上过学	27	16.7
	小学	34	20.9
	初中	70	43.2
	高中	15	9.3
	专科	12	7.4
	本科及以上	4	2.5
身份	失地农民	4	2.5
	下岗职工	4	2.5
	乡村从业人员	126	77.8
	在校学生	5	3.1
	残疾人员	3	1.8
	农村富余劳动力	18	11.1
	其他	2	1.2
年龄	20 岁以下	5	3.1
	20~29 岁	13	8.0
	30~39 岁	17	10.5
	40~49 岁	66	40.8
	50~59 岁	34	20.9
	60 岁及以上	27	16.7
	平均值	47	中位数

从表 2-53 可以得出，调查对象的平均年龄为 47 岁。其中，男性 92 人，女性 70 人。户口以农村户口为主，占 95.7%，城镇户口占 3.1%。30 岁以上的被访者占了 88.9%，当地现居青年人较少，青壮年劳动力流失较为严重。初中及以下学历的人占样本量的 80.9%，其中 43.2% 为初中学历，高中及以上学历的人仅占样本量的 19.1%，本科及以上的人数仅有 4 人。一方面，被调查者年龄偏高，学历低是常态；另一方面，被

调查者的受教育程度普遍不高，说明被调查地对于教育的重视程度低。从身份来看，126名被访者属于乡村从业人员，同时存在18名剩余劳动力。

从表2-54分析村民搬入新社区的原因，60.5%的人主要是因为政府政策引导，因社区设施和生活环境好而搬入新社区的村民占24.1%。最早搬迁的村民几乎是先于政策，他们主动花钱搬迁并且改善了地区居住环境。第一期搬迁的村民享受到了政府的补贴，政府找人包工建房并且帮助借贷，村民陆续向社区搬迁。之后有几期没有补贴，但因为之前的房子难以居住，村民们希望改善生活条件，于是进行了集中搬迁。而后来由于地区经济发展和政策变动，政府又开始陆续补贴和引导，现已进入第六期搬迁工程。

表2-54 搬入新社区的主要原因

	频数	百分比（%）
为了做生意方便	1	0.6
家人多外出打工，土地已经流转给他人	3	1.9
政府政策的引导	98	60.5
新社区设施和生活环境等好	39	24.1
为了子女受教育方便	4	2.5
经济收入的增加，有经济负担能力	8	4.9
其他	9	5.6
合计	162	100.0

（一）生活方式的变化

生活方式就是不同的个人、群体或全体社会成员在一定的社会条件制约和价值观念指导下所形成的满足自身生活需要的全部活动形式与行为特征的体系。在下西头村，中老年人大部分种植蔬菜，而年轻人一般倾向于购买蔬菜。因为经济发展和地域关系，下西头村并没有大型的超市和购物广场，因此，相对来说村民们的购买力不高，生活支出花费较少。对于老年人来说，主要支出是医疗费；而对于青年人和中年人来说，主要支出是教育费用。虽然果树种植收益相对较高，但是种植苹果的劳动力成本和时间成本等投入较大，村民娱乐性的个人活动少。接下来，我们主要从村民搬入社区前后食品主要来源、家庭收入与支出、去集市次数及原因、旅游情况及生活满意度五个方面的数据处理来分析变化。

1. 食品主要来源的变化

通过表2-55可以发现，下西头村村民家中粮食和蔬菜的来源发生了颠覆性的变化。曾经80%左右的村民通过种植蔬菜和粮食能够基本自给自足，保障自己的温饱；而现在半数以上的村民要依赖向外购买。这与生产内容的变化有关，大规模种植果树之前，村民们以种植玉米等粮食作物为主，家中粮食和蔬菜都能基本自给自足；而在粮地被果园替代后，村民们的食物大多需要自行购买。通过调查我们了解到，村民们一般在塬上（镇上）的商店购买商品，村民的交通工具为摩托车。虽然新社区里也有小商店，但商品陈旧、种类缺乏，并不能满足村民的需求。农民集中居住到新型社区后，家庭食物来源由自给转向市场供给。

表2-55 家中食品来源变化情况

	计数		百分比	
	过去	现在	过去（%）	现在（%）
全部自己耕种	90	21	55.6	13.0
大部分自己耕种，少部分购买	38	20	23.5	12.3
一半自己耕种，一半购买	9	20	5.6	12.3
大部分购买，少部分自己耕种	20	41	12.3	25.3
全部购买	5	58	3.1	35.8
其他	0	2	0.0	1.2

2. 家庭收入和支出的变化

通过对收入的调查，我们发现，绝大多数村民因受传统思想的影响而对问题的回答偏向于保守。从表2-56中可以看出之前年总收入极大值为8万元，现极大值为10万元，收入明显提高。现在由于村民大规模种植果树，平均年收入增加了近万元，经济情况有较明显的好转，收入也从原来的低收入逐渐向较高收入转变。虽然经济形势较好，但近年来，由于冰雹等自然灾害的侵袭，果树种植连年亏本。

表 2-56　家庭收支变化

	以前家庭 年总收入	现在家庭 年总收入	过去 每月支出	现在 每月支出
有效	161	161	161	161
缺失	1	1	1	1
均值	17196	26997	916	1723
极大值	80000	100000	4000	8000
中值	10000	20000	800	1300
极小值	300	500	45	200
众数	10000	10000	1000	1000

案例 2-4　潘某，55 岁，种植大户。家中自有 10 亩果园，另包 7 亩。儿子在西安市政府工作，女儿也已在西京医院就职。孩子工作后，家中负担减轻。当时搬入社区的贷款和借款不超过 10 万元，现早已还清。经营果园成本变高，原来人工费 40~50 元一天，现在基本 20~30 元一小时。但因为管理和技术的投入多，果园效益也越来越好。可能是种植面积较大的原因，折合下来生产每斤苹果的成本非常低，所以当下冰雹的时候，损失也不是太大。即使在这两年灾害丛生的时候，每年也有 6 万~7 万元的收入。但对于种植面积较小，或者没有专心打理果园的村民来说，在冰雹的影响下难以维持生计。

从案例 2-4 和访谈内容，我们得知村民们日常支出主要因物价的变化而导致了生活成本的增加，但支出内容没有什么较大的变化，主要用于支付子女教育费用，村民们对于教育的支出大多是为了孩子上学，对于自身的文化活动支出少之又少。搬入社区后仍然是原来的领导班子，在社区内集中居住也不需要缴纳物业费等管理费用。

3. 去集市次数的变化

对比之前去集市的次数，农民集中居住后去集市的次数有明显的增加。如表 2-57 显示，现在部分村民每月要去 9 次及以上，占 13.6%。村民们原来去集市主要是卖自家农副产品并且换购一些生活必需品，随着经济水平的提高，村民们去集市的次数明显增多。通过访谈我们了解到，对于那些去集市较少的人群来说，原因主要是：一方面，种植果树、打药、除虫及套袋等工作占用了村民生活的绝大部分时间，村民们几乎没有空闲时间出行；另一方面，果子成熟之后有专人上门收购，也就不需要专门去市场贩卖，去集市的次数自然也就减少了。

表2-57　每月去集市的次数

	过去		现在	
	计数	百分比（%）	计数	百分比（%）
几乎不去	49	30.3	37	22.8
1~3次	89	54.9	65	40.1
4~8次	19	11.7	38	23.5
9次及以上	5	3.1	22	13.6

案例2-5　秦某，40岁，女。秦某说这个社区的搬迁工作很着急，自己虽然急匆匆地贷了款、买了房子，但是没有钱装修，所以没有马上搬过来。17.3万元再加上装修的费用，多多少少要20多万元。秦某说这些钱都是借的，每年用果园的收入来还钱，但是这三年连续下冰雹，受灾十分严重，所以她觉得生活压力还是很大。平常赶集的时候，她就只买一些必需品，其余时间就很少去集市。

从案例2-5和表2-58可以看出，集中居住之后村民去集市的次数主要由经济水平决定。并且，村民去集市的主要目的仍是买生活必需品，过去占60.5%，现在占50%。随便逛逛的村民由之前的5.6%到现在的23.4%，这说明村民们生活有了改善，也希望通过消费来打发自己的业余时间。

表2-58　去集市的原因

	过去		现在	
	计数	百分比（%）	计数	百分比（%）
卖自家农副产品	44	27.2	23	14.2
买一些生活必需品	98	60.5	81	50.0

续表

	过去		现在	
	计数	百分比（%）	计数	百分比（%）
买家用电器	3	1.8	5	3.1
没什么事，随便逛逛	9	5.6	38	23.4
其他	3	1.8	10	6.2
缺失	5	3.1	5	3.1
合计	162	100.0	162	100.0

4. 旅游情况的变化

搬入新社区后，村民出去旅游情况如表 2-59 所示，在样本中出去旅游的人数仅有 20 人，占被调查者的 12.3%，而他们中的极大一部分是去西安办事，顺道旅行。未出去旅行的绝大多数是因为经济条件不允许以及没有足够的闲暇时间，这两项占被调查者中没有旅游群体的 86.8%，主要是因为果树需要悉心栽培，村民们往往没有办法抽出较长的时间去旅行。

表 2-59 搬入新社区后是否旅游

	频数	百分比（%）
是	20	12.3
否	142	87.7
合计	162	100.0

5. 生活满意度的变化

关于村民集中居住后对生活满意程度的调查如表 2-60 所示，村民们比较满意及以上的占了 72.3%，而不满意的仅有 4 人。综合看来，对生活不满意的原因主要集中在生活成本增加以及收入水平相对降低。住进新房后，由于缺乏原有房屋的较大储物空间，许多村民反映农具及木堆都没有地方放置。村中常有领导视察或游客参观，村干部不允许农具等出现在前院。与此同时，搬上新房之后的很多生活习惯都发生了改变。访谈过程中，村民反映到，从前村民们上完厕所都有土肥可用，而现在下水道一冲就什么都没有了，尤其是老一辈的村民觉得有点可惜。土肥用不了，村民就得花钱去集市购买化肥，这从另一方面加大了生产成本。购置房屋的贷款成了部分村民心中的负担,加之这两年常见的冰雹灾害,生活更加困难。尽管有变化和不适应,但村民对新社区的总体满意度较高。

表2-60 对现在的生活满意程度

	频数	百分比(%)
非常满意	33	20.4
比较满意	84	51.9
一般	41	25.3
不满意	4	2.5
合计	162	100.0

(二) 交往行为的变化

交往行为是指至少两个或两个以上主体间以语言或符号为媒介,以达到相互理解的目的,使社会达到统一并实现个人同一性的内在活动。因为果树种植,下西头村的大部分人都在家务农,主要是四十岁以上的中年人,而年轻人在外上学或打工。在农忙时节,大家会互相帮助,并支付相应的报酬。他们与同村的人都比较熟悉,而且关系比较好。表2-61显示,有63人认为和之前老村的亲戚朋友交往减少了,占调查样本的38.9%。他们和外村人的交往并不多,与同村人的交往主要是通过一些重要的活动。上了年纪的老人则往往和同龄的人交往,而年轻人与自己家庭的交往主要是通过电话和网络。因为电话和网络这种媒介的特殊性,年轻人和老年人的交往就更少了。接下来,我们从闲暇时间的生活分配以及和以前老村亲戚朋友聚会或交流的次数这两个变量来说明他们在交往行为方面的特点并得出结论。

表2-61 和以前村子里的亲戚朋友聚会或交流的次数

	频数	百分比(%)	有效百分比(%)
增多	30	18.5	18.6
减少	63	38.9	39.1
没什么变化	68	42.0	42.2
缺失	1	0.6	
合计	162	100.0	100.0

从日常交往来说，调查地的村民来自同村的不同小组，彼此之间还算比较熟悉，相处也十分融洽。如表2-62所示，98.8%的村民表示，邻居家里有事时，他们会主动帮忙。房屋空置的状况非常少，一般主要是因为未完成装修。村民之间产生纠纷的情况极少，也无外乎一些生活琐事，发生矛盾也就自行解决了。18.5%的村民认为他们和以前的亲戚朋友交流次数增多，他们觉得自己搬入新社区后，生活情况改善了，亲戚好友们都愿意与他们相互走动和来往。与此同时，有近四成村民认为他们与过去老村的亲友彼此之间的交流没有那么频繁了。

表2-62 邻居家里有事是否会主动去帮忙

	频数	百分比（%）
会	160	98.8
不会	2	1.2
合计	162	100.0

曾经以地缘形成的关系因为集中居住而被打乱了，主要有以下一些原因：首先，过去的邻居或好友搬入的地方距自己较远或还处于原来的自然村，日常交流有一些困难；其次，新邻居彼此之间还不是特别熟悉，相互之间的交流需要一个渐进的过程，新的良性的互动关系还没有完全形成；再次，农活比较多，已经耗费了生活中大量的时间，回到家中大家都会选择好好休息，没有交流的意愿。在闲暇时间，过去串门的习惯也有所改变。上文提到，曾经的好友居住的距离虽然不远，但也隔着十几户，串门比较麻烦。平时有什么事，在做农活时也就相互交流了，并不需要挑专门的时间；而村中有个广场，平时在广场休息也能遇见熟人，也就没有串门的必要。

表2-63反映出集中居住后调查样本和家人主要通过电话来交流，占56.8%，因为村中在住的人员年龄集中在50~70岁，子女大多外出打工或求学，因而他们之间以电话交流为主。

表2-63 现在和家人交流主要通过哪些方式

	频数	百分比（%）
面对面交流	48	29.6

续表

	频数	百分比（%）
通过电话	92	56.8
通过网络	21	13.0
其他	1	0.6
合计	162	100.0

（三）生产方式的变化

生产方式是指社会生活所必需的物质资料的谋取方式，以及在生产过程中形成的人与自然界之间和人与人之间的相互关系的体系。生产方式在农业生产中起着至关重要的作用，在农民搬入新社区之后他们的生产方式也会发生改变，从而会影响到他们的就业和生活收入。陕西省咸阳市邑县属于暖温带半湿润气候，平均气温是12℃～14℃，由于受季风影响，冬冷夏热，四季分明。降水主要集中于4月、6月和7月。良好的气候条件以及降水量使玉米和小麦拥有了优越的生长条件，同时昼夜温差使糖分能够很好地积累，这也是苹果树可以在此种植的原因。在下西头村，苹果种植是特色，也是村民们的主要生活来源。据访谈了解，村民们在没有种植苹果之前，主要从事粮食种植，但是收入较低，按照一亩约1000斤，一斤1元估算，则一亩可得约1000元的收入。由于经济发展的需求，由村干部带头，鼓励和引导大家种植苹果，按照一亩约5000斤，一斤2元估算，则一亩收益可达到10000元。由此可以看出，苹果种植大幅度提高了村民的收益。此外，果农们给果树买了保险，但实际上收效甚微。以下从农民家庭收入方式的变化、是否继续从事农业生产、农民就业现状、生产方式的变化以及社会保障这几个方面的数据处理来分析生产方式的变化。

从表2-64中我们可以看出，总样本为162人，缺失值为2。以前务农的有145人，现在务农的有79人，仍旧占据着主要地位；以前外出打工的有10人，现在有67人外出打工，这逐渐成为人们收入来源的重要部分；以前做生意的有2人，现在有4人；以前在附近打零工的有3人，现在有10人。此外，以前务农并且现在仍在务农的有73人，以前外出务工现在仍旧务工的有5人，以前做生意现在仍旧做生意的和以前附近打零工现在仍旧附近打零工的均为0人。可见，搬入新社区后对人们收入方式影响较大，收入来源多样化。

表2-64 以前的家庭收入来源与现在的家庭收入来源对比情况

单位：人

	务农	外出打工	做生意	附近打零工	合计
以前收入来源	145	10	2	3	160
现在收入来源	79	67	4	10	160

1. 农业活动现状

从调查数据可知，搬入新社区后79人仍旧从事农业生产活动，占总体的48.8%，原来务农的人中有66人不再从事农业生产活动，占总体的40.7%，可见搬入新社区后对这方面影响较小，农业生产在村民生活中仍占据很重要的地位。分析其原因，其一是务农收入太低，其二是土地已经流转他人，有些村民无土地可以耕种。

部分农民集中居住后选择继续务农，从表2-65数据可以看出，找不到好工作成为继续从事农业生产活动的主要原因，占有效调查样本的38.7%；务农收入客观稳定成为次要原因，占26.7%；舍不得丢弃祖辈土地也占据很大一部分，政策因素影响相对较小，仅占5.3%。

表2-65 继续从事农业活动的原因

	频数	百分比（%）	有效百分比（%）
舍不得丢弃祖辈土地	30	18.5	20.0
务农的收入稳定且客观	40	24.7	26.7
找不到好工作	58	35.8	38.7
国家农业政策的优惠	8	4.9	5.3
其他	14	8.7	9.3
缺失	12	7.4	
合计	162	100.0	100.0

2. 社会保障的变化情况

社会保障是一种预见性的制度安排，不仅可以解决处境不利的成员当前的困难，还可以增强社会成员抵御突发事件的能力。此外，社会保障具有社会再分配功能，能够保障居民在养老、教育、医疗等方面的权益，保障低收入群体的生存，进一步促进社会稳定与和谐。

在调查中我们发现，农村合作医疗的认可度很高，调查的162个对象都参与其中，参保率达100%，并且有一些家境较好的农户会选择其他的保险。

案例 2-6 刘某，女，54岁。在和刘某的访谈中，我们了解到，和大多数人一样，因为响应新农村建设的政策，她家里向农村信用合作社贷了款，同时也向亲戚朋友借了钱，然后统一将钱交给村委会。等建好了新房子，在全家打算高高兴兴地从以前的窑洞里搬到新房子的时候，她的老伴被查出来肺癌晚期。雪上加霜的是，前几年她也被查出患有肿瘤，但已经没有钱治疗了，所以这病就一直拖着，整个人显得非常消瘦。更加不幸的是，她的儿子在近期也住了两次院，一次是因为车祸，一次是因为脸部和唇部需要手术。然而就在他儿子住院期间，她的孙女也因为骨折住了一次院。这几次事故发生的时候，她家里几乎没有一点钱，医药费都是临时向左邻右舍和亲戚朋友借的。老人有两个孙女和一个孙子，孙子、孙女上学也需要钱，家里就更困难了。对于她的情况，村委会连续三年将低保户的名额给了她，并且给了她清扫社区街道卫生的工作。工资虽然可以勉强维持日常生活，但是接下来的生活依旧举步维艰。

从案例2-6我们可以看出，村民集中居住之后抵御风险的能力还是很低，收入有限，社会保障不完善。

（四）居住方式的变化

居住方式是一个人长期定居在一个地方，由此形成的一个地区的人日常生活的方法和内心的态度。西头新村新型社区住房类型有两种，一种是平房，面积为110平方米，另一种是180平方米的楼房。第一、第二期基本都是平房，除去国家补贴外，购入还需支付3万多元，购买此类型房屋的农户目前基本都已付清房款，无借贷压力。购买第三期的楼房除国家补贴外还需支付15万元，因而产生住房贷款或借款。下西头村的村容整洁，房屋非常漂亮，房屋构造基本上都是双层，面积相对较大，可居住人数多。下西头村有一部分人买了房但无钱装修，或者是装修之后，背负着贷款和欠债,这给很多人带来了巨大的经济压力。此外,下西头村有一部分留守老人,他们自己出钱盖了新房,独自居住,而他们的子孙在大城市里居住。还有老人在盖了新房子之后,并没有和自己的儿子一起住在新房子里,而是住在幸福院(相当于养老院)里,而幸福院就建在他们这个小区之中,离他们的儿子家也非常近。这是一种十分尴尬又复杂的关系,也是一种特殊又普遍的现象。接下来,我们从贷款情况、借款情况、老村宅基地情况以及居住方式变化这四个方面来处理数据并分析变化情况。

1. 贷款情况

从表 2-66 和表 2-67 得出,贷款人数有 95 人,其中向商业银行贷款的有 15 人,占总贷款人数的 15.8%;借民间高利贷的有 6 人,占 6.3%;有 61 人通过农村信用社贷款,占总贷款人数的 64.2%。此贷款情况说明被调查的农户更偏爱于向农村信用社贷款,去商业银行贷款较少,造成贷款来源差异的原因可能是生活习惯和信赖心理的影响。在贷款的 95 人中,71 人贷款金额在 3 万元以上,其中贷款超过 7 万元的有 22 人,这些人大胆贷款的原因是果园种植面积大,苹果市场较好,对未来收入预期较乐观等。

表 2-66 贷款情况及金额

有无贷款	频数	百分比(%)	贷款来源	频数	百分比(%)
有	95	58.6	商业银行	15	15.8
无	54	33.3	民间高利贷	6	6.3
缺失	13	8.0	其他(农村信用社)	61	64.2
			缺失	13	13.7
合计	162	100.0	合计	95	100.0

表 2-67 贷款金额情况

贷款金额	频数	百分比(%)
3 万元以下	24	25.3
3 万~5 万元	33	34.7
5 万~7 万元	16	16.8

续表

贷款金额	频数	百分比（%）
7万元以上	22	23.2
合计	95	100.0

同时，针对贷款的情况，从村民潘某那里了解到："因为管理和技术的投入多，果园效益也越来越好。可能是种植面积较大的原因，折合下来生产每斤苹果的成本非常低，所以当下冰雹的时候，损失也不是太大。即使在这两年灾害丛生的时候，每年也有6万~7万元的收入。"另一个访谈对象李某某说："经营苹果园虽然辛苦，比原来种玉米、小麦辛苦多了，投资也大，不过价钱好的时候也能赚到钱，这是种玉米没法比的。家里的果园一共4亩，如果苹果价钱好，一年的收入有差不多三四万元。"

2. 老村宅基地情况

尽管西头新村几乎不存在失地现象，但经济发展模式单一，农户多依靠经营苹果园、种植玉米和小麦获得收入，在市场风险和自然风险的双重重压之下，农户收入存在极大的不稳定性，因此要发展多元经济。

近三年来，苹果园多处于亏损情形，村干部从实际出发，联合开发商开展旅游业。如表2-68和表2-69所示，被利用的103户宅基地，占样本总量的63.6%，其中41.7%用作商业用地，13.6%用作公共用地，均属于旅游用地。

表2-68 宅基地利用情况

老村宅基地是否被利用	频数	百分比（%）
是	103	63.6
否	58	35.8
缺失	1	0.6

表2-69 宅基地用途

用途	频数	百分比（%）
商业用地	43	41.7
工业用地	6	5.8
农业用地	20	19.4

续表

用途	频数	百分比（%）
公共用地	14	13.6
不清楚	13	12.6
缺失	7	6.8

由老村搬入新村，宅基地被用作商业用地和旅游开发，村民是持支持态度的。访谈对象李某说："村里组织我们去袁家村玩，看了袁家村的发展之后村里也决定发展旅游，老村窑洞大多被征收为商业用地，旅游公司投资了2.3亿元打算发展西头村。现在社区正在修建的道路也是归旅游公司负责，旅游公司也打算扩大社区的绿化。到时候旅游项目会弄成股份制的形式，自由认购。"访谈对象李某某也说道："希望今后把旅游这个发展项目做好，带领农民增加收入，实现产业转型。"

3. 居住方式变化

在调查中我们得知，与家人分开居住的方式有以下几种：年轻人搬到社区居住而老年人留在原来住所、住在同一社区的同一街道、住在同一社区但是不同的街道以及分居于本地和外地。

表2-70显示，一直住在一起的占63%；以前住在一起，现在分开居住的占27.8%。造成这种分居现象出现的原因有以下几方面。①安土重迁思想的影响。这种思想一般出现在老年人身上，他们不愿意轻易改变多年的居住方式，不愿意浪费时间去适应新的环境，就会造成年轻人住进新的社区而老年人仍旧留在原来的家里这种居住方式的出现。②家庭成员的增加。随着子女的成长，父母多会给儿子在社区内买一套房子作为婚房，儿子结婚组建自己的家庭后便与父母分开居住。③孩子在外工作，自然而然定居外地，与父母形成分居本地和外地的情形。

表2-70　与子女居住方式的变化

项目	频数	百分比（%）
以前分开居住，现在住在一起	5	3.1
以前住在一起，现在分开居住	45	27.8
一直都是分开居住的	8	4.9

续表

项目	频数	百分比（%）
一直都是住在一起的	102	63.0
缺失	2	1.2
合计	162	100.0

在调查的162人中，表2-71数据显示了村民对于在房屋附近种植粮食的态度，有57人会在房屋附近种植粮食，主要就是种在社区绿化带内。随着经济条件逐渐宽裕，搬入新社区后，多数人吃的粮食和蔬菜大部分购买，少部分自己耕种，新社区内没有专门种植粮食和蔬菜的地方，为了方便省事，家门口的绿化带成了最好的选择。

表2-71 是否会在房屋附近种植粮食

	频数	百分比（%）
是	57	35.2
否	105	64.8
合计	162	100.0

从表2-72中可知，赞成在绿化带内种植作物的人数占60.9%，一方面说明村民并没有区分公共空间和私人空间，社区公共意识不强；另一方面说明村民对社区生活还没有完全适应，村民离不开土地。23.0%的村民对在绿化带内种植作物表示不赞成，原因是气候问题，很多树苗存活率低，绿化带面积较小，在绿化带内种植作物不符合常理；并且该地具有一定知名度，经常有外来人来参观，绿化带内种植作物影响社区容貌。

表2-72 对于在绿化带内种植作物的看法

	频数	百分比（%）	有效百分比（%）
赞成	98	60.5	60.9
不赞成	37	22.8	23.0
无所谓	26	16.0	16.1
缺失	1	0.6	
合计	162	100.0	100.0

农户搬入新社区后，自身还是带有一定的保守性和自私性，对新社区的适应也存在一定的滞后性。虽然随着城乡一体化的推进，农民的公民意识有所增强，但是完全的去私化需要一个更加漫长的时期，我们也只能期待在长期的社会变迁中，农民能慢慢适应社区的生活，逐步实现思想的现代化。

（五）社区管理

社区是社会的最小单位，做好社区管理与服务，既是维护好广大社区居民权益的有效途径，也是扎实提高社会管理科学化水平的基础。农村社区管理在社会主义新农村建设中具有重要的地位和作用，它有不同于城市社区管理的特点，通过分析当前农村社区的特点，总结经验和教训，对加深农村社区认识，建设社会主义新农村有着重大意义。

本研究中社区管理主要包括社区基础设施、生活环境、治安情况、居委会建设四个部分。

1. 社区基础设施

对于社区管理这一方面，通过对问卷的数据处理，得出一致性结论，整体来看大家对于社区管理方面都比较认可，并且感觉很满意。对于基础设施来讲，当地修建了健身场地，并且拥有商店、卫生所等场所，但大多数社区居民反映缺少幼儿园是一个缺憾，这使居民需要抽出专门时间接送孩子，在农忙期间难以协调时间。调查中笔者发现当地的基础设施是非常完善的，和城镇地区的基础设施相差无几。

2. 生活环境

居民对于环保及垃圾清理工作普遍感到满意，这也增加了在新社区的幸福感。如表 2-73 所示，社区居民对于绿化情况的满意度也很高。

表 2-73 对新社区的绿化情况的看法

	频数	百分比（%）
非常好	39	24.1
比较好	94	58.0
一般	24	14.8

续表

	频数	百分比（%）
不太好	5	3.1
合计	162	100.0

3. 治安情况

在社区治安方面，平时保安巡逻次数少，但社区治安环境良好，盗窃现象很少发生。如表2-74所示，认为社区治安管理环境非常好的占24.1%，比较好的占55.6%，两项高达79.7%。由此可以看出，当地对于治安状况的满意度偏高，并且从盗窃事故发生后人们普遍愿意寻求派出所的帮助，可以看出派出所在社区居民中的认可程度。

表2-74 对新社区治安管理环境的看法

	频数	百分比（%）
非常好	39	24.1
比较好	90	55.6
一般	33	20.4
合计	162	100.0

4. 居委会建设

在对居委会管理工作方面的调查研究中，我们可以看出居民主要是通过广播的宣传通知及公告牌等方式来了解社区日常工作，从而行使自己社区管理的权利。居民对于居委会的主要部门和工作了解较少，如表2-75所示，了解较少的为42人，占25.9%，不了解的为44人，占27.2%，他们认为居委会与自己的生活无关，普遍都不愿意关心，说明居民的政治参与度有待提高。从访谈对象秦某处了解到，村干部不问她们要钱，也不侵犯她们的利益，把农村管理好、建设好，带着大家发家致富，就是好的村干部。贪不贪污、有没有滥用职权，均与她无关。她平时不喜欢和村干部打交道，也不喜欢和村里同龄妇女闲聊，没事儿都待在家里休息、整理家务或者出门逛街。整体来看，该社区的社会管理方面还是很让人满意的，直接增加了居民的生活满意度，也加快了新型农村社区建设。

表 2-75　对居委会的主要部门和工作了解程度

	频数	百分比（%）
非常了解	7	4.3
比较了解	33	20.4
基本了解	36	22.2
了解较少	42	25.9
不了解	44	27.2
合计	162	100.0

从表 2-75 我们可以看出，大多数人对于居委会的工作不甚了解，占 53.1%，而相对了解的仅有 42.6%，只存在极少部分人非常了解，占 4.3%（并且多以村领导干部为主），可见所调查地区居民的政治参与度有待提高。

在对居民了解居委会公共事务及国家方针政策的调查研究中，如表 2-76 所示，我们可以看出广播所占比重最为突出，占 87.7%；公告牌和张贴标语位于其次，分别占 48.8% 和 28.4%；发传单和楼层通知较少，分别占 4.3% 和 4.9%；居民主动区了解所占的比重更少，仅为 1.2%。由此可见，现在在社区公共事务的公告仍采用传统方式，并且居民处于一种被动地位，缺乏主动了解的积极性。社区内一般活动比较多，以文艺活动（中老年人广场舞、妇女节演出）和体育活动为主，由于居民长期从事农业生产活动，没太多时间，几乎不外出郊游，但居民参与活动的积极性较高，大多数人都愿意积极参与到社区活动中。

表 2-76　对居委会的公共事务及国家方针政策的了解情况

	频数	个案百分比（%）
专人逐个楼层贴通知	8	4.9
在社区设立固定的通知栏、公告牌	79	48.8
在社区内张贴宣传标语	46	28.4
发宣传单	7	4.3
广播宣传、通知	142	87.7
居委会不宣传，自己主动去了解	2	1.2
不清楚	4	2.5

二 问题与对策

在客观真实性原则的指导下,我们采用问卷调查和深度访谈的方法,对下西头村农民生产方式、生活方式、交往行为、居住方式及社区管理五个方面进行了研究分析。总体而言,下西头村农民集中居住及社区建设都取得了显著成效,该地农民文化适应较好,但依然存在一些问题,主要包括以下几个方面。

(一)年老村民恋土情结严重,习惯原有的生活方式

老年人适应能力弱,搬入新社区后生计模式、生活环境方面的改变对他们的身体、心理产生了影响。新社区建设应对集中居住小区的规划及其小区内的房型、户型保留一定的风俗习惯,合理设计和规划,使新住房能够满足村民养家禽的意愿,每家门前留有一定的空闲地可用于自主种植蔬菜。此外,最好让农民自己参与到集中居住小区的规划和建设中去,调动他们参与集中居住区建设的积极性和主动性。

(二)农民生活成本提高,造成"上楼致贫"的不良后果

地方政府照搬城市社区建设模式,改变前期极具农村气息的平房而建花园式楼房,使建楼成本增加,房价大幅上涨,农民购房成本提高,部分村民变为"房奴"。同时集中居住后农民生活成本也随之提高,开销增大,造成表面风光、实际负债累累的状况。因而,新社区建设必须从实际情况出发,在当地城镇总体规划要求下,建设合理的在农民经济承受范围内的住房,不能普遍建高层楼房和别墅,最好体现当地自然特色与人文风情,注重村镇的自然、历史及文化等特色资源传承和延续历史文脉。

(三)社区规划不够完善,配套设施有待加强

社区绿化率较低,村民反映没有林荫小道,缺少夏日纳凉和休息休闲的场所。新社区的污水处理不科学,排污对老村的环境造成了严重污染,影响老村村民的居住和生活。新型社区内没有建设幼儿园、小学,小孩上学要去镇上,并且需要家长抽出时间接送,影响农活进程;外出打工家庭的孩子只能自己上学,存在安全隐患。应该不断完善社区规划,扩大绿化面积,加强基础设施建设,投资建造教育场所,解决好村民的问题。

综上所述,维护农民权益、保障农民利益是推进农民集中居住的关键。推进农民集中居住,加快农民的文化适应必须以保障农民利益为前

提，要让农民得到实实在在的好处。在改善农民生产、生活条件的同时保证农民生活质量不降低，使农民搬入新社区后得到满足感与幸福感。通过创新土地开发利用机制，发展当地特色旅游产业、打造苹果种植产业链，实现搬迁农民和村集体双方增益。通过职业培训提高农户持续就业能力和落实社会保障制度，解决搬迁人员的后顾之忧。在新社区建设和管理过程中要广泛地听取农民的意见，让他们充分参与集中居住的全过程，妥善对待他们的利益和要求。

第五节　灾害移民集中居住及其文化适应性研究

——以陕西省阳县三镇为例

一　调查地点与调查对象基本情况

农民集中居住因其有着管理方便的特点，在改革开放后逐渐发展，有力地推进了城镇化的建设。灾害移民搬迁安置作为集中居住的类型之一，在这一过程中产生了巨大的经济和社会效益，同时也产生了诸多的连带问题。本节通过对陕西阳县灾害移民集中居住的调查，探讨了在地质灾害频发但经济社会条件有限的陕南地区，农民搬迁及集中居住的状况以及这一过程中产生的问题与效益等问题。

阳县位于陕、甘、川三省交界地带，地处我国南北分界线——秦岭的南坡、汉中盆地西端。东西长约75公里，南北约54公里，总面积为2831平方公里。阳县山地占全县总面积的97.7%，东北高、南部低。境内地质结构复杂且脆弱，2010年全县有地质灾害点229个，直接威胁8257户33553人的生命财产安全，是陕西省山洪和地质灾害高发区之一。全县行政区划分为18个镇183个村。全县总人口有20.25万人，其中农业人口有14.66万人，占总人口的72.4%。全县需实施整村异地搬迁人口共有10352户40467人，其中因地质灾害易发需异地搬迁5182户20247人；因地理条件脆弱需搬迁人口3100户12140人；因洪涝灾害易发需搬迁人口1035户4040人；因对生态环境造成潜在威胁需搬迁1035户4040人，分布在全县18个镇171个村。

自2011年陕西省政府颁布《陕南地区移民搬迁安置总体规划（2011—

2020)》以来，阳县实施移民搬迁工程成效显著，多处移民安置点已顺利竣工，基础设施正逐步完善，已通过省、市的年度目标责任考核。根据《阳县陕南移民安置规划》（2011—2020年）规定，阳县陕南移民搬迁安置项目规划范围涉及18个镇183个村，需移民搬迁安置农户10352户。规划100户以上集中安置点50个，集中安置8800户，分散安置1552户。目前，为了妥善安置陕南搬迁移民，真正落实陕南移民搬迁的相关工作，阳县各级政府针对当地实际情况，出台了大量相应的实施策略并贯彻执行。本着政府引导与群众自愿相结合的搬迁原则，政府对安置点的建设选址、基础设施、搬迁的对象、移民的补助标准和房屋分配等制定了详细的政策规定，且严格按照政策执行工作。除此之外，为了促进搬迁移民更快更好地适应安置点的居住环境和新的生活方式，政策明文规定，每个移民安置点都应建立社区管理中心，为解决社区居民日常生活中的难题提供服务。

鉴于阳县在陕南移民安置方面推进的成就显著，因此本次调查选取阳县的果镇、徐镇和金镇三个镇作为移民搬迁后社会文化适应性问题的调研地点，并运用随机抽样的问卷调查法选取了130户作为本次调查的对象。[①]果镇位于汉中市阳县西部，东与金镇为邻，西、南与甘肃省康县接壤，北与西淮坝镇相依，总人口为12891人，镇域面积为218.46平方公里，耕地面积为30010亩。徐镇位于阳县西北18公里处，总人口数为12008人，总面积为228.3平方公里，其中耕地面积为23000亩。金镇位于阳县以西22公里处，西接果镇，北邻徐镇，总人口数为6882人，行政区划总面积为109平方公里，耕地总面积为18277亩。

从表2-77可以看出，调研对象的搬迁时间主要集中于1~5年，平均年龄为42.6岁。移民的学历层次较低，其中46.2%的人学历止步于小学，41.5%的人的学历为初中。搬迁家庭的人口数为3~4人的占48.5%，5~6的人占40.0%。劳动人口在1人及以下的有44.6%，49.2%的家庭劳动人口为2~3人，劳动人口占家庭总人口的比例较低，1个劳动人口养活5口人的现象很普遍，生活压力很大。搬迁移民家庭的年收入在5000元及以下的占

[①] 原计划在每个乡镇选取100户移民家庭进行调查，但是在实地调查过程中，发现很多的农户虽然搬迁到新楼，但是全家都外出打工，因此最后经过课题组成员的努力，仅获得130户的调查数据。

3.8%，5001～15000元的占33.8%，15001～25000元的占33.1%，25001～35000元的占16.2%，35001～45000元的占9.2%，平均年收入为22140元。随着村民搬迁至城镇，生活成本加大，按22140元的平均年收入水平算，基本只能保证日常生活，村民对市场经济适应力比较差。

表2-77 调研对象的基本情况

变量	内容	频数	百分比（%）
性别	男性	66	50.8
	女性	64	49.2
年龄	20岁及以下	2	1.5
	21～30岁	22	16.9
	31～40岁	39	30.0
	41～50岁	37	28.5
	51～60岁	20	15.4
	60岁以上	10	7.7
学历	小学及以下	60	46.2
	初中	54	41.5
	高中	7	5.4
	专科	4	3.1
	大学	5	3.8
家庭总人口数	2人及以下	6	4.6
	3～4人	63	48.5
	5～6人	52	40.0
	7人及以上	9	6.9
劳动人口数	1人及以下	58	44.6
	2～3人	64	49.2
	4人及以上	8	6.1
年总收入	5000元及以下	5	3.8
	5001～15000元	44	33.8
	15001～25000元	43	33.1
	25001～35000元	21	16.2
	35001～45000元	12	9.2
	45000元以上	5	3.8

第二章　城镇化驱动型农民集中居住及其文化适应

续表

变量	内容	频数	百分比（%）
搬迁时间	1年及以下	33	25.4
	2~4年	56	43.1
	5~7年	32	24.6
	8年及以上	9	6.9

陕南移民类型多样，尽管从总体上我们可以将陕南移民归为生态移民的范畴，但是如果具体分析，陕南移民搬迁的类型比较多样，大致可以包括地质灾害避险移民搬迁、洪涝灾害避险移民搬迁、扶贫移民搬迁和生态移民搬迁四种类型。[1] 由表2-78得知，在被调查的130名移民中，71户属于地质灾害避险移民搬迁，占样本量的54.6%；4户属于洪涝灾害避险移民搬迁，占样本量的3.1%；51户属于扶贫移民搬迁，占样本量的39.2%；属于生态移民搬迁和工程移民搬迁的均为2户，占样本量的1.5%。由此看来，陕南搬迁移民中，绝大多数属于地质灾害避险移民搬迁类型，自然灾害是导致陕南移民搬迁的重要因素。

表2-78　搬迁类型

类型	频数	百分比（%）
地质灾害避险移民搬迁	71	54.6
洪涝灾害避险移民搬迁	4	3.1
扶贫移民搬迁	51	39.2
生态移民搬迁	2	1.5
工程移民搬迁	2	1.5
合计	130	100.0

尽管政府竭尽全力为搬迁移民创造一个好的生活环境，并实施多项策略帮助居民减少搬迁带来的适应性困境。但是，移民搬迁的过程是一个由分散居住到集中居住的过程，移民搬迁前后所处的自然环境和人文社会环境发生了巨大的变化，生产、生活、社会交往及社区管理等方面也都发生

---

[1] 彭洁：《对陕南移民搬迁的思考》，《产业与科技论坛》2011年第18期，第7—8页。

了明显的改变，难免会使移民在短时间内对搬迁后陌生的居住环境和生活方式产生不适应感。

二 搬迁移民集中居住现状

（一）移民搬迁后的生活方式

集中居住农民的生活方式发生了一定程度的变化，主要体现在收入的来源、支出类别与费用等方面。从图2-1和图2-2中可以看出，粮食主要来源从搬迁前自己种植到搬迁后大部分甚至全部购买，无形中增加了生

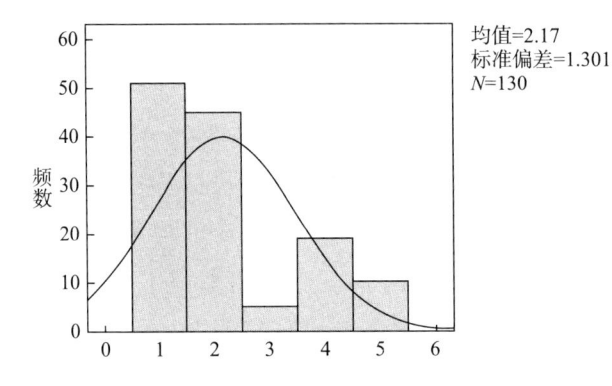

图2-1 搬迁前家庭中粮食的主要来源

注：家庭中粮食主要来源的赋值为1=全部自己耕种；2=少部分自己耕种，大部分市场上购买；3=一半自己耕种，一半购买；4=大部分自己购买，少部分自己耕种；5=全部购买。

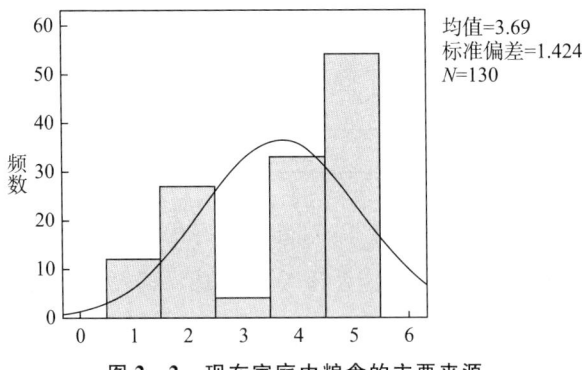

图2-2 现在家庭中粮食的主要来源

注：家庭中粮食主要来源的赋值为1=全部自己耕种；2=少部分自己耕种，大部分市场上购买；3=一半自己耕种，一半购买；4=大部分自己购买，少部分自己耕种；5=全部购买。

活成本。群众从传统上对食品的自给自足转变为依靠市场，对土地的依赖程度逐渐减小，反之对市场的依赖程度逐渐增加，蔬菜、粮食价格由市场调节，不论群众对价格满意与否，他们都要购买。如图2－3和图2－4所示，与搬迁前相比，家庭每年的食品支出费用大大增加。市场化的前提是群众有稳定的收入，拥有立足于城镇的资本。但事实上，群众在失去土地这个经济来源的同时，并没有掌握一门生存的新技能，依旧只能以出卖劳务为生。

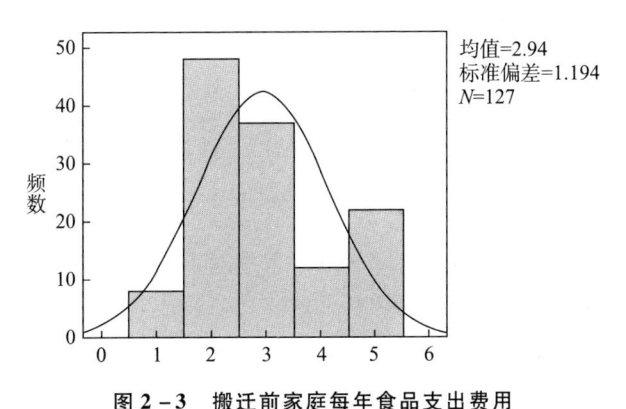

图2－3 搬迁前家庭每年食品支出费用

注：家庭每年食品支出费用的赋值为1＝高于5000元、2＝3001～5000元、3＝1001～3000元、4＝501～1000元、5＝低于或等于500元。

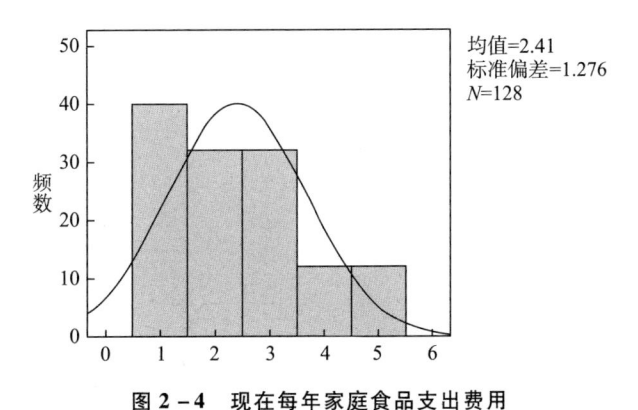

图2－4 现在每年家庭食品支出费用

注：家庭每年食品支出费用的赋值为1＝高于5000元、2＝3001～5000元、3＝1001～3000元、4＝501～1000元、5＝低于或等于500元。

从表2－79可以看出，搬迁后务工人数从56人上升到92人，比例从43.1%升至70.8%，务工成了大多数家庭的经济来源。与之相反，搬迁前务农人数为69人，搬迁后减少至16人，比例从53.1%降至12.3%。搬迁前农民以务农为主、务工为辅，搬迁后则以务工为主，收入来源发生了根本性转变。

表2-79　移民搬迁前后收入来源变化情况

项目	搬迁前 频数	搬迁前 百分比（%）	搬迁后 频数	搬迁后 百分比（%）
务农	69	53.1	16	12.3
务工	56	43.1	92	70.8
个体工商经营	4	3.1	17	13.1
政府补贴	0	0	0	0
其他	1	0.7	5	3.8
合计	130	100.0	130	100.0

从表2-80可以看出，移民搬迁前月支出在750元以下的移民占样本量的43.1%，月支出在750~1500元的移民占样本量的40.8%；调查移民搬迁后月支出在1000元以下的占样本量的36.2%，月支出在1000~2000元的占样本量的23.1%，月支出在2000元以上的占样本量的40.8%。显然，搬迁后移民的生活开支相对于搬迁前有显著提升。

表2-80　移民搬迁前后月支出对比

	月支出	频数	百分比（%）
搬迁前月支出	750元以下	56	43.1
	750~1500元	53	40.8
	1501~2250元	16	12.3
	2251~3000元	5	3.8
	合计	130	100.0
搬迁后月支出	1000元以下	47	36.2
	1000~2000元	30	23.1
	2001~3000元	34	26.2
	3001~4000元	13	10.0
	4001~5000元	2	1.5
	5000元以上	4	3.1
	合计	130	100.0

如表 2-81 所示,搬迁以前生活支出主要用于:第一为购买生活必需品,占据 38.5%;第二为供孩子上学,占据 29.2%;第三为购买食品,占 15.4%;其中,支付房款占 0.8%。搬迁以后生活支出主要用于:第一为购买食品,占 26.2%;第二为供孩子上学,占 25.4%;第三为购买生活必需品,占 19.2%;其中,支付房款占 10.8%。购买食品在搬迁后比例增大,相应地购买生活必需品在搬迁后成为第三项支出。从支付房款的比例来看,搬迁前后有很明显的差距。随着搬迁至城镇,偿还购房时借贷的款项也成了群众日常生活中新增的一笔负担。

表 2-81 搬迁前后移民生活支出的类别

支出类别	搬迁前 频数	搬迁前 百分比（%）	搬迁后 频数	搬迁后 百分比（%）
购买生活必需品	50	38.5	25	19.2
供孩子上学	38	29.2	33	25.4
购买食品	20	15.4	34	26.2
支付房款	1	0.8	14	10.8
其他	21	16.2	24	18.5
合计	130	100.0	130	100.0

（二）移民搬迁后的生产方式

土地是农民生存的根本,农民的衣、食、住、行都直接或间接地来源于土地。土地不仅为农民提供了必不可少的物质基础,而且是农民不可或缺的精神寄托,是农民实现其人生价值的重要途径。因此,农民对土地有很强的依赖性,失去土地会使农民产生空虚、失落等负面情绪。

根据表 2-82 可知,在我们调查的 130 户搬迁居民中,超过 2/3 的家庭尚有剩余土地。具体情况如下:有剩余土地的为 101 户,占总体的 77.7%;没有剩余土地的为 27 户,占总体的 20.8%;不清楚是否还有剩余土地的有 2 户,占总体的 1.5%。家中的剩余土地在一定程度上能够帮助搬迁移民缓解因居住环境的改变而产生的不良情绪,避免种种心理问题的产生,同时也有利于促进移民安置工作的顺利开展。

表 2-82　移民是否剩余土地情况

项目	频数	百分比（%）
是	101	77.7
否	27	20.8
不清楚	2	1.5
合计	130	100.0

通过这次调查我们发现，阳县的搬迁移民不仅剩余土地少，而且大部分移民家中的剩余土地距离新房很远。居住地到耕地距离的增加严重影响了农民对土地的耕作，降低了土地的生产效率，给农民的生产生活带来极大的不便。通过表 2-83 我们可以得知，新房与剩余土地距离在 500 米以上的农户达到了 85 户，占有效样本量的 84.2%；而距离在 200 米以内的仅为 10 户，占有效样本量的 9.9%。尽管土地耕种十分不便，但是大多数农户并未丢弃剩余土地，而是充分利用剩余的"口粮地"。

表 2-83　农民居住地与剩余土地的距离

距离	频数	百分比（%）	有效百分比（%）
200 米及以下	10	7.7	9.9
201~500 米	6	4.6	5.9
501~800 米	20	15.4	19.8
801~1100 米	15	11.5	14.9
1101 米以上	50	38.5	49.5
缺失	29	22.3	
合计	130	100	100.0

如表 2-84 所示，搬迁移民利用剩余土地种植粮食或蔬菜的为 75 户，占有效样本量的 74.3%；租给别人使用的为 1 户，占有效样本量的 1.0%；赠送给其他人的为 1 户，占有效样本量的 1.0%；土地荒废的为 22 户，占有效样本量的 21.8%。

土地是农民生存的来源，多年的农耕生活让移民对土地产生了深厚的感情，搬迁移民根本无法适应没有土地的生活。即使在搬迁后找到新的收入来源的移民也不愿意放弃家中剩余的土地，农业生产早已成了他们生活中不可缺少的一部分。同时，搬迁后的农民一时难以找到合适的工作，失去了生活来源。为了更好地生存下去，他们不得不克服远距离种植的困难，充分利用家中仅剩的土地种植粮食或蔬菜，减少生活开支，以此来缓解搬迁带来的巨大的生活压力。当然，少部分农户由于耕地距离新居太远，且缺乏劳动力，只能慢慢舍弃耕作，另谋生计出路。

表2-84 剩余土地的用途

用途	频数	百分比（％）	有效百分比（％）
自己种植粮食作物或者蔬菜	75	57.7	74.3
租给别人使用	1	0.8	1.0
赠送给其他人	1	0.8	1.0
土地荒废	22	16.9	21.8
其他	2	1.5	2.0
缺失	29	22.3	
合计	130	100.0	100.0

（三）移民搬迁后的居住方式

环境决定论认为自然环境决定社会和文化，自然环境的不同造就人们不同的生活方式和文化心理。虽然这一理论已遭到人们的种种质疑，但不可否认的是，自然环境确实能对人的生活产生巨大的影响。生活环境的突然改变往往引起人们心理的不适应感。这种不适应感不仅源于居住环境的改变，更是人们对环境改变引起的社会交往方式变化产生的反应。人们对陌生环境的适应需要一个长期的过程。根据调查我们得知，阳县的大多数移民在搬迁前居住在山地，只有少部分移民居住在平原或谷地地区。

如表2-85所示，130户搬迁移民中，有120户移民原居住在山地地区，占样本总量的92.3%；居住在平原地区的移民只有9户，占样本总量的6.9%；有1户居住在谷地地区，占样本总量的0.8%。搬迁后的移民集中居住在政府统一规划的安置点中，安置点的房子或是单元式的商品房，或是两层式的楼房，都集中修建在平原地区的集镇中心或附近，形成了一个人口相对密集的新型社区。搬迁前的移民地处偏远的山地地区，不仅生存条件十分恶劣而且交通不便。除此之外，由于受山地地形的影响，人们很难找到合适的建房选址，这导致住房与住房之间相隔较远，人口密度较低。即使地处同一村的邻里之间也相隔较远，给邻里之间的交往带来不便。移民搬迁后集中居住在平原地区，居住环境的变化导致人们的生活方式和社会交往方式产生了很大的改变。交通的便利化、人口的集中化使人们社会交往的空间进一步扩展，交往的频率进一步提高，人们的社交网络变得更加错综复杂。虽然如此，但是并不意味着人们一定适应这种社交便利化、复杂化的居住方式，在调查过程中，也有移民反映并不喜欢人口集中、交往过于频繁的平原地区，他们更倾向于居住在人口稀疏、安静的山地地区。

表 2-85 移民搬迁前居住地的地形

地形	频数	百分比（%）
平原	9	6.9
山地	120	92.3
谷地	1	0.8
合计	130	100.0

人与动物的一大区别是，动物用本能适应环境，而人用文化适应环境。因此在不同的环境中，人们用以适应环境的文化是不同的，也就是说，人们需要创造不同的文化模式来适应不同的环境。处于相同或相似环境中的人们的行为方式、价值观念、文化心理趋于一致，这是人们不断调整行为模式使之与环境相适应的结果，这种一致的行为模式和思想观念相互整合形成一种类型的文化。一旦环境发生改变，他们就不得不放弃传统的文化模式，形成或被整合到新的文化模式中去适应新的环境。但是由于文化具有稳定性和持久性，而且一种文化模式形成的时间越长就越稳定。人们处在熟悉环境中的时间越长，当环境发生改变时，就越难以放弃以前的文化模式从而对新环境产生不适应感。因此，搬迁移民在旧房子居住的时间长短是影响移民搬迁后适应新环境的重要因素。从表 2-86 我们可以看出，搬迁移民在旧房子的居住时间在 0~20 年的有 8 户，占样本总体的 7.3%；居住时间在 21~40 年的有 61 户，占样本总体的 55.5%；居住时间在 41~60 年的有 15 户，占样本总体的 13.6%；居住时间在 61~80 年的有 12 户，占样

本总体的10.9%；居住时间在81~100年的有12户，占样本总体的10.9%；100年以上的有2户，占样本总体的1.8%。在有效调查样本中，超过一半的移民在老房子的居住时间为21~40年，有的甚至长达100年。长时间住在山上使他们早已习惯了农耕的生活模式，搬迁到安置点后难免会产生一些不适应的感觉，而且居住的时间越长，这种不适应感会越强烈。

表2-86 旧房子的居住时间

时间	频数	百分比（%）	有效百分比（%）
0~20年	8	6.2	7.3
21~40年	61	46.9	55.5
41~60年	15	11.5	13.6
61~80年	12	9.2	10.9
81~100年	12	9.2	10.9
100年以上	2	1.5	1.8
缺失	20	15.4	
合计	130	100.0	100.0

陕南成规模的移民搬迁可追溯到20世纪末，至今已经完成了几次大规模的搬迁，每次搬迁的原因各异。搬迁类型的多样化可以从安置点的建设上反映出来。2008年受汶川大地震影响的灾民大多被安置到政府统规、移民自建的平房中。受地震影响的移民反映，搬迁后居住的平房与地震前居住的平房除了建房材料有差别外并没有其他不同，所以在安置点的新房居住并没有产生不适应感。自2009年陕南移民搬迁政策颁布后，汉中市阳县各地已分批建成了不同的安置点。我们调查的阳县的果镇和徐镇都已建成了两期移民搬迁安置点，第三期移民搬迁工程也正在筹建当中。一、二期安置点呈现不同的特点。一期安置点建成时间早、规模小，是政府统规、移民自建形成的。新房分为上下两层楼，一楼为门面房，可供移民自主经商，二楼则供移民居住。由于陕南地区山多地少，为了节约用地，二期安置点由政府统规统建为现代式的商品房，规模相对一期较大。由于移民在搬迁前多住在山上庭院式的土质平房中，对安置点中的楼房特别是单元式的厅室房十分不适应。他们不习惯上下楼，都希望能住在一楼不用爬楼。而安置点中的每栋单元楼至少有五六层，而且没有安装电梯，因此只有极少部分

移民能有机会居住在一楼，而其他的移民都不得不爬楼进房。为了减少移民们因为住房位置问题引发的纠纷，各地政府采取了不同的住房分配方式。

根据表2-87可知，以抓阄方式获得住房的移民有58户，占样本总量的44.6%；按交钱顺序获得住房的移民有26户，占样本总量的20.0%；由政府指定获得住房的移民有14户，占样本总量10.8%；以其他方式获得住房的移民有32户，占样本总量的24.6%。前两种方式所占比例大，而"政府指定"这种住房分配方式占比较小。

表2-87 移民新住房位置的分配方式

分配方式	频数	百分比（%）
抓阄	58	44.6
按交钱顺序	26	20.0
政府指定	14	10.8
其他	32	24.6
合计	130	100.0

如表2-88所示，130名被访移民中有119名移民表示满意自己的住房位置，只有11名移民表示对自己的住房位置不满意。这说明移民凭自己的运气或根据缴纳房款的顺序来选择房屋位置的方式是相对公平的，因此，移民们对自己的住房位置多持肯定态度。

表2-88 移民对新住房位置的满意情况

满意情况	频数	百分比（%）
满意	119	91.5
不满意	11	8.5
合计	130	100.0

表2-89大致反映了移民装修新房的花费情况。其中尚未装修的有3户，占样本总量的2.3%；花费1万~5万元的有89户，占样本总量的68.5%；花费5万~10万元的有23户，占样本总量的17.7%；花费10万~15万元的有6户，占样本总量的4.6%；花费15万元以上的有9户，占样本总量的6.9%。

表2-89 新房装修费用

费用	频数	百分比（%）
0	3	2.3
1万~5万元	89	68.5
5万~10万元	23	17.7
10万~15万元	6	4.6
15万元以上	9	6.9
合计	130	100.0

总体而言，移民在新房装修上的花费并不高，大多数在1万~5万元。这一方面是因为购置新房已经使农民承受了沉重的经济压力，即使农民想把新房装修得更漂亮也难以负担高额的装修费用，所以只能对新房进行简单的装修。另一方面是因为农民深感挣钱不易，在他们看来，花费那么多钱在房屋装修上是奢侈浪费，持节俭观念的农民不舍得在新房装修上花费过多。他们宁愿增加食品开支或把钱存起来也不愿意在装修上花费过多。一位被访的老人说道："以前我们在山上住的土房子从没装修过也照样住了好几十年，现在住这么好的房子更用不着装修了。"装修费用的情况反映出了虽然移民的居住位置改变了，居住条件改善了，但是他们的思想观念并没有发生大的变化。他们不像城里人那样追求奢华的装修，而是秉持一贯勤俭节约的生活作风。

通过表2-90的数据，我们可以获得搬迁前后移民居住房屋面积大小的变化情况。搬迁前，移民住房面积在1~80平方米的为42户，占样本总量的32.3%；81~160平方米的为75户，占样本总量的57.7%；161~240平方米的为9户，占样本总量的6.9%；240平方米以上的为4户，占样本总量的3.1%。搬迁后，住房面积在1~80平方米的为17户，占样本总量的13.1%；住房面积在81~160平方米的为103户，占样本总量的79.2%；住房面积在161~240平方米的为9户，占样本总量的6.9%；住房面积在240平方米以上的为1户，占样本总量的0.8%。从总体来看，移民搬迁后的房屋面积有所增大，住房面积在1~80平方米的住户在搬迁后减少了25户，而面积在80~160平方米的住户增加了28户。虽然山地地区土地资源十分丰富，可供农民耕种的土地很多，但是由于受到地形条件的限制，适合建房的面积小，所以即使山区土地面积大，但搬迁前移民的实际住房面积并不大。不过由于山地地区人口稀少、土地富足，相对于人口密集的城镇来说视野更加开阔、活动空间更大。考虑到长期生活在山区的移民可能对入住新房子感到不适应，政府修建的安置房面积较大，以此来减少移民的不适应感。

表 2-90 搬迁前后的住房面积

住房面积（平方米）	搬迁前 频数	搬迁前 百分比（%）	搬迁后 频数	搬迁后 百分比（%）
1~80	42	32.3	17	13.1
81~160	75	57.7	103	79.2
161~240	9	6.9	9	6.9
240以上	4	3.1	1	0.8
合计	130	100.0	130	100.0

根据表 2-91，我们可以看出，130 户搬迁后的移民中除去 2 个缺失值，有 22 户认为新房很宽敞，占有效样本总量的 17.2%；有 45 户认为新房较宽敞，占有效样本总量的 35.2%；有 38 户认为新房面积刚好合适，占有效样本总量的 29.7%；有 21 户认为新房较拥挤，占有效样本总量的 16.4%；还有 2 户认为新房拥挤，占有效样本总量的 1.6%。由此可见，多数移民对搬迁后的住房面积感到满意，认为房屋空间较为宽敞或合适，少部分移民认为住房拥挤。

表 2-91 移民对现在房屋的空间大小的情况反馈

房屋空间情况	频数	百分比（%）	有效百分比（%）
很宽敞	22	16.9	17.2
较宽敞	45	34.6	35.2
刚好合适	38	29.2	29.7
较拥挤	21	16.2	16.4
拥挤	2	1.5	1.6
缺失	2	1.5	
合计	130	100.0	100.0

人总是处于一定的环境之中，其思想观念、文化心理、行为方式是与环境相互磨合的产物。人可以根据环境的变化不断调整自己的行为和心理，从而使自身和环境达到和谐统一的状态。当所处的环境条件向好的方向发展时，人们改变自身使之与新环境达到平衡所付出的努力越小，越容易适应新环境。相反，当所处的环境条件越变越差时，人们需要克服更多生理和心理上的困难才能适应新环境。移民搬迁后居住环境的好坏是影响其适应环境的重要因素。

如表2-92所示，如果将"对环境感到压抑的程度"与房屋空间、采光条件、房屋质量及受噪声影响的程度等反映居住环境的变量进行相关分析可以看出：房屋质量对移民环境适应的影响最显著，相关系数为-0.292，说明房屋质量越好，移民对环境越不感到压抑，越适应新环境；房屋空间的影响次之，相关系数为-0.263，表明房屋空间越大，移民适应新环境；受噪声影响的程度和移民对新环境的适应呈正相关，相关系数为0.251，即移民受噪声影响越小，越不易感到压抑；房屋的采光条件与移民对环境的适应相关性最小，相关系数为-0.222，说明采光条件越好，移民越不感到压抑。

表2-92 移民搬迁后的居住环境条件与环境适应的相关分析

项目		房屋空间	采光条件	房屋质量	受噪声影响的程度	对环境感到压抑的程度
房屋空间	相关系数 显著度					
采光条件	相关系数 显著度	0.240 0.037				
房屋质量	相关系数 显著度	0.352 0.002	0.402 0.000			
受噪声影响的程度	相关系数 显著度	-0.159 0.707	-0.203 0.092	-0.182 0.000		
对环境感到压抑的程度	相关系数 显著度	-0.263 0.002	-0.222 0.000	-0.292 0.000	0.251 0.026	

从表2-93反映的数据来看，被调查者总是会对现在居住的环境感到压抑的有6人，占样本总量的4.6%；36人偶尔会感到压抑，占样本总量

的27.7%；88人从来不会感到压抑，占样本总量的67.7%。这说明大多数搬迁移民对安置点新房的空间大小、采光条件、房屋质量以及周边的环境感到满意，能够较好地适应新的居住环境。

表2-93　移民对现居环境是否感到压抑的情况

压抑情况	频数	百分比（%）
总是会	6	4.6
偶尔会	36	27.7
从来不会	88	67.7
合计	130	100.0

（四）移民搬迁后的社会交往方式

如表2-94所示，46.2%的人认为住在同一个单元楼的大部分是同村的，少部分是外村的；28.5%的人认为住的都是同村人。因此，集中安置的失地农民的社会交往网络依然保持了农村熟人社会人际交往的鲜明特征，呈现高度的内倾化、同质化态势，与城市社会以业缘为基础的人际交往特质有很大的差距。我们调查的地方人们搬迁前基本都是住在山上，由于交通不便，农民的交往范围极其狭小，他们基本上都是以村落为交往单位，但是搬迁后住在城镇附近，离县城更近，交往对象也扩大到城镇甚至县城。而这就要求失地农民从思想上摒弃传统的封闭、守旧思想，扩大交往范围，建立各种新的社会关系，以便更好地适应搬迁后的生活。

表2-94　单元楼人员构成情况

人员构成	频数	百分比（%）
都是同村人	37	28.5
大部分同村的，少部分外村的	60	46.2
大部分同村的，少部分租房的	4	3.1
大部分外村，少部分同村	29	22.3
合计	130	100.0

如表2-95所示，除去6个缺失值，有79.8%的人在小区结识了新朋友，说明搬迁以后失地农民的交往范围扩大，建立了新的社会关系，也反

映出失地农民的交往对象从同质性向异质性过渡。中国传统农业社会的基础单位是村落,村落是由血缘、地缘关系结合而成的一个相对独立的生活圈。原本世世代代在一个村落生活的人,生产、生活都是在以村为单位的地方进行,现在由于搬迁到安置点,周围生活着来自不同村落的人,生产、生活单位由村落变成了城镇或县城,交往对象的范围扩大,异质性也有所增强,打破了原先的由血缘、地缘维系的社会关系,转而变为与市民、同事等异质性群体交往。但是有些家庭中的老人没有搬迁至新社区,他们倾向于住在原先的村落里,习惯于熟人社会的生活方式,并且对土地有着深厚的感情。

表2-95 移民是否结交新朋友的情况

结交新朋友	频数	百分比(%)	有效百分比(%)
是	99	76.2	79.8
否	25	19.2	20.2
缺失	6	4.6	
合计	130	100.0	100.0

由表2-96可以看出,88.4%的人认为与以前相比现在交流更方便了,因为之前在山上居住的时候,大部分家庭都是以单院独户的方式居住,每户居住的距离较远,一个村落的人居住得也不是很集中,现在搬到安置点后,居住更为集中,所以交流更为方便。但是,有部分被调查者表示,集中居住以后,虽然与邻居的居住距离变近了,但是邻里关系并没有失地以前的邻居之间那么亲密,邻里之间只是维持着表面的客气,而并没有深入的交往,因而他们的主要交往对象仍然是以前的老邻居。

表2-96 与之前相比交流是否方便情况

交流方便	频数	百分比(%)	有效百分比(%)
是	114	87.7	88.4
否	15	11.5	11.6
缺失	1	0.8	
合计	130	100.0	100.0

农村是一个熟人社会，讲人情面子，主要将血缘、地缘作为相互联系的纽带，遇到事情时多请亲朋好友来帮忙。① 陕南地区亦是如此，村民家里有红白喜事的时候基本上都是请亲戚和邻居来帮忙。集中安置的失地农民依然保持着一种格兰诺维特所说的"强关系"，他们的社会交往表现为交往范围比较狭窄，主要是基于血缘关系和地缘关系的强关系网络。如表2-97所示，现在家里的一些重要活动一般都会在自己家里举办，占72.3%；也有26.9%的人选择在饭店、餐馆等场所举办家里的一些重要活动，这主要集中在我们所调查的徐镇和果镇两个地方。可以看出，失地农民搬迁前后在这一方面并没有大的变化，依然保持着村落的交往方式。其中值得注意的一点就是，尽管很多人已经举家迁移，但是如果家中有白事，一般都会选择回到老村筹办，他们潜意识里面还是对以往村落有着深厚的感情，主要还是因为很多年长者存在封闭、守旧思想，认为那是祖辈生活的地方，所以他们会回到老村办丧事。

表2-97 举办红白喜事的场所

场所	频数	百分比（%）
自己家里	94	72.3
自己家里和邻居家里	1	0.8
饭店、餐馆等场所	35	26.9
合计	130	100.0

过去，人们的交往被限制在比较狭小的地域范围内，并且极少流动；由于中国人安土重迁和重视血缘关系，交往圈子比较单一和固定，因此，社会交往有长期性、稳定性和连续性的特点。失地以后，虽然从农民转变为市民，但是，失地农民的社会交往仍以类似于搬迁前的乡村社会熟人交往模式为主，多与具有血缘、亲缘及地缘关系的人交往；除了商业往来、就业需要等之外，较少有人主动与其他人打交道。

从表2-98可以看出，除去56个缺失值，在移民家庭中，47.3%的老人每天基本上在家休息；仅有12.2%的老人在社区内找其他老人聊天。表

---

① 费孝通：《费孝通全集》（第十七卷），内蒙古人民出版社，2009，第120页。

2-99数据显示,26.8%的孩子的主要玩伴是以前村里的孩子,33.3%的孩子的主要玩伴是社区新认识的朋友。由此可以发现,孩子能够更快地适应新的生活环境,老人适应新环境的能力比孩子差,老人要适应"上楼"的生活方式可能更困难一些,他们仍旧遵循着征地前的生活和交往习惯,思想还是传统封闭的、守旧的,虽然在生活方式和居住方式上变成了城镇居民,但是在观念上还是很难接受这种改变。但是,孩子由于传统的守旧、封闭观念不是很强,所以相比年长者能够更快地融入城镇生活。因此,移民要很好地适应搬迁后的城镇生活,就需要突破传统的狭窄、封闭的生活空间,在社会交往方面保持开放性和现代性。

表2-98 老人的休闲生活情况

休闲内容	频数	百分比(%)	有效百分比(%)
在家休息(如看电视)	35	26.9	47.3
在社区内找其他老人聊天	9	6.9	12.2
去练习广场舞(如秧歌)	1	0.8	1.4
照顾孩子	5	3.8	6.8
闲不住、依然在工作	18	13.8	24.3
外出闲逛	3	2.3	4.1
做家务	3	2.3	4.1
缺失	56	43.1	
合计	130	100.0	100.0

表2-99 孩子的玩伴组成情况

玩伴组成	频数	百分比(%)	有效百分比(%)
以前村里的孩子	25	19.2	26.8
社区新认识的朋友	31	23.8	33.3
孩子年龄太小交流很少	29	22.3	31.2
基本不与其他孩子接触,自己在家上网、看电视等	8	6.2	8.7
缺失	37	28.5	
合计	130	100.0	100.0

集中居住后的农民的生活适应性状况，其实也就是一种文化适应状况，生活环境发生变化后必然引起文化上的变化。美国社会学家威廉·奥格本提出的文化堕距理论认为，文化在变迁时，各部分的变迁速度并不一致，一般来说，总是"物质文化"先于"非物质文化"发生变迁，而在非物质文化中，首先是制度变迁，其次是风俗、民德变迁，最后才是价值观念变迁。搬迁农民的城市化也呈现了这一特征，失地农民在身份、居住方式及职业等众多客观方面实现了变迁，虽然这些客观方面的变迁也需要一定时间积累，但相较于观念的变迁还是快一些。从调查的情况来看，大多数人虽然被迫接受了搬迁后的生活状况和生活方式，但是在观念上还是很难接受具有现代性的城镇社区生活、交往方式。就社会交往本身而言，不少搬迁农民虽然开始以职业为中心建构社会交往，但其交往认知还呈现传统社会的特征。

农民搬入社区后，便形成了从传统性的农村生活方式向现代性的城市生活方式的转变，虽然从调查的情况来看，很多人无论从心理还是从生活、交往方式上都保持着农村的生活习惯，但是我们看到改变还是或多或少在发生着。他们的交往范围扩大，从以村落为交往范围扩大到以城镇或县城为交往范围；交往对象从同质性向异质性转变，从原先有着相同的生活方式和生活习惯的人住在同一个村，转变成现在来自不同村落的不同生活习性的人住在同一个社区甚至同一个单元楼。对于集中安置的农民而言，尽快突破交往的封闭性现状，建立更大规模的、更为密切的新的社会交往网络，是他们成功融入城市社会、实现由农民向市民完美转身的当务之急。

（五）移民搬迁后的安置点社区治理状况

为加快社区建设，提高服务质量，社区的管理人员必须发挥主导力量。因此，选对管理主体，拥有好的领导班子对新社区的发展至关重要。由于社区的管理和服务对象都是从传统村落搬迁至新社区的移民，他们并不适应新社区的管理和服务模式。因此，新型社区如果完全复制城市社区的管理体制，必然会导致失败，其管理人员必须熟悉长期生活在山区的移民的行为习惯和了解搬迁后移民的心理状态。只有把新的管理理念以移民能够理解的方式加以宣传，把新的管理手段以移民能够接受的方式加以实施，才能真正让移民从心理上接受与新型社区相适应的新规范和新制度。由此看来，只有让移民自己参与到社区管理中，作为管理主体对自身加以管理，才能动员更多的移民积极投身于社区建设工作中，从而加深其对社区建设工作的了解。这样一来也可以进一步拉近社区管理人员与群众之间的关系，促进社区工作的顺利开展，提高社区建设的质量。此外，社区工作岗位优先提供给搬迁移民也有利于解决移民的生计问题，减缓移民的就业压力，帮助移民更好更快地适应社区的新环境、新生活。

从表2-100看出，没有在社区任职的移民有121人，占样本量的93.1%；在社区担任职务的移民仅为9人，占样本量的6.8%。这一状况不利于集中移民的才智、发挥移民的力量，同时也对移民了解新社区、适应新环境造成了很大的影响，阻碍了社区建设工作的开展和实施。

表2-100 移民在社区的任职情况

任职情况	频数	百分比（%）
社区党支部、居民委员会成员	5	3.8
居民代表、居民小组长、楼长、单元长	2	1.5
社区专职工作人员	2	1.5
未担任社区内任何职务的居民	121	93.1
合计	130	100.0

为了解当前移民搬迁社区管理和服务等工作的开展情况，我们把"社区管理和服务"这一概念量化为环境卫生、医疗条件、邻里关系、物业管理、治安管理等变量，然后依次对这些变量进行频数分析。

环境卫生与移民的日常生活密切相关，如表2-101所示，移民对社区的环境卫生持"一般"态度的有41人，占样本总量的31.5%；持满意态度的有68人，占样本总量的52.3%；而表示"不太满意"和"非常不满意"的有21人，占样本总量的16.2%。因此，总体而言，社区的环境卫生还存在一定的问题，移民对社区环境卫生的态度因具体居住位置的不同而不同。

表2-101 移民对社区环境卫生的态度

满意程度	频数	百分比（%）
非常不满意	7	5.4
不太满意	14	10.8

续表

满意程度	频数	百分比（%）
一般	41	31.5
比较满意	55	42.3
非常满意	13	10.0
合计	130	100.0

社区医疗条件包括就医的便利程度、专业程度及费用高低程度等方面，如表2-102所示，除去1个缺失值，移民对社区的医疗条件持"一般"态度的有50人，占有效样本总量的38.8%；持满意态度的有72人，占有效样本总量的55.8%；持"不太满意"态度的有7人，占有效样本总量的5.4%。由此可以看出，社区的医疗条件仍有较大的改善空间，以取得移民更高层次的满意度。

表2-102 移民对社区医疗条件的态度

满意程度	频数	百分比（%）	有效百分比（%）
不太满意	7	5.4	5.4
一般	50	38.5	38.8
比较满意	63	48.5	48.8
非常满意	9	6.9	7.0
缺失	1	0.8	
合计	130	100.0	100.0

邻里关系是考察社区管理与服务的又一维度，如表2-103所示，移民对搬迁后的邻里关系持"一般"态度的有23人，占样本总量的17.7%；持满意态度的有104人，占样本总量的80%；持"不太满意"和"非常不满意"态度的仅有3人，占样本总量的2.3%。这说明移民对社区内的邻里关系较为满意，这与合理的社区住房规划有较大的关系。

表2-103 移民对社区邻里关系的态度

满意程度	频数	百分比（%）
非常不满意	1	0.8

续表

满意程度	频数	百分比（%）
不太满意	2	1.5
一般	23	17.7
比较满意	73	56.2
非常满意	31	23.8
合计	130	100.0

如表2-104所示，移民对社区的物业管理持"一般"态度的有48人，占样本总量的36.9%；持满意态度的有67人，占样本总量的51.6%；持"不太满意"和"非常不满意"态度的有15人，占样本总量的11.6%。可以看出，移民对社区物业管理的满意度总体并不高。

表2-104 移民对社区物业管理的态度

满意程度	频数	百分比（%）
非常不满意	1	0.8
不太满意	14	10.8
一般	48	36.9
比较满意	59	45.4
非常满意	8	6.2
合计	130	100.0

如表2-105所示，移民对社区的治安管理持"一般"态度的有33人，占有效样本总量的25.6%；持满意态度的有92人，占有效样本总量的71.3%；持"不太满意"和"非常不满意"态度的有4人，占有效样本总量的3.2%。相较而言，移民对社区治安管理的满意度较高。

表2-105 移民对社区治安管理的态度

满意程度	频数	百分比（%）	有效百分比（%）
非常不满意	2	1.5	1.6
不太满意	2	1.5	1.6
一般	33	25.4	25.6
比较满意	69	53.1	53.5

续表

满意程度	频数	百分比（%）	有效百分比（%）
非常满意	23	17.7	17.8
缺失	1	0.8	
合计	130	100.0	100.0

总体而言，大多数移民对新入住社区管理和服务的各个方面表示肯定，只有极少数移民对其表示不满意。这表明新社区为搬迁的移民提供了一个较为舒适、安全的生活环境，这一方面有利于加强移民对社区生活的适应，另一方面也促进了移民安置工作的进一步开展，为以后的安置工作奠定了坚实的基础，提供了可靠的经验。

为打造现代都市化的新型社区和节约土地资源，汉中市阳县政府决定，从安置二期工程起，不再修建二层楼房式的安置住房，而改建单元式的商品住房，这导致习惯平房或楼房的移民对单元房居住产生了极大的不适应感。据移民反映，居住在单元房不仅上下楼不方便，而且邻里之间进行交流和沟通较为困难。虽然是集中居住，邻里相隔很近，但是邻里之间相互串门的现象很少发生。只有等到傍晚乘凉时，社区内的居民才会到楼下聊天和交流，而其余时间小区内的居民见面和沟通的机会较少，这难免会让移民产生孤独感和寂寞感。为进一步增强社区移民的情感交流和社区凝聚力，丰富移民的精神生活，缓解搬迁给移民造成的心理上的不适应感，社区必须开展更多的文体活动。

根据表2-106，可以看出居民参与集体活动的意愿，"积极参加"和"可能会参加"的比例都超过样本总体的1/3，达到37.7%，而表示"不参加"的只有16.9%，还有7.7%的移民表示"不清楚"是否参加集体活动。

表2-106 移民参与集体活动意愿的情况

参与意愿	频数	百分比（%）
积极参加	49	37.7
可能会参加	49	37.7
不参加	22	16.9
不清楚	10	7.7
合计	130	100.0

但是从表 2-107 社区开展集体活动的实际情况来看，存在集体活动开展少且活动单一的问题。在 130 个被访移民中，回答"社区几乎没有开展集体活动"的有 61 人，占样本总量的 46.9%；回答开展了"中老年人集体舞"活动的有 47 人，占样本总量的 36.2%；回答开展了"妇女节演出与表彰活动"的有 3 人，占样本总量的 2.3%；回答开展了"全民嗨歌唱区的文艺演出"的有 12 人，占样本总量的 9.2%；回答开展了"体育友谊赛"的有 7 人，占样本总量的 5.4%。由此看来，社区移民参与集体活动的意愿较强，而社区开展集体活动的数量少，根本不能满足社区移民参与活动的需求。参与集体活动是移民释放生活压力的有效手段，也是移民尽快适应社区生活的重要途径。因此，社区必须对此引起高度重视，认真倾听搬迁移民的声音，了解社区成员的需求并尽量满足其需求。积极开展受移民欢迎的文娱活动，促进邻里关系的和谐，加强社区文化建设，帮助移民克服不良情绪，顺利度过搬迁的不适应期。

表 2-107　社区开展集体活动的情况

集体活动	频数	百分比（%）
中老年人集体舞	47	36.2
妇女节演出与表彰活动	3	2.3
全民嗨歌唱区的文艺演出	12	9.2
体育友谊赛	7	5.4
社区几乎没有开展集体活动	61	46.9
合计	130	100.0

三　搬迁移民集中居住之后的适应性问题

（一）搬迁移民的耕地远离新居，依赖土地的生计方式在逐渐隐退

所有的农业文明都赋予了土地一种崇高的价值，从不把土地视为一种类似其他物品的财产。[1] 耕作土地，既为人所夙爱，那在有人类存在的一切阶段上，这个原始的职业将为人类所永远爱悦。[2] 土地对于农民来说是

---

[1] H. 孟德拉斯：《农民的终结》，李培林译，社会科学文献出版社，2010，第 42 页。
[2] 亚当·斯密：《国富论》，郭大力、王亚南译，上海三联书店，2009，第 284 页。

一种独特的财产,寄予了农民一种特殊的情感和价值。① 因此农民对土地有很强的依赖性,失去土地会使农民产生空虚、失落等负面情绪。在调查的130户搬迁居民中,接近78%的家庭尚有剩余土地。如表2-108所示,101户有地家庭中剩余的土地并不多。其中有1~3.9亩土地的为74户,占样本总量的73.3%;有4~7.9亩土地的为16户,占样本总量的15.8%;有8亩及以上土地的为11户,仅占样本总量的10.9%。当前我国农村中的家庭形态多表现为主干家庭或扩展家庭,家中人口较多,需要的粮食也较多。但是由于搬迁之后耕地面积大大减少,直接导致粮食产量的降低,这不仅影响了农民的经济收入,甚至无法满足农民的基本生存需求。

表2-108 有地家庭的剩余土地面积

剩余土地面积（亩）	频数	百分比（%）
1~3.9	74	73.3
4~7.9	16	15.8
8及以上	11	10.9
合计	101	100.0

通过调查发现,阳县的搬迁移民不仅剩余土地少,而且大部分移民家中剩余的土地距离迁入地很远。加之山区野猪等动物的破坏和农业效益比较低的原因,有的搬迁户只耕种距离居住地较近的土地,距离居住地较远的土地则被撂荒了。② 同时,大多数人选择就近务工,耕种土地不再是唯一的和主要的生计方式,而是逐渐被打工等方式取代,人们从土地的束缚中释放出来,生计方式逐渐脱离土地。

(二) 搬迁移民的收入来源减少,家庭生活成本却在不断增加

集中居住将农民的生活从自给自足推向了一个完全依赖市场的经济体系之中。③ 移民搬迁集中居住后,大多失去了原来自给自足的生产条件,

---

① 张海波、童星:《被动城市化群体城市适应性与现代性获得中的自我认同——基于南京市561位失地农民的实证研究》,《社会学研究》2006年第2期,第86—106页。
② 冯明放、彭洁:《浅析陕南移民搬迁面临的几个突出问题》,《特区经济》2012年第10期,第173—174页。
③ 叶继红:《农民集中居住与移民文化适应:基于江苏农民集中居住区的调查》,社会科学文献出版社,2013,第67页。

收入来源发生变化，买菜、饮水都要额外花钱，加上市场物价的不断提高，生活开支也随之提高，移民生活压力陡增。[①] 搬迁前移民生活在山地地区，食物基本靠自己生产。加之，移民居住地离集镇很远，且交通不便，所以他们间隔很久才去集镇采购家中的必需用品。这种较封闭的生活环境和较传统的生活模式使他们养成了勤俭节约的观念，生活支出较少。移民搬迁后不仅花费增多，而且收入来源减少。由于失去土地这一主要生计来源，他们不得不放弃依靠土地生产的传统生存方式，寻求新的生存模式。但是由于大多数移民迁入地的经济基础薄弱，产业项目少，吸纳就业能力低，因此，"稳得住、能致富"成了移民搬迁工作中最难的问题。[②]

案例2-7：樊某，女，50岁，小学学历。搬迁前家住在距离徐镇40多里地的一座山上。自陕南移民政策实施后，一家人决定离开生活了30多年的老地方，搬迁到徐镇第一安置点。此安置点一共由57户人家组成，由政府统一规划，居民自己建设。房子由上下两层构成，总面积约为200平方米。下层是门面房，主要用于自主经商或出租，上层则由居民自己居住。搬迁后，樊某家开了一个家具店。她家有三口人，除了自己外还有丈夫和儿子。丈夫田某今年47岁，以前是一个木匠。儿子田虎今年27岁，高中毕业后就开始打工挣钱。在搬迁前他们一直生活在山上，居住的房子是土木结构的，总面积接近280平方米。樊某家以前有13亩地，大部分用来种玉米、小麦等粮食，少部分则用来种植药材。不仅如此，樊某还在家附近种植了蔬菜，同时也圈养了猪、牛等牲畜和鸡、鸭等家禽。一年到头，靠卖粮、卖猪和卖药材，家庭总收入有1万多元，这也是她家的主要收入来源。虽然收入不算多，但因为居住在山上，粮食自产，需要花钱的地方也少，所以日子过得很不错。为了搬迁和购置新房，樊女士向银行贷了3万元，还向亲戚借了6万元，加上政府按人头补贴的1.8万元等，共花费了16万元。

---

① 何得桂：《陕南地区避灾移民工程可持续性研究》，《中国国情力量》2013年第6期，第49—51页。
② 冯明放、彭洁：《浅析陕南移民搬迁面临的几个突出问题》，《特区经济》2012年第10期，第173—174页。

2012年5月，樊某一家终于搬进了新房。与此同时，自主经营的家具店也顺利开张，他们的儿子也于这一年结婚。婚后儿子在外地打工，儿媳则留在家中帮忙照看家具店，一年后孙子诞生。买房和儿子结婚不仅花去了家中所有的积蓄，还欠下了大笔的外债。由于退耕还林政策的实施，现在家中只剩下4亩土地，全部用于种植药材。但是土地离新家相隔太远，家里人又要忙于生意，平时根本无暇顾及土地的管理，所以药材收成很不理想。樊某说和过去相比，现在的生活压力增大了很多。以前住在山上，吃什么都靠自己种，现在住在镇里什么都需要买。一家四口人一个月仅食品开支就有1000多元，加上养孙子的花费，月总支出增至3000多元，是过去的四五倍。为了挣钱补贴家用，樊某的丈夫今年也外出务工。由于年龄过大，又没有掌握什么特殊的技能，丈夫很难找到合适的工作，只能干一些体力活儿。樊某说其实家具店生意还算可以，儿子、丈夫在外打工也能挣点钱，家庭年收入大概能有4万元，和过去相比增加了不少。可是现在需要花钱的地方太多了，加上近年物价不断上涨，收入虽然多了反而不经花，约4万元的收入还得省着花才能勉强维持生活。

显然，移民搬迁新房后所需要支付的水电费、暖气费、物业管理费更是给移民们带来了沉重的经济负担，移民对搬迁后生活开支的剧增表示很不适应。

（三）社会交往淡化且场所欠缺，使农户的婚丧礼仪习俗出现调适

叶继红通过对农民集中居住的适应性研究，发现社会交往是影响移民的文化适应的重要因素之一。[①] 农民集中居住后的多层或高层结构单元房对其社会交往形成了一定的障碍。搬迁后的移民集中居住，社区交往出现困难，需要爬楼和敲门，甚至进门需要换鞋。失地农民的社会交往仍然没有完全融入城市一般居民的交往模式中，无亲缘关系的人仍未成为失地农民的主要交往对象，当前失地农民的社会交往存在一定的困难。[②]

[①] 叶继红：《农民集中居住、文化适应及其影响因素》，《社会科学》2011年第4期，第78—86页。

[②] 李飞、钟涨宝：《城市化进程中失地农民的社会适应研究——基于江苏省扬州市两个失地农民社区的调查》，《青年研究》2010年第2期，第84—93页。

案例 2-8：李某，男，58 岁，初中学历，家中一共四口人。在谈到搬迁后的社会交往时，李某说自己平时很少出门走动，周围邻居与他来往也不密切。李某将之归因于自己很忙，走不开，而且邻居也很忙，大家搬迁后失去了生活来源，都忙着挣钱，根本无暇顾及邻里之间情感的交流。以前住在山上，农闲时，邻里总会聚在一起聊天、吃饭。就算农忙也会相互之间帮忙，关系很好，就像一家人一样。搬迁后虽然邻里关系相处得比较友好，不会发生争执，但是总感觉没有以前那么亲近了。不仅如此，搬入新社区后，自己与家族内的人联系也比以前少了。

婚姻与丧葬在任何族群成员的一生中，都具有相当的重要性。这是一个人在生命过程中一条重要的轨迹，也是个人在社会化进程中完成的重要历程。任何族群的婚姻与丧葬都有一套本族群成员遵行的仪式与程序。婚丧大事在族群内部都绝非个人行为，它是一个人与其他族群成员不断发生社会互动的结果，必定要打上各种社会关系的烙印。① 但是由于移民搬迁后公共场所受到很大的限制，很多移民不得不把举办婚丧仪式的场所迁到以前居住的村落中。调查得知，被访的 130 户移民中，有 94 户移民选择在老家举办婚丧仪式，占样本量的 72.3%；只有 35 户选择在新房附近的饭店或餐馆举办，仅占样本量的 26.9%。原来居住的村落距离新的安置点太远，这一方面给移民举办礼事带来了极大阻碍，另一方面，也降低了邻居参与礼事的积极性，很多邻居都不愿意回主办人的老家参加礼事。这使红白喜事的举办不仅没有起到加强邻里情感的作用，反而成了移民的一大"心理负担"。因此，有越来越多的移民选择在新房附近的饭店摆上几桌饭菜，有的甚至干脆就不办礼事。红白喜事缺少举办场所让移民深感不适应，他们失去了加强社会交往的重要机会。从案例 2-9 中，可以看出移民集中居住后对社会交往的极度不适应。

---

① 马伟华：《生态移民与文化调适：西北回族地区吊庄移民的社会文化适应研究》，民族出版社，2011，第 109 页。

案例2-9：刘某，男，66岁，小学文化水平。儿子今年年初因病去世，他带着孙子、孙女以及精神有问题的儿媳妇生活。刘某所在单元楼内的房屋空置现象比较普遍，基本没有外来人员租房的现象。由于与他家同住一个单元楼内的其他住户都不是同村的，所以自己在本单元楼认识的人很少。刘某平时与邻居的关系一般，交流也较少。其主要原因还是自己很少出门，与邻居作息时间不一致，再加上集中居住后，大家都上楼居住，就好像被隔在一个一个的小房子里。所以，交流与以前相比变得更加困难。搬迁前，大家都住在一块，走家串户很方便，邻里之间经常在一起聊天。现在搬迁至安置点后，虽然大家还住在一起，但是邻里交流还得上下楼，而且很难遇到合适的机会。大家仿佛都变得陌生了，不愿意交流，也不愿意参加集体活动。刘某在闲暇时间都在家休息，做做家务，并没有特别的娱乐活动。他的孙子在单元楼里基本不与其他孩子接触，都是自己一个人在家玩耍。

（四）集中居住社区环境有待改善，移民难以适应新社区管理模式

叶继红在研究农民集中居住的文化适应时曾指出，社区环境因素在移民文化适应上存在显著差异，越是认为社区环境好的人越能够适应新环境。[①] 通过对阳县移民进行问卷调查得知，社区工作尤其是在环境卫生管理方面存在很大的问题。调查数据显示，在回答"小区是否存在生活垃圾随便堆放"这一问题时，130名被访者之中有83名回答了"是"，占样本总量的63.8%；47名回答"否"，占样本总量的36.2%。生活垃圾的随处堆放大大影响了社区的环境质量，同时也不利于移民对社区新生活的适应。造成这一问题的原因主要有两个方面：其一，搬迁移民环保意识较差，不注重卫生环境的保持；其二，社区管理基础设施不完善。社区没有为移民提供足够的垃圾箱，没有设置集中堆放垃圾的场地，也没有及时安排工作人员对垃圾进行清理。案例2-10很明确地体现了这一点。

[①] 叶继红：《农民集中居住、文化适应及其影响因素》，《社会科学》2011年第4期，第78—86页。

案例 2-10：谭某，45 岁，男。他几乎很少参与社区的公共设施建设，在社区居委会中也未承担任何职务。据他观察，社区公共设施质量不太好，经常坏。路灯装了半年都没有投入正常使用。而且社区的卫生环境也不是很好，经常会堆积很多装修垃圾，根本没有人及时清扫。不过目前社区的治安环境还算可以，虽然没有保安巡逻，但从未发生过偷盗现象。

移民搬迁的过程是一个人口集聚形成新型社区的过程。和原来的社区相比，新社区的组织机制、管理模式及配套设施都发生了较为显著的变化。传统村落式的社区由村委会统一管理，组织机构比较简单，配套设施不完善。移民搬迁集中居住形成的新社区呈现城市化的特点，组织结构较为复杂，配套设施相对完善。当前移民们仅在空间上实现了转移，而其思想观念还停留在传统社区理念上，并没有认识到新型社区与传统社区的不同。因此，这种集中居住区在某种程度上而言是一种动态的、过渡性社区，从指导变迁的角度讲，社区居民的调适，不仅从物质上，更重要的是从心理上完成城市化。[1] 为提高社区移民的生活质量、解决搬迁后生活中出现的各种问题，社区设置了居委会这一机构对社区的公共事务进行管辖。居委会开展的各项工作与社区移民们的利益息息相关，移民主动参与社区居委会工作的过程也是熟悉新环境、适应新生活，从村民向居民身份转换的过程。但是目前居委会处于初始阶段，发育还不太成熟，居民自觉参与社区管理的动力不足，而且居委会进行自治管理的操作能力不强，无法完全承担在社区治理工作中的责任。[2] 因此社区工作要想顺利开展必须获得社区移民的广泛支持，充分调动其参与居委会工作的积极性和主动性。但是，在搬迁移民看来，社区居委会并没有承担相应的管理职能，只是负责社区的物业管理，不能管理搬迁移民的户籍等事务，一些搬迁移民要开相应的身份证明，只能回原行政村办理，这样不但路途遥远而且给他们带来不便。由此看来，搬迁移民的户籍管理也要相应进入社区居委会的

---

[1] 周大鸣：《凤凰村的变迁》，社会科学文献出版社，2001，第 56 页。
[2] 程同顺、杜福芳：《城市化进程中的新农村社区建设——以天津市华明街为例》，《湖南社会科学》2012 年第 3 期，第 64—69 页。

管理范畴。总之，移民对社区居委会的不了解一方面源于其公共意识的缺乏，他们大多只关注家庭生活，而不关注社区生活；另一方面也可能是居委会工作宣传不到位所导致的。

四 结论和建议

陕南移民搬迁是一项意义重大的民生工程，对于改善处于灾害频发的地理环境中的农户的生存环境而言是一种福祉项目，政府在基础设施建设以及资金支持方面起到非常关键的作用。当然，移民搬迁项目是一个周期比较长的发展过程，前期的工作重点在于"搬得出，住下来"，后期的工作重点在于"住得好，融得进"，这是不同阶段的工作要求，而且这两个阶段的工作发展要有机统一地衔接起来，不能有所偏颇，否则对如此大型的移民搬迁工程而言是不利的。如上文所述，阳县的山区移民搬迁工作虽然取得显著的成效，但是在农民视野里仍然存在诸如生计模式转化、生活环境改变、社会交往受限以及新社区管理弊端等许多适应性问题。为此，政府部门在主导推进搬迁移民集中居住的同时，也要从社会文化适应性角度去剖析搬迁过程中农户所面临的适应性难题，以便与农民形成双向良性互动的格局，这对于该项社会工程有所裨益。

（一）地方政府应扶持特色产业开发，重视搬迁移民后续生计发展

"搬得出、稳得住、能致富"是陕南移民搬迁的基本要求。[1] 移民后续产业发展和就业问题，不仅直接影响到移民的生计，也直接关系到移民的搬迁。[2] 当前移民拥有土地少，且家中剩余土地距离居住地远，农民必须从以往的生产模式中抽离出来，向非农业岗位靠拢。因此，依托开发当地产业实现就业成了解决移民生计问题的有效途径。但是，由于大部分移民安置地的经济基础薄弱且地理位置相对闭塞，对外地企业的吸引力比较小，无法为移民提供足够的就业岗位。[3] 但从目前情况来看，陕南大部分

---

[1] 胡润泽：《搬得出 稳得住 能致富——陕西省汉中市移民搬迁安置工作的实践与思考》，《求是》2012年第16期，第59—60页。

[2] 冯明放、彭洁：《陕南大规模移民搬迁面临的主要问题分析》，《安徽农业科学》2012年第31期，第15482—15484页。

[3] 李聪、柳玮、冯伟林等：《移民搬迁对农户生计策略的影响——基于陕南安康地区的调查》，《中国农村观察》2013年第6期，第31—44页。

安置区的当地产业项目极少，吸纳劳动就业能力差，根本无法满足由于移民搬迁而产生的大量剩余劳动力。对此，一方面，地方政府应该充分利用当地优势农业整合资源，使其产业化、品牌化，让农民从中受益。此外，要加强对发展当地产业的资金投入，引导当地移民结合安置地的具体情况，开发具有当地特色的优势产业。鼓励有条件的农民自主创业，为创业提供贷款优惠，从陕南的实际看，生态旅游开发、特色产品的产业化经营以及劳动密集型农产品规模化生产将是移民产业开发的重要选择。[1] 另一方面，地方政府要加大招商引资的力度，鼓励外来企业驻扎安置区，吸纳劳动力就业。不仅如此，政府还应该对每户富余劳动力进行职业技能培训，提升搬迁移民的业务素质，让移民掌握一门农业领域之外的工作技能，并与广东、福建、浙江等发达地区政府签订劳务输出协议，做到"培训一人，转移一人，富裕一家，带动一村"，以此提高搬迁移民的收入水平，确保搬迁移民"搬得出、住得稳、富得起、融得进、住得好"。因此，地方政府在继续大规模主导移民搬迁工程时，应有效引导搬迁农户科学合理利用和发展当地资源优势，并要更新传统观念，以实现长远的生计可持续发展。

（二）社区组织要尽可能创造广泛的社会交往平台，提升移民对新社区的认同感

集中居住社区是搬迁移民生活、居住和交往的主要场所，也是移民的新家园。社区居委会作为基层自治性组织，对搬迁移民的现实状况和生存需求最为了解。因此，社区居委会有责任为刚进入新社区的搬迁移民的人际交往拓展搭建良好的平台。社区居委会应该积极争取为搬迁移民的户籍管理多做实事，以方便社区移民，同时在考虑村落文化仪式等因素的基础上，尽力为社区移民家庭所举办的婚丧嫁娶等人生大事仪式提供满意的场所和组织协调支持，以此增加移民对社区的归属感。在社区这个最基本的公共空间领域中，通过日常文化生活的有机联系，构建一个真正具有现代意义的文化共同体。[2] 另外，社区居委会要组织搬迁移民在社区内部或与

---

[1] 冯明放、彭洁：《陕南大规模移民搬迁面临的主要问题分析》，《安徽农业科学》2012年第31期，第15482–15484页。

[2] 柯红波：《走向和谐"生活共同体"：城市化进程中的社区分类管理研究》，浙江工商大学出版社，2013，第176页。

其他社区合作开展丰富多彩、健康向上的文化活动，如"体育友谊比赛"、"邻居文化节"和"手拉手"帮扶结对等活动，以增进社区居民之间的感情沟通，帮助搬迁移民尽快建立起新的社会支持网络，促进他们快速适应新的生活环境，促进搬迁移民之间的文化交流和社会交往，这对于搬迁社区的可持续发展意义重大。

（三）搬迁农户要积极参与社区环境管理，形成多方参与的社区治理新机制

搬迁社区环境的好坏是影响移民适应新生活的重要因素。由于移民社区多数是从村落基础上构建起来的，不具备社区自治管理经验，甚至还没有形成社区的观念意识，因此社区管理者应该及时完善公共基础设施，加强社区卫生清理工作，同时，加大环保宣传力度，提高移民的环保意识和参与意识，为移民提供良好的生活环境，增强移民的适应能力。

为此，相关政府部门（民政部、移民办、扶贫办等）在移民社区建立后需要从城市社区组织抽调一定数量的有社区组织管理经验的专业人员，协助各个新社区发展社区自治组织，提高管理能力。限于陕南当前的经济社会发展条件，镇一级政府能整合的人力、物力资源有限，这就需要县级以上政府除了在资金、技术方面提供支持以外，更要在培育搬迁社区自治能力的人力资源方面提供有力支持，要负责承担相应的薪资问题。同时要让搬迁农户改变以前单家独户生存环境中的以自我为中心的思想意识，而要对新家园的环境卫生和社区的管理工作形成人人参与、人人关心的理念，并且促使形成农户与社区管理组织共同治理的新局面，这对于新社区的发展以及搬迁农户的快速适应都是有重要作用的。

总体而言，目前陕南移民搬迁工作开展得较为顺利，大多数移民已经开始慢慢适应新社区的生活模式，但是要想使移民真正从心理上接受这种与之前截然不同的生产、生活方式还需要较长一段时间。因此，地方政府在不断完善移民工作的同时，也需要与移民共同筹划农户的生计发展以及社区的长远发展。只有这样，才能帮助移民更快、更好地适应集中居住的新环境，进一步促进陕南移民搬迁工作的顺利开展，为我国山区移民搬迁提供富有参考性的借鉴经验。

第六节 小结与讨论

一 走出新型农村社区建设的几个误区

新型农村社区建设是党和政府在新的发展时期构建和谐社会的重大举措,是促进社会主义新农村建设的一项重大制度创新,具有重大的现实意义。新型农村社区建设陆续在全国范围内展开,并且在如火如荼地进行着。据统计,截至2008年底,共有304个农村社区建设试验县(市、区),占全国2862个县级单位的10.62%,共有20400个村作为农村社区建设试验村,占全国64万多个村的3.19%,而且覆盖了32个省区市。另外,新型农村社区在建设过程中形成了"一村一社区"、"一村多社区"及"多村一社区"等诸多模式。不可否认,这些模式及地方经验对于探索城乡统筹和城乡一体化等战略有着十分重要的意义,与此同时,还极大地改善了农村基础设施和农民的居住环境。然而,由于当前新型农村社区建设处于摸索阶段,因此难免存在一些误区。

(一)偏重基础设施建设,轻视组织管理建设

目前,许多地方政府都极力推进新型农村社区建设,而且单方面推进农村的基础设施和农民的居住环境等硬件的改善。但是,新型农村社区建设不能仅仅停留在基础设施建设这一层面上,不能只顾硬件建设而忽视组织管理体制和运作体系等软件建设。在一些地区,新型农村社区是由若干个行政村组成的,但是至今新型农村社区的组织管理制度与原来村"两委"之间的关系仍然模糊不明,导致新型农村社区建设出现"形似而神不似"的特点。由此看来,新型农村社区建设不能只满足农村基础设施建设的需求,更要对当前农村社会管理体制进行相应的变革,让农村社区自组织和村民能够逐渐介入管理层面并承担相应的责任,以此推动农村基层管理体制创新。

(二)盲目照搬,机械模仿,忽视当地经济发展水平

新型农村社区不能仅仅依靠政府规划和指令,更不能超越当地的经济发展水平。西部许多经济欠发达地区盲目照搬南方经济发达地区的做法和模式,完全不顾当地的工业化、城镇化及农业现代化这三个方面的发展水

平，只是从形式上进行模仿。从本质上而言，新型农村社区建设的过程就是市场化的过程，与经济发展水平息息相关。

（三）一味追求示范功能，忽视社区后续发展

许多新型农村社区是挂靠在各级领导名下的示范点，这些新型农村社区是重金打造的结果，只是起到供人参观和示范的作用。因此，这些社区的自身造血功能严重不足，毫无内生性发展动力，必须依靠外部大量资金输入才得以维持和运转。有些新型农村社区建设纯粹成为政府官员的"政绩工程"，尽可能地吸取各种资金，以达到"锦上添花"的功效，其实根本无推广价值，因为此类社区全靠项目支撑，缺乏发展后劲和持续动力。

（四）无视农民的贫富分化，人为设置排斥机制

当前，新型农村社区建设都是由政府提供公共基础设施建设的资金支持，并且给予农户少量的房屋建设补贴。在经济欠发达的农村地区，由于贫困人口缺乏足够的资金进入政府规划的社区，从而导致新型农村社区成为农村相对富裕的农户的聚居地，而许多贫困人群被排斥在外，依然住在环境较差的"空心村"里。这种人为的规划是将贫困人口排斥在外的，他们难以享受到政府对新型农村社区建设所提供的配套的公共设施服务。显然，这些贫困人口都难以进入新型农村社区的地理空间里，何谈参与建设新型农村社区。

（五）注重政府主导，轻视农民参与

毫无疑问，新型农村社区建设在开始阶段，政府的主导角色是不可或缺的。鉴于农村公共财政能力欠缺以及农村基础设施匮乏，新型农村社区建设的起步时期就必须依靠政府提供相关财政支持。但是，在新型农村社区的发展和成熟阶段，政府就需要慢慢退出，从而鼓励社区组织和农民等建设主体充分参与社区建设的过程，最终目标就是培养农村社区建设的自我发展能力以及可持续发展的潜力。由此可见，政府主导要有一定的限度，不能一味地主导下去，因为社区建设的不同阶段是需要不同主体发挥相应的功能。因此，政府角色要及时转化，从开始阶段的主导变为后期发展阶段的引导，当然，在引导过程中要充分尊重农民的意愿，从农民所需所盼入手，并激发其参与的积极性，真正发挥农民的潜能。

（六）催促农民进区上楼，忽视农民生计保障

一些地区农民进入新型农村社区且居住在楼房之后，天然气、水电、

蔬菜及物业管理等费用大大增加,使农民的生活成本也骤然提高。与此同时,在当地工业化和就业市场发展不充分的情况下,农民的就业形势异常严峻,其可持续生计面临严重危机。许多地方农民"上楼"之后,由于失去了土地,所有的生活开支必须依赖于现金,加之农民的就业障碍和收入有限以及许多生活保障问题都没有完全解决,因此尽管居住条件和居住环境有了明显的改善,但许多农民家庭的生计状况反而不如以前。

总之,农村社区建设是一个漫长的过程,切不可操之过急、盲目冒进,更不能为了急速推进城市化而人为规划。

二 建议与意见

如今,我国大力推进新型农村社区建设,一定要汲取经验教训,避免不必要的损失。因此,为了稳步有序地推进社会主义新型农村社区建设,笔者建议从以下三个方面入手。

(一)对农村社区建设要有明确的定位,而且把体制变革作为建设的重中之重

农村社区建设在改善村民生活环境的同时,更要促进当前农村基层管理体制革新,将基层政府的管理理念转为服务理念,同时要培育社区自组织,使基层政府与社区自组织相互支持,形成新型农村社会管理体制,真正激发农村社区发展的活力,使农村发展具备稳定性和自主性。

(二)地方政府的推动角色必不可少,但是必须有一定的限度

在农村社区建设过程中,政府的推动角色是不可忽视的,但是不能因为政府支持了相关的基础设施建设,就一味让政府主导社区建设的方向与进程,应充分认识到政府所担当的角色是具有阶段性的。在后期建设与发展阶段,政府要"角色自觉",清楚自己作用的有限性,并要给社区自组织和农民让渡一定的参与空间,发挥这些建设主体的自决能力。唯有如此,才能让新型社区建设越走越远。

(三)规划设计上要做到"有利于穷人",不可设置人为障碍

新型农村社区建设是城乡一体化发展的有力举措,也是缓解农村与城市发展差距的有效途径。然而,一些地方政府在推进新型农村社区建设过程当中,过于重视农村相对富裕的群体,在一定程度上忽视了农村贫困人口在新型农村社区建设过程的受益问题,使贫困人口处于新型农村社区建

设的边缘。对此，地方政府要加大对贫困人口的支持力度，尽可能让他们参与到新型农村建设过程中，而不是人为设置排斥制度。因此，新型农村社区建设的最终目的也是让社区的每一个人都能在建设社区过程中享受到新型农村社区建设的益处。

三 三个地区的比较分析

在陕西省选取三个典型的地区——杨区、邑县和陕南的阳县作为调研地点，分别代表了城乡一体化进程中失地农民的城市适应困境、政府主导下新型农村社区的建设以及山区移民集中居住和适应性问题。杨区经济发展快速，城市化进程异常加快，使周边的农村不断被纳入城市规划当中，导致许多村庄"消失"，与此同时也出现了许多政府主导的"失地农民安置小区"。它存在的问题有四个方面：失地农民收入的不稳定性；失地农民的生活成本大幅度增加；失地农民的社区归属感的缺失；新型社区管理的无序化。笔者提出以下几个建议：首先，地方政府要保障失地农民的最低生活标准；其次，地方政府要着力开拓失业农民的就业平台；最后，加强新型社区管理，离不开失地农民的参与。当下新型农村社区建设在一定程度上是乡村建设运动的延续，政府在其中起了主导作用，政府主导下新型农村社区的建设主要是以陕西省邑县为例。政府在社区建设中扮演了积极能动者和行动主体的角色，起到了动员、组织、引导、规划和推动的重要作用。农村社区建设离不开政府的引导和支持，但是如果单纯从国家或者地方政府的视角去着力推动农村社区建设，可能还存在如下一些问题：新型社区呈现"形似而神不似"的过渡性特征；由于农民资本不同，新型社区建设呈现阶段性和渐进性的特点；新型社区的农户交往呈现"内倾化"；旧村没有被充分利用，造成土地资源的浪费。笔者建议政府主导下的新型农村社区建设应注意：首先，确保政府的主导地位和农民的主体地位有机结合，不断扩大农民的参与机制；其次，重构农村社区认同是新型农村社区建设的基础；最后，建议地方政府对旧村农户宅基地制定一套严格的管理和使用制度。同时，新型社区建成之后农村社区也有了自己的优势：村庄规划从无序走向有序；农户住宅统一规划，社区面貌焕然一新；农村服务体系更加完善，给留守人口的生产和生活带来了便利；形成新的社区文化活动空间，丰富村民的文化生活。灾害移民搬迁安置，可以归类到集中居住的一种类型，而我国集中居住的趋势在改革开放后逐渐发展，这种集中居住的根源之一还可以追溯到社会学前辈曾建议政府大力促成的小城镇建设上，以陕西南部的阳县为例。移民搬迁居住出现的问题有：首先，搬迁移民的耕地远离新居，依赖土地的生计方式逐渐减退；其次，搬迁移民收入不断减少，而生活成本不断增加；再次，社会交往淡化且场所欠缺，使农户的婚葬礼仪习俗出现调适；最后，集中居住的环境有待改善，移民难以适应新型社区的管理模式。要改善这些适应性问题，笔者提出以下建议：首先，地方政府应扶持特色产业的发展，重视移民搬迁的后续生计发展；其次，社区组织应该尽可能地创造广泛的社会交往平台，提升移民对社区的认同感；最后，搬迁移民要积极参与社区环境管理，形成多方参与的社区治理新机制。

　　三个地区的农民在新型社区建设和自身适应的过程中都出现了生产方式、生活方式、交往方式以及居住方式等几个方面的变化，三个地区都各有代表性。但是就出现的适应性问题来说，三个地区也有共性：收入减少，生活成本增加；农民对新型社区的归属感低，交往圈子仍然局限在之前的人际圈；新型社区的建设只是形似而神不似，社区管理不到位，社区中的农民对于社区缺乏管理和服务意识。失地农民在适应过程中主要是在市民身份和市民心理上的转变，且失地农民的"市民身份"和"非市民待遇"之间的冲突巨大。政府主导下的新型农村社区建设则主要是在政府主导和农民参与的二元主体之间的均衡，以及新社区和旧村庄之间空间转变所带动的生活方式和交往方式的变化。移民搬迁的集中居住和适应性问题主要体现在原居住地由于自然原因而不得不搬迁造成移民在新社区生活和生产方式的变化，以及新的社区管理方式上。而改善这些问题需要做的是：解决当前农民的现实性问题，保证农民生活质量和生产稳定；建立多方参与和治理体系，农民和地方政府应该共同参与新型社区的建设和管理；扩展社区的交往平台，同时提升农民对社区的认同感，更好地适应新型社区，促进新型社区的发展。

第三章 产业支撑型农民集中居住及其文化适应

——基于四川省调研经验

第一节 四川省调研区域简介

江区，位于成都平原的腹心，是成都市"西部新城"的核心区域。江区近年来大力实施"兴三优二、一三联动"的发展战略，即加快从工业主导型经济向以生态旅游、体育休闲、医疗康复及数码信息化服务业为主导的现代低碳经济转变。江区西北部的安镇，是川派花木盆景的发源地，素有"花木之乡""休闲旅游之乡"的美称。本章调研的地点复兴社区地处成市江区"花木之乡"安镇的西部，它东邻清水村，南邻团结桥社区，西邻金马河，北邻汪家湾社区。地理位置优越，主要体现在其交通上，由成市通往著名旅游景区都江堰和青城山的成青路和府通路从社区附近贯穿而过。2005年4月复兴村和建设村合并；2007年7月继而又合并庆云村，统称复兴社区。复兴社区的金河阳光苑小区，主要规划农户1200多户，常住人口3800多人，党员134人，现已入住2500余人，剩余1300余人待二期安置，主要是原庆云村的。除了金河阳光苑小区外，复兴社区的卫生站、幼儿园等配套设施完善；辖区内共有法人单位8家，具有一定规模。社区居民的主要经济收入来源为花木销售，种植面积在95%以上；2013年居民人均收入为15000元。

复兴社区的公共基础设施规划比较完善。目前社区已有的公共基础设施或场所有：为居民提供交流娱乐场地的棋牌室、老年娱乐中心、社区活动广场、社工站及健身场地；为居民日常生活提供便利的社区服务大厅、停车场（包括车棚与车位）、卫生所、消防车、路灯、垃圾箱及休息椅；

既解决社区儿童上学问题,又便于与社会工作组织等社区组织联合开展集体活动的社区幼儿园。此外,正在建设中的商业街将包括菜市场、服装店等,旨在进一步促进居民生活的便利化,提高居民的生活质量,增强其对社区的满意度、归属感及认同感。

成市为西部地区经济发展状况较好的城市之一,其农民集中居住区建设在政府的大力推动下取得了显著的效果。因此,本章调研选取成市江区的复兴社区作为产业支撑型农民集中居住后文化适应性研究的调研地点,调查对象是成市江区安镇复兴社区内集中居住的农民,主要运用深度访谈与问卷相结合的调查方法。调研实施阶段,调研小组成员对社区主要负责人及部分居民进行了深度访谈,访谈案例共10例。采取判断抽样与偶遇抽样等方法选取合适样本进行调查,共发放210份问卷,回收204份,有效问卷为199份,有效回收率为97.55%。考虑到有相当一部分村民不识字的情况,调研小组成员采用问答法以提高调查效率。调研总结阶段,调研小组成员整理访谈资料,而后运用SPSS软件对199份问卷进行统计,同时进行文献检索,查找相关理论进行定性分析。

样本基本情况如表3-1所示,从性别角度来看,样本中男性占42.2%,女性占57.8%。一方面与男性和女性的性别比有关,另一方面可能是白天大部分男性外出工作,而女性一般在家中做家务,所以入户调研中女性被访者偏多。从年龄段角度来看,样本中20岁及以下的占1.0%,21~30岁的占7.5%,31~40岁的占9%,41~50岁的占45.2%,50岁以上的占37.2%。因而,可以看出,调查样本主要是集中在40岁以上的年龄段中。从学历水平上来分析,从未上过学的占4.5%,小学学历的占41.7%,初中学历的占38.7%,高中学历的占8.5%,专科或本科学历的占6.5%。从样本分析结果来看,该社区的居民主要是小学或初中学历。

表3-1 调查对象基本信息

变量	项目	频数	百分比(%)
性别	男	84	42.2
	女	115	57.8
年龄	20岁及以下	2	1.0
	21~30岁	15	7.5

续表

变量	项目	频数	百分比（%）
年龄	31~40岁	18	9.0
	41~50岁	90	45.2
	50岁以上	74	37.2
学历	从未上过学	9	4.5
	小学	83	41.7
	初中	77	38.7
	高中	17	8.5
	专科或本科	13	6.5

从表3-2的家庭总人口统计表看，样本中家庭总人口为3个的有64个，占样本总量的32.2%；样本中家庭总人口为5个的有63个，占样本总量的31.7%，由此可以看出家庭总人口为3个或5个的居大多数，这说明此社区居民的家庭规模不大，人口大户很少。

表3-2 家庭总人口数

人数	频数	百分比（%）
1	1	0.5
2	14	7.0
3	64	32.2
4	33	16.6
5	63	31.7
6	17	8.5
7	5	2.5
8	1	0.5
9	1	0.5
合计	199	100.0

从表3-3的家庭劳动力人口统计表看，家庭中有2个和3个劳动力的分别有63个，各占样本总量的31.7%。因此，我们可以看出被调查的家庭中劳动力人口为2个或3个的占多数，这说明在该社区居住的农民家中劳动力比较充足。

表 3-3　家庭劳动力人口情况

劳动力人数	频数	百分比（%）
0	2	1.0
1	25	12.6
2	63	31.7
3	63	31.7
4	30	15.1
5	10	5.0
6	6	3.0
合计	199	100.0

本章研究试图从文化适应的角度出发，通过对成市复兴社区的实地调研与分析，深入了解农民在进入集中居住区由农民转变为新型居民后，在生产方式、生活方式及社会交往方式等方面的转变，并且依据对其现状和变化的分析，总结出复兴社区农民集中居住安置与建设模式，指出其在发展过程中的可借鉴之处，发现其中存在的问题与困境，并且提出相应的对策建议。

第二节　产业支撑型农民集中居住及其文化适应性研究

一　文化适应的概念

关于文化适应的定义，雷德菲尔德和赫斯科维茨认为，"当不同文化群体的人们进行持续不断的直接接触时，一方或双方的原文化类型所产生的变化称为文化适应"。叶继红把集中居住区移民文化适应定义为，作为新移民的被征地农民迁入新型社区后在生产、生活和行为方式以及思想观念上进行的一系列调整和适应的过程，并且从技术层面的适应、制度层面的适应以及观念层面的适应来进行研究。本章借用叶继红的定义，但是在主体上有差别，主要是讨论农民在迁入集中居住区后作为新型居民在生产、生活、居住以及交往方式等方面的变化及现状。

（一）研究意义

对于农民集中居住与文化适应问题的研究有重要的价值和意义，具体表现为以下几个方面。

一是能够加强集中居住区农民的城市适应。通过对集中居住区农民的文化适应程度的研究，走入新型社区，了解社区居民的生产方式、生活方式、交往方式和社区管理方式的变化，为政府提出可行性建议，让集中居住的农民更好地适应社区生活，适应生产方式与生活方式相分离的状态，适应由零散独居到集中居住，适应乡里乡亲到街坊邻里的交往形式，让社区居民更好地融入社区生活。此外，居住方式的改变可以带动农民生活方式和思维方式的转变。

二是能够加强集中居住区的社区建设，构建新型社区。集中居住的社区不仅是居民居住的空间，还是日常生活的活动场所。通过调查研究，发现集中居住区的社区建设与管理工作等存在问题，因此必须加强管理，为集中居住的农民提供良好的社区居住环境和配套设施。从软件上讲，社区管理人员以城市社区的管理观念去管理社区，能够促进该社区从管理型社区向服务型社区转变，构建新型社区。

三是能够为政府科学地规划农民集中居住提供参考。在经济全球化的大背景下，城镇化的步伐有增无减，统筹城乡发展，推动城乡一体化建设，会有更多的农民集中居住、更多的农民"上楼"。政府要建设更多的安置房来解决农民的集中居住问题，通过研究可以向政府提出建议，让集中居住的农民生活得更好，帮助居民更好地适应新的生活环境，提高社区的硬件和软件设施，通过建设高标准的现代化社区，提高农民的生活质量，使其更好地融入城市社区生活。

四是能够从根本上推动城乡一体化，实现新型城镇化。新型城镇化是人的城镇化，城镇化不是简单的人口比例增加和城市面积的扩张，而是实现产业结构、就业方式、人居环境以及社会保障等由"乡"到"城"的重要转变。让农民集中居住就是从居住方式上推动城镇化，研究集中居中农民的文化适应，不只是从表面上让农民集中居住起来，实现居住方式由"乡"到"城"的转变，更是要让农民适应城市社区的生活环境，真正地实现人的城镇化，从根本上推动城乡一体化，实现新型城镇化。

五是能够弥补此研究领域的理论不足。关于农民的集中居住问题的研究大多是停留在研究农民外部居住环境的变化，从政府的规划和制度等宏观层面进行研究。对于农民集中居住以后的生活状况、农民自身对新生活的适应程度、农民对新的社区生活的满意程度以及农民是否真正实现市民化的研究很少。研究集中居住农民的文化适应是对农民集中居住问题研究的进一步延伸,能使其得到丰富和发展。

(二) 农民集中居住的文化适应性研究

近年来,随着农民集中居住区建设的逐渐推广,不仅引起了政府的重视及媒体的关注,而且其中所涉及的社区管理、土地制度、经济产权以及社会保障等问题也引起了经济学、社会学、管理学及建筑学等学界学者的关注与研究,并且形成了一定的研究成果。基于对现有研究成果的总结与梳理,笔者大致将目前对于农民集中居住区的研究归纳为以下几个方面。

1. 农民集中居住的动因

关于农民集中居住动因的研究有以下三类代表:第一类是将动因从理论和实践两个方面来论述;第二类是没有将动因进行大的归类,而只是进行简单的分类,这类研究比较常见;第三类是将动因区分为动力与阻力两大系统,打破了传统只是从动力方面来论述的研究状况。

第一类的代表是杨帆的研究,他明确地将农民集中居住的动因从理论和实践两个方面来论述,认为"农民集中居住的理论动因是指从人类经济、社会发展历史出发,总结出推动农民实现集中居住的必然原因",因而将动因划分为产业结构优化升级驱动、土地集约化驱动和城镇化驱动,可以看出,这个划分更多的是强调经济因素。此外,他还指出,"实践动因是指推动农民集中居住的各种具体动因,它们因地因时不同,以其中的一种或几种为主导,在各种具体动因的共同推动下,农民实现集中居住",然后又根据这个总的原则,具体划分为农民意愿主导型驱动、政府政策主导型驱动、市场化主导型驱动,可以看出,这个划分更强调主体。杨帆的创新之处在于先进行了一个整体性的论述,然后才进行了具体的划分,使结构更加明了。[①]

第二类的代表是陈晓华和张小林的研究,他们从实践经验来对农民集中居住区建设的动因进行划分,并且指出,"从农民集中居住的驱动机制上看,我国各地乡村建设实践中形成了土地开发驱动型、乡村旅游发展型、市场开发带动型、现代农业园区型、移民建镇建村型、城镇发展带动

---

① 杨帆:《我国农民集中居住动因思考》,《中国集体经济》2011年第4期,第8—9页。

型等动力模式"。① 此外，还有赵美英的研究，他关于动因的研究和解释与陈晓华、张小林的不同之处是，他的研究成果是与目标紧密相连的，认为"城市化进程中农民集中居住的动因为：工业化、农业产业化、城市化和农民市民化。这四者的共同作用促成了农民集中居住"，并且对农业产业化进行了解释，认为"它是在市场经济体制下应运而生的一种全新的农业生产经营形式，是在更大的范围和更高的层次上实现农业资源的优化配置和生产要素的重新组合，是对传统农业生产经营体制的根本性变革"。同时，他指出一个关键性的结论："农村劳动力转移而形成的居住方式变革，从本质上来说就是农民向市民转化的素质提升过程。"而从某种程度上来说，这四个动因也是农民集中居住的结果和欲达到的目的。②

第三类的代表是郭丽丽、蔡瞳和陈利根的研究，他们创新性地提出了农民集中居住的动力系统模型，认为"动力系统模型是由推力系统和阻力系统所构成的复合系统。具体是由利益动力、产业动力、制度阻力、农民排斥力和资金阻力共同构成的综合体。它们之间相互依存、相互影响，共同作用于农民集中居住的进程"。这打破了先前过分强调积极推动力的研究，依据实践现实和经验，将阻力因素也明确地划分到动因之中。③

2. 农民集中居住的主要途径

陈晓华和张小林在论述农村现代化、城乡统筹发展的必然性之一是引导农民集中居住时，指出"农村工业化与城市化、农业产业化，以及村庄整理与改造等是我国农村建设过程中实现农民集中居住的主要途径"。此外，其关于村庄整理的论述值得借鉴，他们将村庄整理划分了三个层次，即由零散布局到组团布局的转变、由分散居民点向较大村庄的集中和农村新型社区的建设。④

此外，赵淑芹和刘倩不仅指出了村民集中居住的三个现实途径，即农

---

① 陈晓华、张小林：《城市化进程中农民居住集中的途径与驱动机制》，《特区经济》2006年第1期，第150—151页。
② 赵美英：《城市化进程中的农民集中居住研究》，《江苏工业学院学报》2008年第2期，第7—11页。
③ 郭丽丽、蔡瞳、陈利根：《农民集中居住的动力机制及途径探讨》，《资源与产业》2009年第1期，第45—56页。
④ 陈晓华、张小林：《城市化进程中农民居住集中的途径与驱动机制》，《特区经济》2006年第1期，第78—89页。

村集体建设用地城市化、家庭宅基地集约化和规模化、承包地规模化与物权化，还论述了农民集中居住后集约用地的三个去向：一是以市场方式转移到城市地区；二是全部保留在本集体内部；三是介于两者之间。[①] 并且他们对这些现实途径进行了绩效分析，这是其创新之处，即不只是指出途径是什么，而且为选择哪种途径提供了对比及依据。

3. 农民集中居住的文化适应

目前关于文化适应的研究不多。比较系统进行研究的是叶继红，他在研究集中居住区与文化适应时，引入了移民的概念，并将移民文化适应定义为，"作为新移民的被征地农民迁入新型农村社区后在生产生活和行为方式上以及思想观念上进行的一系列调整和适应过程"。并且将移民文化适应操作化为：技术层面的适应（包括移民非农化就业和移民生活满意度）、制度层面的适应（包括移民社会交往和移民社会参与）和观念层面的适应（包括移民身份认同和移民社区归属感）[②]。

赵美英、李卫平及陈华东只是在研究中简略地对农民集中居住区的文化适应问题进行了论述，指出文化适应就广义而言，是指包括农民居住方式、生产方式、生活方式在内的整体适应性变化。他们认为，农民集中居住使生活形态从散居变为聚集，生活方式由传统过渡到现代，使居民之间的相互约束和相互影响增加，这些变化必然会带来农民集中居住后的不适应，容易产生各种问题，甚至引发群体矛盾。因此，需要对农民集中居住区的新型居民进行文化适应的引导。[③]

此外，其他从文化适应的整体上进行研究的学者比较少，大多只是单一地从某个方面或者某几个方面进行研究。比如，马贤磊、孙晓中关于集中居住区农户福利的研究，通过比较不同地区，尤其是不同经济发展水平下农民集中居住对农民福利的影响，认为集中居住并没有显著提高农户的福利水平，因为目前的集中居住并没有显著改善农户的家庭经济状况、社

---

① 赵淑芹、刘倩：《村民集中居住的实现途径及其效果分析》，《石家庄经济学院学报》2013年第4期，第45—56页。
② 赵淑芹、刘倩：《村民集中居住的实现途径及其效果分析》，《石家庄经济学院学报》2013年第4期，第45—56页。
③ 赵美英、李卫平、陈华东：《城市化进程中农民集中居住生活形态转型研究》，《农村经济与科技》2010年第11期，第7—11页。

会保障状况、社会资本状况和决策参与自由等。①

4. 农民集中居住中存在的问题

关于农民集中居住中存在的问题,研究者比较多。这类研究分为两类:一类是专门化的研究,即比较明确地区分问题的层次,对问题进行研究;另一类是进行整体研究,在研究的最后根据研究者所遇到的实际情况对所研究地区的特殊问题进行划分。

第一类比较常见,比如,叶祥凤在对农民集中居住区居民社会保障状况的调查中指出,农民集中居住区存在社保整体水平偏低等问题,具体表现在参保率低、续保率低等方面。② 其他专门化的研究主要集中在公共设施建设不完善、住房质量较差、土地流转存在问题及配套的产业不协调等方面。

第二类的代表是宋北杏的研究,他提出农民集中居住存在的问题,可以从三个方面来看。从政府层面来看,主要是一些地方存在一定程度的强行推进和形式主义嫌疑。从农民层面来看,农民的问题主要体现在实现集中居住后的社会保障问题与文化适应问题。在推进集中居住政策的过程中,土地集约管理必然要征地,农民没有了土地就失去了最基本的生活来源。此外,农民集中居住实现的是社区化管理,农村教育相对比较落后,导致农民集中居住社区与城市社区在文化上存在较大的差异,农民很难适应城市的文化氛围。这两个因素都在一定程度上降低了农民集中居住的效果。从社区层面来看,社区体现出来的问题主要表现在公共服务不配套和社区管理不规范等方面。例如,商业网点、农贸市场及学校等公共服务场所建设不完善,且建设进度比较缓慢,使农民在入住后,基本的衣食住行都不便利。社区管理的非职业化、非专门化使管理存在很大的漏洞,对于提高社区的整体管理水平有很大的限制。③

总之,目前关于农民集中居住区的研究主要集中在动因、途径、存在

---

① 马贤磊、孙晓中:《不同经济发展水平下农民集中居住后的福利变化研究》,《南京农业大学学报》(社会科学版) 2012 年第 2 期,第 8—15 页。
② 叶祥凤:《农民集中居住区居民社会保障状况调查报告》,《调研世界》2010 年第 10 期,第 27—23 页。
③ 宋北杏:《城乡一体化发展中农民集中居住问题探究》,《商品与质量·建筑与发展》2013 年第 4 期,第 56—67 页。

的问题及对策等方面,关于文化适应的研究比较少,而且研究成果存在地域性。比如,目前国内学者关于农民集中居住区文化适应的研究,成果较多的是叶继红,但他的研究主要集中在江苏地区,有一定的地方限制与差异。本章主要是通过对四川省成市的实证研究,以探索西部地区农民集中区文化适应的现状,并提出相关建议。

二 复兴社区农民集中居住安置模式

从2005年决定合村,至复兴村和建设村的顺利合并,再至今日庆云村二期安置计划的正式实施,复兴社区的建设日趋完善,在探索与实践中形成了复兴社区集中居住安置模式。下面主要从安置主体状况和安置模式来介绍复兴模式。

(一)职业型农民——人口流动趋于平衡点

在其他地方调研时,笔者发现一些集中居住区的大部分居民仍旧外出务工,只有少数居民在集中居住区居住,集中居住区出现"二次空心"的现象,复兴社区却基本都未外出打工。笔者傍晚在茶馆观察时,发现喝茶的人许多都是男性青壮年劳动力。一方面是因为复兴社区所涉及的三个村庄均以种植花木为主,种植面积在95%以上,花木种植收益较高,所以农民很少外出打工。此外,一些农户利用种植区安静美丽的环境,兴建农家乐,吸引来自成市的市民周末观赏花木、参与农家乐。

另一方面的原因是,复兴社区附近便是从成市去著名的景区都江堰和青城山的必经之路,而且其所处的安镇有"都江堰的仓库"之称。江区近年提出加快从工业主导型经济向以生态旅游、体育休闲等为主导的现代低碳经济转变,为安镇的发展提供了契机,也为复兴社区由花木种植向集花木种植、观赏及休闲娱乐于一体的生态农业的转变提供了良好的发展环境。

花木种植的经济基础,复兴社区的农民职业化程度的提高,以及经济进一步转型的契机,使该社区的人口流动已经趋于平衡点,这对于集中居住来说是一个重要的条件,也是社区不断建设与发展的一个基础。

(二)"依人换房"与"宅基地置换住房"相结合的安置模式

目前,农民集中居住区实行的安置模式有"宅基地置换住房,保留耕地"模式和"宅基地置换住房,以耕地换社会保障"模式。第一种模式容易产生的问题是集中居住区内的农户普遍拥有多套住房，在现有的土地制度下农户无法取得房产权，所以住房的转让与出卖隐藏很多弊端，同时也造成了许多住房闲置的现象。第二种模式最大的弊病是农民用土地换社保之后，原有的生计模式被打断，农民失去生活来源。

复兴社区创新性地采取了"依人换房"与"宅基地置换住房"相结合的安置模式，安置与补偿实行两种不同的运行机制。"依人换房"是指，按照每户的人口数来决定所分房屋的面积，具体是35平方米/人，若所居住房屋小于实际应得房屋，则社区会按照一定的价格退给居民，反之，则由居民补给社区，即"多退少补"。"宅基地置换住房"是指，将宅基地面积减去居民已获住房面积，剩余的面积以160元/平方米的标准给农民以补偿。此外，居民的土地及原宅基地复垦后均归原农户种植，原宅基地只能复垦，但复垦后所产生的农业用地不享有耕保基金。

此外，社区建设所用的土地是采取"以租代征"的方式租用农户土地，因而也造成了一部分农户无耕种土地，具体实施办法是：对被租地的农户的补偿标准是第一年200元/（人·月），从第二年开始300元/（人·月），而且被租土地仍有耕保基金和农业直补。这部分人原有的生计模式中断，所以其入住社区之后，在适应性方面面临的困境更多。

典型案例3-1：杨某，女，48岁，初中学历。家里有5口人，分别是杨某及其丈夫，还有儿子、儿媳、孙子。2007年建设复兴社区时占用了杨某家的5亩地（其中有4亩苗木和1亩宅基地）。她说："以前家里种花木，每年平均能收入五六万元。现在政府给的补贴再加上耕保基金和农业直补，家里大概有两万元，远不能保证一家五口人的生活。政府虽然提供了工作岗位，但是给本地人的工资是50元/天，外地人是80元/天，工资太低，不想做，所以儿子就出去打工了。丈夫和儿媳在镇上摆水果摊。以前种植花木也就是每天早上忙一些，其他时间就是家人在一起看电视，一起出去玩耍，但现在就我和小孙子在家了，生活没有以前舒适，还是想在原来的村庄居住，不愿意搬上来住。"

由案例3-1可以看出，失地者不只是原有生计模式中断，更大的影响是其日常生活状态的改变，进而可能会影响其对集中居住区的认同感。

(三) 多元的楼层规划布局

住房建设是一个社区建设中最重要的部分，复兴社区目前有26栋楼，其中母子房有4栋，四人户有8栋，三人户有14栋。笔者在调查中进一步了解到，4栋母子房中有3栋是两人户、三人户的搭配，剩余1栋是一人户、两人户的搭配。复兴社区楼房的建设不是"一刀切"的规划，而是从居民实际的需要与现实生活状况出发来设计，比如母子房的设计充分考虑了一些家庭父母和子女不愿意一起生活却又想要居住房屋临近以便照顾的需要，而四人户是考虑到较大家庭对居住空间的需要。此外，每栋楼的高度是五层，一方面低高层的建设实现了房屋向空间的延伸，有利于土地的节约利用；另一方面又没有盲目建设高层，五层的高度既考虑到居民上下楼梯的便利，又不用安置电梯，为居民节省了集中居住的费用。

第三节 农民集中居住后的文化适应过程

一 复兴社区农民集中居住后的现状

本节通过对集中居住区居民的居住方式、经济生活、生活方式、社会网络、社区管理和社区参与六个方面的量化研究，来阐明复兴社区居民集中居住后的现状。

(一) 居住方式

农民集中居住从形式上来看，最直接的表现是住房结构的变化，此外，还有一些隐性因素，诸如居住意愿和家庭内部居住布局等。可以说，住房建设是整个农民集中居住区在物质建设层面最基础、最核心的部分，居民对其满意度、适应性是影响居民对整个集中居住区评价的重要因素。基于其重要性，下面从居住空间对比及居住环境与适应性两个方面来了解复兴社区居民集中居住前后在居住方式方面发生的变化。

1. 居住空间对比

居住空间的变化主要表现在房屋大小和居住空间中人的分布方式等方面。本次调研通过对上楼前后房屋大小的对比、现有房屋的拥挤程度及家庭成员居住方式的变化等因素的考察来进行分析。

从表3-4可以看出，上楼前居住在村中平房里的居民占78.9%，其中居住在村中庭院式平房的占61.8%，居住在村中非庭院式平房的占17.1%；上楼前居住在村中楼房里的居民占20.6%，其中居住在村中庭院式楼房的占16.1%，居住在村中非庭院式楼房的占4.5%。由此可以推断，村民在上楼前大多数是在平房中居住的，这样的居住习惯可能会影响居民尤其是居住在高层的居民上楼后的适应性。

表3-4 上楼前居住房屋类型状况

房屋类型	频数	百分比（%）
村中的庭院式平房	123	61.8
村中的非庭院式平房	34	17.1
村中的庭院式楼房	32	16.1
村中的非庭院式楼房	9	4.5
其他	1	0.5
合计	199	100.0

家庭居住方式主要考察的是上楼前后父母与已婚子女间居住方式的变化。由表3-5可以看出，父母与已婚子女之间，以前分开居住但现在居住在一起的占0.5%，这说明上楼居住对于主干家庭的形成几乎没有作用；以前居住在一起但现在分开居住的占32.2%，主要的原因是房屋建筑的限制，社区中最大的房子是四人户，居住空间比较小，而社区中又有关于母子房的设计，因而一部分家庭会选择分开居住；一直都是分开居住的占11.6%；一直都是居住在一起的占55.8%，超过一半的比例，这说明该地区仍是以主干家庭为主体的。但是上楼前，住在一起的占88%，而上楼后减少至56.3%，这可能会引发一些老年赡养问题、代际关系问题。

表3-5 家庭居住方式

居住方式	频数	百分比（%）
以前分开居住，现在住在一起	1	0.5
以前住在一起，现在分开居住	64	32.2
一直都是分开居住的	23	11.6
一直都是住在一起的	111	55.8
合计	199	100.0

根据调查统计得出，居民在上楼前宅基地面积的平均值为421.22平方米，上楼后居住房屋面积的平均值为126.55平方米。前者比后者的平均值多了将近300平方米，这说明在上楼以后，居民的居住空间大大减少。然而，在居民对现居房屋空间拥挤情况认知的调查中，如表3-6所示，认为房屋很宽敞、较宽敞、刚好合适、拥挤和较拥挤的居民分别占6.5%、52.3%、34.2%、6.5%和0.5%。可以说，93%的居民认为现居房屋空间是不拥挤的，这与"居民上楼后居住空间大大减少"的结论似乎相矛盾。笔者在调研中进一步了解了原因，这与该地区"依人换房"的安置政策相关，根据人口的多少来划分住房，所以每个人都有35平方米的居住空间，在单元房的布局中已经足以满足日常生活。很少一部分人觉得拥挤的原因可能是，家中有人娶妻或者生子等带来的人口的增加而导致人均居住空间减少。

表3-6 现居房屋空间拥挤情况

房屋空间状况	频数	百分比（%）
很宽敞	13	6.5
较宽敞	104	52.3
刚好合适	68	34.2
拥挤	13	6.5
较拥挤	1	0.5
合计	199	100.0

2. 居住环境与适应性

居民对集中居住区居住环境的适应是反映其文化适应性的一个重要因素。下面主要通过居民在现有居住空间内是否感到压抑和是否受到噪声的影响这两个具体指标以及居民的整体适应性来反映。

通过表3-7可以看出，被调查的居民在现有的居住环境中经常会感到压抑的占3.5%，偶尔会感到压抑的占20.1%，一般不会感到压抑的占23.6%，从来不会感到压抑的占52.8%。从感知压抑性角度来讲，居民对居住环境的适应性还是比较好的。居民张女士说："搬入单元房内，虽然房子的面积小了，但是房子整洁宽敞了，不会感到压抑，而且生活得更加舒服了。"

表 3-7 居民对现在的居住环境的压抑情况

压抑情况	频数	百分比（%）
经常会	7	3.5
偶尔会	40	20.1
一般不会	47	23.6
从来不会	105	52.8
合计	199	100.0

从表 3-8 可以看出，被调查的居民中会受到邻居噪声影响的占 23.6%，不会受到邻居噪声影响的占 76.4%。由此可见，大部分居民还是不会受到噪声影响的。据受到邻居噪声影响的居民反映，这种噪声主要是由于楼上的邻居拉动桌椅而产生的。但是，由于拉动桌椅的声音具有不可持续性，而且一般是吃饭时或者白天小孩玩闹时才会拉动，不会影响正常的休息，所以居民之间没有因为此事而产生矛盾。

表 3-8 居民受到邻居噪声影响状况

受邻居噪声影响状况	频数	百分比（%）
经常会	7	3.5
偶尔会	40	20.1
一般不会	47	23.6
从来不会	105	52.8
合计	199	100.0

典型案例 3-2：赵先生，54 岁，现居住在小区某栋三楼。他说："楼上偶尔会拉桌椅，但没有因此影响过（我们）休息。但是，住房后边有一个停车场，一些住户的机械车、货车早出晚归，而且噪声大，非常影响休息，这些大型车会轧毁路面，在小区内行驶对小孩也不安全，要是能在小区外建一个大型货车、机械车的停车场就好了。"

从表 3-9 居民对社区整体适应性的角度来看，被调查者中认为不适应的占 2%，适应情况为一般的占 17.1%，适应的占 78.4%，非常适应的占

2.5%。可以说，该小区居民的整体适应性较高。居民李先生说："搬入社区后，生产生活都比从前方便好多，而且社区的活动丰富多样，有利于加强街坊四邻的交流，我对社区的生活还是比较适应的。"

表 3-9 居住在社区中的适应状况

适应状况	频数	百分比（%）
不适应	4	2.0
一般	34	17.1
适应	156	78.4
非常适应	5	2.5
总计	199	100.0

（二）经济生活

集中居住区居民的经济生活是其生存的物质基础，同时也是影响居民生活满意度、社区归属感的重要因素之一。对集中居住区居民经济生活的考察，对于促进社区长久的建设与发展、提升社区居民的幸福感等有重要的作用。下面将经济生活主要量化为居民的家庭收入状况、家庭支出状况及就业状况，最后总结出该地区经济生活的现状。

1. 家庭收入状况

从家庭收入角度来分析，问卷显示，被调查者每年家庭总收入的平均值为 25029.15 元（见表 3-10）。

表 3-10 家庭年总收入统计

单位：元

项目	均值	中位数	众数
家庭年总收入	25029.15	20000.0	20000

从收入来源上来看，如表 3-11 所示，家庭收入来源以务农为主的占87.9%，以务工为主的占12.1%，因而可以说，该社区居民在集中居住以后仍是以务农为主的。一个原因是，该地区95%以上的土地都用于种植花木，而且收益比较高，人均年收入在15000元以上，因而这里的农民一般不外出打工；另一个原因是，由于上级政府要在当地建设生态旅游区，不

允许开办有污染性的企业,而旅游产业的建设正在规划中,所以农户在当地也很难找到合适的工作。

表 3-11 家庭收入来源情况

收入来源	频数	百分比(%)
务农	175	87.9
务工	24	12.1
合计	199	100.0

2. 家庭支出状况

问卷显示,被调查者在上楼前每月支出的平均值约为 1825.44 元,上楼后每月支出的平均值约为 2100.60 元,平均每月增加了约 280 元(见表 3-12)。

表 3-12 上楼前后每月支出金额对比

单位:元

项目	均值	中位数	众数	最小值	最大值
上楼前每月的支出	1825.44	2000	2000	500	4000
上楼后每月的支出	2100.60	2000	2000	1000	5000

通过对"居民对生活支出变化的主观感知"的调查,从表 3-13 可以看出,主观感知上认为生活支出大大增加的占 28.1%,有所增加的占 71.4%,基本不变的占 0.5%。由此可见,认为生活支出有所增加的居民占的比重最大,这与平均每月支出增额约为 280 元的调查结果相符。

表 3-13 上楼前后生活支出变化情况

生活支出变化	频数	百分比(%)
大大增加	56	28.1
有所增加	142	71.4
基本不变	1	0.5
合计	199	100.0

在关于生活支出变化主要原因的调查中,归因于生活成本的占 93.5%,归因于生活环境的占 6.0%,归因于物价变化的占 0.5%(见表 3-14)。笔

者在调查中发现,这里的生活成本的变化主要是水、电和液化气使用费用的增加。一位被调查者说:"家里面种植的是花木,经常会修下来一些树枝,在上楼前主要靠烧这些树枝做饭,因而基本不用购买液化气。但是上楼以后不能烧柴了,只能购买液化气。上楼前水费特别便宜,上楼以后水费变贵了,用水量也增加了。总的来说,每个月只是水电气费都比以前多花两三百元。"而归因于生活环境变化的原因主要是在上楼之后,为了与装修的新房子相协调,居民也有一些互相攀比的行为,大都换了新的家电。笔者在调研中观察发现,仅从电视机上来看,几乎每户都换成了尺寸较大的平板液晶电视。

表 3-14 生活支出变化的主要原因

原因	频数	百分比(%)
生活成本的变化	186	93.5
生活环境的变化	12	6.0
物价变化	1	0.5
合计	199	100.0

3. 就业状况

从被调查者的就业状况来看,如表 3-15 所示,有工作的占有效样本总量的 52.3%,没有工作的占有效样本总量的 47.7%。这说明在以务农为主的社区中,除了家庭主要劳动力从事农业劳动以外,许多人都没有工作,可见该社区对于就业培训、工作岗位的需求还是比较大的。

居民获得工作的方式主要有自己找、亲戚朋友帮忙联系和政府提供等。经过调查统计,该地区居民在工作获得上主要还是靠自己的实力争取,政府发挥的作用很小,而且其中在外从事临时工作的比较多,大多数是在农闲时为了增加家庭收入而去附近的江区打零工。

表 3-15 农民就业状况

项目	频数	百分比(%)	有效百分比(%)
是	103	51.8	52.3
否	94	47.2	47.7

续表

项目	频数	百分比（%）	有效百分比（%）
缺失	2	1.0	
合计	199	100	100.0

在被调查者中，政府提供工作岗位的占 21.1%，政府没有提供工作的占 55.8%，不清楚政府是否提供工作的占 23.1%（见表 3-16）。结果的差异性主要有两个方面的原因：一是该地区的居民以务农为主，所以相当一部分居民对政府是否提供工作岗位不关注；二是目前该地区政府提供工作的对象主要是没有工作的家庭妇女，受供人群具有单一性、数量少的特点。虽然没有提供正式的岗位，但是社区也为社区内特别困难的居民提供一些帮助，典型案例 3-3 体现了这一点。

典型案例 3-3：张先生，汉族，50 岁，小学文化程度。家中共有 3 口人，夫妻两人，还有一个女儿，都为家中劳动力。家里面有 3 亩地，全部种植花木，年总收入在一万元左右。搬入社区后，社区领导发现其家庭属于生活困难户，为其申请了社区内的扶贫小商铺，小商铺占地 30 平方米，社区以优惠价租给张家，帮助其走上自食其力的个体经营之路。张家的店铺开在社区中，社区内的居民为了方便，常去张家小店买小商品，张家小店的年总收入为一二万元。这个小店帮助张家走出贫困，生活舒适。张先生说："搬入社区集中居住后，不仅解决了生计，拓展了收入来源，还提高了生活水平和生活质量，是一件让人高兴的大事。"

表 3-16 政府是否提供工作岗位情况

项目	频数	百分比（%）
是	42	21.1
否	111	55.8
不清楚	46	23.1
合计	199	100.0

从表 3-17 中看出，政府提供了相关就业培训的占 43.7%，没有提供的占 56.3%。这说明政府为一部分居民提供了就业培训机会。

表 3-17　政府是否提供相关就业培训情况

项目	频数	百分比（%）
是	87	43.7
否	112	56.3
合计	199	100.0

如表 3-18 所示，除去 32 个缺失值，仅有 16.2% 的居民家中有人参加就业培训，参加就业培训率很低。初步分析，这主要是因为目前政府提供的就业培训为蜀绣技能培训，受益群体为妇女，其他群体没有适合的技能学习，导致参与度不高。

表 3-18　家中是否有人参加就业培训情况

项目	频数	百分比（%）	有效百分比（%）
是	27	13.6	16.2
否	140	70.4	83.8
缺失	32	16.1	
合计	199	100.0	100.0

（三）生活方式

生活方式的变化主要是从比较细微的层面上来体现的，下面主要从日常生活状况、上楼前后食品供给方式的变化、宗教信仰及居民对现有生活的满意度四个方面来看复兴社区生活方式的现状及变化。

1. 日常生活状况

从被访居民拖地板情况来看，其中每天一次的占 20.6%，两天一次的占 23.6%，三天一次的占 16.6%，五天一次的占 2.0%，每周一次的占 4.5%，不固定、视情况而定的占 32.7%。五天一次的最少，其次是每周一次的（见表 3-19）。这说明与以前散居在村落时相比，居民是比较注重室内卫生的。

表 3-19　居民拖地板情况

拖地板情况	频数	百分比（%）
每天一次	41	20.6
两天一次	47	23.6
三天一次	33	16.6
五天一次	4	2.0
每周一次	9	4.5
不固定，视情况而定	65	32.7
合计	199	100.0

从邻居来访时是否希望其脱鞋的角度来看，如表 3-20 所示，除去 1 个缺失值，希望邻居脱鞋的占 51.0%，不希望邻居脱鞋的占 49.0%。两者几乎是 1∶1 的比例。而在传统散居的村落里，邻居之间互相串门是不需要脱鞋的。这说明，农民在上楼居住后观念逐渐转变，向城市的生活方式靠近。居民说："以前去邻居家耍，直接进去就可以了，但是现在进门还要看人家让不让脱鞋，夏天还好一些，冬天太麻烦了，所以也就越来越懒得去邻居家耍了，一般都选择去一些公共场合。"可见，做客需脱鞋意愿的形成，不只是生活方式转变的一个重要表现，其还影响着邻里之间的交往次数及交往方式。

表 3-20　邻居来访时希望其脱鞋意愿

项目	频数	百分比（%）	有效百分比（%）
是	101	50.8	51.0
否	97	48.7	49.0
缺失	1	0.5	
合计	199	100.0	100.0

2. 上楼前后食品供给方式的变化

由于该地区以种植花木为主，花木种植面积在 95% 以上，所以上楼前后居民的粮食来源几乎没有变化，大都是从市场上购买。而蔬菜的种植方式与粮食的种植方式是有区别的，居民在上楼以前大都是在房前屋后种植蔬菜的，因而会产生如下的结果。

从上楼前蔬菜主要来源情况统计表,即表3-21,可以看出,自己种植的占4.5%,市场购买的占78.9%,少部分自己种植但大部分市场购买的占16.1%,大部分自己种植但少部分市场购买的占0.5%。

表3-21 上楼前蔬菜主要来源情况

蔬菜来源	频数	百分比(%)
自己种植	9	4.5
市场购买	157	78.9
少部分自己种植,大部分市场购买	32	16.1
大部分自己种植,少部分市场购买	1	0.5
合计	199	100.0

而对比表3-22,除去2个缺失值,可以看出,居民在上楼之后的蔬菜来源主要是市场购买的占100%。可见,上楼之后食品供给方式,尤其是蔬菜供给方式主要变为市场购买,这也使居民在上楼之后的生活成本提高。

以前居民会在房前屋后种植蔬菜,但是上楼之后居民并没有在绿化带内种植,间接说明了他们社区意识的增强。但是,笔者在调查中发现,该地居民喜欢在房顶或者楼顶种菜或养花,复兴社区也不例外,几乎每一栋楼上都种有蔬菜。笔者在访谈中得知,在楼顶种菜的居民是五楼的住户,底层的住户是不能在楼顶种植蔬菜的。

表3-22 上楼后蔬菜主要来源情况

蔬菜来源	频数	百分比(%)	有效百分比(%)
市场购买	197	99.0	100.0
缺失	2	1.0	
合计	199	100.0	100.0

3. 宗教信仰方面

笔者在调研中发现,该地区居民很少有人在家中供奉神灵。只有少数有老人的家中还会供奉一些中国传统信奉的神灵,诸如老天爷等。在"家附近是否有寺庙或者教堂"的问题中,被访者中有99%的居民的回答是

"否",只有1%的居民的回答是肯定的,这说明该地的民间宗教信仰逐渐淡化(见表3-23)。

表3-23 "家附近是否有寺庙或者教堂"情况

项目	频数	百分比(%)
是	2	1.0
否	197	99.0
合计	199	100.0

4. 对现有生活的满意程度

在关于居民上楼后对生活的满意度的调查中,被访者中非常满意的占7.0%,比较满意的占60.3%,既没有表示满意又没表明不满的占26.6%,不满意的占6.0%(见表3-24)。这说明在上楼之后大多数居民对生活还是比较满意的。

表3-24 上楼后的生活满意程度

满意程度	频数	百分比(%)
非常满意	14	7.0
比较满意	120	60.3
一般	53	26.6
不满意	12	6.0
合计	199	100.0

(四)社会网络

农民集中居住,打破了居民在散居村落时的居住格局,出现了新的邻里,居民面临着交往关系的重新建立和社会网络的重构。下面主要从居民社会网络的变化及途径、居民的社会交往两个方面来看复兴社区居民社会网络的现状及变化,并且总结出该社区居民社会网络的特点。

1. 社会网络的变化及途径

从表3-25中可以看出,在同一单元居住的居民中"都是同村人"的占15.1%,"大部分是同村人"的占51.7%,"少部分是同村人"的占32.7%。这说明,在同一单元楼居住的居民中全部是同村人的很少,大多是同村人和非同村人共在的状态。这与复兴社区是由三村合并而来,并且是将村民随机分配到不同的单元楼内的现状相符合。另外,其中有一个选其他选项的是因为该栋楼上有一户居民由于当地修路占地而迁居到该社区的,并非合并三村中任何一个村庄的居民。

表3-25 同单元居民构成情况

居民构成	频数	百分比(%)
都是同村人	30	15.1
大部分同村人	103	51.7
少部分同村人	65	32.7
其他	1	0.5
合计	199	100.0

由于是随机分配住房的,居民或多或少认识了一些新朋友。在与新朋友认识的方式中,如表3-26所示,除去10个缺失值,因为经常见面、慢慢熟悉的占74.1%,其中一个人主动交流的占24.9%,偶然机会认识的占0.5%,因在同一个地方工作而认识的占0.5%。这说明由于居住空间的集聚、居民活动范围的缩小,因经常见面而慢慢熟悉的占多数,而因偶然机会认识和在同一个地方工作认识的很少,主要是因为该地的居民仍以务农为主。

表3-26 与新朋友认识方式

项目	频数	百分比(%)	有效百分比(%)
经常见面,慢慢熟悉	140	70.4	74.1
其中一个人主动交流	47	23.6	24.9
偶然机会认识	1	0.5	0.5
在同一个地方工作认识	1	0.5	0.5
缺失	10	5.0	
合计	199	100.0	100.0

2. 社会交往

在集中居住的社区中,社会交往主要体现在居民与邻居交往的次数以及与邻居的关系上。

在与邻居交流的次数中,如表 3-27 所示,非常多的占 19.6%,比较多的占 57.8%,一般的占 14.1%,很少的占 8.5%。这说明,邻里之间的交流是比较频繁的。居民王女士说:"居住在单元房内并不影响我们邻里的交流,我们通常会到小区的茶馆聊天、打牌,农闲时大家天天会见面。"

表 3-27　与邻居交流次数

交流次数	频数	百分比(%)
非常多	39	19.6
比较多	115	57.8
一般	28	14.1
很少	17	8.5
合计	199	100.0

在对邻里之间相处情况的调查中,被访者中认为亲如家人的占 31.7%,关系很好的占 61.8%,交情一般的占 6.0%,关系不好的占 0.5%,没有人与邻居发生过冲突(见表 3-28)。这表明,集中居住区居民之间的邻里关系是比较和谐的。一位被访者说:"与邻居间相处得挺好的,没有产生过啥冲突,有什么不满意的小事儿相互之间也能理解。"

表 3-28　与邻里相处情况

相处情况	频数	百分比(%)
亲如家人	63	31.7
关系很好	123	61.8
交情一般	12	6.0
关系不好	1	0.5
有过冲突	0	0.0
合计	199	100.0

从表 3-29 可以看出,被访居民中,家里有红白喜事会邀请邻居来参加的占 88.9%,不会邀请邻居来参加的占 11.1%。这说明,邻居之间愿意交往。

第三章 产业支撑型农民集中居住及其文化适应

表 3-29 红白喜事是否会邀请邻居参加意愿

参加意愿	频数	百分比（%）
会	177	88.9
不会	22	11.1
合计	199	100.0

表 3-30 表明，邻居家有红白喜事时，居民会主动参加的占 88.4%，不会主动参加的占 11.6%。这说明，邻里之间还是比较愿意互帮互助的。

表 3-30 邻居家有红白喜事主动参加意愿

参加意愿	频数	百分比（%）
会	176	88.4
不会	23	11.6
合计	199	100.0

在关于邻居之间是否经常串门的调查中，与邻居间串门很频繁的占 1.5%，空闲时才串门的占 19.6%，偶尔串门的占 58.3%，从未串过门的占 20.6%（见表 3-31）。笔者在调研中发现，之所以串门的次数越来越少，主要原因有以下三个：一是出入都会关闭房门，不知邻居是否在家；二是去邻居家可能还要脱鞋，比较麻烦；三是这里的居民一般喜欢出去在茶馆、棋牌室等公共场所聊天、打牌。

表 3-31 邻居间串门情况

串门情况	频数	百分比（%）
很频繁，有事无事都串门	3	1.5
比较多，空闲时候串门	39	19.6
偶尔串门	116	58.3
没串过门	41	20.6
合计	199	100.0

（五）社区管理

社区管理是影响居民社区归属感的一个重要因素，因而对于社区管理现状的考察也是分析集中居住区居民的文化适应状况的一个方面。下面主要从社区卫生及环境、社区治安状况、社区外来人员情况三个方面来分析。

1. 社区卫生及环境

从垃圾清理角度来看,如表3-32所示,被访者中有96.5%的居民认为垃圾清理及时,有1%的居民认为清理不及时,另外还有2.5%的居民表示不清楚。另外,从每日楼梯清洁角度及街道清洁角度来看,被访者都认为楼梯与街道清理比较及时。这说明该社区在垃圾及卫生清洁方面做得比较好,笔者了解到的原因是社区由专业化的物管公司管理,管理比较严格。

表3-32 垃圾清理是否及时情况

垃圾清理及时	频数	百分比(%)
是	192	96.5
否	2	1.0
不清楚	5	2.5
合计	199	100.0

关于社区的绿化状况,如表3-33所示,被访居民中认为绿化情况非常好的占19.1%,比较好的占75.4%,一般的占4.5%,不太好的占1%。居民认为绿化比较好及以上的占94.5%,这主要是因为社区有企业化的物管公司对物业进行专业化的管理,绿化环境和卫生建设是该社区的重中之重。此外,为居民提供一个良好的生活环境,也是响应安镇建立生态乡镇的表现。居民孙先生说:"我们小区每天都有专人打扫卫生,清洁人员也是社区的居民,他们工作都很认真,我们也配合他们的工作,大家共同打造一个良好的小区环境。"

表3-33 社区绿化情况

绿化情况	频数	百分比(%)
非常好	38	19.1
比较好	150	75.4
一般	9	4.5
不太好	2	1.0
合计	199	100.0

2. 社区治安状况

在对社区的治安管理认知情况中,被访居民认为治安非常好的占23.1%,比较好的占62.3%,一般的占13.1%,较差的占1.5%(见表3-34)。总体上来看,居民对该社区的治安状况还是比较满意的。这也是由于该社区引入了专业化的物管公司,每天都会安排保安在社区内巡逻,社区内还安装了摄像头,建立了较为完善的安全保障体系。一位被访者说:"前几年刚搬进来的时候特别乱,小偷很多,而且有一些卖东西的进来骗社区的老人。这些年好多了,社区的保安每天都巡逻,也安了摄像头,觉得踏实多了。不过,听说还是有一些偷盗现象,会丢自行车什么的,不过也只是听说,自己的东西没有被偷过,身边也没有朋友有过类似的经历。"

表3-34 对社区的治安管理认知情况

认知情况	频数	百分比(%)
非常好	46	23.1
比较好	124	62.3
一般	26	13.1
较差	3	1.5
合计	199	100.0

从社区对盗窃现象的处理情况来看,被访者中认为处理非常及时的占1.5%,比较及时的占15.6%,一般的占33.2%,不及时的占8.0%,基本不处理的占1%,不了解的占40.7%(见表3-35)。从数据上可以看出,居民对社区处理盗窃现象的情况是不太满意的,而有40.7%的人不了解,主要是因为其财物没有被偷盗过且没有接触过此类事件。

表3-35 社区对盗窃现象的处理情况

处理情况	频数	百分比(%)
非常及时	3	1.5
比较及时	31	15.6
一般	66	33.2
不及时	16	8.0

续表

处理情况	频数	百分比（%）
基本不处理	2	1.0
不了解	81	40.7
合计	199	100.0

关于财物在社区内被盗如何处理的调查中，44.2%的被访者会选择找居委会帮忙，这说明居委会在居民的日常生活中已经起到比较关键的作用；而仅有0.5%的居民会找原来的村主任，这说明原来的村落的划分在居民的日常生活中已逐渐淡化。39.7%的居民选择向派出所求助，自己调查找小偷的有15.6%（见表3-36），这说明大部分居民的法律意识渐渐增强，但是还有一些居民的观念需要转变。

表3-36 财物在社区内被盗的处理情况

处理者	频数	百分比（%）
居委会	88	44.2
原来的村主任	1	0.5
派出所	79	39.7
自己调查找小偷	31	15.6
合计	199	100.0

3. 社区外来人员情况

由社区外来人员租房居住现象统计表可以看出，认为外来人口租房居住比较普遍的占1.5%，一般的占3%，不太普遍的占43.7%，基本没有的占51.8%（见表3-37）。这说明在该社区租房子的外来人员比较少，其原因主要是该地区以花木种植为主，没有特色企业，因而外来务工人员极少，再加上距离江区约有一个小时的路程，去成市江区务工的人员一般选择就近居住。

表3-37 社区外来人员租房居住现象

项目	频数	百分比（%）
比较普遍	3	1.5

续表

项目	频数	百分比（%）
一般	6	3.0
不太普遍	87	43.7
基本没有	103	51.8
合计	199	100.0

此外，这与社区起初的规划相符合，复兴社区是政府为农民集中居住所建设的安置房，居民为三村的村民，个别居民是受灾的困难家庭住户和因修路占地而迁移过来居住的住户，不进行外租外卖。居民原有的宅基地已不允许盖房，所以居民搬入社区中居住，但是也存在一些比较特殊的情况，如案例3-4所示：

典型案例3-4：赵某，原复兴村村民，在三村合并之前就已经在成市工作，且工作逐渐稳定，但无力在成市买房，一直租房居住。赵某的父亲去世较早，一直与母亲共同生活，他自身又离异，因而复兴社区建成后他母亲便搬入社区居住，但他仍在成市工作。后母亲去世，所留下的房屋便空置下来。但是因为安镇以花木种植为主，本地人很少外出打工，外来务工人员也很少来此打工，房屋一直没有租出去，而又由于没有房产证无法将房屋卖掉，经过考虑赵某便辞掉工作，回来居住。但因本地工作机会较少，所以赵某基本待业在家，一人住着110平方米的房子。

（六）社区参与

居民对社区事务的参与程度，是社区发展逐渐完善的重要标志，是社区民主化程度、社区融合度提高的重要表现。居民对社区的参与程度与其对社区的适应程度呈正相关关系。下面主要从复兴社区居民对居委会及其他集体活动的了解和参与程度来分析其对社区的参与程度。

从对居委会评价统计表看，"满意"以上的累计频数为158，累计百分比为79.4%，其中"满意"的有143个，占样本总量的71.9%，如表3-38所示。大多数居民对居委会都比较满意，这与复兴社区的居委会从管理型向服务型转变，以便居民能够适应从村委会到居委会的改变、更好地适应城市社区的管理方式的举措相关。居民孙女士说："我们的居委会的成员办事都很认真且效率很高，能够贴近我们的生活，为百姓解决一些实事。"

表 3-38 对居委会评价

评价	频数	百分比（%）
很满意	15	7.5
满意	143	71.9
不太满意	35	17.6
不满意	3	1.5
不了解没法评价	3	1.5
合计	199	100.0

从对居委会主要工作了解情况的角度来看，非常了解的占2.5%，比较了解的占2.5%，基本了解的占29.6%，了解一些的占46.2%，完全不了解的占19.1%（见表3-39）。结合上面的调查结果可以发现，居民虽然对居委会的工作比较满意，但是对居委会主要工作的了解程度还是比较低的。

表 3-39 居民对居委会主要工作了解情况

了解情况	频数	百分比（%）
非常了解	5	2.5
比较了解	5	2.5
基本了解	59	29.6
了解一些	92	46.2
完全不了解	38	19.1
合计	199	100.0

经过调研发现，居民对居委会的工作情况不了解的主要原因是了解渠道少，不知如何了解。这说明居民还是有强烈的意愿去了解居委会的工作的。其他两个重要原因是认为了解了也没什么用和与我无关、没必要了解，这两个原因说明社区还需要扩大居民社区参与的途径，提高居民社区参与的意识。

从社区举办集体活动的参与意愿来看，54人选择"积极参加"，占样本总量的27.1%；130人选择"可能会参加，看情况"，占样本总量的65.3%；14人选择"不参加"，占样本总量的7%；1人选择"不清楚"，占样本总量的0.5%（见表3-40）。可见大多数人抱着"可能会参加，看情况"的态度，"积极参加"的只有少部分，同时明确持"不参加"态度的也很少。社区居民对社区集体活动的参与积极性不是很高，还是习惯于原来的娱乐活动，比如喝茶、打牌。这说明居民在社区适应方面还存在着受原有行为习惯、思想观念等限制的问题，居民对社区的集体活动的参与性不高，需要进一步提高社区的融合度和加强凝聚力建设。

表3-40 社区举办集体活动参与意愿

项目	频数	百分比（%）
积极参加	54	27.1
可能会参加，看情况	130	65.3
不参加	14	7.0
不清楚	1	0.5
合计	199	100.0

二 复兴社区农民集中居住后文化适应的问题

结合文化适应分析框架及以上对复兴社区农民集中居住后现状的调查，可将复兴社区的文化适应分为冲突、调适和融合三个主要过程，继而解析每个过程以及所产生的问题。首先，讨论复兴社区农民集中居住之后面临物质支持以及生活方式等方面的冲突；其次，讨论农民集中居住之后所进行的调适过程，主要从社区的管理创新和构建社区认同等方面去分析；最后，讨论农民居住之后所进行的融合过程。详细的分析过程从以下三个方面切入。

（一）农民集中居住后文化适应的冲突过程

1. 生产方式单一导致收支不平衡

复兴社区以花木种植为经济基础，社区居民较高的职业化程度，使该社区的人口流动已经趋于平衡，这既是集中居住的一个重要条件，也是社区进一步建设与发展的基础。然而花木种植在收益可观的同时，也存在较大的潜在风险，主要表现为以下三个方面。第一，单家独户的种植模式，使居民在种植品种、种植类别等方面存在差异，并未形成规模化经营。第二，花木价格受市场影响较大，单一的生产方式使居民的收入来源也比较单一，花木价格的波动会严重影响居民的收益，从而对居民的日常生活造成影响。据农户反映，自2013年开始花木价格下降，居民收入也随之下降。第三，花木种植并未形成诸如"种植—销售—参观"等良性循环的经济发展模式，单纯以种植花木为主，使农户收入得不到有效提升。

一方面，花木种植的收入趋于不变，近年来甚至出现下滑的状况；另一方面，居民上楼居住后生活成本和总体生活成本不断增加，居民每月支出呈现上升趋势。生活成本变化体现在以下几个方面：第一，搬入小区之后，家庭装修使搬入成本提高；第二，由于受到不能燃柴、土厕变水厕等因素的影响，居民用电、用水及用气的成本增高；第三，农民的粮食和蔬菜来源主要依赖于市场购买。从上述情况可以看出，不管是从个人层面还是从公共层面，居民的生活成本都是不断上升的。因此，生产方式单一导致了居民收入与支出呈现不平衡性，居民的文化适应首先面临的是物质支持的冲突。

2. 生活方式面临传统与现代的冲突

生活方式的研究是西方传统社会学经常关注的一个领域。马克思主要从生产方式、生活方式、阶级分化等角度对生活方式进行了大量论述。马克斯·韦伯则将生活方式引入并用于分析社会群体关系。[1] 韦伯认为，"阶级是按照人们所具有的不同的产品生产与获得方式进行的分类，但是'地位群体'是按照产品的消费原则，也就是特有的'生活方式'来进行的一种分类"。[2] 因此，生活方式是彰显一个群体特征的重要标志。

调查发现，由于集中居住，农户不得不改变部分生活方式，并接受或发展了一些新的生活方式。在集中居住前，农户中有91.5%都会在房屋周围种植蔬菜或瓜果；而在进入社区之后，农户不得不改变这种生活方式，一般不会在社区的绿化带内种植作物。

---

[1] 胡小武：《城市张力》，东南大学出版社，2011，第18页。
[2] 马姝：《西方生活方式研究理论综述》，《江西社会科学》2004年第1期，第242—247页。

此外，生活方式的变化还体现在居民对生活品位的要求变高，不排除其中会有攀比的因素存在。在上楼之后，居民大都换了新的家电。笔者在调研中观察发现，仅从电视机上来看，几乎每户都换成了尺寸较大的平板液晶电视。由此可见，在进入集中居住社区之后，农户在生活方式上面临着传统与现代的冲突，并在逐渐做出改变。

3. 农户之间利益得失的相互对比，导致相对剥夺感的出现

对处于不同群体中的社会成员而言，其利益得失的变动导致其会产生相对剥夺感。"相对剥夺"最早由美国学者 S.A. 斯托弗提出，其后经 R.K. 默顿的发展，成了一种关于群体行为的理论。它是指当人们将自己的处境与某种标准或某种参照物相比较而发现自己处于劣势时所产生的受剥夺感，这种感觉会产生消极情绪，可以表现为愤怒、怨恨或不满。[①] 在搬迁安置的过程中，由于政策的差异或是在执行政策中所出现的差异性，单独个体的利益得失也可能会出现差异。复兴社区计划创新性地采用"依人换房"与"宅基地置换住房"相结合的安置模式，安置与补偿实行两种不同的运行机制。"依人换房"是指，按照每户的人口数来决定所分房屋的面积；"宅基地置换住房"是指，将宅基地面积减去居民已获住房面积，剩余的面积以既定标准补偿给农民。然而上述政策仅为计划之中的理想模式，政策执行现实情况的差异性使现存的社区居民有三种类型：第一类是属于被合并村庄中上楼但未失地的居民，这类居民面临的主要是生活方式及交往方式的适应性问题；第二类是属于被合并村庄但由于社区建设占地，上楼而"失地"的居民，这类居民原有的生计模式中断，面临的适应性问题除了交往及生活方式外，还有生产方式方面的适应性；第三类是不属于原合并村庄，因特殊原因入住的"失地"农民。由于政府修路占地而搬入复兴社区的居民，这类居民面临更大的困境，不仅原有的生计模式中断，而且与原有村民的社会联系在空间上也被割断。

三类居民集中居住于一个社区之中，生活在同一空间中，不可避免地会在各个方面进行相互比较，在相互对比中会慢慢产生相对剥夺感，而这种对比有两个方面，一个是将现在的生活状况与之前的生活状况进行比

---

① 罗桂芬：《社会改革中人们的"相对剥夺感"心理浅析》，《中国人民大学学报》1990年第4期，第84—89页。

较,另一个是将自身的生活状况同社区内的其他农户进行比较。居民之间不自觉地比较他们补偿标准的差异性,发现各个个体或家庭搬入社区时所失去的东西及所获得的补偿都是不同的。换言之,居民对于自身利益得失同他者进行了对比,从而产生相对剥夺感,这影响着居民对社区的进一步融入。

(二) 农民集中居住后文化适应的调适过程

通过以上对复兴社区农民集中居住文化适应现状的调查发现,在复兴村、建设村和庆云村农户进入复兴社区之后,农民集中居住在各个方面的适应状况不同,有些甚至与城市文化产生了正面冲突,具体表现为生产方式单一所导致的收支不平衡,其生活方式也面临着传统与现代的冲突,同时由于相关政策的不统一和政策执行的差异性,农户在心理上出现了相对剥夺感。上文提到,文化适应中的两方在遭遇冲突之后,若不进行相应的调适,那就会陷入循环往复的冲突之中,但此类情况一般极少出现。对于复兴社区来说,文化适应的双方陷入循环往复的冲突也是极不可能的,因为复兴社区的集中居住是由人为推动的,所以这一进程的主导者为了保持稳定,一般不会容许冲突升级而会采取相应的调适手段。正是如此,类似于人为地推动集中居住社区进程中对文化适应所采取的调适主动权一般掌握在推动者手中,即政府或社区手中,而适应的另一主体——农户往往只能采取被动的适应行为。因此,在复兴社区中采取调适手段的也是掌握主导权的社区,主要体现在以下方面。

自2005年起成市实施合村并组政策,采取的是"大村合小村"的形式,即将大村的村名作为合并后的新村或者新型社区的名称。然而,笔者在调研中发现,"大村合小村"不只是对取名有影响,还涉及权力的分配方式。此外,合并之后,社区人口增至3800余人,为了管理的方便,原有村的建制被取消,改为居民委员会,设立便民服务中心,其转变也对居民生活产生了深切的影响。

1. "大村合小村"及社区居委会的建立

(1) 各村基本状况

由复兴社区合并前各村基本情况表,即表3-41,可以看出,复兴村的人口和土地都是三个村庄中最多的,仅从人口上来说,复兴村最多,庆云村其次,建设村最少。因而新合并的社区便根据复兴村的村名而命名为

"复兴社区"。合并前各村的村主任由于年龄与任期的关系,均已退休,撤销了合并前村的建制后,新型社区的主要负责人是根据选举制度和选举程序而来。

表 3-41 合并前各村基本情况

村名	人口（人）	人均土地（亩）	土地总面积（亩）	村小组数目（个）
复兴村	1450	0.9	1305	8
庆云村	1100	1.1	1210	6
建设村	950	1.3	1235	5

（2）社区居委会主要工作人员

由表 3-42 可以看出,目前便民服务中心的主要职务中,社区书记是原复兴村的书记,社区主任是原庆云村的书记,社区副主任是原复兴村的委员。6个主要领导中,原为复兴村的有3人,占50%;原为庆云村的有2人,约占33.3%;原为建设村的有1人,约占16.7%。由此可见,虽然原有村的建制被取消,但在实行严格的选举程序的前提下,社区权力分配仍受原有村庄大小的影响,而呈现"大村领导小村"的特征。这在一定程度上也说明,居民更倾向于选举原有村庄的负责人,对集中居住区的整体认同感比较低。

表 3-42 社区居委会主要工作人员

工作人员	现任职位	原属村庄	原村职位	产生方式
张德成	书记	复兴村	书记	民主选举
徐翠华	主任	庆云村	书记	民主选举
曾光伟	副主任	复兴村	委员	民主选举
黄艳	委员	庆云村	委员	民主选举
饶真国	委员	建设村	小组组长	民主选举
李艳华	委员	复兴村	群众	民主选举
杨琴	劳保人员			考试招募
潘超	民政人员			考试招募
李静	会统人员			考试招募
杨建容	劳保人员			考试招募

2. 村与社区的交叉——村小组建制的保留

居委会的成立，既有利于农民集中居住区的统一管理，也有利于居民对原有村庄观念的淡化及对社区认同感的提升。但是盲目地撤出原有村庄的一切制度也是不合理的，复兴社区便根据现实运作的情况保留了村小组的建制。原因是耕保基金和粮食直补虽然是直接打到居民的卡上，但是需要小组组长核对并签字。由于各组的耕地不一样，而居民的耕地又未重新划分，若打乱原有村小组的划分而根据楼层号来划分，会增加工作的难度，因而小组组长所负责的居民没有变化。现在村小组是居委会的下设单位，随着居委会的换届而换届，由户代表直接选举产生。村小组负责人主要包括1个组长和2个组代表。而且其职能与上楼前相比没有多大的变化，主要是发放资料、收集民意及宣传政策。

3. 社区居委会——便民服务中心

合村以后，在集中居住区设立了社区居委会，并且相应地设有便民服务中心，下面介绍便民服务中心的具体情况。

（1）人员设置

基本工作人员，除了由社区居民民主选举的书记、主任、副主任和三名委员以外，还通过统一考试招募了两名劳动与社会保障事务负责人员、一名民政事务人员及一名会计与统计负责人员。这一人员设置方式既体现出居民自治，保障了居民的自治权，又引入专业型的人才，来促进社区服务的专业化和便利化，促进居委会由"管理型"向"服务型"的转变。

（2）服务项目

由表3-43可以看出，便民服务中心的服务项目比较齐全，笔者在深入调研中发现每个服务项目都会在一个专门的窗口开设，并且有相应的负责人。此外，每个服务项目都有相应的较完善的规章制度。书记和主任每天除了开会和因公需外出以外，必须在便民服务中心同其他工作人员一起值班，并为来咨询、办理事务的居民服务。工作时间为8：30至12：00，13：00至17：30；在非工作时间，服务大厅需有人值班。居委会的成立，不仅使社区管理统一有序，而且居民办理事务也更加便利快捷，居民在社区管理与享受的服务上日趋向城市居民靠近。

表3-43　便民服务中心的服务项目

服务名称	具体事宜
文化卫生服务	文体活动申请及咨询；图书借阅证办理；群宴申报
民政事务、计划生育服务	老年优待证代办；困难救济申请；残疾证代办；最低生活保障申请；流动人口婚育证明代办；再生育证明代办；病残儿医学鉴定申办；计划生育证明代办；生育服务证明代办；独生子女父母光荣证代办
党员服务	党员组织关系转接；困难党员服务；流动党员活动证办理；党费缴纳；流动党员登记
就业和社会保障服务	就业培训、社会保障办理等

4. 社会工作组织的入驻

19世纪末20世纪初，社会工作在西方出现并且被逐步推广。社会工作作为一种现代职业，在为身处困境的人士和弱势群体服务，进而促进社会秩序和社会进步方面发挥着重要作用。现代社会工作可以定义为，以利他主义为指导，以科学的知识为基础，运用科学的方法进行的职业性的助人服务活动。[1]但是由于广大农村地区是熟人社会，经济不发达，受人情关系法则影响，因而社会工作很难进入。但是在农民集中居住后，原有的社会网络被小范围地打乱，居民原有的社会关系出现断裂，因而社会工作有进入的可能性。更主要的是集中居住区不仅仅是资源的集中，同时老年人口、失业人口、残疾人口以及重大病患人口等特殊人群也会集中，由此引发的一系列问题靠邻里互助等传统的办法是解决不了的，因此，需要专业社会工作者的介入。

复兴社区的社工站于2013年6月9号正式运营，第一年由安镇政府购买社工服务，第二年开始由成市民政局签署专项资金拨款协议，并购买服务。目前，社工站有3个专职人员，其中有2个社会组织的社工，提供专业性的服务；1个本土社工，一般由"两委"成员担任，配合专业社工的"入场"。社工站举办活动前会招募志愿者，其主要是为社区老人、儿童、青少年提供服务。社工站的活动不仅帮助了社区内的弱势群体，而且通过招募社区内的志愿者，增加了社区居民对社区事务的参与度，帮助家庭妇女更好地实现其人生价值。此外，社工站还招募了高校学生志愿者，吸引

---

[1]　王思斌：《社会工作导论》，北京大学出版社，2011，第1—5页。

社会资源向社区注入。

目前，社工站正在建设阳光社区管理制度，逐步实现规范化、特色化。如典型案例3-5所示，社工站作为一个专业化、职业化的组织，作为新型社区服务的提供者、资源链接者，对于提升居民的社会参与，提升居民对社区的认同度，促进社区的建设与稳定等方面发挥了不容忽视的作用。复兴社区社工站的入驻，为其他地区农村集中居住区的建设提供了借鉴。

典型案例3-5：陶女士，37岁，初中学历。家中有3口人，陶女士及其丈夫、儿子。家里还有2亩地，丈夫外出打工，儿子在读小学。由于种的是花木，平时也就早上才会去地里工作一会儿，其他时间除了接送、辅导孩子和做家务外，都是空闲的。参加过政府主导的蜀绣培训，但是觉得做蜀绣对颈椎不好，所以没有以之为职业，但平时会在家绣一些图挂在墙上。社工站成立以后举办了许多活动，她经常去当志愿者帮忙。她说："我喜欢与老人相处，家里的老人都不在了，在老村住的时候，我就经常去帮助那些年龄大的老人。现在有了社会工作站，我就去当志愿者，社工站还会开展一些专业的培训，我收获很多，也让我明白帮助老人不只是物质上的帮助。平时闲着没事儿做，也就喜欢上了志愿者的活动，经常帮社工布置场地、协助举办活动，感觉生活很充实。"

5. 专业化、企业化的物管公司——居家服务中心

影响集中居住区居民归属感与安全感的一个重要因素是社区的管理体制机制。中国传统社会是一个熟人社会，特别是在中国农村，人情法则是人们生活的基本准则。农民在搬入集中居住区后，如果没有专门的物业管理公司进行管理，而由居民自发形成或者由居委会主导形成管理队伍，都可能会受人情的影响而带来不便。

而复兴社区引入了专业化、企业化的物管公司，实现了社区管理向规范化、可持续化的转变。具体为，安镇政府与物业服务公司签订协议，物业公司为社区提供专业化的物业服务，并且成立了复兴社区居家服务中心。但是居家服务中心并没有完全脱离社区,而是在录用员工时,优先考虑社区内35岁至50岁的贫困居民,竭力解决其生计问题,而且对其进行专业化的培训,现任员工100%都为社区居民。在管理制度上,对员工的管理有严格的规章制度,由专门人员进行职责监督,若出现过失做罚款处理,过失严重的则会开除。在全体员工的共同努力下,尚未出现过严重过失并为居民提供了安全、舒适的生活环境。在物管与居民的关系上,目前居家服务中心与居民没有直接关系,居民自行缴纳水电费,不受物业公司管理。在物业费用上,居民享受5年的物业费优惠,安镇政府为居民连续缴纳3年的物业费,后2年为居民缴纳一半的物业费。在居委会与物管公司的关系上,居委会对居家服务中心进行管理和监督,但侧重于监督,居委会成立了物业管理监督小组,居委会主任任组长,对社区的物业进行严格的监督,以保证社区的治安、卫生和设施完整,为居民提供一个安全、清洁和便利的生活环境。社区规定,为了保障社区内的安全,车辆进入必须在门口处领通行证,出去时将通行证交给门岗处保安才可通行。笔者在观察中发现,社区居委会的某委员开私家车出入社区时,保安依旧拦行发放通行证,保安并没有考虑"人情"与"权力"的因素,而是严格按照物管公司的规定执行相关政策。

6. 老年人协会——社会团体组织的发展

老年人协会原是由复兴村村民自发成立的,村民集中居住建立复兴社区后,协会也逐渐发展壮大,并且经由民政局注册登记,正式成立。协会成员都为60岁以上老人,现有400多人,由管理人员和会员组成,管理人员有会长一名、副会长两名、秘书长一名,下设各队队长数名,协会管理者由民主选举产生。会员分属于下设的舞蹈队、腰鼓队、太极队和书画队。老年人协会是自我组织、自我管理和自我服务的基层群众组织,有自己的专门活动场所,其经费来源于社区每年提供的一万元公共服务资金和每位会员缴纳的15元会费。

老年人协会的活动内容非常丰富,在基层老龄工作中发挥了重要作用。第一,发挥"老有所为"的作用,作为社区党支部的参谋助手,协助社区走基层,利用自身优势参与基层调解、帮教、计划生育、扫黄打非及禁毒禁赌的宣传活动。第二,发挥老年人自我管理、自我服务的作用,会员自制手套和鞋帽与社工一起慰问社区孤寡老人、留守儿童、患病居民和生活困难家庭，家庭出现纠纷协助调解教育，会员去世送上花圈或帛金。第三，老年人协会经常组织老年人文艺活动，丰富老年人的生活。在重阳节时，老年人协会会带老人到周边旅游，并发放慰问品。老年人协会在较好解决了老年人的休闲娱乐问题的同时，更营造了和谐温暖的社区氛围，增强了老年朋友乃至社区居民的归属感，使老年人协会真正成为老年人的"家"。

7. 蜀绣专业合作社——居家就业的典范

促进集中居住区无业人口的就业，也是提升居民生活满意度及归属感的重要因素。复兴社区的青安锦华蜀绣专业合作社成立于2012年，占地200余平方米，是复兴社区为了解决妇女就业问题向安镇妇联申办的，现在已经发展为江区妇联联合安镇妇联共同打造的集蜀绣专业技能培训及生产蜀绣成品于一体的妇女居家灵活就业示范点。

合作社实行妇女自愿参加、免费接受培训的办法，自成立以来，已经培训800多人，吸纳就业100多人，长期从事刺绣的绣娘有20余名。车间为参与刺绣的绣娘免费提供原料，成品由合作社统一售出，按比例给予绣娘报酬并且在制作期间每天给予每人20元补贴，绣娘年人均收入一万余元，使集中居住区的妇女实现"居家就业，灵活就业"。

典型案例3－6：周某，52岁，初中文化程度。家中原有土地总面积为5亩，主要种植花木，夫妻两人在家务农，女儿、女婿在外打工，家中年总收入为三四万元，虽然不多，但也可以维持一家人的正常生活。建设复兴社区，周某家的土地全部被租用，家中没有土地，老两口顿时没有了土地这个保障，所以相当于失地农民。政府除给予每年每亩地1200斤大米以外再无其他补贴，按每斤大米1.5元的市场价格来看，只有每年这不到一万元的租金，远不够维持生活。女儿和女婿在外打工，去年给家中增添了一个新成员，他们在外打工的钱也就只能勉强养活自己的小家，对于老人无暇顾及。社区为解决老两口的生活问题，特给周某联系上了居家服务中心，让他做社区的一名工作人员，每月有1500元的固定收入；周某的妻子经社区推荐，到复兴社区的绣坊学习刺绣，不久就成为一名正式绣娘，绣坊免费提供原料，绣娘可以选择在车间或家中完成刺绣，绣坊每天补贴20元，所绣成品按40%的提成给绣娘开工资，作为一个长期绣娘，周某的妻子的年总收入也可以接近一万元。社区给老两口提供了就业的机会，让他们得以"居家就业"，解决了他们的生计问题。

（三）农民集中居住文化适应的融合过程

在乡土文化与城市文化发生冲突的过程中，融合同时也在进行着，而再辅之以社区的相应调适与缓冲措施后，其融合也在进一步扩大。以复兴社区来说，目前所出现的融合主要有以下几个方面。

1. 社会交往的扩大化

农民集中居住，打破了居民在散居村落时的居住格局，出现了新的邻里，居民面临着人际关系的重新建立和社会网络的重构。虽然邻里之间相互串门的次数减少了，但是由于居住空间的集聚、居民活动范围的缩小，因而因经常见面而慢慢熟悉的还是占多数。居民王女士说："居住在单元房内并不影响我们邻里的交流，我们通常会到小区的茶馆去聊天、打牌，农闲时大家天天会见面。"

复兴社区是由三个村庄合并而成的，集聚的空间使居民之间相互认识的机会增多。此外，社区中社会工作组织的入驻、老年人协会的发展、蜀绣合作社的成立等使社区的公共空间逐渐增多，居民的社会交往也逐渐呈现扩大化的趋势。此外，值得注意的一点是巴蜀独特的茶文化并没有在现代性的冲击之下而消逝，茶馆在小镇上、农村中尤为普遍。复兴社区安置村民入住时，是根据入住时间等因素来分配住房的，打乱了原有村组的村民，使原有的乡村熟人交际圈也被打破，出现了断裂的形态，新的邻里关系进入初建阶段。这是复兴社区在建设中与其他集中居住区所面临的共同困境，但复兴社区的一个独特之处就是受巴蜀茶文化的影响，居民依旧爱泡茶馆。笔者在调研中发现，居民白天忙碌，但傍晚社区许多居民会去茶馆喝茶，只需交1元钱即可，居民喝茶聊天，既没有村庄的边界，也没有身份、收入之分，一张桌子将喝茶之人联系起来。茶馆的活动不仅丰富多彩，而且自由开放，有着综合的功能。茶馆不仅是人们"摆龙门阵"获得新闻与信息的场所，也是民间自发处理矛盾的"民间法院"，又是谈生意的"交易场所";但更为重要的是,茶馆是人们休闲娱乐和民间文化活动的重要场所。[1] 近年来,由于都市生活和社会变迁,虽然茶馆的公共性明显降低,[2] 但其仍为人们提供了休闲娱乐的公共场所,可以更好地促进人们之间的互动交流与社会交往。独特的茶文化对于打破社区居民之间的隔阂,促进社会交往的扩大化有着积极的作用。需要提出的是,虽然复兴社区的居民集中居住了,但是原有的生产方式并没有发生变化,居民还是以务农为主,因而因工作而认识新朋友的可能性很小。所以居民的社会交往范围虽然扩大了,但主要是居住在同一社区中原属其他村庄的居民,其交往对象的同质性比较强。随着居民逐渐熟悉以后,其交往对象仍是因为地缘而形成的,会逐渐趋于稳定。

2. 农户居住意愿提升

农民在集中居住过程中,产生文化融合的另一个表现就是农户居住意愿的提升。农民集中居住意愿表现为自发性意愿和政府推动后意愿。自发性意愿是指在没有政府推动的情况下,农民对于集中居住的意愿程度,其影响因素一般为居民收入的稳定性及水平、对于更高生活质量的期许、希望提高子女的教育水平等。而政府推动后意愿是指在政府宣传、资金支持、强制推行等因素的影响下,农民对于集中居住的意愿程度,一般表现为农民"被上楼"和"强拆强上"。[3] 对于复兴社区来说,农民集中居住是政府积极推动的结果。农民对于外力推动的集中居住,起初大部分是反抗的。但复兴社区从2005年就着手建设,到2014年建设历程已近9年,在社区持续完善的过程中,农民的居住意愿在逐步提升。

如表3-44所示,在对居民"上楼"意愿的统计中,非常愿意上楼居住的居民占4.0%,愿意上楼居住的居民占60.3%,持一般态度的居民占28.1%,不愿意上楼居住的居民占7.5%,可以看出大部分居民是愿意上楼居住的。居民居住意愿高低与否与农户选择主动适应和被动适应的策略有着很大的关系,同时也影响着其适应程度。

---

[1] 冯继红、黄翊磊:《茶馆:大众交往的城市舞台》,《华中建筑》1997年第4期,第19页。
[2] 李晓南:《从城市公共空间的角度看今昔茶馆文化的变迁》,《社会科学特辑》2004年第1期,第35—40页。
[3] 赵美英:《城市化进程中的农民集中居住研究》,《江苏工业学院学报》(社会科学版)2008年第2期,第34—35页。

表 3－44　居民上楼居住意愿

居住意愿	频数	百分比（%）
非常愿意	8	4.0
愿意	120	60.3
一般	56	28.1
不愿意	15	7.5
合计	199	100.0

通过调研发现，该小区居民的整体适应性相对来说较高。这主要是有三方面的原因。一是与当地政府实行的"依人换房"和"宅基地置换住房"相结合的安置政策有关，农民在上楼居住后原有的宅基地还是由居民复垦耕种，农民对此满意度较高。二是社区硬件条件优越，农民生活质量提升。复兴社区的公共基础设施规划比较完善，目前社区已有的公共基础设施或场所有老年娱乐中心、社区活动广场、社工站、健身场地、社区服务大厅及卫生所等。此外，该区域正在建设商业街，将包括菜市场和服装店等，旨在进一步促进居民生活的便利化，提高居民的生活质量，增强其对社区的满意度、归属感及认同感。干净卫生的楼房和齐全的配套设施提升了农户的居住意愿。三是社区组织为大部分人提供了较为合适的服务。便民服务中心便捷的服务、居家服务中心专业化的管理、专业社工组织的入驻以及老年人协会的扩大化，使享受相关服务的人数也在增多。居民李先生说："搬入社区后，生产生活都比从前方便好多，而且社区的活动丰富多样，有利于加强街坊四邻的交流，我对社区的生活还是比较适应的。"

第四节　小结与讨论

产业支撑型集中居住农民的文化适应是一个长期的过程，农民原有的乡土文化与城市文化会在相互适应的过程中出现冲突，相互调适，并产生融合。当然，在这一过程中，冲突、调适与融合是同时进行的，并不是一个跟随一个产生的递进关系。冲突与融合可能是同时发生的，两种文化中的某些要素会相互融合，而另一些要素则会相互冲突，对于那些产生冲突的要素来说，只有对其进行调适，才会出现新的融合。以复兴社区来说，在适应过程中,其中的一些要素已经产生了融合,而还有一些要素发生着冲突,因此,要对其进行相应的调适,创造融合的条件,从而促进适应。

一 构建制度与政策保障

农民在适应过程中产生冲突,一部分是由制度的缺陷造成的。因此,制定合理的制度、政策,对于农民的适应来说,是一种强有力的保障。对于复兴社区来说,可以从以下方面着手。

(一)制定较为统一的补偿与安置标准,降低农户的相对剥夺感

农户在集中居住后,由于相互之间的比较而产生了相对剥夺感,加之补偿和安置政策的不统一,农户的相对剥夺感加深,由此来看,制定相对统一的补偿安置政策是有必要的。采取区别对待的安置政策当然可以顾及各个农户的特殊情况,但是若执行政策方对于政策不加以严格执行,就极易导致安置政策的不合理和不公平。因此,政府或者是集中居住社区主管方应制定较为统一的补偿安置标准,在此基础上对于特殊农户可以适当给予政策倾斜,从而保证对农户实现公平公正安置,降低其相对剥夺感,从而更好地融入集中居住区。

(二)促进房屋产权的明晰化

根据国家对于土地政策和农村建设用地的规定,建设复兴社区所占的土地只能用"以租代征"的形式租用。因而社区不能拥有土地使用证,进而造成居民无法获得房产证。在没有房产证的情况下,居民既无法将房屋出租又无法将其出卖。居委会目前的做法也只能是将拆迁协议和安置协议作为证明房权所有的依据,以便能够出租房屋。笔者建议国家相关部门出具证明材料,促进房屋产权的明晰化,从而使集中居住区的房屋像城市社区的房屋一样可以自由流转,有效保护居民的权益。

(三)占地与复垦结合,缩减失地农民数量

农民集中居住区必然会占一部分土地用于社区的建设与发展。而自2009年12月政府将土地进行确权登记之后,至2027年6月30日以前,承包地采取"生不添、死不减"的举措,所以宅基地不能用来盖房子,只能用来耕种。这样,原有房屋拆迁后所腾出的土地与建设社区所占用的土地基本持平,前者甚至多于后者,所以符合国家要保持一定数量耕地面积的政策。运行过程中,社区会与农民签订协议,因而复垦问题并不突出。但

是由于占用一部分居民的耕地，跨村组的宅基地置换又比较困难，所以还是会造成一部分居民失地，这些居民的就业是社区现在面临的重要问题。笔者建议，政府对农民原有的宅基地进行统一管理，而非让居民自行复垦，再将其按照一定比例分给部分失地农民，以缩减失地农民的数量，增强居民的整体适应性。

二 夯实农民物质基础

从上文的分析中可知，复兴社区的生产方式单一，居民经济收入不高。然而，良好合理的经济收入是居民进一步适应的基础，居民只有在具有一定的经济基础后才能谈得上其他方面的适应，因此，要为农民夯实经济与物质基础。

（一）转变合作社的发展模式，促进经济的多元化发展

目前，虽然复兴社区居民以种植花木为主，收益较高，但是自从2013年开始，花木的价格呈现下降趋势。花木经济合作社是由政府主导建立的，很多农户都是"被动入社"，由于受到管理体制、农户主观意愿的抵制等因素的影响，合作社很难发挥其原本设想的作用。少部分居民在目前形势下也去江区附近打工。所以为了促进复兴社区更好的建设与发展，必须促进其农业产业化的发展。具体的举措可以是：第一，聘请附近四川农业大学的专家教授来考察指导，并且为居民举办农业知识宣讲会；第二，响应江区政府发展旅游业的政策号召，利用自身作为"都江堰的仓库"的独特优势，发展农业生态旅游业，吸引来自成市及外省的游客参观；第三，促进花木专业合作社从由政府主导形成的"被迫式"农民专业合作社向由农业的产业化市场化需求形成的"业缘式"农民专业合作社转变，形成花木产业的营销链，从而促进其形成规模效应。

（二）外力支持与内力推进社区发展

复兴社区的建设虽然取得了良好的成效，但是在很大程度上得益于其作为成市集中居住示范点的政策支持。社工站、老年人协会等的建立与持续运行都离不开政府的资金支持。政府作为社区发展的推动力具有不稳定性和不可持续性的特点，社区的长远发展与建设还是要靠社区内部力量的推动与政府外界力量的支持。为此，首先应促进社区集体经济的发展，使社区内部有足够的资金支持运作。例如，促进小区外公共商业街区的建立

与发展，吸引外来的商户租用房屋，以促进居民集体收益的提高。其次要引入社会化力量的支持，吸引更多的资源入驻社区。该社区的地理位置优越，不仅交通便利，而且附近还有四川农业大学等高校。因此，该社区应该充分利用地理优势，吸引高校资源，建立农业示范区等，通过内外力的共同作用来促进社区发展。

三 增加集体活动，提升农户心理认同

"社区"这一概念是在1887年由滕尼斯所提出，其认为，社区成员有共同的价值取向，相互间关系亲密，守望相助。[①] 但是集中居住农户在迁移后，心理层面一般很难融入社区。农民的心理融入是一个长期的过程，对此，所能进行的调适措施极少，也较为困难。在对复兴社区的调查进行分析之后，研究认为，应增加居民对集体生活的参与机会和参与度来提升农民的心理认同，使其实现心理融入。社区认同建立在生活于同一社区农民行为互动的基础之上，互动产生社会资本，互动产生共同价值观，并最终形成社区文化，农民在日常互动中形成了特有的农村社区文化。[②] 因此，增加农民参与集体活动的机会，有利于其增加互动的机会，从而促进、提升社区文化的形成和农户的心理认同。

首先，鼓励社区居民成立更多的自组织或是兴趣组。这些自组织不一定是正式的，但是其成立可以使人们有更多的参与集体活动的机会。如对于喜欢参与广场舞活动的女性居民来说，可以成立广场舞协会，协会不一定要如老年人协会一般正式，只是说协会的成立可以将对广场舞感兴趣的居民组织起来。其次，社区与相关的自组织要增加举办活动的次数，并积极宣传，鼓励农户参加。这样，当社区内的农户开始培养了参与活动的积极性，进而参与相关的活动和组织之后，其就处在一个集体之中。集体对于农户融入社区的影响之一是其赋予了农户一定的角色，使农户处于一定的角色扮演过程中，同时也使农户与周围集体内的个体处于一定关系之中。在这样的交流与联系中，农户首先可能实现的就是对于组织和集体的

---

① 丁凤琴：《关于社区情感理论发展与实证研究》，《城市问题》2010年第7期，第23—27页。
② 吴理财：《农村社区认同与农民行为逻辑——对新农村建设的一些思考》，《经济社会体制比较》2011年第3期，第123—128页。

认同，而在对组织有了一定认同及具有了一定的角色之后，其实现对于社区和自身的良好认同也就变得有可能，其心理融入及文化适应也就变得更有可能。

总之，通过调研可以发现，复兴社区作为产业支撑型农民集中居住区建设的试点，取得了良好的成效。农户在文化适应的过程中，其身心各方面都在遭遇着挑战，而农户原有的乡土文化与城市文化的冲突和融合也在交织进行着。农户进入社区后，由于生产方式单一而产生了收支不平衡的冲突，同时其面临着生活方式方面传统与现代的冲突，还由于政策执行的差异性，农民相互比较而导致相对剥夺感的出现；但这也使农户的社会交往扩大化，而且社区良好的硬件配置和管理服务使农户的居住意愿和适应程度提高，生活质量明显改善。在冲突与融合发生的同时，社区也进行了一定的调适，不仅创新了社区管理方式，发展老年人协会，同时还引入社会工作组织，这些措施都在缓解农民适应过程中的冲突，有利于促进农民的文化适应。除了已有的这些调适手段外，促进农户对新社区的文化适应，需要为其构建制度与政策保障，制定较为统一的补偿与安置标准，同时将占地与复垦相结合，减少失地农民数量，并促进房屋产权的明晰化。此外，要发挥内在潜力和吸引外力的协同作用促进社区发展，同时在社区建设进程中，更应该把握农户的心理活动，将其纳入集体与集体活动之中，提高其归属感。在安置过程中，更应该注重公平公正，从而减少农户的相对剥夺感，使农户真正在心理上认同新社区，实现对新文化的适应。

第四章 产业依附型农民集中居住及其文化适应

——基于河南省调研经验

第一节 河南省调研区域简介

一 问题的提出

党的十八大报告提出,解决好农业、农村、农民问题是全党工作的重中之重,城乡发展一体化是解决"三农"问题的根本途径。改革开放以来,随着经济的发展、社会流动的增强,城乡之间的交流与互动也不断增多,但城市与农村之间依旧存在着较大的差别,"三农"问题也长期影响着国家的发展。"城乡发展一体化"正是在这种形势下被提出、深化并且实践的。"城乡发展一体化"是与"城乡二元对立格局"相对应的一个概念。城乡二元对立格局是指城市与乡村在经济发展、社会生活以及文化发展等各方面形成的差别对立状态。在我国计划经济时期,由于农产品统购统销、工农业产品剪刀差以及户籍制度等限制农民向城市流动,而优先发展重工业等一系列政策的实行,城乡之间的差距越来越大,逐渐形成了城乡二元对立的格局。

城乡一体化是我国目前现代化和城市化发展的一个新阶段,加快新型农村社区建设是推进城乡一体化的有效路径,是实现工业化、城镇化和农业现代化协调发展,促进农村发展的重要途径。[1] 由于城市的容纳力存在

---

[1] 乔成邦:《新型农村社区建设:制约因素与路径选择——基于政策执行的视角》,《农村经济》2013年第4期,第52—58页。

上限，农业还未实现大规模生产，所以不可能将农民整体迁移至城市，农民集中居住区的建设正是在这样的选择与困境的背景下提出的，并成为我国大力推进城乡发展一体化的重要实践之一。农民集中居住区的建设不仅有利于集约用地、促进农业产业化经营与产业集聚，更能够进一步推进农村城镇化、农民职业化的发展。伴随着城镇化进程的加快，许多地区已经建立了农民集中居住区，如较早进行农村集中居住区建设的江苏、浙江等省份。我国中西部地区在城镇化的进程中也在不断地进行农民集中居住区建设的探索，如河南、四川和陕西等省份近年来的实践。近年来，我国在新型农村社区建设过程中积累了一些实践经验，很多地区也形成了独具特色的发展模式，如河南省在推进新型农村社区建设的实践中，结合省情和区域发展现状，逐渐探索和总结出了政策先行、因地制宜、社会参与、目标明确和分步推进的实践模式，[1] 这些模式也经常被作为典型被其他地区学习和借鉴。但是，新型农村社区建设目前仍处于一个"探索、实验的阶段，从各地实践看，存在着认识不统一、理论基础薄弱、缺乏创新思路等共性问题"。[2] 新型农村社区发展实践中出现的新问题也不容忽视，如"社区居民主体性弱化、产业空心化、社区功能模糊化、社区组织培育边缘化等问题"，[3] 这些新问题已经成为制约此类社区可持续发展的瓶颈。而作为中原经济区建设中的创新之举，需要对河南省的新型农村社区建设发展中的困境加以深入思考并妥善解决。本章在对河南省钢市张庄中心社区和壁市旗县阳光社区进行实地调研的基础上，对河南省进行的农民集中居住区建设的成功经验进行总结。但是，调查发现，该省的发展模式也蕴藏着潜在的现实困境，阻碍新型农村社区的可持续发展。鉴于此，本章试图以河南省社区的发展模式为例，对该类社区面临的依附性发展困境进行分析，并对如何超越依附性发展困境提出可行的应对策略和政策建议。

---

[1] 聂飞：《河南省新型农村社区发展模式及实践特点》，《河南农业科学》2013年第4期，第179—183页。
[2] 乔成邦：《新型农村社区建设：制约因素与路径选择——基于政策执行的视角》，《农村经济》2013年第4期，第51—58页。
[3] 黄闯：《可持续发展视角下新型农村社区实践：问题、原因及对策》，《地方财政研究》2013年第8期，第51—54页。

依附理论（Dependency Theory）最初是由普莱比什（Paul Prebisch）在一份联合国关于拉丁美洲经济委员会的经济报告中提出，后来因弗兰克（Frank）、桑托斯（Santos）和卡多索（Cardoso）等经济学家研究拉丁美洲经济发展的一系列著作而兴起。[1] 弗兰克在其《资本主义和拉丁美洲的不发达》《依附积累与不发达》等专著中论述了关于依附发展理论的观点，[2] 试图通过对世界资本积累进程中依附性生产关系与交换关系的分析来说明不发达问题，认为拉丁美洲各国普遍存在的持续贫困主要是由于它们对西方发达国家的经济和政治渗透完全开放，以及经济发展过度依赖外部国家力量。[3] 依附发展的问题不仅在欠发达国家和地区存在，而且我国当前城镇化进程中的新型农村社区建设也存在依附发展问题，新型农村社区建设过度依赖政府推动和外部力量干预，缺乏内生发展的动力和能力，这种发展模式已经给农村社区发展带来了现实困境。[4] 有学者将当前农村社区建设路径总结为三种类型，分别是城市带动型、工业促进型和政府引导型，大中型城市近郊及城乡接合部地带农村社区建设路径主要为城市带动型；东部沿海发达地区农村社区建设路径主要为工业促进型；中西部欠发达地区农村社区建设路径主要为政府引导型。[5] 以上三种农村社区建设路径在一定程度上都存在依附发展问题，它们都强调外部力量带动农村社区发展，而忽视农村本身存在的资产和优势，导致这些农村社区建设出现外部力量推动即发展、外部力量消失即停滞的现象。

---

[1] 周长城：《新依附理论：卡多佐对传统依附理论的挑战》，《社会科学研究》1997年第4期，第74—78页。

[2] Frank, Andre Gunder. *Capitalism and Underdevelopment in Latin America: Historical Studies of Chile and Brazil*, rev. ed (New York and London: Monthly Review Press, 1969a). Frank, Andre Gunder. *Latin America: Underdevelopment or Revolution* (New York and London: Monthly Review Press, 1969b).

[3] Frank, Andre Gunder. *Dependent Accumulation and Underdevelopment* (New York and London: Monthly Review Press, 1979).

[4] 任晓莉：《新型农村社区建设中出现的问题与对策探讨》，《中州学刊》2013年第4期，第51—54页。

[5] 田烨：《城镇化进程中农村社区建设路径探析》，《上海商学院学报》2014年第4期，第51—58页。

第四章　产业依附型农民集中居住及其文化适应

二　调研区域概况与调查方法

（一）河南省调研区域简介

表4-1　河南省调研区域简介

调研区域	调研区域概况	社区建设与搬迁情况	依附类型
河南省钢市张庄中心社区	张庄中心社区位于钢市尹镇政府西3公里处，南依螃背山，北临龙泉湖，处在17平方公里的龙凤湖旅游度假区内。社区规划占地51亩，建成后可容纳1100户4000人左右，计划搬迁张庄、大刘庄、康庄、朱洼4个行政村，将实现节约土地590亩	社区整体建设于2009年11月，经过5年的努力，目前已完成一期、二期建设，已建成住房363套，完成入住227户。其中，被称为"革命老村"的张庄村是张庄中心社区的主要搬迁对象，全村共298户1076人，辖有7个山区自然村，有8个村民小组，耕地共642亩。随着河南省新型农村社区建设的推进，西岗村39户、石龙沟村27户、小曹八沟村24户实现整组搬迁，原住宅土地复耕完毕	旅游产业依附型
河南省壁市旗县阳光社区	阳光社区成立于2011年，在2013年基本建设完毕。阳光社区主要由七里堡、吴寨、赵沟三个村庄组成，是全市第一个多村合并集中居住的新型农村社区。社区占地147亩，共34栋单元楼。每栋楼有4个单元，每栋楼高5层，且每层高度约2.7米。此外还有4栋公建楼	该社区非整体搬迁，为了鼓励村庄居民搬迁，政府实行先来先选的搬迁方式。社区目前仍未成立居委会，而是由乡政府派出工作人员组成临时管委会，负责社区的日常事务。社区内有暖气，每平方米每月4.1元，物业费主要由小区的门面房收入与乡政府补贴的方式来支付。社区内设有红白理事会和农机具存放仓库等	产业集聚区依附型

（二）调查方法

本次研究主要采用的是实地研究和统计调查的方法，其中涉及的具体研究方法主要有问卷调查法、深度访谈法和实地观察法。关于农民集中居住的问题，学界一直比较关注，尤其在东南沿海经济发达地区，在城镇化和工业化进程中，农民被迫上楼引发的一系列适应性问题，尤其是经济适应性，受到了社会各界的关注。农民集中居住后失去土地，其经济来源被切断，经济生存和可持续发展问题备受关注。然而，文化是维系一个社区团结和凝聚力的纽带，在强调经济生存的同时，不能忽视农户因居住和生产方式变化而产生的文化适应性问题。因此，本章着重通过实地研究对集中居住农户的文化适应性进行分析，并尝试对河南省钢市张庄中心社区及河南省璧市旗县阳光社区的发展模式进行总结，指出其发展模式的成功之处及其潜在困境，希望对中西部地区的农民集中居住社区应对文化适应性问题提出可行的建议，有效推动此类社区的可持续发展。

第二节 旅游产业依附型农民集中居住及其文化适应性研究

——以河南省钢市张庄中心社区为例

一 张庄中心社区农民集中居住的适应性分析

（一）农户生活方式适应现状分析

中国是个农业大国，费孝通在《乡土中国》中提到中国社会的基层是乡土性的，"直接靠农业来谋生的人是粘着在土地上的"。农民的生产和生活都与土地相连，由此决定了农民特有的生活方式、行为方式和价值观念。[1] 土地对于农民来说是一种独特的财产，寄予了农民一种特殊的情感和价值。[2] 因此，农民对土地具有很强的依赖性，这种生产生活方式、行为观念和价值观念不会轻易被改变。集中居住使农民的生活与土地相分离，改变了农民的居住环境，使其走出自家的独门小院搬入公共社区，这并不单纯是一个空间转换的过程，它更是农民重建家园和重塑认同感的过程。在这一过程中，农民的生活方式必然会受到影响并发生变化。本节对张庄中心社区已经集中居住的农户和未集中居住的张庄村村民的收支状况、生活环境和生活满意度进行横向对比分析，探究影响农民集中居住意愿及适应程度的因素，并分析张庄中心社区农户生活方式的特点及其影响。本次调查共发放问卷200份，有效回收196份，其中在新社区发放问卷80份，有效回收76份，在旧村发放问卷120份，有效回收120份。

---

[1] 费孝通：《乡土中国》，北京大学出版社，2011，第13页。
[2] 张海波、童星：《被动城市化群体城市适应性与现代性获得中的自我认同》，《社会学研究》2006年第2期，第86—106页。

1. 收支情况分析

集中居住后农民的生产方式会发生相应的变化，而生产方式决定着农民的收入来源和收入的多少，在一定程度上影响生活支出，从而影响其生活质量的好坏。以下将对张庄中心社区农户和张庄老村村民的收入和支出情况进行比较，了解张庄中心社区农户生活方式的现状及变化情况。

（1）收入情况

随着河南省新型农村社区建设的推进，为了让农民"不出家门就能过上城市人的生活"，力推"居住新社区，就业家门口"的生产方式的转变，政府引导农户们发挥毗邻风景区的优势，开办农家乐、发展特色旅游产业。农户自家经营特色山野菜、小磨香油等土特产，种植香菇、发展养殖业等，张庄中心社区农户的收入来源日趋多样化。社区中的大多数农户的主要经济来源并不是务农，收入来源于务农的只占有效样本的21.9%，而有78.1%的农户的收入来源是务工或是个体经营（见表4-2）。

表4-2 家庭主要收入来源

收入来源	频数	百分比	有效百分比（%）
务农	16	21.0	21.9
务工	39	51.3	53.4
个体经营	18	23.7	24.7
缺失	3	4.0	
合计	76	100.0	100.0

目前在社区内打零工和做小生意已成为主业，这样农户拥有多样的收入来源，收入也会相应增加。通过分析新社区农户的家庭年总收入（见表4-3），可以直观看出，农户每年的家庭总收入集中在20000多元，收入的极差为99090元，可见社区农户间贫富差距过大，这与农户自身从事的生产活动类型有关。

表4-3 家庭年总收入

单位：元

项目	均值	中值	众数	极小值	极大值
家庭年总收入	26213.53	23000	20000	900	99990

相比之下，张庄老村村民主要的收入来源就是农业收入和部分务工收入。在调查中发现，有39.7%的农户除务农以外还有其他收入来源，59.5%的农户除务农外再无其他收入来源。由于收入来源单一，农业收入微薄，张庄老村村民的家庭年总收入与入住新社区的农户收入差距较大（见表4-4），年总收入在10000元以下的占到调查总数的62.5%，年总收入在10000~20000元的农户占总户数的35.0%，而年总收入在20000元以上的家庭只占总家庭数的2.5%。由此可见，单一的生产方式和收入来源使张庄老村村民的家庭收入极低，生活相对贫困。集中居住确实使农民摆脱了土地的束缚，使其生产方式得到了扩展，无论是个体经营还是在社区附近务工，农民收入的增量都极为可观。经济基础决定上层建筑，经济收入增加必然会使其生活质量得以提高。

表4-4 家庭年总收入情况

收入情况	频数	百分比（%）
5000元及以下	39	32.5
5001~10000元	36	30.0
10001~15000元	27	22.5
15001~20000元	15	12.5
20000元以上	3	2.5
合计	120	100.0

（2）支出情况

农民从老村搬进新社区不仅是地域空间的改变，还是生活方式的转变，即由以前的农村生活转变为城市生活，更是农民逐步走向现代化的过程。具体来说，他们的生活支出除了与以往一样的日常支出和农业生产资料支出之外，还增加了其他生活支出。例如，食品供给方式由原来的自给自足到完全依靠市场，增加了基本生活支出；购置电冰箱、电磁炉、液晶电视以及沙发等现代化的生活消费品，由此产生了水费、电费和燃气费等费用。除此以外，高额的住房贷款与借款也是该社区农户们生活支出的一部分。根据对张庄中心社区农户食品供给方式的调查，数据显示，搬入社区后有80%的农户的食品需要由市场供应，其中完全在市场上购买粮食和蔬菜的农户占52%，还有20%的农户可以实现食品自给，由于这一部分农户原来的土地仍能耕种或是将自家的宅基地复耕种植粮食和蔬菜，而且家中人口数量少，因此可以实现粮食和蔬菜自给。

相比之下，在张庄老村的调查中，只有8.8%的农户需要到集市上购买食品。在小农经济的背景下，老村农民生产的农作物绝大部分都是自家的食物来源，只有极少部分的农产品参与市场交换的过程。农民们基本上过着自给自足的生活，对市场的依赖程度较低。农户只会隔月到集市采购些盐、醋、茶以及糖等生活必需品，生活的开支也仅限日常的食物支出，农民的这种自给性消费与农业生产的特性有关，对于农民来说这也不失为一种节约生活开支的方式。而若集中居中到社区，生活开支必然会增加。表4-5是张庄中心社区农户生活费支出情况统计表，数据显示，现在的生活费支出中，粮食、蔬菜和水电费是主要的支出项，除此之外，红白喜事送礼、购买生产资料和电器家具，以及煤气、天然气费用也是较为主要的支出项。

表4-5 生活费支出情况

支出项目	频数	个案百分比（%）
购买粮食	45	59.2
购买蔬菜	50	65.8
购买生产资料	22	28.9
购买电器家具	22	28.9
供孩子上学	25	32.9
医疗费用	18	23.7
社会保障	10	13.2
支付房款	15	19.7
水电费	34	44.7
暖气支出	4	5.3
煤气、天然气费用	22	28.9
交通费用	10	13.2
红白喜事送礼	28	36.8
合计	305	401.2

生活支出项明显增多，生活成本也会发生相应的变化。调查发现，在张庄中心社区的农户中，47.4%的农户认为生活支出费用大大增加，44.9%的农户认为生活支出费用有所增加，即认为生活支出费用增加的农户比例接近95%。这部分农户也达成共识，生活成本的增加是生活费用支出增加的主要原因。还有5%的农户认为生活支出费用基本没有变化或减少，这部分的农户有一个共同点，他们几乎都是老年人。他们所在家庭生活支出减少的原因是家中剩余劳动力以及青壮年都外出务工，家中仅剩老人，老人在家除了日常的开支和可能的医药费用外很少有其他支出。

2. 生活环境变化与适应性分析

张庄村是革命老区村，全村298户人家分到7个自然村，分散居住在"山高石头多，出门就爬坡"的沟沟壑壑间，村民用一首旧民谣来描述他们的过去："土坯墙、茅草房、鸡屁股是农户小银行，吃粮靠统销，花钱靠救济，姑娘向外嫁，小伙愁新娘。"通过在张庄老村的调查，笔者发现村民的居住环境确实如上所述，村民们的房屋破旧简陋，村内污水、垃圾随处可见，且交通不便，严重影响农民的生活质量。

如今张庄中心社区优美的环境引人入胜，两层民居宽敞美观，整体建筑别具风格，公共设施配套齐全。社区内还建设有宽敞的广场、高大的戏楼，另外还修建了公厕、垃圾中转站、污水处理厂、卫生服务站、邮政超市以及综合服务楼等完备的社区基础设施。曾经的山区农民，如今已俨然变为社区的居民，不出社区大门便可以享受和城市人一样的生活，良好的生活环境给居民的生产和生活带来了便利。

典型案例4-1：张某，男，58岁，家中共有5口人，张某、老伴、儿子、儿媳，还有刚出生不久的小孙女。张某是张庄村有名的种菇大户，4个劳动力全部在家中种植香菇。搬入社区之前，张某家共有3亩地种植香菇。张某回忆从前的生活说道："张庄行政村有7个自然村、8个村民组，以前全村267户人家散布在4条沟、5座岭里，崎岖不平的山路严重影响生产生活。比如我们家就住在山区里，在那里种植香菇，没有足够的水源，严重影响了香菇的生长，经常因此减产。交通也不便，每到要将收好的香菇向外运输的时候都特别头疼，若是遇上下雨天，连村子都出不去，耽搁了香菇的正常销售，看着损失的香菇很心疼但又无能为力。宅基地距香菇基地较远，关键是交通不便，雨天要穿上厚重的水鞋和雨衣，踏着泥水去地里，冬天天寒地冻的，为了打理好自家的香菇地，家人的手都被冻伤了，我们为种这点香菇，可受苦了。"但是，随着新社区的建设，大约一亩的宅基地被拆，张某一家搬入社区内的一套240平方米的房子，并在社区的最南面承包了别人的3亩土地，种植香菇。社区所处位置地势平坦，而且地下浅层就有水，张某可以自己打井水，水源丰富，足够满足香菇生长所需水分。搬入社区后，交通便利，对外交流方便，利于香菇运出和及时售卖，张某一家再也不用担心天气不好而影响香菇的出售，交易款项可以在社区的银行办理，省时省力又安全。张某家位于张庄中心社区的南部，他家的香菇基地就在离家门口不远处，这使张某一家人出行做活更加方便，同时将住所与劳作的地方分开，有一个干净宽敞的生活环境，也不耽误从事生产活动。说起搬入社区内的生产和生活状况，张某高兴得合不拢嘴，说道："从来都没有想到可以过上这么好的生活，一边种着香菇赚着钱，一边又可以住着上下两层的别墅，还是个旅游型的社区，现在的生活变好了！"

张庄中心社区的发展方向是建设集生活居住、休闲娱乐、观光度假于一体的旅游服务型社区，这种发展模式会对农户的生活带来一定的影响。如表4-6所示，除去17个缺失值，39%的农户认为社区的发展模式使其经济收入增加，20.3%的农户认为交往对象扩大，还有30.5%的农户认为他们的思维方式发生变化。究其原因，张庄中心社区建立了旅游型社区的发展模式，无论是开农家乐还是经营小商店或其他个体经营，与过去单纯务农相比，收入必然增加；社区内常有外来游客入住农家乐，可扩大农户的交往对象，促进其与外地人交流沟通，久而久之，可促使他们的思维方式发生变化，从过去小农局限的思维方式转化为现代开放的思维方式。

表4-6 社区发展模式给农户生活带来的变化

变化	频数	有效百分比（%）
经济收入增加	23	39.0

续表

变化	频数	有效百分比（％）
交往对象扩大	12	20.3
思维方式变化	18	30.5
其他	6	10.2
缺失	17	
合计	76	100.0

3. 生活满意度分析

精神生活与物质生活要一起提高才能真正实现市民化，笔者通过对张庄中心社区农户的生活满意度和张庄老村村民集中居住的意愿进行调查，探索影响集中居住生活满意度和意愿的因素。

表4-7为新社区农户对现在生活满意程度的反馈情况。数据显示，除去3个缺失值，17.8%的农户对现在的生活非常满意，46.6%的农户对现在的生活比较满意，31.5%的农户觉得现在的生活一般，2.7%的农户对现在的生活不满意，1.4%的人对现在的生活特别不满。生活满意程度的反馈情况直接反映了居住在新社区中的农户的生活状况。总体来看，农户对搬进新社区的生活还是比较满意的。从小就向往城市生活的刘某入住社区后，城市对她已不再具有吸引力。刘女士说道："我们既不用外出务工，又有高额的收入，住着二层的别墅，在屋里上厕所，城里人天天洗澡，我们也能做到。再看看社区，清洁安全的环境、学校、超市、邮局、卫生室等一应俱全，周围又是著名的旅游风景区，这哪里是农村，不论从生活水平还是从生活环境来讲，这都是比城里人更加城里人啊！"极少数农户对其生活不满意，可能是生活成本增加但家庭收入未增长这一经济原因所致。笔者用相对剥夺感理论分析其中的另一个原因，美国社会学家斯托弗通过对美军人员的素质和心理状况的调查得出结论，一个人的满意度与其参照群体有关，是一种社会比较的结果，即相对剥夺感。集中居住农户在与他人做比较的过程中，任何细微的差异最终都会影响他们对于总体和特殊生活满意度的评价。这些对现有生活不满意的人很可能是将比自己生活条件好、身份地位更高的人作为参照群体，相对剥夺感强，直接影响其生活满意度。

表4-7 对现在的生活满意程度的情况

满意程度	频数	百分比（%）	有效百分比（%）
非常满意	13	17.1	17.8
比较满意	34	44.7	46.6
一般	23	30.3	31.5
不满意	2	2.6	2.7
特别不满意	1	1.3	1.4
缺失	3	4.0	
合计	76	100.0	100.0

调查发现，不同年龄段的农户对生活的满意程度不同，大部分50岁以上的农户对生活的满意程度为非常满意或比较满意，而在生活满意度为一般或不太满意的群体中，50岁及以下的农户要比50岁以上的农户多（见表4-8）。假设年龄对生活满意程度有显著影响，显著性水平α设为0.01，根据卡方检验，卡方的概率P值0.569大于α，则接受原假设，认为年龄对生活满意程度具有显著影响。这是因为年龄大的农户已到安享晚年的年龄，他们已无过多的生活压力，生活费用仅为日常饮食和医疗开支，相对剥夺感弱。新社区为其提供了舒适的养老环境，所以年龄大一点的农户会更适应社区生活，生活满意度会更高。相比之下，青年人面临着上有老、下有小的压力，自身对生活的期望也比年老的人要高，相对剥夺感强。搬入新社区青年人不仅面临着生活成本增加的压力，而且由于新社区与自己心中城市社区形象存在差距，所以生活满意程度较低。

表4-8 年龄对现在的生活满意程度交叉分析

		对现在的生活满意程度					合计
		非常满意	比较满意	一般	不满意	特别不满意	
年龄	20岁及以下	0	1	3	0	0	4
	21~30岁	1	1	5	0	0	7
	31~40岁	2	7	3	1	0	13
	41~50岁	3	10	3	0	0	16
	50岁以上	7	15	9	1	1	33
合计		13	34	23	2	1	73

实地调查显示，42.5%的农户非常愿意搬入社区，37.5%的农户比较愿意搬入社区，只有10%的农户不愿意搬入社区（见表4-9）。由此可见，多数农户主观上是愿意搬入社区的。而且，通过调查，笔者发现那些有意愿搬进新社区的农户中有一部分农户并没有搬进新社区，原因如表4-10所示。

表4-9 未搬迁进入社区农户的搬迁意愿统计表

变量	频数	百分比（%）
非常愿意	51	42.5
比较愿意	45	37.5
一般	12	10.0
比较不愿意	9	7.5
非常不愿意	3	2.5
合计	120	100.0

表4-10 有意愿搬入社区而没有搬进社区的原因

原因	频数	百分比（%）
社区容量不够	2	1.7
经济条件不足	102	85.0
政府的补偿标准不合理	12	10.0
其他	4	3.3
合计	120	100.0

数据显示，张庄老村村民中愿意搬入社区但未搬迁的原因是经济条件不足，而这样的农户占到85%，还有10%的农户认为政府的补偿标准不合理。这表明，经济因素还是影响农户集中居住意愿的主要因素，尽管集中居住后生活成本会增加，但与干净、方便的生活环境相比，多数农户还是愿意搬到社区居住。梁某是张庄老村的农户，他说道："家中的土房二三十年了，冬天又冷又潮，太受罪了。村上的山路泥泞难行，交通不便，遇上下雨天，根本出不了门。做梦都想着和那些村民一样，能住到社区中去，像城里人一样生活。但是没有钱，只能住在土房里看别人住洋房。"可见，经济条件是影响农户集中居住意愿和实现集中居住的主要因素。显

然，张庄村农户同处一个村，生计方式趋同，但还是出现了明显的经济分化，只有少数家庭收入高的农户才有经济实力搬进新社区，享受新社区的便利。其实，经过40年的改革开放，中国农村农民内部阶层分化已非常严重，这些情况在东部地区比较明显，在中西部地区也是存在的，农户进入新型社区需要大量的资金投入，仅靠政府的补贴是无法满足这样巨大的资金缺口的。[1] 农民阶层分化是以职业转移为逻辑起点的，即农民身份开始发生转变，农民逐渐转化为其他阶层，在中国的现代化大潮中，数亿名农民正在改变着身份。[2] 目前中国的农民实际上已分化成若干个利益不同、愿望不同的阶层，而且正在进一步分化中，[3] 土地流转已经对农民当前的处境产生了深刻影响，农民已经逐渐分化为外出经商、半工半农、小农兼业、举家务工和村庄贫弱五个阶层。[4] 而政府在推进新型农村社区建设的过程中，对农民职业转移和生计方式转变重视程度不够，同时又忽视了农民群体内部的阶层分化与贫富分化问题，导致农户在搬迁进入新社区的过程中出现"搬富不搬穷"的问题，这将进一步加剧新型社区内部阶层分化，制约新型社区的可持续发展。

（二）农户生产方式适应现状分析

作为传统的农业区，河南省一直是我国重要的粮食产区。农业作为其主导产业，在很长一段时间内占有极其重要的地位。而农民作为农业生产环节中最为重要的因素，随着工业化、城市化的不断发展，其传统身份也发生了很大的转变，农民工群体已经出现。另外，由于新农村建设的提出以及新型城镇化建设的需要，农村的工业和商业用地不断增加，对土地的需求也随之加大。这些因素的变化都在客观上对传统农业的主导地位提出了挑战，而这种转变在类似于河南这样的传统农业区，表现得尤为突出和明显。除此之外，由于河南省农业存在耕地使用趋于分散，农业机械化水

---

[1] 郭占锋、付少平：《西部地区城镇化进程中新型农村社区建设现状、困境与出路——以陕西省Z镇幸福社区为例》，《南京农业大学学报》（社会科学版）2014年第4期，第9—16页。

[2] 邹农俭：《论农民的阶层分化》，《甘肃社会科学》2004年第4期，第41—43页。

[3] 陆学艺：《当代中国农村与当代中国农民》，知识出版社，1991，第415页。

[4] 杨善民：《中国农村社区发展探讨——对济南郊区冷水沟村的研究》，《文史哲》1996年第4期，第57—64页。

平较低，科技增产力度不够，农业基础设施薄弱，农业产业化水平不高等问题，[①] 其农业的深入发展受到限制。在进行问卷调查及个案访谈期间，不少农民反映，当地土地资源稀缺，农业的产业化水平也比较低下。

由于全国不少地区均面临以上问题，而河南客观上人口数量较为庞大，所以在土地利用过程中呈现的人地矛盾也就更为尖锐。近些年来，国家大力推进城镇化建设，很多地方都在积极响应和行动。由于这种居住方式对于土地的有效利用和农业产业化发展可以起到一定促进作用，也有利于农村地区的经济发展，于是各地纷纷出现了农民集中居住的新型社区和试点。为了对这一居住模式的实际情况以及产生的主要影响进行调查和研究，选择以河南省钢市张庄中心社区作为本次实地调研的基地，目的是通过对这一典型的集中居住地进行深入调查，获得有关农民集中居住方面的详细信息和资料，从而概括出这一居住模式给当地农民带来的影响，包括村民在生产方式方面所发生的具体转变，从多个角度全面了解这一模式下农民的具体生活状况和水平。随着工业化、城市化的推进，大量农民离开农村搬进集中居住的公寓小区，伴随着这种生存状态的转变，集中居住农民面临的最大挑战就是就业问题。[②] 本节以钢市张庄中心社区为例，对当地村民生产方式方面所发生的转变进行具体分析。

1. 生产方式的内涵

所谓生产方式，是指社会生活所必需的物质资料的谋取方式。它是在生产过程中形成的人与自然界和人与人之间的相互关系的辩证统一体系。生产方式包括生产力和生产关系两个方面，是两者在物质资料生产过程中的统一，是劳动的自然过程和劳动的社会过程的统一。[③] 根据上述定义可知，生产方式的转变主要表现在其生产力和生产关系方面的转变，而这种转变通常以具体的谋生手段（职业）来体现。因而本书在此主要通过对当地村民搬迁前后所从事职业和所处就业环境进行对比分析，并借助问卷和访谈资料对其做出相应的解释和说明，以便更好地理解这一转变过程。

---

① 赵予新、曹庆贤、刘霄坤：《传统农区粮食生产方式转变的制约因素及对策分析——以河南为例》，《粮食科技与经济》2011年第11期，第14—15页。
② 孙君龙：《经济欠发达地区农民集中居住对非农就业的影响研究——以东海县为例》，《安徽农业科学》2013年第23期，第9820—9821页。
③ 金炳华：《哲学大辞典·上》，上海辞书出版社，2001。

2. 生产方式前后变化分析

（1）搬迁前的主要生产方式

从问卷调查情况来看，搬迁前与搬迁后居民的生产方式的确存在不小差异。在此通过一些具体数据对农民搬迁前的基本情况进行一定说明。此次收集到的问卷总数为76份，在搬迁前所从事的工作这一变量中，有效问卷的数量为69份。其中，在有效调查样本中，选择务农的有27人，占39.1%；选择务工的有28人，占40.6%；而从事个体经营的有11人，占15.9%。除了以上三种工作类型以外，从事其他工作的有3人，占4.3%。从这一组数据中，可以看出当地农民的生产方式基本可以分为外出务工和在家务农两大类，而且两者的比重差异很小，外出务工人员的比例只比在家务农人员多出了1.5个百分点。

（2）搬迁后的主要生产方式

为了比较搬迁前后当地农民在生产方式方面的差异，在设计问卷时，分别设定了搬迁前的主要工作和搬迁后的主要工作这两个指标。收集到的数据以及统计结果显示，搬迁后，在收集到的76份问卷中，有35人现在从事的是农业生产，占总调查人数的52.2%；务工人员有22人，占总调查人数的32.8%；从事个体经营的有4人，占总调查人数的6%，从事其他职业的有15人，占总调查人数的19.7%。由此看出，搬迁之后从事农业生产的人数比搬迁之前有所上升。而且在调查过程中发现，由于村民原有的耕地多被征用，这些新增加的农业人口并非从事传统农业活动，而是发展了一些其他的农业形式。由于新社区交通的改善和信息的流畅，与外界的联系和交往也逐渐频繁，村民的思想也发生改变，不少人开始重新看待农业生产。在之前为数不多的种植香菇和贩卖野菜的几个农户之上，又增加了一部分从事香菇种植以及其他农业类型的村民。而且当地村民表示，由于现在交通条件的便利以及农业技术的改善，自己更愿意留在农村安心地进行一些新型的农业生产活动。这样一来，自己就不用远走他乡，依靠常年在外打工来维持生计了。

3. 生活方式发生转变的原因

很多学者认为，中国高度紧张的人地关系以及快速的城市化和工业化，使集中居住将成为集约土地利用的一种必然途径。工业化的发展需要土地供给，但就目前的土地资源来说，它的总数是一定的，在耕地占补平衡的原则下，要求对耕地面积的占用必须有同等数量土地面积的增加。因此，就存在这样的一种逻辑，要发展工业，首先要解决所需建设用地；而要增加建设用地，就必须增加耕地面积。理论上增加耕地面积的主要做法有两种，一是土地整治，一是集中居住。作为土地集中的一种重要手段和形式，集中居住被各地政府纷纷纳入工作进程。然而，尽管不少研究表明，工业化已经成为目前集中居住的主要动力，但工业化并不是集中居住趋势不断推进的唯一动力和原因，这一点基本是显而易见的。根据目前的形势来看，农村公共设施供给效率和公共建设项目的推进等因素也在逐渐成为集中居住的诱发因素和推动力量，并且其作用程度正在逐渐加强。[1]除此之外，随着社会主义新农村建设的提出，地方政府实施集中居住的动力机制也发生了一些变化。从以上集中居住的发生机制来看，集中居住的成因和诱发因素是多种多样的，而且随着农村环境的变化，这些影响因素也会更加复杂多变。所以在进行具体策略研究之前，必须对这一现象的具体成因以及形成条件进行深入的剖析和认识，以制定出与之相应的策略和解决方案。

随着人们居住方式的变化，生存环境和主要生活来源也随之改变。以前赖以生存的环境和条件被打破，新的环境和条件开始形成，并且不断发挥作用。如果从社会变迁的角度来分析这一问题的话，对应到具体的集中居住模式上，可以看出，随着居住地以及社区环境的变化，社区的地域、人口以及社区居民之间的关系等都发生了很大的改变。为了适应这样的变化，当地农民的生产方式必然会随之改变。而除此之外，在这一搬迁过程中，因社区环境的变化而导致的生产方式（以就业形式为代表）的变化，也反映出这一过程中农村劳动力的流动现象，可以看作一种局部的社会流动现象。尽管从本次调研的具体数据来看，这种变化并不是非常明显，但从当地居民就业形式的前后对比中也能看出其中的一些变化。

在搬迁前，不少村民住在较为偏远的山区地带，那里生存条件较差，并且交通不便，与外界的交流和沟通也很少。由于恶劣的环境因素以及信

---

[1] 阮荣平：《农村集中居住：发生机制、发展阶段及拆迁补偿——基于新桥镇的案例研究》，《中国人口·资源与环境》2012年第2期，第112—113页。

息和资源的稀缺，多数村民在谋生手段上选择比较单一。由于村民大多面临着土地资源紧缺，以及来自生活的巨大压力，所以当地很多青壮年都选择了外出打工。而留守在农村的，一般都是需要照顾老人、小孩的妇女和上了年纪的老人。这些留守的老人和妇女一般无其他形式的经济收入和来源，多是依靠自家的两三亩土地营生，通常只能获得一些生活所需的最基本的生活资料，日子往往过得异常拮据和艰难。

搬迁后，由于生存环境以及居住方式方面的重大转变，很多与村民息息相关的客观条件和因素也随之改变。而这些改变不只是表现在村民居住条件的改善上，他们的生产和生活方式也发生了一定的变化。村民在享有新的居住环境的同时，也必须面对来自生活的新挑战，例如，在原有土地被征用的情况下，采取何种手段谋生、如何实现自身的就业问题等。正如调查所发现的那样，不少村民已经不再简单从事传统农业生产，或是单纯外出打工，他们的就业形式日渐趋于多样化。而村民对于自然因素以及环境的利用也越来越充分，表现之一就是当地旅游业的大力推进和发展。调查发现，当地的特色酒店、饭店、各式各样的农家乐以及专门供旅客游玩的二郎山、水上公园等景区，不仅吸引了大量的游客前来观赏，也在一定程度上改善了当地人的生活。

（三）农户居住方式适应现状分析

张庄中心社区的建设使张庄村由原来的省级贫困村，变成了一个青山绿水环绕的新型农村社区。现在张庄中心社区里的两层民居灰瓦白墙、样式统一、自成风格，道路规划整齐，社区中还配备了公厕、垃圾中转站、综合服务楼以及供水供电系统，有卫生服务站、健身活动房及邮政所等，生活条件便利。

1. 张庄中心社区的特殊性

集中居住是在我国土地集约利用，推进社会主义新农村建设的背景下开展的，进行村庄整治、推动农民集中居住的最初动力来自对土地资源的合理利用。随着工业化、城市化的快速发展，传统农村出现了"空心化"现象，由于缺乏规划，农村地区村镇布局散乱，宅基地占地过多、无序使用等土地浪费现象严重，开展土地综合整治、推动农民集中居住具有一定的必要性。在中国高度紧张的人地关系，以及快速的城市化和工业化背景下,集中居住也成了集约利用土地、保障粮食安全的有效途径。[①] 张庄中心社区是钢市率先启动的 17 个中心社区之一,政府致力于将该社区建成集生活居住、休闲娱乐、观光度假于一体的旅游服务型社区。张庄中心社区建设占用的是村子里的平地和耕地,除了要改善山上村民的生活条件、解决村民的生活问题之外,张庄中心社区还肩负了发展农村旅游的责任,在建设中并不是以集约利用土地、保障粮食安全为目的。与一般的集中居住不同的是,张庄中心社区的民居都是独立的两层院落,村民的住房环境相较于村民集中居住于高层的形式变化不大,很多集中居住社区中出现的问题在张庄中心社区表现并不明显,但张庄中心社区也面临着就业、养老等普遍性问题。

2. 居住方式的变化

(1) 住房以及居住环境的改变

实地调查发现,大部分村民在搬迁前的住房很宽敞,搬迁前有 85.1% 的村民居住的是村庄的庭院式平房。在走访的老村中发现,村民的住房一般都有宽敞的院子,每家每户都会在家门口堆放柴火、在院子里种蔬菜,基本的生活资料可以自给自足。由于大部分农户家住的是老房子,村民不合理堆放的东西较多,虽然房子大但偶尔也会有拥挤的感觉。搬迁后的新房子规划合理,大部分村民刚搬迁不久,没有多余的杂物,反而觉得新住房宽敞。住房的变化改变了村民的很多生活方式,最为突出的变化体现在村民是否会在房子周围种菜上。

有 47.1% 的村民在搬迁到社区后依然会在房子附近种植一些粮食作物或者蔬菜,20.3% 的村民会在社区绿化带内种植。由此可见,搬到新社区之后村民在房子周围或者社区内种植粮食作物或蔬菜瓜果的比重大大下降。张庄中心社区要发展农村休闲旅游,就需要社区服务中心统一管理社区环境,保证社区内的环境卫生,同时禁止村民在公共用地种植粮食或蔬菜。社区中的道路基本上实现了全面硬化,没有空闲的土地供农民种植,而社区居民院子狭窄,不适合种植。村民们反映,在老村的时候家家户户都有一块菜园,家里的蔬菜基本上可以自给自足,而且农闲的时候,村民都喜欢去打理菜园。现在搬到新社区之后,没有了菜园,家里的蔬菜要购买,加重了村民

---

① 李越:《农民集中居住研究综述》,《农业经济》2014 年第 1 期,第 105—107 页。

的日常开销,老年人也没了可以消磨时间的地方。在新社区不仅没有了菜园,也没有了在老村中随处可见的柴火堆。搬到新社区之后,村民都改用电磁炉等电器做饭,之前上山捡柴火、存柴火的习惯,在新社区不复存在。搬迁改变了村民的居住方式,也改变了村民烧柴火、种菜的生活习惯,没有了菜园子和柴火堆的新社区虽然干净整洁,但不像老村那样充满生机。

(2) 生活与社会心理的改变

村民居住方式最为直观的改变就是住房的差别。曾经住在大山里、下雨之后连路都没得走的村民,搬迁之后住进了两层楼房,生活条件发生了巨大变化,社区环境也发生了相应的变化。

实地调查发现,在农村居民的传统观念中,子女成年后,父母还会选择跟儿子一起居住,张庄中心社区也不例外。然而在搬迁后的新社区中,一直都居住在一起的农户占38.2%,居住方式发生变化的比重为35.5%。由此可见,在搬迁过程中村民的家庭结构在逐渐改变。中国是一个"家本位"的社会,家庭在个人成长和个人选择中起到了重要作用,作为一个能动性的主体,在受到社会影响时,家庭不只是被动性地接受,同样会以自己原有的特点对社会做出反应。因此,家庭的性质又必然会影响社会的变迁。[1] 随着工业化的发展,大量农村劳动力向城镇转移,使农村出现留守老人。在中国,尤其是农村地区,养儿防老的思想很重。例如,张庄村大部分的村民都会选择年老以后与儿子居住,坚持传统的观念。但是,在新社区建成后很多老人却没有选择跟儿子一起搬走,而是留在了老村中。传统的农村住宅有庭院和堂屋,庭院是一个半封闭半开放的空间,利于老人的活动和交流;堂屋空间具有非私密性和功能多样性,是老人串门、拉家常的好场所。[2] 新社区为独门独户的院落,没有了庭院和堂屋这样可以自由交流和活动的场所,老人在新社区的生活受到了一定的限制。新社区环境整洁干净,与老村的差异较大,老人要适应新社区的生活,就需要改变很多以前的生活习惯,这些都会造成老人在新社区居住时心理不适应,所以老人宁愿选择留在老村中而不与子女一起生活。

---

[1] 刘升:《家庭结构视角下的"半工半耕"及其功能》,《北京社会科学》2015年第3期,第75—81页。

[2] 杜云素、钟涨宝、李偲:《集中居住背景下农村空巢老人居家养老模式探析》,《理论导刊》2013年第5期,第77—79页。

在被调查的居民中，有40.6%会感到居住环境的压抑，21.1%的居民会受到噪声的干扰。实地调查发现，张庄中心社区管理有序，依山傍水，整体来讲比较安静。每家每户都是独立的院落，封闭性和隐私性较好，相互之间很少受到干扰。而张庄中心社区搬迁涉及不同村庄的村民，新社区不同于老村落中的熟人社会，很多居民彼此间不熟悉，大部分时候居民住房的大门是紧闭的，邻里之间的互动较少。在整齐划一的新型农民住宅小区，这种空间聚落形态的巨变将彻底解构村落熟人社会延续的基础。[①] 陌生人社会并不能给人以完全的归属感和安全感，这样的陌生人社区对于习惯了老村熟人社会的村民而言相对较为压抑。

实地调查发现，村民通过搬迁生活水平有了很大的提高，不仅住房条件好了，而且家里从做饭到取暖全都换成了电器，很多村民都很自豪地说自己的生活不比城里人差。然而，调查显示只有32.9%的村民认为自己是城里人。村民的生活质量逐渐向城市靠近的同时，村民对自己市民身份却不认可。从广义的角度来看，农民市民化是指"在我国现代化建设过程中，借助于工业化和城市化的推动，使现有的传统农民在身份、地位、价值观、社会权利以及生产生活方式等各方面全面向城市市民转化，以实现城市文明的社会变迁过程"。[②] 村民的市民化有多方面的表现，并不仅仅体现在住房上。在调研中发现，张庄中心社区的村民除了住房条件得到了改善之外，自身素质、思想观念、行为方式及社会参与等方面都与农村社会紧密相连。张庄中心社区的村民对自己的农民身份认同度高，对土地也有着较强的依恋。有28.9%的人因为无地可种、无事可做而不适应新生活，有13.2%的人表示适应不了没有土地的生活，好像丢了生存的"根"。

3. 居住方式的改变对村民生活的影响

（1）生活成本增加，就业问题突出

村庄居民由山区搬到新社区所要面临的第一个问题便是生计问题。村民从搬到新家开始，生活成本便开始增加。以前居住在老村中，村民一般

[①] 李飞、钟涨宝：《农民集中居住背景下村落熟人社会的转型研究》，《中州学刊》2013年第5期，第74—78页。

[②] 文军：《农民市民化：从农民到市民的角色转型》，《华东师范大学学报》（哲学社会科学版）2004年第3期，第55—61页。

不会装修房子,家里的家具、电器相对较少,而搬到新社区后,基本每家每户都进行了装修,并且安装了空调。以前要烧柴火做饭,现在都改成了电磁炉。用村民们的话说,每天什么都不做,只要进门就要花钱。大部分村民的住房是在自己家的耕地上盖起来的,新房建成后,村民也就失去了土地。之前的蔬菜和粮食可以自给自足,但现在都要花钱购买,这又给村民的生活带来了更大的负担。

张庄中心社区致力于打造集生活居住、休闲娱乐、观光度假于一体的旅游服务型社区,社区内开设有多家农家乐。实地调研发现,这些旅游发展配套的服务项目并没有为村民带来更多的就业机会,张庄社区中心周围没有可以依托的企业,社区真正能为村民提供的就业岗位很少。为了搬进新房而失去土地的村民,现在只能通过外出打工养家。而张庄中心社区内的农家乐规模小,基本以民居为主,服务产业链不完善,服务质量不高,农家乐旅游缺乏创新性,没有自身特色。而开发的旅游资源没有独特性,采摘园、农家乐和洗浴中心等并没有异于其他农村生态旅游之外的亮点。同时,旅游配套服务设施跟不上,社区内部景点内容设置单一、匮乏,并不能延长游客的逗留时间。张庄中心社区目前处于发展阶段,社区较小,社区内的建筑有一部分仍在建设中,承载量小的旅游服务社区并不需要太多的农家乐等服务,因此社区中只有一部分家庭开办了农家乐,目前旅游业的发展并没有解决张庄中心社区大量剩余劳动力的就业问题。

农村剩余劳动力的转移一般依靠乡镇企业,而张庄中心社区并没有可以吸收大量劳动力的乡镇企业。张庄中心社区南靠螃背山,并靠近石漫滩水利风景区、二郎山景区、灯台架景区、祥龙谷景区以及九头崖景区,周边的旅游资源丰富,发展农村休闲旅游业有着优越的条件。发展农村旅游是张庄中心社区解决社区剩余劳动力问题的有效途径,休闲旅游产业不仅合理转移了农村剩余劳动力,还大大提高了农民的整体素质,从而实现了农村剩余劳动力"量"的突破与"质"的飞跃。[1] 但是,如何通过发展农村旅游业增加就业,需要政府因地制宜地制定发展政策,张庄中心社区通过发展旅游业来转移剩余劳动力的目标还要认真规划才能达到。

---

[1] 王叶兰:《农家乐休闲旅游业促进农村产业结构优化研究》,《农业经济》2014年第2期,第49—50期。

(2) 从关注生产到关注生活

张庄中心社区位于尹镇政府西 3 公里处，南依螃背山，四周被老村环绕。新老村落相距不到 1 公里，村落的风貌却截然不同。张庄中心社区规划整齐划一，灰瓦白墙的两层楼房整齐地坐落在社区中，村容整洁。而老村落依然保持着传统村落的形态，道路崎岖不平，房屋破旧，每家每户的院外都堆放着柴火，村民养的鸡和狗在村子里随处可见。生活环境的变化使村民逐渐向市民转化，从关注生产逐渐向关注生活转化。社区成立了 1 支 10 人的专门卫生保洁队伍，每天早晚定时清扫，制定卫生保洁制度，社区垃圾中转站和污水处理站也已经投入运行；社区内禁止居民随意种植蔬菜和粮食，这些措施保证了社区环境的整洁。村民在闲暇时会聚集在社区的广场上，利用社区健身器材锻炼。社区服务中心会开展一系列教育活动，开放社区书屋，建立居民家庭学习中心，开展读书活动，丰富居民的生活。此外，社区服务中心也成立了舞蹈队、锣鼓队和小剧团，推动社区文化建设。评选文明居民、文明住户以及好媳妇、好婆婆，倡导社区居民共创和谐社区。在新社区推行的新的生活习惯有助于帮助村民形成良好的生活和卫生习惯，解放村民思想。而随着思想的解放和土地的流失，村民的生活不再围绕着土地和生产，逐渐开始关注生活，社区居民的生活也逐渐从散漫无序变得更加有条理。

(3) 多代家庭减少，家庭养老功能弱化

张庄中心社区与其他中部农村一样，青壮年劳动力大量流失，家庭养老功能被弱化。同时，很多老人因为生活习惯等而不愿搬到新社区，导致代际居住空间上的分离，多代家庭减少。而张庄中心社区的老人观念陈旧，自身经济能力有限，还要依靠家庭养老。老人的养老问题也是张庄中心社区需要面对的问题，对于已经搬入社区的老人，要帮助其尽快适应社区生活，同时要发展农村社会化居家养老服务。在农村社区——居民具有高度认同感和归属感的熟人社会，人和人之间在长期的面对面互动中形成了一种无法替代的亲密关系，尤其是农村老年人，生于斯、长于斯，他们更加重视邻里关系，经常在相互帮助、交流中获得生活上的支持和精神上的满足。[①] 同时，

---

① 陈芳、方长春：《家庭养老功能的弱化与出路：欠发达地区农村养老模式研究》，《人口与发展》2014 年第 1 期，第 99—106 页。

解决需要家庭照顾却因生活习惯而不愿搬迁的老人的适应问题,要将新社区这样一个陌生人社会打造为方便老人生活的"类熟人社会"。

在新社区建设符合老人交往习惯的公共空间,如开设康复健身室、图书阅览室及社区娱乐室等;根据村民的需求因地制宜地设置相应的居民活动空间,为其社会交往提供平台。整合来自不同村落农民的社区记忆,保护传统村落文化中有助于凝聚人心、促进交往的文化风俗活动。[①] 通过社区建设,老人会逐渐适应社区生活,并在社区中获得信赖感和安全感,从而解决家庭养老困境。

4. 农户居住方式适应性现状的总结

张庄中心社区居民居住方式的改变,最直接的体现是住房的改变,由传统的庭院式平房变为了两层楼房。一方面,住房的改变引发了村民生活的一系列变化,新的社区由不同行政村的村民组成,由之前的熟人社会变为了陌生人社会,使习惯在熟人社会生活的村民不得不重新适应新生活。由于适应问题,一部分老人不愿与家人一起搬到新社区,从而使家庭养老模式受到影响,家庭的养老功能减弱。但是农村老人的经济和身体状况导致老人只能依靠家庭养老,社区要解决老人的家庭养老问题,要努力将陌生人社区打造为类熟人社区,使老人在社区中得到归属感和安全感。

另一方面,居住方式的变化使村民生活成本增加,失去土地的村民面临着如何就业的问题。除了像中国其他农村,青壮年劳动力外出打工之外,张庄中心社区还利用区位优势,开发社区的旅游资源,发展农村休闲旅游业。但是,目前张庄中心社区旅游业仍在开发阶段,服务质量差、配套资源不健全等问题较多,旅游业存在着明显的淡旺季。就张庄中心社区而言,其并没有独特的旅游资源,通过旅游业来解决社区剩余劳动力的办法目前成效不大。社区需要通过其他办法来增加居民收入,解决居民就业问题。张庄中心社区远离城市,社区内的居民为周边山区的村民,在社区居民身份认同上并不存在太多的异议,大部分居民不认为自己是市民。张庄中心社区的大部分居民并没有稳定的非农经济来源与基本的生活保障,在物质基础上并没有斩断与传统农业、农村的直接联系,因此也不存在农

---

① 徐琴、刘国鑫:《居住安置的空间区位差异与弱势群体的社会适应——对江苏 A 市两个失地农民安置区的定量研究》,《江海学刊》2009 年第 6 期,第 122—128 页。

民市民化问题。

(四) 农户社会交往现状分析

已有文献对集中居住社区居民的社会交往研究认为，农户在集中居住之后，相互之间的交流与互动频率会相应地变少。但是通过对河南张庄中心社区的调查表明，并不是所有的集中居住社区的农户社会交往情况都具有一致性。相反，各个地方的集中居住社区的农户社会交往存在着显著的差异和独特性。对河南张庄中心社区来说，其社区内农户的社会交往现状主要表现在以下这些方面。

1. 集中居住农户邻里交流依旧频繁

从表4-11可见，在对社区内农户的调查中，有75%的人认为与邻居的关系很好，15.8%的人觉得与邻居亲如家人，而只有6.6%和1.3%的人觉得与邻居的关系一般和不好。此外，有52.6%的农户认为与邻居的交流比较多，而有18.4%的农户认为自己与邻居交流的次数非常多，也就是说，有71%的农户认为其与邻居交流比较频繁，只有26.3%的认为与邻居交流次数一般，2.6%的农户认为与邻居的交流很少。由此可见，在新社区中，农户之间的交流还是较为频繁的，交流频繁也就意味着农户之间互动的机会较多，而农户之间互动频繁就使其相互联系紧密。

表4-11 与邻居相处与交流情况

与邻居相处情况	频数	百分比（%）	与邻居交流的次数	频数	百分比（%）
亲如家人	12	15.8	非常多	14	18.4
关系很好	57	75.0	比较多	40	52.6
交情一般	5	6.6	一般	20	26.3
关系不好	1	1.3	很少	2	2.6
缺失	1	1.3	缺失	0	0
合计	76	100.0	合计	76	100.0

典型案例4-2表明，占绝大部分的农民虽然从老村迁入了新社区，但是依旧保持着代表乡土社会气质的互帮互助的品格。

典型案例4-2：石某，男，45岁。家中有6口人，可谓是典型的

"上有老，下有小"的核心家庭。家庭成员分别是其72岁的父亲、68岁的母亲、38岁的妻子以及13岁的儿子和2岁的女儿。儿子平时在镇上上中学，只有周末才回家，由于石某与其妻子常年在外打工，因此家中其实就只有两位老人留守。

石某与妻子常年在江苏等地打工，一年挣下来的钱却比较少。石某的母亲说道："虽然儿子、儿媳在外打拼，但是基本上钱就是挣了就花完了。"石某家是从社区南面的村庄中搬迁过来的，新房是花了11万元左右自己买建材修建的，其为了建房欠了许多债，直到2014年才还完。由于石某的父亲患病，石某与其妻子2014年7月才从外地回家，回到家平时也没什么活干，其1亩多地被征用之后，也就没进行耕作了，所以其平时基本上就是闲在家中。

石某认为搬到新社区之后邻里之间的相互交流并没有发生显著的变化，其说道："现在也常和邻居相互串门，但是大多数年轻人都出去打工了，而且各个人都忙着赚钱，相互之间的交流反而少了。"石某的父亲与母亲平时在家一般都会在村中串串门，或者在广场上坐坐。其父亲除了平时在家或去邻居家里串门外，有时会约上相熟的七八个老人拉弦子、唱唱豫剧，相互之间的交流较好。其母亲则说："其他老人有时还会打打牌，但是我不会，所以平时也不会参加，但有时会到社区好朋友的家里串串门。"

石某的母亲认为新社区不仅环境比较好，相互之间的交流也不错。由于老村中以前都是石姓的邻居，搬到新社区之后基本上还是住在一起，所以互相之间还是比较熟悉。虽然新社区的人员构成比较多元，有来自周围各村的常住居民，也有来自在郑州工作但自己买地盖房准备退休养老的不常住居民，但与其他村的村民也是慢慢交流之后熟悉起来的。总体上来看，居民之间的相互交流并没有发生显著的改变。

从表4-12中可以看出，当家中有红白喜事时，93.3%的人会邀请邻居帮忙或参加，而只有6.7%的人不会这样做；当邻居家中有红白喜事时，有97.3%的农户表示会主动去帮忙或参加，而只有2.7%的人表示不会这样做。这说明虽然农民搬进城市社区，但邻里之间保持着团结合作的关系，依然互相扶持。

表4-12 有红白喜事是否互相帮忙

家中有红白喜事，是否邀请邻居帮忙或参加				邻居家中有红白喜事，是否会主动帮忙会参加			
	频数	百分比（%）	有效百分比（%）		频数	百分比（%）	有效百分比（%）
会	70	92.1	93.3	会	72	94.7	97.3
不会	5	6.6	6.7	不会	2	2.6	2.7
缺失	1	1.3		缺失	2	2.6	
合计	76	100.0	100.0	合计	76	100.0	100.0

2. 集中居住农户社会交往对象扩展

从表4-13中可以看出，去除5个缺失值，农户在搬入新社区之后，有83.1%的人结识了新朋友，只有16.9%的人没有结识新朋友。这说明大部分集中居住农户都拓展了自己的交际圈及朋友圈，搬到新社区后，自己的交往对象得到拓展。

表4-13 在新社区是否结识了新朋友

结识新朋友	频数	百分比（%）	有效百分比（%）
是	59	77.6	83.1
否	12	15.8	16.9
缺失	5	6.6	
合计	76	100.0	100.0

结合表4-14，去除7个缺失值，75.4%的人是通过经常见面，慢慢熟悉而结识的新朋友。从以上数据可以得到的信息是，农民在搬入新社区之后，社会交往对象增多，从而使其社会交往的范围有了一定的拓展。但是由于社会交往对象增多和社会交往范围拓展而产生的关系多限于地缘关系，而没有产生其他关系诸如业缘关系等，农户在搬入新社区之后，所结识的新朋友多是从其他村庄搬入新社区的农户。根本原因还是农户职业的单一性以及地方经济产业结构的单一。地方经济产业结构的单一所导致的是农民大多只能选择务农、附近打短工或外出务工，而没有更多元的交往上的选择。

表 4-14 如何与新朋友结识

结识方式	频数	百分比（%）	有效百分比（%）
经常见面，慢慢熟悉	52	68.4	75.4
其中一个人主动交流	14	18.4	20.3
偶然机会认识	1	1.3	1.4
在同一个地方工作	1	1.3	1.4
其他	1	1.3	1.4
缺失	7	9.2	
合计	76	100.0	100.0

3. 农户社会交往活动与方式分析

（1）搬入新区之后农户外出交往趋向上升

如表 4-15 所示，未搬迁的老村村民中，有 35.8% 的农户在闲暇时间会选择整理家务；32.5% 的农户选择看电视；14.2% 的农户选择在家休息；7.5% 的农户会约朋友一起打扑克或打麻将；8.3% 的农户选择串门，与邻居聊家常；而仅有 1.7% 的农户会选择出去逛街购物。综合起来可以发现，有 82.5% 的农户闲暇时选择在家活动，而只有 17.5% 的农户选择外出活动。

表 4-15 未搬迁老村村民日常交往方式

交往方式	频数	百分比（%）
整理家务	43	35.8
看电视	39	32.5
在家休息	17	14.2
出去打扑克或打麻将	9	7.5
逛街购物	2	1.7
串门	10	8.3
合计	120	100.0

在表 4-16 中，通过对已经搬入社区的农户的日常交往活动进行对比，可以发现，在搬入新社区之前，分别有 35.5%、15.8% 和 15.8% 的农户选择整理家务、看电视和在家休息，而只有 9.2%、9.2% 和 6.6% 的农户选择外

出打扑克或打麻将、串门和其他活动。也就是说，在搬迁之前，有67.1%的农户选择在家活动，而有25.0%的农户选择外出活动。而在搬入新社区之后，有14.5%、13.2%和23.7%的农户分别选择整理家务、看电视或在家休息，而有19.7%、2.6%、14.5%和6.6%的农户分别选择外出打扑克或打麻将、逛街购物、串门或进行其他活动。再将其综合对比，则可发现，有51.4%的农户选择在家活动，而有43.4%的农户选择外出进行社会交往活动。

表4-16 新社区居民搬迁前后日常交往活动对比

未搬迁之前闲暇时的活动	频数	百分比（%）	现在闲暇时的活动	频数	百分比（%）
整理家务	27	35.5	整理家务	11	14.5
看电视	12	15.8	看电视	10	13.2
在家休息	12	15.8	在家休息	18	23.7
出去打扑克或者打麻将	7	9.2	出去打扑克或者打麻将	15	19.7
串门	7	9.2	逛街购物	2	2.6
其他	5	6.6	串门	11	14.5
缺失	6	7.9	其他	5	6.6
			缺失	4	5.3

结合表4-15和表4-16，可以发现在未搬迁的老村村民中，82.5%的农户闲暇时选择在家，而只有17.5%的农户选择外出活动；而在已经搬迁的农户之中，在搬迁之前，也有67.1%的农户选择在家活动，而只有25.0%的农户选择外出活动。从中可见，农户在未搬迁时，绝大部分选择在家活动，而只有较少部分的农户选择外出活动。与此相反，搬迁之后，在平时闲暇之时，在家活动的农户比重有所下降，只有51.4%，而选择外出活动的农户比重则有了较大的上升，为43.4%。

（2）老人与孩子的社会交往活动

调查中发现，50.0%的农户家中有60岁以上的老人，57.9%的农户家中有18岁以下的孩子；而只有43.4%的农户家中没有60岁以上的老人，34.2%的农户家中没有18岁以下的孩子（见表4-17）。由此可见，社区中超过半数的农户家中都有老人和孩子。因此，分析老人与孩子的社会交往活动对于理解社区居民的整体社会交往情况也是极为必要的。

表4-17 家中是否有老人与孩子

家里是否有60岁以上的老人			家里是否有18岁以下的孩子		
	频数	百分比（%）		频数	百分比（%）
是	38	50.0	是	44	57.9
否	33	43.4	否	26	34.2
缺失	5	6.6	缺失	6	7.9
合计	76	100.0	合计	76	100.0

从表4-18中可以发现，除去29个缺失值，有29.8%的老人平时在家看电视，而有44.7%的老人选择在小区内找其他人聊天，有17.0%的老人选择找人打扑克或下棋，有2.1%的老人选择去练习广场舞，而有6.4%的老人表示平时闲不住，还在继续工作。可见，在老人的日常交往活动之中，老人更趋向于外出活动、与人交流，累计有63.8%的老人选择外出活动，其中44.7%的老人选择在小区找人聊天，这也表明老人的社会交往对象在增多，只有在社会交往对象增多的前提下，老人才乐于外出与人交流互动。

表4-18 老人平时主要活动

活动	频数	百分比（%）	有效百分比（%）
在家看电视	14	18.4	29.8
在小区内找其他人聊天	21	27.6	44.7
与人打扑克、下棋	8	10.5	17.0
去练习广场舞	1	1.3	2.1
闲不住，依然在工作	3	3.9	6.4
缺失	29	38.2	
合计	76	100.0	100.0

而在表4-19中，除去21个缺失值，可以发现有45.5%的孩子平时的玩伴是以前村里的孩子，而有9.1%的孩子玩伴是单元楼内认识的朋友，有36.4%的孩子玩伴是小区内的其他孩子。孩子的交流对象在一定程度上

反映着社区内成人的社会交往范围,特别是对于年龄较小的孩子来说,一般都是由家中的老人或父母来看护,老人与父母在一定程度上代替其选择与谁交流互动。因此,从对孩子玩伴的分析中,也可以看出社区居民的社会交往范围的扩大。在搬入新社区后,孩子的玩伴选择范围已有所扩展,并不局限于同村孩子。

表4-19 孩子平时的玩伴

玩伴	频数	百分比(%)	有效百分比(%)
以前村里的孩子	25	32.9	45.5
单元楼内认识的朋友	5	6.6	9.1
小区内的其他孩子	20	26.3	36.4
孩子年龄太小,交流很少	3	3.9	5.5
基本不与其他孩子接触,自己在家上网、看电视	2	2.6	3.6
缺失	21	27.6	
合计	76	100.0	100.0

(3)处理冲突的方式选择

经过分析发现,遇到冲突时,老村村民中有98.3%的人不会选择用暴力手段解决,而新社区中有94.7%的人不会选择用暴力手段解决冲突;只有5%的老村村民和6.6%的新社区居民选择通过诉讼的方式来解决冲突;有9.2%的老村村民和14.5%的新社区居民选择用其他方式来解决冲突;而有79.2%的老村村民和82.9%的新社区居民选择双方共同协商来解决冲突(见表4-20)。在这几种解决方式的选择上,两类农户并没有显著的差异。出现差异的解决方式是,有26.7%的老村村民选择找村委会帮忙,与此相对的,有43.4%的新社区农户选择这种方式;有73.3%的老村村民表示不会找村委会帮忙,而新社区中有52.6%的居民表示不会找居委会帮忙。由此可见,在冲突发生之时,与老村村民相比,新社区居民更愿意通过第三方即居委会的帮助来解决冲突。但是,值得一提的是,在调查中发现新社区居民大部分都表示生活中很少会遇到冲突。这表明新社区的社会关系比较融洽之外,也表明上述调查结果是居民心中所预想的冲突发生之时所可能采用的解决方式。

表4-20　老村村民与新社区居民遭遇冲突解决方式

		老村		新社区	
		频数	百分比（%）	频数	百分比（%）
用暴力手段解决	是	2	1.7	3	3.9
	否	118	98.3	72	94.7
双方协商	是	95	79.2	63	82.9
	否	25	20.8	12	15.8
找居委会帮忙	是	32	26.7	33	43.4
	否	88	73.3	40	52.6
用诉讼方式	是	6	5.0	5	6.6
	否	114	95.0	70	92.1
其他	是	11	9.2	11	14.5
	否	109	90.8	65	85.5

4. 社会交往现状的原因简析

如上文所提到的，河南张庄中心社区农户之间的交流并没有减少。相反的是，社区内农户邻里之间的交流依旧频繁，而且其交往意愿也较为强烈，交往对象增多，同时其交往范围有了一定的拓展。通过实地调查和对调查数据的分析，原因主要有以下几点。

（1）新社区距离老村较近

有研究显示，集中居住农民作为城市弱势群体的一类，其居住安置模式主要有原地安置和偏远化安置两种。原地安置区的失地农民与偏远化安置区的失地农民相比，征地拆迁之后的社会适应程度更高，前者在就业机会以及实际就业率方面较后者有明显的优势，对于自身目前的生活满意度相对较高，交往方式更接近于城市社区居民的交往，城市认同感也相对较高；而后者就业困难较为突出，生活满意度明显低下，社会交往受限制，心理上的城市认同感较差。[①] 对于张庄中心社区来说，这一影响也较为显著，组成张庄中心社区的几个村庄都分布在社区周围，两个地点之间相隔的距离较短，步行一段时间就可抵达。因此，这正解释了农户社会交往对象增多以及同邻里之间的交流频繁。因为新社区与原村庄相隔较近，新老

[①] 薛翠翠、冯广京、张冰松：《城镇化建设资金规模及土地财政改革——新型城镇化背景下土地财政代偿机制研究评述》，《中国土地科学》2013年第11期，第90—96页。

两个村庄的村民可以经常走动，新社区居民可以在较短时间内回老村同老村村民互动交流，同时在新社区中又可同社区内的新移民进行交流。

（2）农户住房结构变化不大

住房结构对于农户的社会交往有着重要的影响，阎云翔在《私人生活的变革》中就提到这一点。住房是农户的私人空间，住房结构的改变不仅对其家庭内部关系有着影响，同时对其如何进行社会交往也有着重要的影响。[①]

在张庄中心社区的建设过程中，并没有建造类似于单元房的高层楼房来安置农户，而是采用单家独院的家庭院落式的安置办法。这种楼房建造方式，不仅为农户提供了必要的家庭隐私空间，同时由于其结构同老村相比变化不大，农户也就可以很快地处理好家庭与社会空间的关系。在被调查的农户中只有6.1%的人表示对住宅空间不适应（见表4-21）。在此类家庭院落中，农户不仅有着区隔于外部社会环境的私人空间，可以很好地进行家庭内部和个人的私密活动，也不会有如高层住宅所出现的邻里之间房门紧闭，相互之间交流稀少的情况。

表4-21　农户不适应之处

不适应之处	频数	百分比（%）	有效百分比（%）
没有土地，好像丢掉生存根本	10	13.2	20.4
无地可种，无事可做	22	28.9	44.9
对楼房空间的不适应	3	3.9	6.1
其他	14	18.4	28.6
缺失	27	35.5	
合计	76	100.0	100.0

（3）新社区居民构成同质性强，公共交流空间增多

在对新社区的调查中，笔者发现有17.1%的农户表示社区内都是同村人，而有69.7%的农户表示社区内大部分是同村的，少部分是外村的，只有10.5%的农户表示少部分是同村的，大部分是外村的（见表4-22）。

[①] 阎云翔：《私人生活的变革：一个中国村庄里的爱情、家庭与亲密关系（1949-1999）》，上海书店出版社，2009。

从中可见，新社区居民构成较为单一，农户之间的交流比较方便，同时也反映出，农户在搬入新社区之后，已有大部分人对新社区有了一定的认同感，对社区的认同也可以有效促进农户的社会交往。此外，农户搬入新社区之后，公共交流空间显著增加。新社区基础设施齐全，不仅有广场，还有广告牌等其他设施，同时由于张庄中心社区将社区住房按排建造，排与排之间间隔较大，也可以成为临时的社会交往场所。公共空间的增加为农户提供了相互交往的平台，在这一平台中，农户可以进行各类社会交往活动，如下棋、打扑克、聊天和跳广场舞等。调查中发现，每天都会有人相约一起打扑克。同时，一位52岁的妇女还对笔者说："应该给我们河对面的这些人家也弄个广场，那样我们就可以像对面的那几户一样跳舞啦，你看我们现在没广场，连个跳舞、聊天的地方也没有。"这位妇女之所以这样说，是因为张庄中心社区被一条小河一分为二，其中一面有广场，而另一面则没有。从中也可以看出，公共活动空间对于农户社会交往所产生的影响。

表4-22 新社区居民构成

构成	频数	百分比（%）
都是同村人	13	17.1
大部分是同村的，少部分是外村的	53	69.7
少部分是同村的，大部分是外村的	8	10.5
缺失	2	2.6
合计	76	100.0

（五）社区管理现状分析

农村社区是新农村建设和新型城镇化推进过程中出现的一种新型的过渡式的村民自治组织，[①] 与原有的村民自治委员会相比，具有规模大、居住集中等特征，而这些特征也决定了当前的农村社区管理所面临的困难和挑战与以往是不同的，且有着鲜明的阶段性特征，问题较为突出。目前，政府主导型的农村社区发展模式占多数，这种模式导致社区人员行

---

① 齐燕：《河南省新型农村社区发展困境及对策研究》，《安徽农业大学学报》（社会科学版）2014年第3期，第25—29页。

政化现象严重，社区服务意识淡薄，只作为上级政府的政策执行者，往往背离新型农村社区的服务宗旨，使农村社区社会管理出现"张力化"现象。这一现象通常表现为组织机构精细化、组织功能片面化和组织人员行政化，造成社会管理创新停滞不前，导致公共权力异化和社会风险积聚等危害。[①]

而张庄中心社区目前在社区管理中存在的问题主要表现在公共基础设施不健全、社区治安差和环境卫生差三个方面。农村新型社区在快速发展的同时，由于安置时间紧、任务重，大部分小区是边拆迁、边规划、边建设和边安置，导致公共基础设施跟不上。[②] 再加上缺乏资金支持、入住率低等原因，大部分集中安置社区的配套设施不健全且管理不善。由于社区成立时间短且缺乏可借鉴经验，社区管理方面也存在很多问题。在调查的某些社区中发现，由于管理不到位，当地居民生活排污困难，社区环境进一步恶化，严重影响居民的生活质量，同时也打击了农民集中居住的积极性。

1. 社区居民参与性较低

社区参与是各个利益主体通过多元组织网络，识别与界定问题和需求，并采取相应集体行动的过程，以此为新型社区管理奠定基础。[③] 在集中居住社区中，很多人认为社区的事应该全部交给居委会管理，与己无关，不应该去管"闲事"。这种想法在集中居住社区居民中普遍存在，导致社区参与度低，社区管理缺乏基础，社区动员能力和凝聚力差，致使社区居民产生对集中居住社区的文化不适应和管理不适应。

2. 环境卫生管理较差

社区环境卫生管理是最基本的社区管理内容之一。社区环境卫生与农户日常生活的密切程度高，直接影响社区居民的健康状况和生活质量，是社区形象的表现。一个良好的卫生环境对社区农户进行正常的生产生活具

---

① 王洪彬：《新型农村社区社会管理创新"内卷化"及治理对策》，《中州学刊》2014年第2期，第71—75页。
② Goodman, R., Speers, M., Mcleroc, N., Kegler, M., Parker, E., Smith, R., Sterling, T., & Wallerstein. "Identifying and Defining the Dimensions of Community Capacity to Provide a Basis for Measurement," *Health Education and Behavior* 25 (1998): 258 - 278.
③ 叶继红：《农民集中居住与移民文化适应》，社会科学文献出版社，2008，第3页。

有积极作用,增强农户的适应性。在集中居住之前,农民的生活垃圾较少,且自行处理;而搬入社区后,距离市场较近,农户的购物量增加,生活垃圾自然增多,自行处理极不方便。这时,社区统一的垃圾处理就显得非常重要。在调查中发现,将近有3/10的社区居民认为存在垃圾处理问题,如垃圾未能及时清扫、垃圾成堆等。

3. 社区管理机构交叉管理涣散低效

一般而言,农民集中居住社区虽然实现了村庄的整合,但是在管理中仍然保留了原有村落管理的机构和体系,同一社区内的居民分属于不同的村委会和党委会,这种交叉和分散管理浪费了管理资源,降低了管理效率。[①] 一个强有力的管理组织对一个社区的发展会产生强大的推动力。在失地前,各村的村委会是村中的领导核心,管理村中的大小事务,具有较高的威信。在村委会向居委会过渡时,相应的职能也发生了转变。居委会对整个社区事务的管理影响失地农民对社区的认同感。

农民集中安置后,社区管理状况较差,社区内出现公共基础设施不健全、环境状况较差和治安管理差等问题,与农民集中居住前的社会管理和生活状况形成了较大反差,严重影响了居民的生活质量。马斯洛认为,当人的低层次需求被满足后,才会转而寻求实现更高层次的需求。如果农民的安全需求未被满足,寻求社交的主观意愿就不够强烈,社会适应性就会减弱,这在一定程度上打击了农民集中居住的积极性,阻碍了集中居住社区建设的进程。

二 张庄中心社区的发展模式与新型城镇化道路探索

(一)加强社区组织建设和社区管理体制创新

从"管治型社会管理"转向"服务型社会管理",成为我国社区治理的一个主导性的发展趋势。[②] 简单地说,这种社区服务制度首先要培养和提高社区居民既服务于自己,又服务于社区的意识和能力,[③] 即提高居民

[①] 杨敏、杨玉宏:《"服务-治理-管理"新型关系与社区治理探索》,《思想战线》2013年第3期,第1—7页。
[②] 费孝通:《费孝通全集》(第十七卷),内蒙古人民出版社,2009,第120页。
[③] 王蕾:《重庆城市公共设施的形态特征与人文价值研究》,《艺术与设计》2009年第2期,第97—99页。

的社区参与意识。社区参与是各个利益主体通过多元组织网络，识别与界定问题和需求，并采取相应集体行动的过程，以此为新型社区管理奠定基础。[①] 因此，在进行社区建设时，应该转变发展观念，不能依据传统农村社区建设的经验和管理方法对失地农民集中居住社区进行管理，应该摒弃传统的以政府或村委会为管理主体的观念，鼓励和倡导农民参与社区发展和管理，培养农民的自决能力和自我发展能力。张庄中心社区正是在社区建设方面走在了同类社区的前列，积极加强社区组织建设，创新社区管理体制，盘活社区资源，积极加强组织建设和管理体制创新，为推动社区发展注入了持续的原动力。

张庄中心社区是由原来张庄村的四个村民小组移民搬迁组成，在行政隶属上仍归张庄村管理，但是社区内建立了一套管理体系。张庄中心社区建成之后是一个副科级建制的新型农村社区，由镇政府武装部长兼任社区第一书记，张庄村支部书记和村委会主任分别兼任社区第二和第三书记。社区第一书记主要负责指导和督察社区建设、管理等事务，张庄中心社区的具体事务和整个行政村的行政事务实际上仍由原来的村委会进行管理，未搬迁的村民小组仍归张庄村委会管辖，形成了一套领导班子、两个管理体系的格局，既减少了管理人员，同时又有效加强了社区的组织领导和社区规划建设。新型城镇化建设要求着眼于农民利益，体系构建要涵盖农村和农民，变建设资源"向城里走"为"向农村流"，而新型农村社区则是城乡基础设施一体化和公共服务均等化的载体。因此，新型城镇化建设必须以农村社区建设为切入点，同时加强政策引领和社区规划。农村社区组织是社区建设的领导者，一个强有力的管理组织能对一个社区的发展产生强大的推动力。张庄中心社区积极加强组织管理和社区管理体制创新，促进了社区发展。

(二) 重视社区规划，完善公共基础设施

公共设施是一个良好社区环境的重要组成要素，特定的公共设施为社区居民融入公共空间搭建了桥梁。公共设施最基本的功能是增加社区生活

[①] Goodman, R., Speers, M., Mcleroc, N., Kegler, M., Parker, E., Smith, R., Sterling, T., & Wallerstein. "Identifying and Defining the Dimensions of Community Capacity to Provide a Basis for Measurement," *Health Education and Behavior* 25 (1998): 258-278.

的便利性、轻松性和舒适性。同时，公共设施还能以其整体性、科学性、功能性、艺术性及文化性的形象表现社区内在的亲和力，产生一定的文化气氛。[①] 因此，社区公共基础设施建设是社区建设中非常重要的一部分，是社区居民公共生活的基础和载体，良好的社区基础设施建设能够让集中居住的农户感受到居住环境的舒适感，减少社区居民的不适感。张庄中心社区在进行社区建设之初就坚守"美丽张庄"的原则，非常注重社区发展的科学规划和基础设施建设，在聘请清华大学设计院和天津大学设计院对社区建筑和景观进行规划时，就确立了发挥山村自然美的先天优势这一原则。坚持实事求是和因地制宜的原则，利用张庄的山、水优势，吸取徽派建筑和豫派建筑的精华，形成了新豫派的特色民居。张庄中心社区经过不断的探索和努力，已经在社区内部逐步建立起了超市、学校、标准化卫生室和自助银行等公共基础设施，为社区居民提供了更加便捷的社区生活和医疗服务。同时，社区内还建有文化广场、文化墙，定期组织社区居民开展文化活动，也会积极参加镇和市级组织的文化表演活动，同时成了外界感受中原文化的一个必去之地。2012年，"豫见历史"——两岸青年中原文化研习营社会实践分营来到张庄中心社区，感受城镇化农村建设的榜样力量。同时，张庄中心社区充分利用社区内完善的基础设施，发挥毗邻石漫滩水库和二郎山景区的地理优势，积极发展乡村特色旅游服务业，鼓励社区居民开办农家乐，社区现有农家乐36户，户年均收入在3万元左右，现在张庄中心社区已成为外地游客来钢市旅游的必去之处，并于2014年被农业部认定为年度"中国最美休闲乡村"。同时，社区积极为群众申请政府贴息贷款，利用房产证做抵押，帮助群众筹得项目启动资金，成立农家乐发展协会，定期进行农家乐发展规划和礼仪培训，并开展评比活动，促进农家乐的良性发展。为解决闲散劳动力的就业问题，张庄中心社区成立了家政服务公司，将社区闲散妇女劳动力集中起来统一管理，使其成为农家宾馆的储备人员，既解决了农家宾馆发展的员工问题，又解决了村中闲散劳动力的就业问题。

[①] 郭占锋、张红：《农村劳动力结构变迁对村落文化传承的影响》，《西北农林科技大学学报》（社会科学版）2013年第51期，第116—125页。

(三) 丰富社区居民文化生活,增强居民的认同感

社区文化是维系社区居民生活的纽带和桥梁,良好的社区文化能够增加社区居民对社区的认同感、安全感。农民集中居住之后,生活方式和居住方式有了较大变化,往往会对新社区产生一定程度的不适应感,但通过社区文化建设可以缓解农户对社区的不适感。张庄中心社区成立老年人协会和"妇女之家",有专人负责社区文化建设,定期举办文化活动,并组织社区中的文艺爱好者开展文化娱乐活动,如每天晚上的广场舞表演。张庄中心社区组建了一支锣鼓队,一直积极参加镇和市组织的锣鼓表演,曾代表尹镇参加全市的锣鼓表演,并多次获得奖项。村落文化是以自然经济为基础,以家庭、家族和自然村落为载体,以宗法、礼教为思想内核,且存在于亲情社会中的文化体系,它对乡村社会发挥着不可低估的调节和维护功能。[①] 因此,在新型农村建设中应该看到文化建设对社区发展的重要作用,不能仅仅看到社区基础设施建设和经济发展的重要性,更要注重利用村落的基础设施,组织开展社区文化建设。要利用社区的内部资源和外部资源,进行社区文化建设,增强社区居民对社区的文化认同感。树立社区居民文化自信心,为社区居民的精神世界提供意义说明,避免自我中心主义的泛滥和无公德个人的出现,避免农户因集中居住方式变化而产生文化与生活的不适应感,增强社区居民对社区的认同感。

(四) 激活土地价值,探索农村社区发展的优化路径

因地制宜,推进土地高效利用是张庄中心社区进行农民集中居住社区建设过程中取得的重要经验之一,主要通过实施土地增减政策和推行土地经营权流转等策略,盘活农村土地资源。政府及社会资金投入社区建设,农民进入社区之后,让出原来的宅基地。政府和社会资本收回土地,在填补耕地指标之后,用剩下的地块进行招商引资从而反哺社区。简单而言,就是指在农民向社区集中居住的同时,耕地向生产大户的集中也在顺势推进,从而在切断农民与老村的居住关系的同时,也一并切断了他们与土地的经济联系,在这一过程中,招商引资而来的项目往往也成了承载农民转型的一个平台。农民向社区集中的同时,土地也向经

[①] 朱晓晴:《社会管理背景下农村社区发展的困境及化解路径》,《农村经济》2013 年第 9 期,第 48—52 页。

营大户集中,出租土地的人在获得稳定的租金的同时,又成为新承包人的雇用者,这样既盘活了土地资源,又能实现双赢的发展局面,即经营大户获得了投资的经济效益,农民又获得了就地就业的机会。张庄中心社区采取土地增减挂钩的政策、土地经营权流转和置换宅基地的举措有值得借鉴和学习的地方,在探索新型农村社区发展的过程中积累的很多经验值得推广。

三 张庄中心社区发展蕴含的现实困境及其超越

农村社区发展及其政策是由多元社会主体共同参与而构成的政策网络。罗茨认为,政策网络因网络成员的约束性、其资格的稳定性、成员之间的相互关系与其他网络及他们所控制资源的集成程度不同而不同。在农村社区治理中,居委会及其他社会组织和村民是政策过程中的重要因素。[①] 张庄中心社区在推进农民集中居住社区建设的过程中取得了一定的成绩,同时也积累了丰富的新型农村社区建设和管理的经验。但是,在推进农民集中居住社区建设的进程中,由于急于求成和速度过快等原因,农村社区发展也存在一些潜在的现实困境。

(一) 张庄中心社区发展蕴含的现实困境

1. 社区建设面临资金困境

资金需求是许多地方政府推进新型城镇化建设面临的一个重大问题。改革开放以来,基于中国财政分税制改革的现实,许多地方政府在财政收入上已经形成了依靠土地财政的路径依赖,在推进地方新型城镇化建设上,大多数地方政府仍将目光和行动放到土地财政上,或依托于土地上的地方融资平台。[②] 社区建设资金缺乏是制约此类社区发展的重要问题之一。社区建设面临资金困境,主要表现在以下几个方面。一是资金来源较单一,社区建设资金缺口仍较大。政府是农村社区发展的主要推动力之一,自改革开放以来,政府改变了许多有关乡村社会经济发展的政策,各级政

[①] 王金荣:《中国农村社区新型管理模式研究》,博士学位论文,中国海洋大学,2012。
[②] 王金荣:《中国农村社区新型管理模式研究》,博士学位论文,中国海洋大学,2012。

府有力地推动了农村社区发展。[1] 尤其是进入 21 世纪以来，国家不断调整农村发展政策，进行新农村建设，不断加大对农村社区发展的资金投入和政策扶持，促进了农村社区的快速发展。但是，这种快速发展的背后隐藏着政府过度干预带来的依附发展问题，目前农村社区建设资金来源单一，主要取决于政府财政支持，对政府财政资金的依赖性过重，既加重了政府的财政负担，又难以在短期内实现农村社区的快速发展和可持续发展。[2] 在新型农村社区创建阶段，河南省新型农村社区建设资金来源仍显单一，以政策性投入为主，投融资平台建设不足，多元化资金筹措方式仍在摸索阶段，这直接导致社区建设资金缺口较大，制约了新型农村社区的建设。二是各地社区建设发展资金投入不平衡。受政策、资源、地理、人文等因素影响，河南省各县（市）、乡镇、村的经济发展水平差异较大，这直接导致各地区之间建设资金投入不平衡。三是涉农资金整合统筹难度大。四是社区后续发展资金来源不明确。当前，河南省正处于新型农村社区建设的全面启动阶段，并主要探索社区兴建资金从何而来。但随着社区建设的深入发展，后续发展资金如何保障就成为值得思考的重要问题。[3] 张庄中心社区的建设也面临资金来源单一、筹资难度大和资金来源不明确的问题，缺乏建设资金也是张庄中心社区面临的现实困境之一。

2. 村庄居民两极分化严重，影响农户生活满意度

调查发现，社区内部贫富分化严重，搬进社区居住的大多数居民为张庄村经济条件好的农户，大部分未搬进社区居住的农户主要受到经济条件的制约。因此，在推动新型农村社区建设的过程中，农民群体内部的贫富分化问题不可忽视。当前，在中国的农村，农民内部受经济状况影响出现的社会分层现象较为普遍，导致部分人拥有凌驾于他人之上的地位、权力和特权。同为张庄村的村民，部分农户可以搬入社区，享受着与城市一样的现代化生活，另一部分农户却只能住着土房，保持着原有的乡村生活方

---

[1] 杨善民：《中国农村社区发展探讨——对济南郊区冷水沟村的研究》，《文史哲》1996 年第 4 期，第 46—52 页。
[2] 邱俊杰、邱兆祥：《新型城镇化建设中的金融困境及其突破》，《理论探索》2013 年第 4 期，第 82—86 页。
[3] 王正中：《集中居住对欠发达地区农村社区发展的影响——基于对苏北 W 村社会变迁的个案研究》，《学海》2010 年第 5 期，第 107—113 页。

式。在搬入社区的农户中，部分农户经营农家乐、卖特色山野菜以及自办工厂等，具有优先发展权，年收入有10万多元，住洋房、开洋车，在这种经济条件下农户对集中居住的适应性和生活满意程度必然会高。相反对于另一部分农户来说，能进入新社区是奢侈之事，需要大量的资金投入，仅依靠政府的补贴远远不够，他们不得不贷款或借款，加上生活成本增加，单靠务农、务工或小本经营，仅能维持生计，因此他们对集中居住带来的各方面改变更加敏感，更加难以适应变化的生活。这种社区管理的"二元结构"势必会造成社区发展政策的分化与社区发展资源的分化，张庄中心社区目前已经出现了重视新社区、忽视老村的现象，优势资源过多地向新社区倾斜，老村发展处于无效率和停滞状态。

3. 农户面临就业和可持续生计发展困境

正如所有集中居住地都会遇到的问题一样，这种生产方式的转变，一方面，使当地村民摆脱了土地的束缚，从而获得了大量的自由劳动时间以及从事其他工作的机会；而另一方面，也使当地村民成为没有任何固定经济来源以及生活保障的失地农民。由于土地被大量征用，农民不再依附于土地，那么他们就必须寻求其他方法来维持生计。但由于各方面的原因，他们在具体的就业过程中往往会遇到各种阻碍，总结起来，可以分为以下四种情况。一是无其他劳动技能。这些农户长期从事农业生产，也未曾接受过专门的技能指导与培训，导致其理论和实践两方面的缺乏与不足。这些村民往往因行业所需的知识和技能不达标，无法较好地完成工作要求，很难找到适合自己的工作。二是年纪较大，劳动能力下降。由于农业收入较低，通常情况下，家里的青年人都去了外地打工，留守在家的基本是年纪较大的家庭成员。而年龄问题往往是企业以及用人单位非常注重的一个条件，因而这些村民在找工作时，经常因为自身年纪较大而被排除在外，不被用人单位考虑。三是文化素质偏低。由于各种历史及其他原因，当地居民的受教育年限整体较短。问卷调查显示，整个村庄村民的文化水平普遍较低，一半以上的村民都是小学文化程度，还有一小部分村民从未读过书，除此之外，也无其他形式的受教育经历。而文化水平偏低经常成为村民寻求工作的一道屏障。四是用人单位的偏见和歧视。在走访当地村民期间，不少村民反映，由于之前有过多次遭到无理由拒绝的经历，村民现在找工作的热情较之以前有所减少。在找工作过程中,很少有用人单位和企业给他们提供就业机会,村民还经常被贴上"没文化,没素质"的标签,而那种被用人单位直接拒之门外的现象,也是屡见不鲜的。

4. 社区居民有效参与不足

农民的参与和合作是社区发展的根本动力。欠发达农村社区缺乏有效的外源发展条件,农户生活水平较低,所以需要依靠集体的力量,需要社区成员的积极参与、互助与合作来改变不利的处境。欠发达农村社区发展的快慢,既取决于社会的宏观环境和政策,也取决于本地区农民的认同和参与程度。农村社区建设必须调动和激发农民的积极性。[1] 调查发现,张庄村也出现了农户参与不足的问题,社区居民参与不足是张庄中心社区存在的现实困境之一,农户参与村庄集体事务的态度不积极、对公共事务不关心也是制约村庄发展的主要因素之一。而张庄中心社区出现的"二元治理"结构则导致整个村居民参与社区建设的积极性减弱和参与率下降,削弱了社区管理的基础,社区动员能力和社区凝聚力下降,致使社区居民产生对新型农村社区的文化不适应和管理不适应。新型农村社区虽然实现了村庄的整合,但是在管理中形成了"二元结构",这种交叉和分散管理既浪费了管理资源,又降低了管理效率。[2] 亨廷顿指出:"农村民众开始介入国家政治是政治参与扩大的一个主要转折点。"帕特南进一步指出:"世界各国的经验表明,普通公民极具活力的群众性基层自治活动对于现代民主制度的绩效至关重要。"在农村社区发展领域中,农村居民参与农村社区发展的关键在于他们能自主参与社区事务的决策、实施、监督和评估,达到有效维护自身权益的目的。因此,在张庄中心社区的发展过程中应该主动加强社区组织建设,增强社区凝聚力,调动社区居民的参与积极性。

(二) 张庄中心社区发展困境的应对策略

1. 解决农户的可持续生计问题

加快新型农村社区建设,最根本的是要因地制宜地发展地方支柱产业,促进地方经济发展,提高农民收入,推动农户生计方式转变,使农户

---

[1] 黄锐、文军:《从传统村落到新型都市共同体:转型社区的形成及其基本特质》,《学习与实践》2012年第4期,第75—82页。
[2] 叶继红:《农民集中居住与移民文化适应》,社会科学文献出版社,2008,第3页。

经济和生计方式能获得可持续发展。① 而推动农户生计方式转变，解决农民后顾之忧，让农民享受与城市居民同等的社会待遇，已成为新农村建设的一项真正的惠民工程。② 可持续生计是新农村建设过程中农户必须面对和解决的一个重大问题，推动农户生计方式转变有助于农户快速积累生计资本，增强家庭生计的适应性，并实现收入来源的多样化。③ 而就业是农户维持生存，获得可持续生计的基础，解决农户就业问题和可持续生计又是保证农户经济适应性的重中之重。因此，应该采取多项措施解决农户的就业问题，推动农户生计方式的转变，这样方能解决农户的后顾之忧。要想"安民"，必先"富民"，可采取以下措施来解决农户的就业问题，增强农户的可持续发展能力。

一是对当地居民进行就业培训与指导。当地居民文化水平低下，没有相关就业技能是阻碍其从事其他非农行业的重要原因之一。为了提高当地居民的劳动技能以及文化水平，当地政府可以针对村民需要的基本技能和知识，以就业指导培训班的形式，辅导并提升村民的职业水平和相关就业技能，使其掌握一定的劳动技巧，更好地应对来自工作岗位的挑战以及具体工作方面的要求。二是投资建厂并给予一定的政策扶持。在调查和走访的过程中，不少村民反映，尽管村庄目前已经有不少饭店和农家乐等经营形式，但这些个体户在规模和具体效益方面还是较为有限，吸纳不了多少人就业。而且这些饭店也有淡旺季之分，淡季的时候，生意大多不景气，自身收入都不好，更不用说雇用工人了。由于村庄周边缺乏大型企业和工厂，村里的大量女性经常处于待业状态。不少村民提出，当地政府应该积极进行投资建厂，并给予当地一定的政策扶植，以解决当地人（尤其是女性）的就业问题。三是应该消除对农民工及其群体的偏见。政府应当积极引导用人单位以及相关企业改变对于农民工群体的看法，消除他们以往的偏见和歧视，为农民工群体创造一个公平对等的就业环境和机会，呼吁社

---

① 郭占锋、杨萍：《晏阳初乡村工作理念对当前农村社会工作的启示》，《社会工作》2012年第11期，第26—28页。
② 徐培平、刘庆、徐庆国：《集中居住对农民生活的影响——基于湖南长沙郊区农村的调查》，《湖南农业大学学报》（社会科学版）2010年第10期，第44—49页。
③ 李聪等：《移民搬迁对农户生计策略的影响——基于陕南安康地区的调查》，《中国农村观察》2013年第6期，第31—44页。

会形成对农民工的正确认识,并通过推行一些具体的措施和手段,鼓励用人单位吸收农民工就业,使他们在自己的工作岗位中发挥自身的优势和力量,改善他们的生活状况,实现自我价值。四是有效利用当地旅游资源,大力发展旅游业。张庄中心社区可结合社区自身的资源和优势,以"资产为本"为导向,注重挖掘社区自身的优势和资源,继续发展乡村旅游业,但是应该建立起真正属于张庄中心社区管理的旅游观光项目,摆脱外部力量的控制和约束,因地制宜地发展地方特色产业,就地解决农户的就业问题。由于张庄中心社区的地理位置特殊,其拥有丰富的旅游资源和多处优美的自然景观,但在实际调查中发现,当地旅游资源的开发和利用很不到位,很多后续的工作也没有跟上,造成了对旅游资源一定程度上的浪费。针对这种情况,在以后的社区发展和具体规划中,当地的旅游业发展应被当地政府真正纳入日常工作中,并且进行详细的考虑与部署,使其旅游资源得到最充分的挖掘和利用,并通过当地旅游业的不断发展,带动当地的经济发展,从而提高人们的生活质量和水平。同时注重开发社区内部农户的潜能与优势,发挥社区居民自身的社会支持系统的作用,动员社区居民积极参与社区建设,提高农户转变生计方式的能动性和自主性,促进农户生计的可持续发展。

2. 提升基层社区的自我发展能力

集中居住后社区居民对社区生活的适应性较差,经济状况和生活状况相对于集中居住之前都有所下降。集中居住前,农户可利用房前屋后的空地种植蔬菜,粮食也是自己种植;集中居住后,生活必需品,如蔬菜、粮食等都需要从市场上购买,同时交通费用也有所增加。集中居住后的生活成本相对提高,再加上城乡文化差异和生活方式差异,导致农民集中居住之后生活状况也相对较差。而且集中居住后农户失去了土地,进而导致农民出现失业现象。这种集中居住前后的落差和生活方式的变化,导致农户开始对社区产生不适应感。新型社区公共性的构建,社区认同感、安全感和凝聚力的重建,将成为实现社区转型的核心问题,而这将是一个十分漫长的过程。[①] 因此,在进行社区建设时,应该转变发展观念,不能依据传

---

① 杨敏、杨玉宏:《"服务-治理-管理"新型关系与社区治理探索》,《思想战线》2013年第3期,第1—7页。

统农村社区建设的经验和管理方法对失地农民集中居住社区进行管理，应该摒弃传统的以政府或村委会为管理主体的观念，鼓励和倡导农民参与社区发展和管理，培养农民的自决能力和自我发展能力，将以人为本的发展理念具体落实到农户集中居住的社区管理过程中，培养农户的自我发展能力，激发此类社区农户的创造活力，促进社区的自我发展能力建设，才能更好地破解农民集中居住过程中遇到的发展困境。

政府主导型的社区发展模式，自上而下进行，导致社区居民参与社区建设的积极性较低，社区发展缺乏自主性和主动性，外部依附性过强。而社区发展的主导性力量最终是掌握在村民手中的，并不是外在的"强制性参与"。因此，在当前的农村社区建设过程中应该注重开发和培养社区居民参与社区事务的自主性和自觉性，提高社区居民的自决能力，"授之以鱼"不如"授之以渔"，帮助他们进行自我发展能力建设，发挥社区的资产和优势，构建农户的社会支持系统，助其自助，而不仅仅是以局外人的身份帮助他们进行社区建设。

3. 改革社区管理体制和机制

当前，"村改居"、"城中村"、城市郊区出现的管理问题，是我国社区管理难以适应城区空间布局和城乡一体化发展对其管理转型的需求的表现。因此，如何在已有社区管理实践的基础上，转变社区管理体制和机制，已成为城镇化进程中的一项重要课题。[①] 农民集中居住已经积累了一定的经验，并取得了一定的成效，但也遇到了一些阻力和困难。农民集中居住是我国城市化、工业化和市场化并行发展过程中的潮流，也给转型时期的中国带来了机遇和挑战。通过调查能够觉察到，随着政府对农民集中居住关注力度的进一步加强和财政支持的进一步加大，农民集中居住社区中的配套设施正在逐步完善，农民也享受了更多的补助和福利。虽然硬件设施正逐步到位，但绝不能忽视软件设施建设。不仅要注重社区物的城市化，更应该注重人的城市化，把目光聚焦到农民集中居住后的生活适应性和对新型农村社区的管理上来。虽然农民集中安置社区相对于传统农村社区而言组织机制和管理模式都发生了明显的转变，呈现一定的城市化特

---

① 徐持平、刘庆、徐庆国：《集中居住对农民生活的影响——基于湖南长沙郊区农村的调查》，《湖南农业大学学报》（社会科学版）2010年第10期，第44—49页。

点，但是由农民集中居住形成的新型社区与传统城市居民社区在经济基础、人员构成及设施建设等诸多方面还存在较大的差异性，加上新型社区尚处于发育初期，各方面发展尚不健全，新型农村社区建设与管理存在很大的难度。切忌把用于城市社区的管理体系生搬硬套地用在新型农村社区的管理上，而要针对实际情况，对其进行管理体制改革，加强管理主体和管理制度创新，促进新型农村社区管理工作平稳过渡。由于新型农村处于从传统农村社区向城市社区过渡阶段，因而具有双重特征。在对其进行管理时，一方面，要吸取原村委会管理模式中的优点，保留有能力、有权威的管理人员；另一方面，也要引进城市居委会新的管理理念，实现社区居委会与城市社区居委会的衔接，力争早日突破传统管理体制的束缚，创造适合社区发展的新型管理体制。

4. 促进社区可持续发展

集中居住最初是为了解决城市化过程中出现的"空心村"现象，而由基层政府推行的自发实验，是一项意义重大的民生工程。但是后来，一些地方政府为了提高业绩或从中牟利，不顾当地是否具备集中居住的条件，违背农民的意愿而强制推行。在短期内，这确实能够带动当地经济的发展，但是过于追求经济发展速度，而忽视人的发展显然不符合我国可持续的发展战略，而且会引发很多矛盾和问题，而承担不良后果的却是无辜的农民。农民是否愿意集中居住，当地是否达到集中安置农民的条件都取决于当地经济发展的实际水平。目前，我国绝大多数农村经济发展落后，土地是农民唯一的收入来源，而且农村缺乏完善的社会保障机制。在这种情况下，落后地区是没有能力和条件进行农民集中安置的，切不能为了追求发展速度而强制安置农民集中居住。尤其是在边远贫困地区的农民集中安置点，经常出现排斥穷人的现象。即使在那些经济基础较好、已具备集中安置农民条件的地区，在进行安置工作时也要关注个别贫困户的搬迁情况，给予他们更多的支持而不能排斥穷人，要把边远贫困地区的农户也纳入集中安置的体系中去，真正做到"集中工作惠及每一户，社区发展涉及每一家"。总之，在安置农民集中居住和建设新型农村社区的过程中，我们一定要保持头脑清醒，放慢集中安置农民的脚步，切不能盲目跟风、操之过急；要把握各个地区经济发展的实际情况，并结合当前社会发展的背景环境，认真做出决策；要真正做到倾听农民声音，了解农民需求，保障农民利益。

5. 完善社会保障机制，解决农民的后顾之忧

农户集中居住后便失去了土地，原来自给自足的生产生活模式被打破，生活成本相对增加，而对于农民而言，失去土地几乎等于失去谋生的手段，丧失了最主要的收入来源，处于一种失业状态。在集中居住的过程中，要不断完善与之相适应、能够可持续发展的养老、医疗及失业等社会保障机制，解决农民的后顾之忧。让农民享受与城市居民同等的社会待遇，让变成市民的农民能够过上像城市人一样的生活，让集中居住成为新农村建设的一项真正的惠民工程。解决失地农民的"后顾之忧"，更需要政府、社区和农户三方的共同努力。对于政府和社区来说，在集中居住过程中应该不断为农民创造就业岗位，如社区内相关的工作和岗位，可以由农户来担任。同时政府和社区可以联合举办针对农户的就业培训，在努力提升农户就业能力的同时，要引导农户观念上的改变，引导其适应社区生活。政府要不断完善社会保障机制，让农民享受到与城市居民同样的社会待遇，包括医疗、就业及住房等方面完善的社会保障待遇，这样才能确保失地农民集中居住后不会有后顾之忧，才能促进社区和农户的可持续发展。对于农户而言，要转变思想观念，主动走出去谋生，勇于参与到就业竞争中。

第三节　高新技术产业区依附型农民集中居住及其文化适应性研究

——以河南省壁市旗县阳光社区为例

阳光社区成立于2011年，在2013年基本建设完毕。阳光社区主要由七里堡、吴寨、赵沟三个村庄组成，是全市第一个多村合并集中居住的新型农村社区。搬迁改变了农户的生活环境，同时也改变了农户的生活方式。从乡村到城市，农户不仅仅面临着生活习惯、居住环境的变化，还面临着失去土地、生活成本增加等问题。为了了解农户搬迁前后生活方式的变化，此次调查课题组采取问卷调查的方式收集了相关数据。

一　河南省鹤壁市旗县阳光社区农民集中居住的适应性分析

（一）农户家庭收支变化分析

1. 农户支出变化分析

在搬来阳光社区之前，农户都是按照人口数划分耕地面积的，所以农户自己种植的粮食可以保证自家的粮食需求，庄稼丰收的农户还能有余粮出售。因此，在搬迁进阳光社区之前，几乎所有农户的家庭食物主要来源均为自己种植或大部分自己种植。而搬进阳光社区后，农户的耕地由于被企业占用或被政府征收用于基础设施建设，很多农户失去了部分甚至全部耕地，农户不得不购买商品粮。如表4-23所示，搬迁前91.4%的农户的家庭粮食来源于自己种植，而搬迁后仅有39.0%的农户自己种植的粮食可以满足家庭粮食需求，因此大部分农户不得不购买粮食，这也加重了农户的经济负担。

表4-23　搬迁前农户家庭粮食来源

粮食来源	搬入前 频数	搬入前 百分比（%）	搬入后 频数	搬入后 百分比（%）
自己种植	171	91.4	73	39.0
市场购买	7	3.7	96	51.3
主要市场购买	2	1.1	10	5.3
主要自己种植	2	1.1	1	0.5
半种半买	2	1.1	4	2.1
缺失	3	1.6	3	1.6
合计	187	100.0	187	100.0

如表4-24所示，在搬迁前，月支出在1500元及以下的农户占受访农户的82.3%，而搬迁后每月支出在1500元及以下的农户仅占受访农户的43.3%，搬迁前月支出超过2000元的农户也由之前的19户激增到79户。虽然搬迁前后物价也不可避免发生一些变化，但是还是可以清晰地看到，搬迁后农户的生活成本有着较大幅度的增加。通过调查发现，搬迁后生活成本的增加主要有两个原因：一是耕地被征用，粮食需要购买，这是一笔很大的开支；二是农户不再拥有自己的菜园和牲口，家庭日常所需的蔬菜

和蛋肉均须购买，这意味着每日较之前都有更多的支出。

表4-24 农户搬迁前后家庭每月支出变化

家庭每月支出（元）	搬迁前 频数	搬迁前 百分比（%）	搬迁后 频数	搬迁后 百分比（%）
0~500	47	25.1	17	9.1
501~1000	52	27.8	26	13.9
1001~1500	55	29.4	38	20.3
1501~2000	12	6.4	25	13.4
2000以上	19	10.1	79	42.2
缺失	2	1.1	2	1.1
合计	187	100.0	187	100.0

2. 农户收入变化

集中居住在很大程度上使农户与土地分离，改革开放以来，我国农村也得到了较快发展，种地不再是农民唯一的生存方式，许多年轻人都选择了前往经济更为发达的地区发展。但对于年纪较大的进城务工农民而言，随着年龄的增大他们不得不返回农村，这个时候土地也就再次变成了他们生存的根基。如表4-25所示，搬迁后，仅有10.2%的农户的收入有所增加，48.1%的农户认为收入没有什么变化，40.6%的农户认为收入有所减少，其中29.9%的农户认为减少的数量不是很大。近年来，粮食的价格一直不高，而粮食种植的成本却越来越高，所以许多农户选择外出务工或者在家附近打零工而不是务农，因此，搬迁对他们收入的影响不大。对于少部分靠种地为生的农户而言，搬迁过程中部分农户的耕地被部分甚至全部占用，这部分人不再有靠种植粮食换来的粮食收入，他们的收入也就随之大幅度减少。此外，搬迁改变了农户的生活环境和生活方式，少部分农户在搬迁后的新环境中探索出了新的收入来源，比如开商店、饭店等，因此这部分人的收入有所增加。

表4-25 搬迁后农户收入变化

收入变化	频数	百分比（%）
高了很多	3	1.6

续表

收入变化	频数	百分比（%）
高了一些	16	8.6
没有变化	90	48.1
减少一些	56	29.9
减少很多	20	10.7
缺失	2	1.1
合计	187	100.0

3. 农户集中居住态度

集中居住在改善农户生活环境的同时，也带来了家庭支出增加、经济收入减少等问题，但农户对于集中居住总体上还是持认同态度。如表4-26所示，38%的农户认为集中居住很好很方便，49.7%的农户认为集中居住比较好，在较大程度上提高了生活质量，仅有1.1%的农户认为集中居住很不好。总的来说，农户对于集中居住的态度主要受两个因素影响：一是居住环境；二是日常生活的维持。毫无疑问，集中居住改善了农户的生活环境，但是"上楼"后的农户如何生存仍然是一个比较严峻的问题。许多农户认为，生活环境是变好了，但是农民没有退休金，劳动技能也较城市人口低一些，如何保证自己能够在新的环境中有稳定收入来源是目前他们最为关心的问题。搬迁后，年纪较大的农民只能待在家中，之前能够种口粮满足基本生活的耕地也没有了，养老面临巨大困难。农民集中居住后，生活方面最明显的特征是，收入情况变化不大，但家庭支出高于过去。农民社区生活满意程度与家庭情况相关，通常经济条件较好的家庭对社区满意度较高。

表4-26　农户集中居住态度

农户集中居住态度	频数	百分比（%）
很好很方便	71	38.0
比较好	93	49.7
不太好	21	11.2
很不好	2	1.1
合计	187	100.0

(二) 生产方式适应性分析

农民集中居住后，受居住地点、居住方式以及周围环境的变化，农民的生产方式也呈现不同程度的变化。然而，这种变化应该从两方面来看待。首先，农民的部分变化是随社会与时代的变迁，自发的、自然的变化。这种变化是不受村庄组织或地方政府而产生的变化所影响的，因此这种变化具有普遍性。其次，另一种变化则是在地方政府的影响下而产生的，这种带有"计划性"的变化是在集中居住的影响下发生的。后一种变化既有"情理之中"也有"意料之外"，因此对其变化现状与原因进行分析，以借鉴其有益经验，避免不利影响。

1. 家庭居住方式重组

本地农村的家庭结构呈现小型化，即主干家庭与组合家庭的数量在农村并不占有优势，相反更多为核心家庭。以核心家庭为主的农村家庭结构在农民集中居住后并未发生质的变化，但在具体情况中也出现了一些新的现象。

集中居住促进了农民家庭结构的进一步分化。阳光社区的住房划分成面积为 90、120、150 平方米三种户型。根据社区工作人员与村民介绍，搬入阳光社区的村民主要有以下几类：拆迁户，即房屋在修路建厂过程中被拆迁；贫困户，房屋年久失修；即将结婚户，家中有儿子即将结婚或已到结婚年龄；部分农户儿子未到结婚年龄，但出于置办婚房考虑而提前搬迁。由于旧房与新房按照"平方对平方"的方式交换，即根据旧房面积补偿新房面积。这为原来需要分家，但受经济条件影响而未分家的家庭提供了便利，因此促成了家庭结构小型化的发展，表 4-27 为社区家庭人口情况。

表 4-27 家庭人口数

家庭人口数	频数	百分比 (%)
1	7	3.7
2	29	15.5
3	24	12.8
4	48	25.7

续表

家庭人口数	频数	百分比（%）
5	33	17.6
6	32	17.1
7	8	4.3
8	2	1.1
9	1	0.5
10	2	1.1
12	1	0.5
合计	187	100.0

注：调查中并未了解到6口及以上的家庭，农户问卷填写可能以未分家的人口数来计算。

通过表4-27可以看出，四口之家在阳光社区所占比例最大，达25.7%，家庭人口小于四口（包含四口）的占57.7%。新的家庭居住方式为家庭内部关系如婆媳关系、妯娌关系的处理提供了新的方式。

2. 就业状况变化

（1）工作变化

阳光社区作为集中居住社区，社区居民仍然延续着过去的家庭分工方式，即青壮年男性外出打工，老年人和妇女从事农业生产。农业生产仍然作为农民的重要职业而存在，同时农民集中居住并未提高农民的就业率，尤其对于妇女与老年人而言，仍然以农业生产为主，部分农民因失地而无工作。通过表4-28可以看出，调查中25.7%的农民工作并未发生变化，仍然以种粮为主。而在工作有变化的农民中，大部分是因失地导致的失业而造成。种粮农民在搬入社区后的工作状况与搬入社区之前并未有明显改变。

表4-28 工作是否变化

工作是否变化	频数	百分比（%）
是	62	33.2
否	48	25.7
缺失	77	41.2
合计	187	100.0

根据我们的调查，农民获取工作的方式仍然以个人为主，其中个人创业与个人寻找占大部分，朋友帮忙联系仍然可看作以个人为主，通过在过去村庄中的个人关系来找到工作。从以个人为主的工作获取方式中可以看出，集中居住后农民仍然延续着过去的工作习惯，旧的社会关系并未被新的社会关系替代，同时新的社会关系也未给农民带来现实的利益。此外，可以看出，政府在提供工作方面发挥的作用是十分有限的。

（2）就业观念变化

农民工作方面的变化既体现在具体的工作变化上，同时也体现在农民工作观念的变化中。在对"目前工作难找的原因"进行调查时，表示竞争压力大、岗位少以及劳动力需求少的村民合计占调查总人数的60.4%，认为缺乏政策引导的村民占5.7%，即66.1%的村民认为当下就业困难在于社会客观原因；22.6%从主观出发，认为工作难找的原因是个人的能力不足。

在就寻找好工作需要的条件进行调查时，大部分村民认为"经验丰富"是找工作的重要条件，还有部分村民认为"好文凭""一技之长"是找工作的重要条件。这些可以看出，技术与学历促进就业的观念得到农民的接受。相比之下，传统的"身强力壮""踏实苦干"并不是找工作的重要条件。这些条件在过去对于农民找工作起到了至关重要的作用，但现在被农民否定。这些从侧面反映出，农民工作的环境已经由传统熟人社会向陌生人社会转变，一些带有个人标签性质的条件在新的环境中对农民找工作所起的作用逐渐减小。这些变化不仅反映在工作上，同时也影响着农民的社会交往和社会评价等多个方面。此外，在"关系熟人"选项上，只有小部分村民认为比较重要，这与农民"托关系、找熟人"的习惯相去甚远。一方面，由于在陌生人社会中，传统乡村的社会规则可能不再适用。另一方面，规范的制度化的就业机制也逐渐影响到了农民的工作选择，同时从一定程度上反映出农民就业观念的进步。

（三）居住方式适应性分析

居住方式作为居民对生活空间的选择、安排、占有与享用的方式，是居民生存方式的重要组成部分，也是影响居民生活幸福感的重要因素。居住方式不仅仅包含生活空间的划分与大小，还包含亲属聚居方式。集中居住将村落中分散居住的农户聚集到小区中居住，既缓解了我国耕地紧张、村镇扩张导致的土地资源闲置浪费的问题，也改变了农户的居住方式。阳光社区中的居民来自四个不同的村庄,农户在村庄的房子大多为平房或者瓦房,集中居住使他们以最低的成本住上了楼房,极大地改善了他们的生活环境。搬迁以农户原有的住房面积为依据划分农户住房面积,对农户家中的已婚子女或者适婚子女也做了充分考虑,农户可以选择不同户型的一套或者两套房,对于原有房屋面积较小,希望换或较大房屋的农户,可以低于市场价的价格购买一定面积的房屋。这样的安排,使农户的居住环境、卫生环境和基础设施等方面也较之前都有了较大改善。另外,不同户型的灵活选择使原本两代甚至三代人一起居住的农户可以分开居住,各自拥有了独立的生活空间,避免了因为代际产生的家庭矛盾。总的来说,集中居住从多个方面改善了居民的生活条件,我们从具体的调查数据中也可以看出这一点。

1. 新旧房屋居住状况对比

通过表4-29可以看出,社区居民对新旧房屋的舒适度感受差别不大。根据调查,主要有以下原因。第一,从居住面积上讲,虽然农民房屋面积小于宅基地面积,但由于过去有庭院,因此农民过去房屋的实际面积与现在居住面积基本持平,因此农民的感受不会存在太大差异。但是由于新社区没有庭院,所以农民经常会有不适应的感觉。第二,从居住方式上讲,由于过去家人共同居住的占77.5%,现在占59.5%,农民家庭随着搬入社区而分开,人均面积高于过去,这一部分抵消了楼房压抑的感觉,因此认为宽敞舒适的农民仍然占大多数。

表4-29 新旧房屋居住状况对比

	旧房屋居住情况		新房屋居住情况	
	频数	百分比(%)	频数	百分比(%)
宽敞	96	51.3	82	43.9
拥挤	31	16.6	30	16.0
合适	60	32.1	75	40.1
合计	187	100.0	187	100.0

2. 居住与交往方式

农民的居住方式影响到了农民的交往方式,通过表4-30可以看出,有65.2%的居民希望能有邻居来家中串门,说明大部分农民从内心而言仍然有着和邻居交流的意愿,希望邻居能够来自家串门聊天。这说明集中居住后,随着生活环境的变化,农民的交往意愿并未随之发生根本性的变化。

表4-30 对客人串门态度

态度	频数	百分比(%)
希望有人串门	122	65.2
不愿有人串门	30	16.0
无所谓无变化	32	17.1
缺失	3	1.6
合计	187	100.0

但与之相反的是,大多数农民不愿到邻居家中串门。如表4-31所示,有64.7%的农民不愿意去邻居家串门。这说明农民虽然从内在仍然有着传统的交流意愿,但受环境的影响而不去邻居家中串门。

表4-31 个人串门意愿

意愿	频数	有效百分比(%)
更愿意串门	26	13.9
不愿意串门	121	64.7
没有变化	39	20.9
缺失	1	0.5
合计	187	100.0

这种现象产生的根本原因隐藏在居住环境改变之中。如表4-32所示,农民搬入社区后,地面由以水泥为主变为以地板为主,家庭环境发生了巨大的变化。为了避免将他人家中的地板弄脏,很多村民都尽量避免串门。正如调查中一位村民所说,现在"一家家都干干净净的,有时候去串门还得专门换身干净衣服,哪能像过去从地里回来,直接就去串门了"。

表4-32 家庭装修情况

	过去地面		现在地面	
	频数	百分比(%)	频数	百分比(%)
水泥	129	69.0	6	3.2

续表

	过去地面		现在地面	
	频数	百分比（%）	频数	百分比（%）
地板	52	27.8	177	94.7
木板	1	0.5	3	1.6
其他	5	2.7	1	0.5
合计	187	100.0	187	100.0

（四）交往方式的变化

在李治民主编的《农业管理干部实用全书》一书里，对交往方式是这样阐述的：社会交往方式就是人的现实社会交往活动的一种基本模式或形式，是指社会发展到一定历史阶段，实践主体按照自身的需求、目的和可能，创造和运用一定的交往工具，在能动地认识和改造客体过程中所形成的主体与主体之间在交互作用和相互往来的实践活动的模式或样式。它的特征是客观现实性、相对稳定性、社会普遍性和历史变动性。而在针对阳光社区的住户所进行的村民交往方式的调查中，其实质是老村和搬入社区之后村民邻里关系的变化，它也符合以上概念对交往方式的解释，但是，由于受各种条件限制，我们的调查数据表明村民的交往多是在邻里之间进行的。

首先是对村民同一单元楼住户情况的调查，其次是对邻里关系的统计分析，最后是对村民的社会交往状况的了解。

1. 单元楼居住情况

村民由村里搬入楼房时，阳光社区的负责人统一规划，根据村民缴纳房款情况，将三个村（赵沟、吴寨、七里堡）的村民合并起来集中居住，现在共有34栋居民楼，每栋楼又分几个单元楼，大多为两个单元，但也有1~4个单元楼不等。表4-33的统计结果显示，住在同一单元楼都是同村和大部分同村的村民占到65.8%，而小部分同村即大多是外村的村民则占29.9%，有4.3%的村民选择了其他。统计结果显示，大部分住户依然与同村居民一起居住。

表4-33 同一单元楼住户情况

住户情况	频数	百分比（%）
都是同村	52	27.8

续表

住户情况	频数	百分比（%）
大部分同村	71	38.0
小部分同村	56	29.9
其他	8	4.3
合计	187	100.0

表4-34是关于村民在本单元认识的人的数量统计，61.5%的村民表示自己认识的人很多，26.2%的村民表示自己认识的人比较多，也就是87.7%的村民在本单元熟人很多，仅有10.2%和1.6%的村民表示自己认识的人不太多或者很少。通过调查数据可知，社区里同一单元楼同村村民一起居住的占多数（约为66%），也有1/3的村民是和外村人居住的，且大部分村民与自己单元楼的人都认识。因为自从2011年年底第一批村民入住到2013年基本完成入住，经过几年的融合适应，三个村的村民已经被打乱，不同村村民之间的隔阂和疏离也逐渐消失，邻里关系走向和谐，这也是社区成立的初衷。社区负责人介绍，当初搬入社区的时候，三个村的村民是分批选房、混合居住的，这样是为防止村民固守本村思想，减少矛盾冲突，既由村民自主选择，也使社区方便管理。

表4-34 本单元认识人的数量

数量	频数	百分比（%）
很多	115	61.5
比较多	49	26.2
不太多	19	10.2
很少	3	1.6
缺失	1	0.5
合计	187	100.0

2. 邻里关系

人们常说：远亲不如近邻。的确，阳光社区的村民在日常生活中与邻居的交往也很普遍。根据表4-35新旧邻居（新邻居为搬入社区之后的邻居，而旧邻居则是在村里居住时的邻居）熟悉程度对比分析，无论是在原来的村庄还是搬进社区后,大部分村民对自己的邻居都是熟悉的,但新旧邻居之间熟悉程度又有所不同。74.3%的村民表示对旧邻居很熟悉,而53.5%的村民选择了对新邻居很熟悉,占比下降了20.8个百分点。在统计新旧邻居比较熟悉这一程度时,村民的选择又有了不同,21.9%的村民表示对旧邻居比较熟悉,而搬入社区后,35.3%的村民对新邻居比较熟悉,又上升了13.4个百分点。综合对新旧邻居熟悉程度的比较,虽然大部分村民对新旧邻居都熟悉,但是更多的村民(96.2%)对旧邻居熟悉,对新邻居熟悉的占比则稍微少一点,为88.8%。在对新旧邻居不太熟悉和陌生程度比较时,显然新邻居占比高一些,为11.2%,旧邻居占比则仅为3.7%。综合以上数据可知,村民在搬入社区后,对邻居的熟悉程度有所降低,但不是特别明显,大多数村民对自己的邻居还是熟悉的。

表4-35 新、旧邻居熟悉程度

熟悉程度	旧邻居		新邻居	
	频数	百分比(%)	频数	百分比(%)
很熟悉	139	74.3	100	53.5
比较熟悉	41	21.9	66	35.3
不太熟悉	6	3.2	20	10.7
很陌生	1	0.5	1	0.5
合计	187	100.0	187	100.0

表4-36显示,41.2%的村民对自己的邻居很信任,如果有需要,一定会向邻居借钱,也有22.5%的村民选择可能会向邻居借钱,由此得出,愿意向邻居借钱的村民达到63.7%,而35.8%的村民明确表示不会向邻居借钱,选择向亲戚、朋友等借钱。在我们做典型案例的过程中,有很多村民表示,自己没有向邻居借过钱,但是凭自己和邻居的交情,如果借钱,他们肯定会借给自己的;也有一些村民表示,自己平时和邻居一起活动,但是需要钱的时候还是更愿意向亲戚、朋友去借。

表4-36 是否会向邻居借钱

可能性	频数	百分比(%)
会	77	41.2

续表

可能性	频数	百分比（%）
可能会	42	22.5
不会	67	35.8
缺失	1	0.5
合计	187	100.0

与上面的数据相符，绝大多数村民对邻里关系的看法是满意的，其中50.8%的村民很满意现在的邻里关系，42.8%的村民对邻里关系较满意，即93.6%的村民对自己的邻里关系持满意态度；也有3.2%的村民对邻里关系不太满意，还有1.6%的村民选择不清楚。由此能看出，大部分村民对邻里关系的满意度是较高的。很多村民在调查的过程中表示自己与邻居是很要好的，能够做到相互帮助与支持。

表4-37 对现在邻里关系的看法

满意度	频数	百分比（%）
很满意	95	50.8
较满意	80	42.8
不太满意	6	3.2
不清楚	3	1.6
缺失	3	1.6
总计	187	100.0

3. 村民交往方式

关于村民交往方式，本次调查内容主要包括村民对闲暇时间的利用、拉家常对象选择和外出购物人选，但其实也是和邻里关系相通的，因为村民的交往大多是和邻居进行的。表4-38是村民在村里和进社区后闲暇时间的对比，由此可以看出，无论是过去还是现在，村民在闲暇时间会整理家务、看电视和休息，也有村民在闲暇之余喜欢串门，占比大约为10%。因此，无论在村庄还是社区中居住，村民们在闲暇时间的休闲活动基本没有发生变化，主要是整理家务、看电视和休息。

表 4-38　村民休闲活动

	过去		现在	
	频数	百分比（%）	频数	百分比（%）
整理家务	71	38.0	45	24.1
看电视	47	25.1	47	25.1
休息	30	16.0	60	32.1
打扑克	3	1.6	1	0.5
串门	20	10.7	18	9.6
其他	14	7.9	16	8.6
缺失	2	1.1		
合计	187	100.0	187	100.0

表 4-39 显示，关于拉家常对象的选择，49.2% 的村民选择和邻里拉家常，30.5% 的村民和家人拉家常，和亲戚、朋友拉家常的比例均为 9.6%，仅有 0.5% 的村民选择和其他人拉家常。关于外出购物时的同行对象的选择，40.6% 的村民选择和邻里同行，接下来是家人，占 21.9%，朋友也占了一部分，为 18.7%，亲戚占 3.7%，最后有 12.8% 的村民选择和其他人外出购物。

表 4-39　交往对象

对象	拉家常		外出购物	
	频数	百分比（%）	频数	百分比（%）
家人	57	30.5	41	21.9
亲戚	18	9.6	7	3.7
朋友	18	9.6	35	18.7
邻里	92	49.2	76	40.6
其他人	1	0.5	24	12.8
缺失	1	0.5	4	2.1
合计	187	100.0	187	100.0

综合以上调查，我们可以得下如此结论：阳光社区村民的交往范围大多集中在邻居和家人之间，仍然以地缘和血缘为主。因为村民搬入社区后，原有土地大多被征收，很多人成为失地农民。有的村民在社区或其他

途径的帮助下找到了工作,但有的村民尤其是60岁以上的老人,他们只能在社区里生活,而且在我们的调查中,老年人占了很大的比重。因此,调查结果就是村民和邻居之间的关系密切,日常的活动也多是在邻居之间展开的。针对这一现状,社区也应该从村民实际出发,更多为年老村民提供一些咨询和服务,帮助他们解决在生产、生活等各个方面的困难。

(五)社区管理的适应性分析

居民从农村转移到城市社区,不单是物理空间上位置的改变,其生活的其他方面也发生了不同程度的改变。首先,生活环境发生较大变化,由原来自由、松散的居住模式变成集中、规律的生活。其次,农民的生活模式发生了相应变化,城市社区的外在生活环境使农民不得不适应新生活。最后,城市社区的管理与农村的村务管理存在较大差异。鉴于"村改居"社区的特殊性,原有的农村管理模式转变为农村管理与社区管理相结合的方式。进入社区居住后,原来的村委会负责处理社会保障、户籍等管理工作,而城市社区的管辖范围从狭义上来看比农村的管理更加细致、规范。从社区管理层面看,阳光社区基础设施完善,但特殊的社区性质加大了社区管理难度,社区工作需要广大社区成员的参与和配合。

1. 基础设施建设

阳光社区是一个多村合并集中居住的新型农村社区。从外在形式上看,阳光社区属于城市社区,但是从其本质上看,属于"农民上楼"的产物,居住在此的农民并没有实现真正的市民化,只是一种外在形式上的市民化。

阳光社区的建设符合我国"村改居"新型社区的建设要求。社区内设有车棚、路灯等便民设施以及健身广场、棋牌室等休闲空间,同时社区内留出了合理空间的绿化带。通过对社区居民的访问,认为小区设施非常全和比较全的居民占总体的56.2%,认为小区设施很不全以及不太全的居民占总体的13.4%(见表4-40)。总体来看,阳光社区的基础设施比较完善,也得到了社区内大部分居民的认可。在调研中观察发现,该社区相对农村社区具备了比较完善的基础设施,增设了更多的公共空间。居民认为小区设施不完善,可能出于两种原因。一是从农村社区进入城市社区存在不适应情况。农民的生活习惯尚未改变,居住在城市社区使其生活的便利性受阻，因而觉得不够全面。二是相对比较对象的标准高。该社区由于是政府支持的"村改居"社区，只具备了一些简单的基础设施，与城市的商业小区相比，在硬件设施方面尚存在一定的距离。

表 4-40　居民对社区设施评价

评价	频数	百分比（%）
非常全	19	10.2
比较全	86	46.0
一般	57	30.5
不太全	20	10.7
很不全	5	2.7
合计	187	100.0

2. 环境管理工作

在农村居住时，以各自家庭为单位。"各人自扫门前雪"，自家的卫生清洁自行负责，包括家门口公共道路打扫均由每家自行负责。进入城市社区后，由于是以小高层形式居住，公共空间的卫生清洁由专人负责。

通过表 4-41 我们得知，阳光社区每日都有专人负责街道的清洁工作，小区的垃圾处理比较及时，小区单元楼内的楼梯没有专人负责清扫，由相应住户负责打扫，卫生环境状况良好。通过表 4-42，我们对社区的绿化状况进行了了解，29.4%的居民认为小区的绿化很好，43.9%的居民认为小区的绿化比较好，只有 1.6%的居民认为小区的绿化不太好。总体而言，居民对小区的绿化状况比较满意。

表 4-41　社区卫生清洁情况

	社区卫生清洁		楼梯打扫		垃圾处理及时	
	频数	百分比（%）	频数	百分比（%）	频数	百分比（%）
是	171	91.4	35	18.7	176	94.1
否	8	4.3	144	77.0	7	3.7
不清楚	4	2.1	6	3.2	3	1.6
缺失	4	2.1	2	1.1	1	0.5
合计	187	100.0	187	100	187	100.0

表 4-42　社区绿化情况

绿化情况	频数	百分比（%）
很好	55	29.4
比较好	82	43.9
一般	44	23.5
不太好	3	1.6
缺失	3	1.6
合计	187	100.0

3. 社区治安状况

数据显示，认为该社区治安很好的人数占总体的21.9%，认为治安比较好的占总体的47.1%。由此可以看出，该社区居民对社区的治安状况总体比较满意。良好的治安状况主要表现为：在小区经常看到巡逻保安，小区的失窃率低以及发生失窃事件小区的处理效率高。据我们了解，小区中平时经常有保安巡逻，该小区的盗窃事件发生的概率也很小，而且社区处理盗窃事件也比较及时。

表 4-43　社区治安情况

治安情况	频数	百分比（%）
很好	41	21.9
比较好	88	47.1
一般	42	22.5
不太好	12	6.4
很不好	3	1.6
缺失	1	0.5
合计	187	100.0

考虑到该社区属于"村改居"后的社区，存在部分房屋闲置情况，外来人员租住可能会是未来的一种发展趋势。外来人员进入社区对社区的治安状况会存在不同程度的影响，因而在此我们把这个问题纳入治安管理的影响因素。通过数据我们发现，该社区外来人员租住的现象当前还不太普遍。

表 4-44 外来居住现象

	频数	百分比（%）
很普遍	4	2.1
比较普遍	41	21.9
不太普遍	82	43.9
很少	57	30.5
缺失	3	1.6
合计	187	100.0

对于外来人员租住房子这一说法，社区居民发出了不同的声音，明确表达"认可"和"不认可"的占47.6%，在明确表达意愿的居民中，对租房人员认可的居民占32.1%，表示不认可的占15.5%。由此可见，大部分居民对外来人员来社区租住没有什么意见，其中还有一部分愿意接纳外来人员进入社区。因而，在社区居民看来，外来人员的进入对他们没有多大的影响。

表 4-45 对租房人员看法

看法	频数	百分比（%）
认可	60	32.1
不认可	29	15.5
无所谓	98	52.4
合计	187	100.0

综上所述，我们可以了解到，阳光社区的总体治安状况良好，社区工作人员尽职尽责，为社区的治安管理做出了较大贡献，同时得到社区大部分居民的认可和信任。目前社区内存在个别不足的地方，是日后社区管理方面改善的重点所在。

4. 社区管理工作

社区管理工作纷繁复杂，社区肩负着管理、服务、教育及监督职能。在社区党组织的领导和政府部门的指导下，组织社区成员进行自治管理，搞好社区卫生、社会保障、文化、计生和治安等各项管理；组织社区成员进行便民服务，动员和组织社区成员资源共享，办理社区公共事务和公益事业，办好社区服务业；协助政府落实城镇最低生活保障制度，介绍就业和开展优抚救济工作；组织引导社区成员开展法制教育、公德教育、青少年教育和"两劳"人员教育，开展职业培训，组织文化娱乐和体育活动，形成具有本社区特色的文化氛围，增强社区成员的归属感和凝聚力；受社区成员代表大会成员指派，及时将监督意见向上级机关及部门反馈，对社区内的物业管理情况进行监督。

阳光社区作为一个特殊的新生社区，目前社区的各项职能还不太完善，管理体系尚不成熟。但是，社区工作人员排除层层阻碍，尽心尽力完成社区各项工作，履行社区职能。在政策宣传方面，从社区和居民个人两方面着手，社区主要通过设立固定咨询点、张贴标语及发传单等方式来宣传相关政策，发挥了相应的功能。

阳光社区的管理与城市的商业社区管理模式不同，社区由三村合并组成，原来村庄的建制仍然存在，新社区的居民需要的重要证明仍需原来的村委会开具。由于该社区的特殊性，目前未成立居委会，而是由乡政府派出工作人员组成的临时管委会，负责社区的日常事务。在访问居民对社区管理部门工作的过程中，我们发现居民对居委会的工作没有清晰的概念，知道交电费、发通知等由临时管委会负责，对临时管委会的具体工作范围不了解。可以看出一些社区居民对社区公共事务的关注和了解很少，"事不关己，高高挂起"，同时社区内居民年龄结构的特殊性（以老人为主）导致社区居民的集体意识比较淡薄。因此，社区应另辟蹊径，通过多样化的方式让居民更多地了解社区功能。

从居民对社区举办活动的了解情况以及居民参与社区活动的状况，我们可以判断居民对社区事务的关注情况。在访谈的过程中，大部分居民反映该社区举办过跳舞等文体活动，但有一小部分人不知道社区举办过什么活动。年轻人外出务工，老年人由于耳背、行动不便等生理原因而不常走动，加之集中居住后部分老人没有选到较低楼层，这也减少了老年人出门的次数。阳光社区的管理工作总体做得比较好，但是尚存在一些小问题。对由主观因素引起的问题，我们应该鼓励社区注重工作方法的探索，寻找一条适合本社区发展的路线。在工作中尽量发挥社区的主观能动性，同时结合"以人为本"的发展理念，与社区居民携手共进、共同发展。

二 阳光社区的发展特征

综合以上调查可以认为，阳光社区是一个典型的农民集中居住社区。由于社区搬迁采取自愿原则而非整体搬迁，因此从社区居民的关系来看，该社区属于半熟人社区。在由原来的村落向现在的社区转变的过程中，社区呈现以下特征。

从改变方面看，主要集中在以下几点。第一，居住环境改变。由村到城，由平房到楼房，由脏乱到整洁，这些外在变化是最直观的感受。外在环境的变化影响了村民的生活习惯、交往方式等多个方面，因而这是其他变化的基础。

第二，生活习惯改变。农民上楼首先面临的是传统农村生活与现代城市生活之间的矛盾，以及以农业生产为基础所形成的生活习惯与以工业生产为基础的社区设计之间的矛盾。由于二者存在着根本性的矛盾，因此在农民上楼之初会存在与之相关的多重问题，如社区草坪种植蔬菜、阳台养殖鸡鸭鹅、隔空抛物以及废水排放等。随着在社区居住时间的增加，以及居委会的宣传与监督，农民城居意识逐渐提高，尽量改变原来的生活方式以适应社区生活。

第三，交往方式改变。居住方式的改变影响了村民的交往，具体体现在以下几个方面。①交流地点变化。受居住环境变化的影响，面对面的私人交往减少，即农民之间串门现象减少，相反，更多的是在单元楼下、小区门口或小区广场等地方交流。②交往人群范围扩大。过去村民交往对象主要局限于本村村民，现在则面对整个单元楼乃至整个社区。③交往方式变化。过去交往对象多为熟人，现在则需要面对陌生人。居民与邻居之间的关系更多的是弱关系而非强关系。

第四，心理状况改变。①获取金钱的意愿更加强烈。村民由村到城，其生活成本必然随之增加，这是农民更加渴望金钱的客观原因。此外，由于城市物质生活更加丰富，加之与城镇居民攀比的心理，农民消费需求更加旺盛，这是主观原因。②仇富心理增加。城市的贫富差距远大于农村，这使既需要金钱又无力获得的部分村民对社会不平等的体会更加强烈，因此产生了仇富心理。这种心理是对现实生活的反应，因此应该一分为二看待：正确的引导会使其成为赚钱的动力，不正确的宣泄可能会演变成社会的不安定因素。

农民仍然未发生明显改变的特征有以下几点。第一，文化素质未发生明显提高。对于义务教育阶段的学生，"村改居"之后的社区居民按照划片上学的原则到相应学校接受教育。这些学校大多数是本地区的普通学校，这些学生无法进入重点学校，因此其升学率受到较大影响。此外，受社会环境的影响，只计划着将来跟同村人一样外出赚钱的思想影响了学生成绩，使"村改居"后受教育阶段的学生升学率没有提升。对于非学龄阶段的成年人，更多的是考虑生活，因此"村改居"后仍然以赚钱养家为主，他们缺乏对教育的投资。同时，政府缺乏对相关培训的重视，因此，农民整体文化素质未出现明显提升。

第二，家庭分工与工作仍延续着旧有的方式。①集中居住后，仍然实行着"男主外，女主内"的劳动分工。由于新的工作机会有限，加之农民劳动素质没有提升，因此社区居民仍然以打工为主，这与过去在农村的劳动分工无异。这也是社区存在大量留守老人、留守妇女的原因。②农民工作获取主要依靠个人与朋友，这说明传统的强关系在社区中尤其在工作上仍起着重要作用。虽然居民交往范围扩大，并且以强关系为主的交往向弱关系交往转化，但由于打工仍然是居民的重要收入来源，而外出打工需要居民之间的相互介绍与帮助，因此过去的朋友关系仍然在居民日常生活中起着重要作用。

第三，传统的处世态度在人际调节中仍发挥着重要作用。由农村到城市是由熟人社区到陌生社区、由礼治到法治的一个转变，传统的非正式关系应该逐渐让位于正式的社会关系。但在调查中发现，农村的传统仍然发挥着重要作用。在与邻居交往上，农民仍然遵循着与人为善的原则，"远亲不如近邻"在本应"老死不相往来"的社区中仍然为农民所遵循。在解决邻里冲突时，村民更多地采取协商方式，而非通过正式法律途径。

第四节 讨论与启示

一 对于河南省钢市张庄中心社区建设经验的讨论

近年来，在农村城镇化的大力推进过程中，新型农村社区建设积累了丰富的实践经验且形成了独具特色的农村社区发展模式，其中浮现的新问题却不容忽视。通过对张庄新型社区建设模式的实地调查发现，尽管张庄的社区建设取得了相当的成功，并且被推崇为典型发展模式，但是其中仍存在诸多问题，下面对其发展取得的成功经验和存在的问题进行总结。

张庄村在建设过程中通过自身的努力和政府的支持，已经探索出一条新型城镇化的道路，其成功经验主要包括以下几个方面。第一，加强社区组织建设和社区管理体制创新。张庄中心社区是由原来张庄村的四个村民小组移民搬迁组成，在行政隶属上仍归张庄村管理，但是在社区内建立了一套管理体系。社区建成之后是一个副科级建制的新型农村社区，由镇政府武装部长兼任社区第一书记，张庄村支部书记和村委会主任分别兼任社区第二和第三书记。社区第一书记主要负责指导和督察社区建设、管理等事务，形成了一套领导班子、两个管理体系的格局，既减少了管理人员，同时又有效加强了社区的组织领导和社区规划建设。第二，重视社区规划和完善公共基础设施。社区在进行社区建设之初就坚守"美丽张庄"的原则，非常注重社区发展的科学规划和基础设施建设，在聘请清华大学设计院和天津大学设计院对社区建筑和景观进行规划时，就确立了发挥山村自然美的先天优势这一原则。坚持实事求是和因地制宜的原则，利用张庄的山、水优势，吸取徽派建筑和豫派建筑的精华，形成了新豫派的特色民居。张庄中心社区经过不断的探索和努力，已经在社区内部逐步建立起了超市、学校、标准化卫生室及自助银行等公共基础设施，为社区居民提供更加便捷的社区生活和医疗服务。第三，丰富社区居民文化生活，增强居民的认同感。张庄中心社区成立老年人协会和"妇女之家"，并设置有专人负责社区文化建设，定期举办文化活动，组织社区中的文艺爱好者开展文化娱乐活动，如每天晚上的广场舞，成立社区锣鼓队，积极参加镇和市组织的锣鼓表演，并代表尹镇参加全市的锣鼓表演，多次获得奖项。开展社区文化活动，链接社区的内部资源和外部资源，进行社区文化建设，增强社区居民对社区的文化认同感。第四，激活土地价值，探索农村社区发展的优化路径。因地制宜，推进土地高效利用是张庄中心社区进行农民集中居住社区建设过程中取得的重要经验之一，主要通过实施土地增减政策和推行土地经营权流转等策略，适应了社会主义市场经济，盘活了农村土地资源。

张庄中心社区在推进农民集中居住社区建设的过程中取得了一定的成绩，但由于急于求成和速度过快等原因，农村社区发展也存在一些潜在的现实困境。

首先，社区建设面临资金困境。资金需求是许多地方政府推进新型城镇化建设面临的一个重大问题，也是张庄中心社区面临的现实问题之一。一是资金来源结构单一，社区建设资金缺口仍较大；二是各地社区建设发展资金投入不平衡。其次，村庄居民两极分化严重，影响农户生活满意度。调查发现，社区内部贫富分化严重，搬进社区居住的大多数居民为张庄村经济条件好的农户，大部分未搬进社区居住的农户主要是受到经济条件的制约，在推动新型农村社区建设的过程中农民群体内部的贫富分化问题不可忽视。再次，农户面临就业和可持续生计发展困境。在走访当地村民期间，不少村民反映，由于无技术和知识，就业技能匮乏，在失去土地之后，他们无法找到工作，仍然依靠打工收入为主的生计方式，并不能满足他们的生活需求，农户面临可持续生计的问题。最后，社区居民的有效参与不足。农民的参与和合作是社区发展的根本动力。欠发达农村社区缺乏有效的外源发展条件，农户生活水平较低，所以需要依靠集体的力量，需要社区成员的积极参与、互助和合作来改变不利的处境。调查发现，张庄村出现了农户参与不足的问题，社区居民参与不足也是张庄中心社区存在的现实困境之一，农户参与村庄集体事务的态度不积极、对公共事务不关心。

通过对张庄村的实地调查，笔者发现张庄中心社区建设具有较强的发展依附性，主要原因在于其依赖于周边景区的旅游产业，但是这些旅游景区的经营权归市旅游局所有，加之景区游客具有明显的季节性特点，因此能进入张庄中心社区的游客数量极为有限。由此可见，这种旅游产业的带动发展效应十分有限，这就造成该社区缺乏主导产业，大多数农户依然沿袭传统的生计方式，收入来源单一。因此，这一现状致使该社区建设的自我发展能力不足，导致大多数农户无法实现搬进新社区的愿望，进而造成新旧社区资源配置不均、新旧社区管理"二元对立"的局面。其实，当前的农村社区建设发展路径都存在一定程度的依附性，无论是城市带动型、工业促进型，还是政府引导型，都依靠外部力量推动，而缺乏内生发展动力。

二 对于河南省壁市旗县阳光社区建设经验的讨论

阳光社区是一个典型的农民集中居住社区。由于社区搬迁采取自愿原则而非整体搬迁,因此从社区居民关系来看,该社区属于半熟人社区。在这几年的建设中,阳光社区在农民集中居住方面取得了成功的经验,但是仍存在诸多问题,下面对其发展取得的成功经验和存在的问题进行总结。其成功的经验包括以下几个方面。

第一,从社区建设面貌方面讲,通过国家层面的努力实现农民生活环境的根本改造。多数农民住房由过去的平房、瓦房及土坯房,改为现在的社区楼房;由分布杂乱的村庄布局,改为统一规划的社区布局;由卫生条件较差的生活环境,改为拥有草坪和绿地的宜居生活环境。这些是可以看到的明显的变化,用社区居民的话来讲叫"下雨不用担心房漏水,没有污水、粪便、臭气与苍蝇"。这些最能体现村民对社区生活环境的认可,因此这对于社会进步具有重大的意义。

第二,从社区管理服务方面讲,社区集中管理有利于提高办事效率,方便群众生活。社区主要将三个村庄的群众集中到一个社区,将原来较为分散的管理改为目前统一的管理。社区居民能够在社区服务站完成费用缴纳与补助领取,以及其他事务的办理。这种一站式的社区管理服务模式对于管理者而言,有利于提高办事效率,降低行政成本;对老百姓而言,方便了日常生活。由于目前原村庄的建制仍然存在,因此,部分手续证明需要在原村委会办理,这些问题需要在居委会成立后解决,而工作效率会进一步提升。

第三,从居民生活方面讲,农民搬入社区,使其在生活习惯上逐步实现由农村到城市的转变。思想意识上逐渐实现了由传统村落认同到现代社区认同的转变。交往上由过去的熟人交往方式向新的市民交往方式转变(从血缘、地缘交往到现在社区交往,日常交往的范围在扩大),卫生方面逐渐讲究个人卫生与公共卫生。这些变化都是农村向城市发展的必备条件。

此外,集中居住对于资金的集中利用率和公共设施使用率的提高等方面也有着重要的意义。但是,农民集中居住社区建设在取得以上成绩的同时,也存在着一些问题,具体表现在以下几个方面。

第一,农业生产变化,由于居民由农村搬迁到新的社区,日常农田管理不便。例如，农具存放不方便，住高层的农民给农药兑水不方便。而且粮食存储困难，尤其是对于仍然有地的村民，粮食存储问题比较突出。由于楼层较高或房屋面积较小，居民无法在单元楼内存放粮食。因此在粮食收货时，无论价格高低，居民都需要直接出售。

第二，农民面临就业及生活方面的问题。目前村民面临的最重要的问题是收入问题，这些问题集中反映在50岁以上的居民中。由于附近有旗县产业聚集区，即使没有学历，年轻人也能在工地、企业打工。因此，这部分村民对土地、收入的问题没有老年人反应强烈。老年人多是由于无法种地，吃菜增加了生活开支，同时由于没有收入，因此对土地被征用的反应较大。

第三，交流变化。村民之间交流变少，一方面，减少了原来村民的矛盾，另一方面，长此以往可能会容易引起村民之间的隔阂，这也不符合构建和谐社区的要求。因此，社区可以通过文化活动中心的建设、基础设施的完善来为居民提供文化交流的场所，增加居民交流，促进新的社会团体形成。

现在，阳光社区居民的生产、生活、收入、消费、习惯、意识、文化和能力等各个方面维持在农村水平，政府从生活消费方面促进农民改变，但农民仍然以从事农业活动为主，维持较低收入。这些在过去农村生活中不明显，因为没有较高的消费。现在问题突出，但无论是主观与客观原因，这与农民进社区同时发生，因此容易使管理者成为发泄口。而且，城镇化的发展关键是实现人的城市化，使人由依靠意识改为自主意识，由体力劳动改为技能劳动，由农民思想变为公民思想（私→公）。这些既需要政府管理部门的引导，提供农民技能培训，也需要农民自己努力，树立依靠自己能力改变生活的观念。

综上所述，"村改居"是整个社会发展的趋势，在当下也有着进步意义。但在具体操作上，"村改居"存在着步伐太快的问题，产生经济、社会的发展和农民生活不适应现象。因此需要在具体实践中发现并解决问题，为进一步发展提供参考与借鉴。

三 两个社区的比较分析

河南省钢市张庄中心社区与河南省壁市旗县阳光社区作为农民集中居

住的新型农村社区，都取得了成功的经验，并被视为新型农村社区的"典范"。虽然两个社区都是产业依附型农民集中居住社区，但是两个社区依附的类型并不完全相同。下面将对两个社区的发展类型进行比较分析。

张庄中心社区处在17平方公里的龙凤湖旅游度假区内，政府本着"以人为本，生态文明"的理念，要将该社区建成集生活居住、休闲娱乐、观光度假于一体的旅游服务型社区。因此，张庄中心社区是依附当地的旅游资源而建设起来的。张庄中心社区建设具有较强的发展依附性，主要原因在于其依赖于周边景区的旅游产业，但是这些旅游景区的经营权归市旅游局所有，加之景区游客具有明显的季节性特点，因此进入张庄中心社区的游客数量极为有限。由此可见，这种旅游产业的带动发展效应十分有限，这就造成该社区缺乏主导产业，大多数农户依然沿袭传统的生计方式，收入来源单一。这一现状致使该社区建设的自我发展能力不足，导致大多数农户无法实现搬进新社区的愿望，进而造成新旧社区资源配置不均、新旧社区管理"二元对立"的局面。

壁市旗县的H产业聚集区，是河南省首批省级产业集聚区之一。由于H产业聚集区的建设涉及赵沟、吴寨及七里堡三个行政村的拆迁，因此这三个行政村的居民纷纷搬进阳光社区中，形成了农民集中居住的新型农村社区。阳光社区建设在H产业聚集区内，目前阳光社区里的人大多在H产业集聚区的企业上班。因此，阳光社区的发展依附于当地的H产业集聚区。由于产业集聚区入驻了众多企业，因此需要很多工人。阳光社区负责人抓住这个机遇，致力于解决该社区居民的就业问题，经常邀请众多企业在社区内举办招聘会。而且，社区负责人经常开展培训课程，提高居民的职业素养与技能。但是，由于壁市旗县产业聚集区主要为高新技术区，因此，大多数年轻人可以在企业上班，但老年人依然面临着失去土地后没有工作，甚至生活困难的处境。

两个社区都有自己的依附产业，但是仅仅依靠当地的产业并不能很好地促进当地社区的发展，因此，两个社区依然要发挥自己的特色，依托当地产业，在政府的政策支持下，实现创新发展，更好地促进社区建设。

因此，为了更有效地推进社会主义新型农村社区建设，可以从河南省张庄中心社区和阳光社区建设模式中获得以下几点启示。

第一，新型农村社区建设不能盲目推进，要做好科学合理的发展规划。政府在进行新农村建设时,首先,要做好评估和规划工作,因地制宜,充分评估新型农村社区建设过程中遇到的问题和困难,不能视而不见、做出主观臆断。其次,要遵循乡村发展规律,更不能脱离农民这一重要主体,让他们充分表达建议,使规划符合当地实情和农民意愿。

第二,推进新型农村社区建设,产业发展势在必行,要将产业发展作为新型农村社区建设的首要目标。政策支持是关键,产业支撑是保障。在推进新型农村社区建设过程中,要结合当地的特色资源,发展特色产业,只有发展主导产业,才能让新型农村社区建设摆脱依附性发展的困境。唯有发展主导产业,才能吸纳剩余劳动力就地就业,实现农户生计方式的转变,提高农户经济收入,解决他们的后顾之忧,缩小农户之间相对的贫富分化,让更多的农户有经济能力搬进新社区居住,享受新社区的便利服务。

第三,新型农村社区建设要有整体发展观,避免造成新旧社区"二元对立"格局。在制定村庄发展规划时,要把整个村庄作为考虑单元,实现整体发展至关重要。当前很多地区在建设新社区的同时,出现了很多旧社区,农村发展中的旧问题还没有解决,又引发了新的问题。总之,在推进新型农村社区建设过程中,要尽量避免出现这些新问题,以实现整个村庄的整体同步发展。

第五章　就地城镇型农民集中居住及其文化适应

——基于山西省调研经验

第一节　山西省调研背景简介

一　就地城镇化研究背景

21世纪以来，我国城镇化进程加速推进，2015年我国城镇化率达到56.10%。在这一过程中我国形成了三种典型的城镇化模式，即以特大城市和大城市为核心的城市群模式、中小城市和小城镇协调发展模式以及就地城镇化模式。虽然前两种模式比较成熟，但是要面对大城市的"城市病"、中小城市和城镇吸引力不足等一系列问题，就地城镇化模式可以有效实现农民生产生活方式的转变，有利于缓解"城市病"，将发展农业和农村所需的劳动力稳定在经济合理的空间半径内。很多经济欠发达地区通过主动对接大中城市的经济辐射，发展特色产业，将本地劳动力、资源和市场需求结合起来，实现经济社会发展，推动就地城镇化。因此，就地城镇化是经济欠发达地区实现城乡一体化的重要途径。

城镇化有两条道路，一个是异地城镇化，一个是就地城镇化。就地城镇化问题已经引起了国内部分学者的关注，学者们从不同的角度对就地城镇化和农民适应性问题进行了研究。关于"就地城镇化"的内涵，辜胜阻、易善策和李华认为就近和就地城镇化是中国城镇化进程中有别于异地城镇化的一种独具特色的道路。[1] 马庆斌认为，"就地城镇化是指区域经济

---

[1] 辜胜阻、易善策、李华：《中国特色城镇化道路研究》，《中国人口·资源与环境》2009年第1期，第47—52页。

社会发展到一定程度后,农民在原住地一定空间半径内,依托中心村和小城镇,就地就近实现非农就业和市民化的成长化模式"。其表现为:一是人口集聚程度比较高;二是生产方式上实现三次产业联动,并以二、三产业为主;三是居民享受的公共服务已经达到或者接近城镇水平。[1] 胡银根、寥成泉及刘彦随认为就地城镇化是指,"农村地区在原行政区域范围内,以相关现代产业体系为推力,以基础设施建设和公共服务供给为重点,逐步实现农民就地就近就业,并享受与城镇均等的公共服务的市民化过程"。就地城镇化并非要达到城镇的景观形态,也不是追求户籍的城镇化,更不是土地的城镇化,而是重在完善农村的就业、医疗、养老和教育等基本公共服务,实现农村与城镇区域的等值化或接近的经济社会水平。[2] 王景全认为新型社区建设的本质是推进农村就地城镇化,就地城镇化是指,"农村人口不向城市迁移,而是在原有的居住地,依托中心村或镇,通过村庄整合,建设基础设施,完善城镇功能,推动农业现代化,发展非农产业,扩大非农就业,就地实现生产集聚,就地实现农民生产生活方式转变,就地实现农村由传统聚落向现代社区转型,让群众就地享受现代城市文明福祉"。就地城镇化一般是在乡镇范围内,以大村或乡镇政府所在地为基础整合周围村庄而成。[3] 关于就地城镇化的优势,焦晓云认为就地城镇化在预防和治理"城市病",解决异地城镇化带来的农村问题和农业转移人口的"半城镇化"问题等方面具有举足轻重的作用。[4] 李强、陈振华和张莹认为就地城镇化符合城镇化人口流动规律,一方面,可以降低城镇化的制度障碍和成本,促进区域均衡发展;另一方面,也有利于农业和乡村可持续发展。同时,就近就地城镇化也符合当前农民工的城镇化意愿。[5] 实践

---

[1] 马庆斌:《就地城镇化值得研究和推广》,《宏观经济管理》2011年第11期,第25—26页。
[2] 胡银根、寥成泉、刘彦随:《新型城镇化背景下农村就地城镇化的实践与思考——基于湖北省襄阳市4个典型村的调查》,《华中农业大学学报》(社会科学版) 2014年第6期,第98—103页。
[3] 王景全:《农村就地城镇化的有益探索——河南新型农村社区建设的调查与思考》,《洛阳师范学院学报》2014年第3期,第32—38页。
[4] 焦晓云:《新型城镇化进程中农村就地城镇化的困境、重点与对策探析——"城市病"治理的另一种思路》,《城市发展研究》2015年第1期,第108—115页。
[5] 李强、陈振华、张莹:《就近城镇化与就地城镇化》,《广东社会科学》2015年第1期,第186—199页。

证明，就地城镇化是适合我国城镇化建设的一种有效的途径，但是学者关于就地城镇化的研究大多停留在就地城镇化的表现形式以及优势等宏观层面。

城镇化过程中，关于农民适应性问题，国内学者也多有研究。严蓓蓓提到失地农民往往存在着难以实现职业期待、难以安居乐业、没有归属感等适应性障碍。[1] 吴业苗认为，"新型农村社区建设要秉持城乡一体化发展理念，从保证居民能享受到与城市社区居民等值的公共服务着手，逐步改善新型农村社区的适应处境，最终促进其居民向市民转身"。[2] 朱冬亮和高杨以福建省三明市 HX 村的失地农民群体为主要研究对象，将失地农民的适应问题分成经济、社会、文化和心理四个层面展开论述，更为注重考察失地农民社会身份及心理角色的转变，认为城镇化不仅体现为一种地域空间的变迁过程，也应被视为一种精神空间的变迁过程。[3] 周柏春和史慕华提出在城镇化过程中，"无论是地域变迁的城镇化还是就地城镇化，其主要内容是农民适应性问题，是附着福利内容较少向附着福利内容较多的转化，是弱国民待遇向正常国民待遇或强国民待遇的转化"。[4] 由此可见，农民的适应性是衡量新型城镇化发展的重要标准之一。国内学者关于农民适应性的研究大多和异地城镇化相关，缺少以农村就地城镇化作为背景的相关研究。

二　调研社区概况

朝阳村位于山西省晋中市太谷县胡村镇，南邻乌马河，西与武村、韩村接壤，北与胡村庄、胡村接壤，东与董村、桑梓村接壤。它紧靠108国道和南同蒲铁路，而且有郑太客运专线太谷东站建于此，地理位置优越，交通便利。谷县朝阳村户籍人口为5831人，包括寄住人口在内的常住人口

---

[1] 严蓓蓓：《人的城镇化与失地农民城市适应性障碍之消除——以南京市江宁区为例》，《人民论坛》2013年第26期，第140—142页。

[2] 吴业苗：《农民转身：新型农村社区的适应处境与公共服务建设》，《浙江社会科学》2013年第1期，第98—159页。

[3] 朱东亮、高杨：《城镇化背景下失地农民的适应问题及对策分析》，《中共福建省委党校学报》2015年第4期，第73—79页。

[4] 周柏春、史慕华：《新型城镇化进程中的农民适应性问题及其纠治》，《农业经济》2015年第2期，第74—76页。

约有2070户10000人，所辖3个联队，户籍人口中绝大多数留在本村务农、打工，外出打工者极少。朝阳村主导产业以工业为主，拥有企业80多家，其中大型玛钢铸造加工企业12家。2014年，全村经济总收入为5.53亿元，列于全县村庄之首，是全县的富裕村，全村农民人均纯收入为14983元，高于谷县农民人均收入水平14037元。朝阳村同时也是省、市新农村建设推进村，市新农村建设示范村；先后被评为省、市爱国卫生先进村和山西省生态村。2011年由村民自筹规划建设10栋住宅楼小区，命名为"朝阳社区"，分4期建成，面积有122平方米和145平方米两种，房价分为5种：每平方米922元、950元、1000元、1050元和1200元。朝阳村村民分3批搬进去，至2015年入住390户，村民全部搬入楼房。①

朝阳社区内建有体育运动设施、小区花园等。2011年，村内投资300万元，对6公里的街巷硬化，提前一年完成农村街巷硬化覆盖工程，街巷硬化总里程为30余公里。同时以建设园林村、绿化村为目标，积极实施"绿化街道、户户见绿"工程，建成小片林100余亩，栽植各类绿化树种5000余株，绿化大街4条，长3.5公里。② 本次调研就在朝阳社区进行，样本的基本情况如下。

（一）年龄结构分布情况

如图5-1所示，社区样本中，20岁及以下的占5.8%，21~30岁的占17.4%，31~40岁的占19.8%，41~50岁以上的占25.6%，50岁以上的占30.9%，缺失值1个，占0.5%。超过一半的被调查者是40岁以上的社区居民，这是因为迁入新社区一般都是由家中的主要劳动力来决定的，因此，社区中的中年人较多。而一部分村民主要是为孩子结婚准备新房而购买社区中的楼房，因此，社区中年轻人的比重也较大。同时由于调研是在夏天开展，社区中的老人多数在老屋避暑，因此调研对象中老人所占比例较少。

（二）性别结构分布情况

如图5-2所示，样本中男性所占比重为47.8%，女性所占比重为

---

① 《晋中市谷县胡村镇朝阳村村庄规划》，载山西省城乡规划设计研究院网站，http://www.sxcxgh.cn/。

② http://www.tcmap.com.cn/shanxisheng/taiguxian_hucunzhen_chaoyangcun.html。

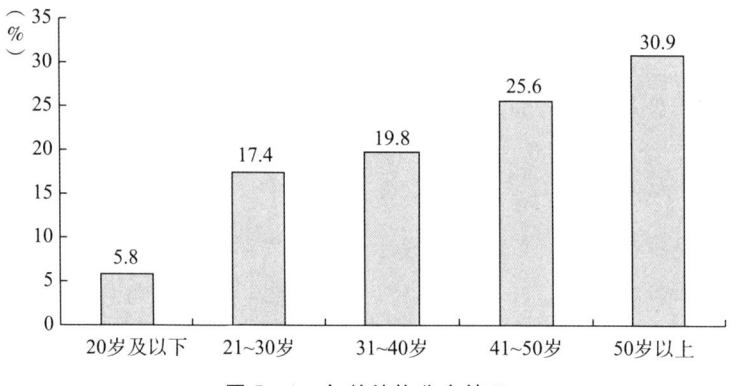

图 5-1　年龄结构分布情况

52.2%，男女比例相差不大。因为傍晚是社区居民下班或者农忙结束后的休息时间，他们多聚集在社区公共场所进行娱乐活动，为调研中男女比例较为接近提供了条件。而女性结伴活动以及喜爱热闹的天性使社区内女性的调研相对容易进行，因此女性的比重较男性稍高。

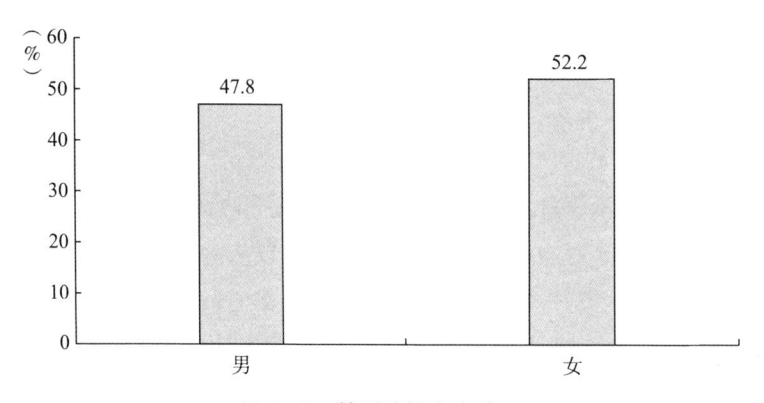

图 5-2　性别结构分布情况

（三）受教育水平分布情况

由图 5-3 可以看出，居民文化程度偏低，以初中学历为主，初中学历占样本总体的 55.1%，专科或大学学历仅占 10.1%。个人的受教育水平受家庭经济情况以及个人意愿等综合因素的影响，而调研对象中以 40 岁以上的中年人为主，因此还受历史条件的制约，所以居民的文化程度偏低。

（四）社区家庭人口情况

如图 5-4 所示，调查地区的家庭平均人口数为 3~4 口人，占样本总数的 68.1%。众数为 4 口人，所占比重为 34.3%，由此可见社区住户以核心家

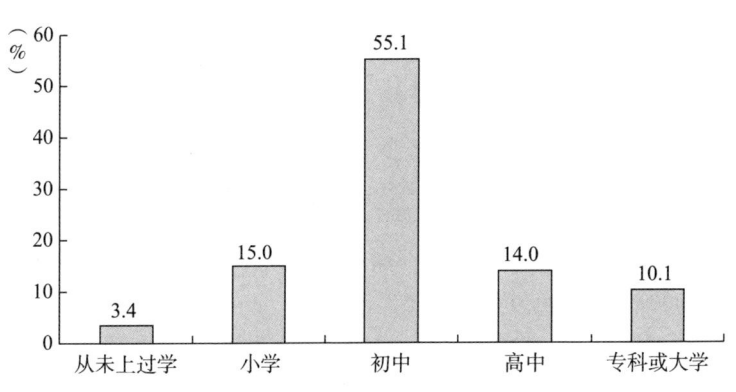

庭为主。家庭人口数对于村民迁入楼房生活的满意度有着重要的影响。

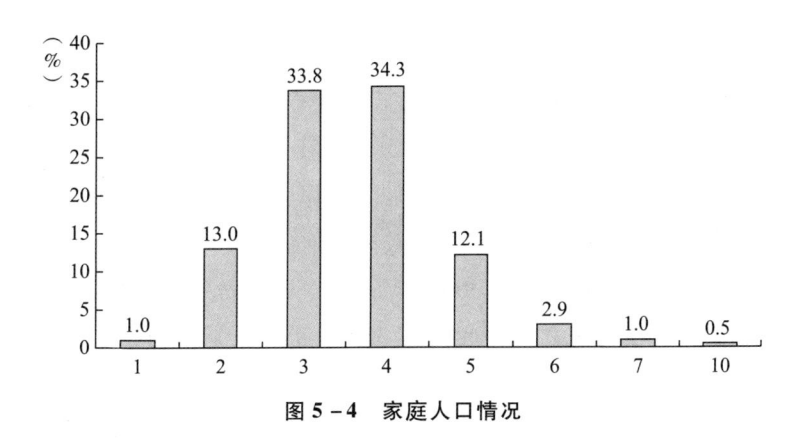

图5-3 受教育水平分布情况

图5-4 家庭人口情况

第二节 就地城镇型农民集中居住及其文化适应性研究

新型城镇化是以人为核心的城镇化，农民作为城镇化的主体，其在就地城镇化过程中的适应性问题是检验新型城镇化是否达标的关键所在。有关学者提出"文化适应"的概念，主要用于解释移民对新环境的适应问题。[1] 农

---

[1] 叶继红：《城郊失地农民的就地城镇化与移民文化适应》，《思想战线》2010年第2期，第61—65页。施国庆：《非自愿移民：冲突与和谐》，《江苏社会科学》2005年第5期，第22—25页。

民搬进统一规划的就地城镇化社区内,其生活方式、生产方式、交往方式、居住方式以及社区管理方面都出现不同程度的变化。

一 生活方式适应性分析

(一)居民收入增加,消费能力提高

如表5-1所示,在入住社区前,居民的年收入在10000元及以下的占18.8%;年收入在10001~20000元的占18.4%;20001~30000元的有18.8%;30001~40000元和40001~50000元的分别占6.8%、12.6%;50001元及以上的占15.5%。在入住社区之后,与之相对应,年收入在10000元及以下、10001~20000元、20001~30000元和40001~50000元的分别占14.0%、15.9%、13.5%和11.6%,比例有所下降;收入在30001~40000元和50001元及以上的占了总体的9.7%和25.6%,比例有所提高。

稍加对比就可以发现,在入住前后的数据中,在缺失值(入住前为19,入住后为20)相差不大的条件下,入住社区之后的居民年收入比入住社区之前的年收入有了一定程度的增加。具体表现在,收入较低的居民数量在入住社区之后有所减少,而收入较高的居民数量在入住社区之后有所增加。入住社区之前年收入在30000元及以下的人数为116人,所占比重为56%,而在入住社区之后年收入在30000元及以下的为90人,占了总体的43.4%,数量减少了26人,下降了12.6个百分点。而在入住社区之前,收入在30001元及以上的人数为72人,占总体的34.8%,入住社区之后数量增加到了97人,占了总体的46.9%,人数增加了25人,增加了12个百分点。可见,在入住社区之后,居民的收入有了或多或少的增加,这是由于之前的收入来源主要是靠农业,而在入住社区之后,有些农户不仅保留了一部分土地,而且社区靠近城市,社区附近还有玛钢厂,农户的收入来源趋于多元化,因此农户的收入较之以往有了一定程度的增加。

表5-1 入住社区前后居民年收入变化

居民年收入	入住前		入住后	
	频数	百分比(%)	频数	百分比(%)
10000元及以下	39	18.8	29	14.0

续表

居民年收入	入住前 频数	入住前 百分比（%）	入住后 频数	入住后 百分比（%）
10001～20000元	38	18.4	33	15.9
20001～30000元	39	18.8	28	13.5
30001～40000元	14	6.8	20	9.7
40001～50000元	26	12.6	24	11.6
50001元及以上	32	15.5	53	25.6
缺失	19	9.2	20	9.7
总计	207	100.0	207	100.0

从表5-2可以看出，在入住社区前，居民月支出在500元及以下的有31人，占总体的15.0%；月支出在501～1000元有46人，占总体的22.2%；月支出在1001～1500元的有16人，占总体的7.7%；月支出在1501～2000元的有53人，占总体的25.6%；月支出在2001～2500元的有3人，占总体的1.4%；月支出在2501～3000元的有18人，占总体的8.7%；月支出在3001元及以上的有17人，占总体的8.2%。而在居民入住社区之后，月支出在500元以下的有21人，占总体的10.1%；月支出在501～1000元的有37人，占总体的17.9%；月支出在1001～1500元的有18人，占总体的8.7%；月支出在1501～2000元的有33人，占总体的15.9%；月支出在2001～2500元的有6人，占总体的2.9%；月支出在2501～3000元的有33人，占总体的15.9%；月支出在3001元及以上的有38人，占总体的18.4%。

表5-2 居民入住社区前后月支出

月支出	入住前 频数	入住前 百分比（%）	入住后 频数	入住后 百分比（%）
500元及以下	31	15.0	21	10.1
501～1000元	46	22.2	37	17.9
1001～1500元	16	7.7	18	8.7
1501～2000元	53	25.6	33	15.9
2001～2500元	3	1.4	6	2.9

续表

月支出	入住前		入住后	
	频数	百分比（%）	频数	百分比（%）
2501~3000元	18	8.7	33	15.9
3001元及以上	17	8.2	38	18.4
缺失	23	11.1	21	10.1
总计	207	100.0	207	100.0

将居民入住社区之前的月支出和入住社区之后对比可以发现，居民在入住社区之后，月支出也有了一定幅度的增加。在入住社区之前，居民月支出在2000元及以下的有146人，占总体的70.5%；而在入住社区之后，居民的月支出在2000元及以下的有109人，占总体的52.6%。与入住社区之前相比，居民月支出在这一层次的人数减少了37人，占总体的百分比下降了17.9个百分点。相应地，在入住社区前，居民的月支出在2001元及以上的人数有38人，占总体的18.3%；而在入住社区之后，居民月支出在2001元及以上的人数有77人，占总体的37.2%。与之前相比，人数增加了39人，占总体的百分比增加了18.9个百分点。可见，虽然居民在入住社区之后，年收入有所增加，但是随之而来的是居民月支出的增加。

（二）入住社区后，生活成本增加

如表5-3所示，在入住小区之后，有61人表示家庭开销大大增加，占总体的29.5%；有106人认为家庭开销有所增加，占总体的51.2%；有33人认为家庭开销基本不变，占总体的15.9%；而只有3人认为家庭开销减少，占总体的1.5%。可见，居民入住社区之后也切身感受到了家庭支出的增加。

表5-3 入住社区之后，家庭开销的变化情况

变化情况	频数	百分比（%）
大大增加	61	29.5
有所增加	106	51.2
基本不变	33	15.9
有所减少	2	1.0
大大减少	1	0.5

续表

变化情况	频数	百分比（%）
缺失	4	1.9
总计	207	100.0

从表 5-4 中可以看出，大多数居民认为影响家庭开销的原因主要是生活成本的变化，所占比重为 42.5%；此外，还有 12 人认为收入的变化影响着家庭开销的变化，占总体的 5.8%；有 34 人认为生活环境的变化也影响着家庭开销的变化，占总体的 16.4%；还有 50 人认为物价水平的变化影响着家庭开销的变化，占总体的 24.2%；有 2 人认为是其他原因影响着家庭开销的变化，占总体的 1%。

表 5-4 影响居民家庭开销变化的原因

原因	频数	百分比（%）
生活成本变化	88	42.5
收入变化	12	5.8
生活环境	34	16.4
物价变化	50	24.2
其他原因	2	1.0
缺失	21	10.1
总计	207	100.0

从表 5-5 可以进一步看出，在入住社区之后，居民外出购物的频次增多，每天都外出购物的人数达到一半，有 104 人，占总体的 50.2%；每周外出购物 5 次及以上的有 14 人，占总体的 6.8%；每周外出购物 3~4 次的有 35 人，占总体的 16.9%；每周外出购物 1~2 次的有 29 人，占总体的 14.0%；基本不购物的有 17 人，占总体的 8.2%。可见在入住社区后，由于更临近城市，因此居民的购物频次也随之增加。此外，居民外出购物频次的增加也与入住社区后大部分居民到市场上购买粮食、蔬菜有关。

表 5-5 入住社区后的购物情况

购物情况	频数	百分比（%）
每天	104	50.2

续表

购物情况	频数	百分比（%）
每周 5 次及以上	14	6.8
每周 3~4 次	35	16.9
每周 1~2 次	29	14.0
基本不购物	17	8.2
缺失	8	3.9
总计	207	100.0

如表 5-6 所示，在入住社区前，自己种植蔬菜的有 59 人，占总体的 28.5%；市场购买的有 103 人，占总体的 49.8%；少部分自己种植，大部分市场购买的有 30 人，占总体的 14.5%；大部分自己种植，少部分市场购买的有 13 人，占总体的 6.3%。而在入住社区之后，自己种植蔬菜的只有 33 人，占总体的 15.9%，减少了 26 人，所占比重也相应下降了 12.6 个百分点；从市场购买蔬菜的人数则增加到 130 人，占总体的 62.8%，增加了 27 人，所占比重增加了 13 个百分点；少部分自己种植，大部分购买蔬菜的居民仍是 30 人，与入住社区之前的比重相同；大部分自己种植，少部分市场购买的有 12 人，占总体的 5.8%，也与入住社区之前相差不大。可见在入住社区之后，居民从市场上购买蔬菜的比重增加。

表 5-6 入住社区前后蔬菜的来源

蔬菜来源	入住小区前 频数	入住小区前 百分比（%）	入住小区后 频数	入住小区后 百分比（%）
自己种植	59	28.5	33	15.9
市场购买	103	49.8	130	62.8
少部分自己种植，大部分市场购买	30	14.5	30	14.5
大部分自己种植，少部分市场购买	13	6.3	12	5.8
缺失	2	1.0	2	1.0
总计	207	100.0	207	100.0

如表 5-7 所示，在入住社区前，自己种植粮食的有 80 人，占总体的 38.6%；从市场上购买粮食的有 84 人，占总体的 40.6%；少部分自己种植，大部分市场购买的有 32 人，占总体的 15.5%；大部分自己种植，少

部分市场购买的有10人，占总体的4.8%。而在入住社区后，自己种植粮食的有52人，占总体的25.1%，与入住社区之前相比，减少了28人，所占比重相应减少了13.5%；而从市场购买粮食的有113人，占总体的54.6%，比入住社区前增加了29人，所占比重增加了14个百分点；少部分自己种植，大部分从市场购买的有31人，占总体的15.0%，与入住社区之前相差较小；而大部分自己种植，少部分从市场购买的有8人，占总体的3.9%。可见在入住社区之后，居民从市场购买粮食和蔬菜的比重都有所增加，这是居民生活成本和支出增加的原因之一。

表5-7 入住社区前后粮食的来源

粮食来源	入住小区前 频数	入住小区前 百分比（%）	入住小区后 频数	入住小区后 百分比（%）
自己种植	80	38.6	52	25.1
市场购买	84	40.6	113	54.6
少部分自己种植，大部分市场购买	32	15.5	31	15.0
大部分自己种植，少部分市场购买	10	4.8	8	3.9
缺失	1	0.5	3	1.4
总计	207	100.0	207	100.0

（三）家庭支出多元化，社会保险缺乏

如表5-8所示，在入住社区之前，有77人开支用于购买农业生产资料，占总体的37.2%；在入住社区之后，只有48人开支用于购买农业生产资料，占总体的23.2%，人数较入住社区之前已有所减少，减少了29人，所占比重相应减少了14个百分点。

表5-8 入住社区前后开支用于购买农业生产资料对比

	入住前 频数	入住前 百分比（%）	入住后 频数	入住后 百分比（%）
是	77	37.2	48	23.2
否	119	57.5	146	70.5
缺失	11	5.3	13	6.3
总计	207	100.0	207	100.0

如表 5-9 所示,在入住社区之前,开支中用于购买电器家具的有 16 人,占总体的 7.7%;在入住社区之后,这一人数有所增加,有 27 人,占总体的 13%,人数增加了 11 人,所占比重增加了 5.3 个百分点。

表 5-9 入住社区前后开支用于购买电器家具对比

	入住前		入住后	
	频数	百分比(%)	频数	百分比(%)
是	16	7.7	27	13.0
否	180	87.0	167	80.7
缺失	11	5.3	13	6.3
总计	207	100.0	207	100.0

如表 5-10 所示,在入住社区之前,开支中用于供孩子上学的有 102 人,占总体的 49.3%;在入住社区之后,居民开支中用于供孩子上学的有 78 人,占总体的 37.7%。与之前相比,入住社区之后,开支用于供孩子上学的人数有所减少,准确地说是减少了 24 人,所占比重减少了 11.6 个百分点。

表 5-10 入住社区前后开支用于供孩子上学对比

	入住前		入住后	
	频数	百分比(%)	频数	百分比(%)
是	102	49.3	78	37.7
否	94	45.4	116	56.0
缺失	11	5.3	13	6.3
总计	207	100.0	207	100.0

从表 5-11 来看,在入住社区前后,开支中用于支出医疗费用的人数一样,都为 42 人,占总体的 20.3%,并没有产生较大变化。

表 5-11 入住社区前后开支用于支出医疗费用对比

	入住前		入住后	
	频数	百分比(%)	频数	百分比(%)
是	42	20.3	42	20.3
否	154	74.4	152	73.4

续表

	入住前		入住后	
	频数	百分比（%）	频数	百分比（%）
缺失	11	5.3	13	6.3
总计	207	100.0	207	100.0

如表5-12所示，在入住社区之前，开支中用于购买社会保险的有11人，占总体的5.3%；在入住社区之后，人数有19人，所占比重为9.2%，人数增加了8人，所占比重增加了3.9个百分点。

表5-12 入住社区前后开支购买社会保险对比

	入住前		入住后	
	频数	百分比（%）	频数	百分比（%）
是	11	5.3	19	9.2
否	185	89.4	175	84.5
缺失	11	5.3	13	6.3
总计	207	100.0	207	100.0

从表5-13可以看出，在入住社区之前，开支中用于支付房款的有16人，占总体的7.7%；在入住社区之后，开支中用于支付房款的有29人，占总体的14.0%，与之前相比，人数增加了13人，所占比重增加了6.3个百分点。

表5-13 入住社区前后开支用于支付房款对比

	入住前		入住后	
	频数	百分比（%）	频数	百分比（%）
是	16	7.7	29	14.0
否	180	87.0	165	79.7
缺失	11	5.3	13	6.3
总计	207	100.0	207	100.0

从表5-14可以看出，在入住社区之前，开支中用于水电费支出的有47人，占总体的22.7%；在入住社区之后，开支中用于水电费支出的人数

有79人，占总体的38.2%，与之前相比，人数增加了32人，所占比重增加了15.5个百分点。

表5-14 入住社区前后开支用于水电费开支对比

	入住前		入住后	
	频数	百分比（%）	频数	百分比（%）
是	47	22.7	79	38.2
否	147	72.0	115	55.6
缺失	13	6.3	13	6.3
总计	207	100.0	207	100.0

如表5-15所示，在入住社区之前，开支中用于暖气费支出的人数有14人，占总体的6.8%；在入住社区之后，这一人数增加到63人，占总体的30.4%，与之前相比，人数增加49人，所占比重增加了23.6个百分点。

表5-15 入住社区前后开支用于暖气费支出对比

	入住前		入住后	
	频数	百分比（%）	频数	百分比（%）
是	14	6.8	63	30.4
否	182	87.9	131	63.3
缺失	11	5.3	13	6.3
总计	207	100.0	207	100.0

如表5-16所示，在入住社区之前，开支中用于煤气和天然气费支出的人数只有8人，占总体的3.9%；在入住社区之后，这一人数增加到50人，占总体的24.2%，人数增加了42人，所占比重增加了20.3个百分点。

表5-16 入住社区前后开支用于煤气与天然气费支出对比

	入住前		入住后	
	频数	百分比（%）	频数	百分比（%）
是	8	3.9	50	24.2
否	188	90.8	144	69.6

续表

	入住前		入住后	
	频数	百分比（%）	频数	百分比（%）
缺失	11	5.3	13	6.3
总计	207	100.0	207	100.0

如表5-17所示，在入住社区之前，开支中用于交通费用支出的人数有6人，占总体的2.9%；在入住社区之后，这一人数增加到16人，所占比重为7.7%，人数增加了10人，所占比重增加了4.8个百分点。

表5-17 入住社区前后开支用于交通费用支出对比

	入住前		入住后	
	频数	百分比（%）	频数	百分比（%）
是	6	2.9	16	7.7
否	190	91.8	178	86.0
缺失	11	5.3	13	6.3
总计	207	100.0	207	100.0

如表5-18所示，在入住社区之前，开支中用于红白喜事支出的人数有11人，占总体的5.3%；在入住社区之后，这一人数增加到22人，所占比重为10.6%，人数增加了11人，所占比重增加了5.3个百分点。

表5-18 入住社区前后开支用于红白喜事支出对比

	入住前		入住后	
	频数	百分比（%）	频数	百分比（%）
是	11	5.3	22	10.6
否	185	89.4	171	82.6
缺失	11	5.3	14	6.8
总计	207	100.0	207	100.0

如表5-19所示，在调查中，有172人表示享有医疗保险，占总体的83.1%；有养老保险的有97人，占总体的46.9%；有9人享有农村最低生活保障，占总体的4.3%；享有其他社会保险的有14人，占总体的

6.8%。可见，居民享有的社会保险覆盖面较广的是医疗保险，而其他项目的社会保险覆盖率则较低。

表 5-19　享有何种社会保险

	医疗保险		养老保险		农村最低生活保障		其他	
	频数	百分比（%）	频数	百分比（%）	频数	百分比（%）	频数	百分比（%）
是	172	83.1	97	46.9	9	4.3	14	6.8
否	27	13.0	102	49.3	190	91.8	185	89.4
缺失	8	3.9	8	3.9	8	3.9	8	3.9
总计	207	100.0	207	100.0	207	100.0	207	100.0

表 5-8 至表 5-19 表示的是居民在入住社区前后，开支项目的选择人数方面的变化，可以发现在这些项目中，居民认为在入住社区后支出用于购买电器家具、社会保险、水电费、暖气费、煤气费、天然气费、交通费用以及红白喜事方面的人数增多。这不仅说明了在入住社区之后，认为家庭开支用于这些项目的人数增多，也在一定程度上反映了在入住社区之后，需要家庭开销的项目偏多，居民生活成本增加，从而使家庭开支也随之增加。

二　农户生产方式适应性分析

集中居住是我国推进城镇化建设的强大动力源，随着我国经济的迅猛发展，城镇化步伐的不断加快，越来越多的地区开始实施农民集中居住安置工作。在推进农民集中居住的过程中，农户大量的耕地被占用，一些自然村落在城镇化的过程中逐渐走向了"终结"，成千上万名农户开始进入城市集中居住。但由于部分地区在推进农民集中居住过程中速度过快，与当地的经济发展速度和城镇化发展速度不匹配，从而产生了一些消极影响。农民虽然已经实现了空间位置上的转移，但是由于其生活习惯、思想观念、价值系统和生活方式难以在短时间内改变，加上集中居住后社会保障体系、就业安置工作等滞后，农户开始出现适应性问题。农户从农业社区搬迁到非农业社区，在逐渐远离原来熟悉的农业社区文化之后，却又难以对城市社区的文化进行很好的适应，从而会导致农户在集中居住过程中产生文化适应性问题。下面将从农户搬迁前后家庭收入来源、职业和生计环境等方面的变化进行具体分析。

(一) 农户集中居住前后家庭收入来源对比

就地城镇化促使农村地区在原行政区域范围内,以相关现代产业体系为推力,以基础设施建设和公共服务供给为重点,逐步实现农民就地就近就业。[1] 在实地调查过程中发现,搬入社区前农户以务农为主,只有少部分农民务工或从事个体经营,农民收入普遍不高,生活质量与城市居民有较大差距。就地城镇化之后,务农人数所占比例逐渐缩小,而务工人数的比例逐渐增多,有些农民不仅保留了原有的一部分土地,而且由于社区靠近城市,社区附近还有玛钢厂,多数农民进入附近的玛钢厂工作,农民的收入来源趋于多元化,农民所从事的职业发生本质转变,实现了由农民向工人的身份转换。如表5-20所示,农户在集中居住之前以务农为主,务农人口所占比例为55.6%,务工人口所占比例为28%,从事个体经营的人口所占比例为9.7%,主要依靠政府补贴生活的农户仅占被调查农户的1.4%。由此可见,农户在集中居住之前主要依靠务农为生,同时务工在其生活方式和生产方式中也占有相当大的比例,而依靠个体经营和政府补贴生活的农户所占比例相对较小。

表5-20 入住社区前后家庭收入主要来源情况

家庭收入主要来源	入住前 频数	入住前 百分比(%)	入住后 频数	入住后 百分比(%)
务工	58	28.0	99	47.8
务农	115	55.6	87	42.0
个体经营	20	9.7	12	5.8
政府补贴	3	1.4	1	0.5
缺失	11	5.3	8	3.9
总计	207	100.0	207	100.0

农户搬迁之后的家庭主要收入来源是务工,所占比例为47.8%,务农

---

[1] 胡银根、廖成泉、刘彦随:《新型城镇化背景下农村就地城镇化的实践与思考——基于湖北省襄阳市4个典型村的调查》,《华中农业大学学报》(社会科学版) 2014年第5期, 第98—103页。

的农户所占比例为42.0%，从事个体经营的农户所占比例为5.8%，依靠政府补贴维持生计的农户所占比例为0.5%。由此可见，在农户搬迁进集中居住小区之后，家庭收入来源发生了一些小的改变，搬迁入住集中居住小区之后农户主要依靠务工收入维持生计。但是，从收入的总体结构来看，收入结构并未发生大的变化，仍然以务工和务农为主，这说明集中居住前后农户的收入来源及收入结构变化不大。

由以上的分析讨论可以看出，农户在集中居住前后，收入来源和收入结构变化不大，并未出现实质性的改变，这可能是农户生活习惯、生存环境和社会环境使然。因为长期生活在一定环境条件下的人们思想观念和行为方式潜移默化地受到环境的影响，并与之形成了各种微妙的紧密联系，形成特有的、稳定的生活模式或者文化模式，在短时间内难以发生改变。

（二）集中居住前后农户职业变化情况对比

如表5-21所示，在实地调查过程中发现，入住前农户以务农为主，所占比例为40.1%，务工的农户所占比例为16.9%，从事个体经营的农户所占比例为5.8%，依靠政府补贴的农户所占比例为6.8%；而在农民集中居住之后，务农的农户比例下降到34.3%，务工的农户比例则上升到26.6%，而从事个体经营的农户比例为5.3%，依靠政府补贴的农户所占比例依旧为6.8%。

表5-21 入住社区前后村民的职业情况

主要职业	入住前 频数	入住前 百分比（%）	入住后 频数	入住后 百分比（%）
务工	35	16.9	55	26.6
务农	83	40.1	71	34.3
个体经营	12	5.8	11	5.3
政府补贴	14	6.8	14	6.8
缺失	63	30.4	56	27.1
总计	207	100.0	207	100.0

通过以上的对比分析可知，在农户集中居住之后，务农人数所占比例逐渐缩小，务工人数所占比例逐渐增加，而个体经营和依靠政府补贴的农户所占比例基本不变。由此可见，集中居住对职业为个体经营和依靠政府

补贴的农户影响很小,对职业为农民的农户影响最大。由于集中居住前,农户大多以务农为生,有固定的土地和农业收入来源,而在集中居住后,大部分农户失去土地,被迫失去原来的职业,社会保障体系和就业保障制度尚不健全,无法为失地农民提供充足的社会保障,导致有37.2%的失地农民仅仅依靠临时工作来维持生计,只有24.6%的农户拥有固定工作(见表5-22)。

表5-22 现在从事职业的工作性质

工作性质	频数	百分比(%)
固定工作	51	24.6
临时工作	77	37.2
缺失	79	38.2
总计	207	100.0

由以上的讨论可知,集中居住对从事非农职业的农户生计方式影响较小,而对从事农业生产和涉农生产的农户影响较大。"讨论失地农民的文化适应问题,是将失地农民看作一个整体来考察他们对于变迁了的社会文化环境的适应状况。但是由于失地农民个体的差异(如不同的年龄、文化素质、生活经历、心理机能等),使他们在文化适应上表现出一定的差异性。"[1]

案例5-1:吴某,男,年龄37岁。在未搬迁进小区居住前,跟老人居住,现在跟老人分开居住。主要的生计方式是个体经营,从事养车工作,经济条件相对较好,现在搬进小区居住之后,生计方式未发生改变,仍然以个体经营为生。吴某认为搬迁对他而言,只是生活空间的改变而已,就生计方式和生活方式而言,有一些影响,但是影响很小,只是居住方式发生了改变,但是他能够适应这种居住方式的变化。他认为唯一的变化就是集中居住之前每天不需要购物,现在基本上每天都需要外出购物,对于这种改变只能是被迫适应,不过经过

---

[1] 叶继红:《城郊失地农民的集中居住与移民文化适应》,《思想战线》2010年第2期,第61—65页。

一段时间的调适之后,他还是比较满意现在的生活方式和居住环境的。

村民吴某由于集中居住前后从事的职业未发生变化,都是以个体经营为生,所以集中居住对他的生计方式几乎没有影响。不过对于那些集中居住前后职业发生较大变化的农户而言,集中居住对其生计影响确实较大。社区内还有一些原来以务农为生的农户,集中居住之后失去了原来的土地,被迫放弃了农业生产,但遗留下来的农业生产工具无处安放,因为现在的居住空间相对过去变小。现在的居住方式给原来以务农为生的农民带来了很大的不便,给他们的生计也带来了很大的影响。

由上可知,由于农户个体存在差异性,从而导致农户在集中居住过程中也会存在一定文化适应上的差异性。这个文化模式是在长期的生产实践过程中形成的,在短时间内是无法改变的,农户只能在以后的生产实践过程中慢慢去适应这种文化上的差异。

(三) 影响农户集中居住过程中生产方式适应性的因素

"文化适应"这一概念被国内学者引进后主要用于解释移民对新环境的适应问题。[①] 显然,农民搬进统一规划的集中居住区内,其居住方式、生产方式、生活方式以及社会交往方式都发生不同程度的变化。因此,他们在面临新的生活环境和居住环境时也会出现文化适应问题。在这里主要讨论的是农户在集中居住过程中面临新环境时影响其生产方式适应性的因素,主要包括收入来源、职业、年龄和文化程度等方面。

收入来源及其稳定性会影响农户集中居住过程中的生计适应性。集中居住之前农户若是以务农为生,则集中居住对其生计方式适应性影响较大;而如果集中居住之前农户主要依靠非农业收入,则集中居住对其生计方式影响较小。这种居住方式和生活方式,对于之前居住在农村且主要以农业生产为生的农户来说,对其生计方式的适应性影响较大,因为集中居住之后他们丧失了原来的土地,基本上就断了其维持生存的收入来源。但

[①] 施国庆:《非自愿移民:冲突与和谐》,《江苏社会科学》2005 年第 5 期,第 22—25 页。
叶继红:《农民集中居住、文化适应及其影响因素》,《社会科学》2011 年第 4 期,第 78—86 页。

是，对于集中居住之前依靠其他手段谋生的农户来讲，这样的变化对其生计方式的影响较小。由此可见，收入来源的稳定性也会影响到农户生计方式的适应性，收入来源稳定的农户集中居住之后的适应性较强，而收入来源不稳定的农户集中居住之后的适应性较弱。

集中居住之前的职业会影响集中居住之后的适应性。虽然集中居住的农户主要以务农为生，但在农村地区仍有一些"农村精英"，能够在农村中脱颖而出，找到其他谋生手段，比如进行个体经营、担任货车司机等。对于从事非农职业的农户而言，在集中居住过程中他们对居住方式、生活方式和生计方式的变化适应性较强。对集中居住之前身份就是农民的农户来说，居住不是很方便，因为他们有很多的农具无处安放，而对于搬迁之前身份就是工人或已经脱离农业生产的农民而言，相对比较方便，因为他们没有农具需要安放，这样的居住环境和居住方式对他们而言适应性相对较好。

三 农户居住方式适应性分析

李强等通过对就地城镇化的研究，指出就地城镇化符合城镇化人口流动规律，促进区域均衡发展。[①] 应就地城镇化发展的要求，村民从原来的农村房屋搬入小区集体的单元楼，这种居住方式的变迁使村民需要舍弃旧的环境和居住方式，适应新的小区生活。搬迁后，村民的居住条件从样式、空间和环境方面给村民的居住习惯带来了哪些变化和影响？村民是否接受和适应这样的变化呢？

（一）村民原住房以宽敞的传统庭院式平房为主

如表5-23所示，去除3个缺失值，有91.2%的村民在搬迁之前居住在传统的农村庭院式平房，居住在其他类型住房的村民只占有效调查样本的8.9%。数据表明，搬迁之前绝大多数的村民住房为传统的庭院式平房，由带院子的多间房屋组成。这种房屋类型多具备充足的房间，村民有足够的空间放置日常生活工具、农用工具和农作物等物品。取暖方面用自行安装的锅炉和煤炭，生活用水主要依赖院中的井水，根据调查时村民的反

[①] 李强、陈振华、张莹:《就近城镇化与就地城镇化》,《广东社会科学》2015年第1期,第186—199页。

映,搬迁之前在用电、取暖和用水方面的开销很低,对村民来讲这样的住所非常方便。

表 5-23 村民原住房样式

样式	频数	有效百分比(%)
庭院式平房	186	91.2
非庭院式平房	2	1.0
庭院式楼房	1	0.5
非庭院式楼房	4	2.0
单元楼	7	3.4
其他	4	2.0
缺失	3	
总计	207	100.0

此外,如表 5-24 所示,去除 6 个缺失值,认为搬迁之前自己的住房宽敞或者刚好合适的有 70.7%,只有 29.3% 的村民表示自己搬迁之前的房屋空间拥挤或者较拥挤。由此可知,大多数村民搬迁之前的住房空间比较宽敞,平房能够为他们提供很安逸的居住环境。另一项调查数据显示,村民搬迁之前的房屋平均面积达到 125.4 平方米,这也客观上说明了村民的住房总体上很宽敞。

表 5-24 村民对原住房空间的态度分布

态度	频数	有效百分比(%)
很宽敞	46	22.9
较宽敞	50	24.9
刚好合适	46	22.9
拥挤	38	18.9
较拥挤	21	10.4
缺失	6	
总计	207	100.0

(二)小区楼房"更加宽敞"

自从搬迁到小区之后,部分村民的住房面积和空间大小发生了变化。

表 5-25 为村民对目前居住的楼房空间所持态度的统计数据。在 201 个有效样本中,有 93.6% 的村民觉得目前所居住的楼房刚好合适或者宽敞,只有 6.5% 的村民认为自己的房子拥挤或较拥挤,认为房子拥挤的主要原因是房子面积较小(见表 5-26)。

表 5-25 村民对现住房空间的态度分布

态度	频数	有效百分比(%)
很宽敞	48	23.9
较宽敞	91	45.3
刚好合适	49	24.4
拥挤	8	4.0
较拥挤	5	2.5
缺失	6	
总计	207	100.0

相比表 5-24 的数据,有更多的村民认为楼房宽敞,但是每户村民的平均楼房住房面积为 117.4 平方米,比搬迁之前少了 8 平方米。可见,"宽敞"对村民来说不只是物理上的认知,更多的是心理上的认知。虽然村民的实际住房面积减少,但是认为住房面积合适或者宽敞的人数占比多出了 22.9 个百分点,这与村民家庭人口数量的变动有一定的关系。

表 5-26 村民认为房间拥挤的原因

原因	频数	百分比(%)
房子面积小	19	32.8
房子高度较低	9	15.5
旧家具占用空间	9	15.5
农具占用空间	3	5.2
添置新家具占空间	4	6.9
其他	14	24.1
总计	58	100.0

如表 5-26 所示,认为楼房拥挤的村民当中,选择的首要原因是"房子面积小",所占比例为 32.8%。失去庭院和多间房屋的传统住所之后,

部分村民对楼房的小面积不满意。此外,还有人认为是房子高度较低,旧家具、农具和新家具占用空间导致房屋拥挤。由上可以看出,原因繁多,因人而异。

(三) 农户家庭类型变化情况

搬迁之后,村民的家庭类型也发生了相应的变化。如表 5-27 所示,去除 7 个缺失值,村民一直跟自己的父母住在一起的占总体的 50.5%,可见半数的村民经过搬迁之后家庭类型未发生变化。成家之后一直与父母分开住的村民占总体的 18.5%。在城镇化的推进下,理论上核心家庭所占的比重应该日益增加,但是就目前来看,主干家庭仍然是村民家庭的主要类型。搬迁所带来的影响主要表现在核心家庭增加:24.5% 的村民在搬迁之前的家庭类型是主干家庭,搬迁后与父母(或孩子)分开居住,成了核心家庭。虽然也有部分村民的家庭类型由核心家庭转化为主干家庭,但是所占比重并不大。

搬迁后核心家庭的增加,使部分村民的家庭人数减少,这也是为什么更多的村民能够从心理层面认为楼房更加宽敞。核心家庭比重增加是不可避免的趋势,小家庭结构能够使村民的生活成本降低,从而提高生活质量,实现村民个人生活的"城镇化"。

表 5-27 村民家庭类型变化情况

居住类型	频数	有效百分比(%)
之前分开,现在一起	13	6.5
之前一起,现在分开	49	24.5
一直分开住	37	18.5
一直一起住	101	50.5
缺失	7	
总计	207	100.0

(四) 农户居住环境适应情况

1. 空间适应

"独门独户"的庭院式平房相比小区中的单元楼较为宽敞,并且适合串门走动。问卷数据表明,村民在搬迁之后对小区楼房的居住环境大体适应,75.0% 的村民较好地适应了环境,很少会感觉到压抑;只有 25.0% 的村民会在小区环境中感觉到压抑（见表5-28）。

表5-28 村民对楼房空间适应情况

是否压抑	频数	有效百分比（%）
经常会	14	6.9
偶尔会	37	18.1
一般不会	99	48.5
从来不会	54	26.5
缺失	3	
总计	207	100.0

但是通过深度访谈，调查小组了解到不同职业的村民对不同的居住类型所持的态度有一定差距。下列两个访谈能够为我们呈现村民不同的观点：

案例5-2：戴某，男，36岁，朝阳社区村民，家中共五口人，其中包括一对老人。20多岁起便在附近的钢铁厂上班，曾因为工作需要长期奔走于内蒙古，2013年失去钢铁厂工作，如今主要在各地打工，并经营着自家的1.8亩耕地（种植玉米）。戴某仍然保留着老村的房子——庭院式平房，共有十几间，家中五口人有非常宽阔的居住空间，此外空房能够作为存放日常生活用具、农具和农作物等物品的库房。院中有水井，全家人用水便是靠这口井。冬季取暖靠自己安装的锅炉。戴某在朝阳社区4楼拥有一套121平方米的房子，是2013年付款并搬入这个小区的，不论是在原来的平房还是在小区内，戴某一直与家中老人一起生活。

戴某留有原来的平房，而且没有卖掉或者以其他方式处理掉的打算。因为在他看来，对一个农民来说，"房子越多越好"。每年夏天戴某一家仍然选择搬回老平房。他表示，原来的平房因为宽敞、凉爽而适合一家人在夏天居住。同时，平房的生活成本低，尤其是电费成本。"独门独户"让他们能保留隐私，更加方便，还有足够的空房能够放东西。老人在进出时也比较方便，不需要爬楼梯。但相比平房，小区楼房能够提供更干净卫生的环境，比如抽水马桶比原来的土厕卫生很多。楼房还不需要烧火，冬天取暖非常便利。如果必须二选一，戴某更愿意居住在原来的平房里。他说"干的活不一样，生活环境就应该不同"，"工人适合住楼房，农民适合住平房"，因为农民需要地方放置农具和粮食。

案例 5-3：杨某，男，28岁，当地公务员，在小区居住，是家中的独生子。2009年毕业于青岛一所大专院校后通过公务员考试在当地政府机关工作至今。其父母也是公务员，如今已退休。原来杨某一家住在农村庭院式平房，有5间正房、2间南房、2间西房。平房建于1991年，杨某一家在这里度过了二十多年。杨某2013年结婚后在小区购买了两套楼房，分别给自己和父母住。两套房子不在同一个单元内。因为全村人都搬入了小区，因此老人也跟着大家走，选择搬进来。

杨某在2014年将原来的平房卖给了自己的一个朋友。他说房子放着没人住的话老化得比较快，维护起来麻烦不说，还会增加一笔不小的开支。在他看来，居住环境的舒适程度因季节而异：夏天居住在平房，宽敞、凉快；冬天适合居住在楼房，取暖方便。但是从整体上来衡量，杨某更愿意选择居住在楼房。因为原来在农村居住，交通不发达，上班更是不方便。其父母也愿意居住在楼房，因为冬天老人自行取暖不方便，楼房的集体供暖解决了这个问题。因为他不是农户，所以住在小区楼房内使他的工作和生活更加轻松。他说搬入小区没有愿意不愿意这种说法，因为"城镇化是一个整体趋势"，大家应该顺应这个过程。

除了数据所示，上述案例为我们呈现了村民不同的观点。案例5-2中的戴某作为一个农民，更加适应庭院式平房"独门独户"带来的方便：有空房储藏农田收成和农具。他更愿意保留自己原来的住所，只是在冬天因为"取暖方便"而倾向于住在小区楼房内，夏天便搬回原来的住所，形成了独特的不断迁徙的居住方式。案例5-3中的杨某因为自身的工作关系，对城镇化的趋势有清楚的认识，并更倾向于选择小区楼房的居住方式。原住所对他来说已经失去了保留的意义，小区楼房生活更加便利。因此，对楼房的空间适应情况及满意度与村民的职业和生活习惯等有切实的联系。

2. 邻里生活

如表5-29所示,80.6%的村民并不认为楼房空间的限制使他们受到邻里噪声的影响。搬迁之后居住方式的改变,使他们失去独门独户的庭院,与邻居居住在同一栋单元楼里,但是这并没有影响到村民的生活。

表5-29 邻里噪声影响情况

噪声影响	频数	有效百分比(%)
有	39	19.4
无	162	80.6
缺失	6	
总计	207	100.0

虽然如此,如表5-30所示,仍然有45.0%的村民选择在自己家中压低说话声音,以免影响他人的生活。同时也有半数以上的村民并没有因为居住环境的变化而改变自己大声说话的习惯。可见,楼房生活并没有对村民的私人家庭生活产生太大的影响。

表5-30 村民家庭交流是否压低声音

压低说话声音	频数	有效百分比(%)
是	91	45.0
否	111	55.0
缺失	5	
总计	207	100.0

四 农户交往方式现状

(一) 社区居民同质性较强

由表5-31可知,在社区居民是否属于同村居民这个问题上,54.1%的村民回答是都是同村人,认为大部分是同村居民的占31.9%,认为少部分是同村居民的占10.1%,而不清楚的占2.4%。从这组数据可以看出,有86%的被调查者认为目前这个小区里面的居民都是或者大部分是同村居民。由此可以得出,我们本次调研所涉及的调查对象大多是同村的居民,只有很少的一部分不是同村的居民。而同村村民同质性高,社区居民在搬迁以及生活中所遇到的困难和问题在一定程度上有相似性,同时高同质性可以表明农村社区的楼房确确实实落实在了农户身上,而不是用于其他用途。

表 5-31 社区居民构成统计

构成情况	频数	百分比(%)
都是同村人	112	54.1
大部分是同村人	66	31.9
少部分是同村人	21	10.1
不清楚	5	2.4
缺失	3	1.4
总计	207	100.0

(二)邻里间的社交活动减少,社交圈子小

由表 5-32 可以得知,认为自己与邻居交流次数非常多的居民所占比例为 15.9%,认为交流次数比较多的居民的比例为 26.6%,认为一般的为 36.7%,认为与邻居交流次数很少的比例为 20.3%。由这组数据我们可以看出,平常和邻居之间交流次数一般和比较少的比例总共为 57%,占被调查人数的一半以上,说明搬迁之后村民之间的交往活动并不是非常频繁。随着农村经济的逐渐发展,村民的交往方式也发生了深刻变化,由之前亲密的邻里关系逐渐向城市封闭的邻里关系发展,而楼房封闭的环境也阻碍了邻里间的交流。

表 5-32 居民与邻居交流次数

交流次数	频数	百分比(%)
非常多	33	15.9
比较多	55	26.6
一般	76	36.7
很少	42	20.3
缺失	1	0.5
总计	207	100.0

至于交流次数少的原因,如表 5-33 所示,其中有 31.9% 的村民认为是自己不常在家,而 16.8% 的村民认为是邻居不常在家,其中,还有 21.8% 的村民认为是自己平常较少出门,2.5% 的村民觉得是邻居较少出门。除上述原因外,还有双方均无交流意愿、邻居是外来租房人员以及其他方面的原因。由此可知,邻里之间之所以交流较少,是因为封闭的环境以及现代化的生活方式。现代化的生活方式使村民的生活节奏越来越快,而封闭的环境大大地减少了村民见面的机会。

表 5-33　与邻居交流少的原因

原因	频数	百分比（%）
自己不常在家	38	31.9
邻居不常在家	20	16.8
自己很少出门	26	21.8
邻居很少出门	3	2.5
双方均无交流意愿	10	8.4
邻居是外来租房人员,不放心	2	1.7
其他	3	2.5
缺失	17	14.3
总计	119	100.0

同时,村民扩大交际圈的途径很有限,如表 5-34 所示,81.6% 的村民在小区内有认识新的朋友,而 16.4% 的村民并没有认识新的朋友。

表 5-34　在小区内是否认识新朋友

	频数	百分比（%）
是	169	81.6
否	34	16.4
缺失	4	2.0
总计	207	100.0

如表 5-35 所示,在认识新朋友的途径中,以"经常见面,慢慢熟悉"的认识方式居多,占 68.1%。其次是偶然机会认识,这种认识途径的比例 18.4%,其他形式的认识方式出现的概率则相对较少。由此可以

得出，居民扩大交际网络的途径较少，主要局限于同社区或者同村的熟人之间。也就是说，农村的人际交往网络单一，主要局限于熟人以及亲戚，且社会支持网络较为单一。

表 5-35 与新朋友的认识方式

方式	频数	百分比（%）
经常见面，慢慢熟悉	141	68.1
其中一个人主动交流	9	4.3
偶然机会认识	38	18.4
在同一个地方工作	14	6.8
互相帮助过	4	2.0
其他	1	0.5
总计	207	100.0

通过搬迁前主要休闲活动以及搬迁后的主要休闲活动两个具体指标，对比入住小区前后村民的休闲活动方式的变化，通过调查发现，如表 5-36 所示，入住小区前，闲暇时选择整理家务的人占 40.1%，在家看电视的人占 43.0%，在家休息的人占 35.7%，出去打牌或者打麻将的人占 18.8%，逛街购物的人占 8.7%，串门的人占 31.9%，而其他方面的人数则占 2.9%。而搬进小区之后，闲暇时在家整理家务的人占 34.8%，在家看电视的人占 38.2%，在家休息的人占 37.2%，出去打牌或者打麻将的人占 20.3%，逛街购物的人占 11.1%，串门的人占 31.4%，而其他方面的人数则占 8.2%。对比这组数据我们可以发现，不管是入住小区前，还是入住小区后，人们的主要休闲方式都集中在在家看电视、整理家务、在家休息和串门这四项活动上，尽管前后这几组活动占比有些波动，但是变化的比例并不是很大。可以看出，搬入小区以后，人们闲暇时间的休闲活动并没有因为搬迁而发生太大的改变。

表 5-36 搬迁前后主要的休闲活动

休闲活动	搬迁前 频数	搬迁前 百分比（%）	搬迁前 个案百分比（%）	搬迁后 频数	搬迁后 百分比（%）	搬迁后 个案百分比（%）
整理家务	83	22.1	40.1	72	19.2	34.8

续表

休闲活动	搬迁前			搬迁后		
	频数	百分比（％）	个案百分比（％）	频数	百分比（％）	个案百分比（％）
在家看电视	89	23.7	43.0	79	21.1	38.2
在家休息	74	19.7	35.7	77	20.5	37.2
出去打牌或打麻将	39	10.4	18.8	42	11.2	20.3
逛街购物	18	4.8	8.7	23	6.1	11.1
串门	66	17.6	31.9	65	17.3	31.4
其他	6	1.6	2.9	17	4.5	8.2
总计	375	100.0	181.1	375	100.0	181.2

（三）农村的生活习俗变化小

通过问卷调查可知，在对邻里之间发生纠纷或者矛盾时采取的解决方式这个问题上，多数村民选择了双方协商以及找居委会帮忙这两种途径。如表5-37所示，选择双方协商的比例占54.1%，选择找居委会帮忙的比例占20.3%。可以看出，小区内的民主协商风气较好。

表5-37 选择解决纠纷或矛盾的方式

方式	频数	百分比（％）
用暴力手段解决	3	1.4
双方协商	112	54.1
找居委会帮忙	42	20.3
用诉讼方式	36	17.4
其他方式	14	6.8
总计	207	100.0

但在小区内的红白喜事方面，多数村民仍然会邀请邻居参加自家的红白喜事或参加邻居家的婚礼、寿辰等，但在举办地点上发生了一定的变化。如表5-38所示，村民一般主要是选择在饭店、餐馆等场所举办婚礼、寿辰等重大仪式，占总调查人数的58.0%，另外有35.7%的人选择在自己家里举办类似活动。相比以前村民都在自己家办红白喜事的习俗，在饭店、餐馆等场所办婚礼和寿辰等重大仪式赶上了时代潮流，更主要的是方便

省事。从以上数据可以看出,小区内村民之间还是非常友好和睦的。小区居民的生活方式虽然有了一定的变化,但是村子中的习俗变化不大,虽然村民间的交往在小区中有所减少,但大家仍然会遵守村子里一些不成文的习俗。

表 5-38　婚礼、寿辰等的举办场所

地点	频数	百分比（%）
自己家里	74	35.7
自己家里和邻居家里	13	6.3
饭店、餐馆等场所	120	58.0
总计	207	100.0

五　社区管理现状分析

（一）社区基础设施健全

由表 5-39 可以看出,小区基础设施建设齐全,路灯、停车场及健身场所的分布率都很高,生活需要的基本设施小区内基本都有设置。笔者通过观察和访谈发现,小区居民对小区设施和环境满意度较高,调研期间有很多村民在小区的健身场所健身以及篮球场打篮球。

表 5-39　小区的基础设施分布情况

基础设施	频数	百分比（%）	个案百分比（%）
垃圾箱	152	12.3	73.4
路灯	196	15.9	94.7
休息椅	164	13.3	79.2
公告牌	142	11.5	68.6
停车场	174	14.1	84.1
健身场地	166	13.4	80.2
商店	111	9.0	53.6
卫生所	35	2.8	16.9
幼儿园	9	0.7	4.3
社区服务大厅	86	7.0	41.5
总计	1235	100.0	596.5

在调查中发现，95.2%的小区居民认为小区内垃圾清扫及时，只有3.4%的居民认为清扫不及时（见表5-40）。这一数据直观反映了朝阳社区内环境卫生相对较好，大部分居民对小区卫生状况较为满意。

表5-40 小区垃圾清扫情况

清扫情况	频数	百分比（%）
清扫及时	197	95.2
清扫不及时	7	3.4
缺失	3	1.4
总计	207	100.0

如表5-41所示，70.0%的人认为小区内任何时刻或固定时间有保安巡逻，认为没有保安巡逻的占22.2%，不清楚是否有保安巡逻的占6.8%。由此可以看出，小区内保安巡逻情况较好。

表5-41 小区保安巡逻情况

保安巡逻情况	频数	百分比（%）
任何时刻都有	64	30.9
固定时间有	81	39.1
基本没有	33	15.9
从来没有	13	6.3
不清楚	14	6.8
缺失	2	1.0
总计	207	100.0

如表5-42所示，认为盗窃现象较少或没有的居民占总数的77.3%，认为小区内的盗窃现象多的占9.6%，所占比例较小，可以看出小区内盗窃现象较少，这与小区内健全的安保设施是离不开的。

表5-42 小区内的盗窃现象

盗窃现象	频数	百分比（%）
非常多	5	2.4
比较多	15	7.2

续表

盗窃现象	频数	百分比（%）
一般	24	11.6
很少	61	29.5
基本没有	93	44.9
从来没有	6	2.9
缺失	3	1.4
总计	207	100

由表 5-40、表 5-41 及表 5-42 可以推断出，不论是小区生活环境还是治安方面，小区均管理得当，小区内较为安全，偷盗现象少。通过观察和访谈，笔者还发现，村子和小区有一套独特的管理方式，比如在垃圾处理的问题上，小区中并没有设立固定的垃圾堆放点，而是每周有两次固定时间进行垃圾回收，每家每户事先把垃圾收好，等到垃圾车来后一起处理，这样集中管理使小区环境得到了极大的改善，在朝阳社区里基本看不到垃圾，而且小区居民素质较高，不会随地乱扔垃圾。同时，朝阳社区实施"天眼"工程，对社区内主要路口、街道和公共场所实施全天候监控，使社区的治安得到了良好的保障。

（二）社区活动多，居民参与度高

由表 5-43 可以看出，社区内开展的集体活动形式多种多样，但是以广场舞、体育友谊赛和社火为主，其他集体活动较少。山西晋中历来有正月十五闹社火的习俗，社火活动基本是正月里每个村的必备活动，因此相对于其他地区，社火活动是当地的特色。而广场舞作为风靡全国的集体活动，在农村尤其普遍，居民通过跳广场舞来丰富自己的生活。

表 5-43 社区集体活动情况

社区集体活动	频数	百分比（%）	个案百分比（%）
广场舞	144	49.7	69.6
儿童节系列活动	4	1.4	1.9
武术表演	29	10.0	14.0
妇女节演出	25	8.6	12.1
戏曲等文艺演出	3	1.0	1.4

续表

社区集体活动	频数	百分比（%）	个案百分比（%）
体育友谊赛	38	13.1	18.4
组织外出郊游	3	1.0	1.4
社火活动	39	13.4	18.8
其他	5	1.7	2.4
总计	290	100.0	140.0

如表5-44所示，对于集体活动，愿意参加的居民占69.6%，超过半数，可见居民对于集体活动的参与积极性还是较高的。

表5-44　居民参与集体活动的积极性

参与情况	频数	百分比（%）
积极参加	61	29.5
可能会参加，看情况	83	40.1
不参加	52	25.1
不清楚	7	3.4
缺失	4	1.9
总计	207	100.0

（三）社区居民对于社区管理满意度较高

由表5-45可以得出，居民对于社区的管理情况满意度较高，达到74.8%。由于社区内环境良好，基础设施健全，严格的管理使小区内安全得到了保障，形式多样的集体活动使村民的生活丰富多彩，集体管理使村民脱离了农村脏乱差的生活环境，逐渐过上了新的生活。

表5-45　居民对社区管理满意度

满意情况	频数	百分比（%）
非常满意	75	36.2
比较满意	80	38.6
一般	33	15.9
不满意	1	0.5
缺失	18	8.7

续表

满意情况	频数	百分比（%）
总计	207	100.0

经过调查发现，大多数居民愿意迁到社区居住。如表5-46所示，85.0%的居民表示愿意迁到社区，其中28.0%的居民表示非常愿意，57.0%的居民愿意迁到社区，不愿意迁到社区的居民占总数的2.4%。

表5-46 您愿意迁到社区吗

愿意程度	频数	百分比（%）
非常愿意	58	28.0
愿意	118	57.0
一般	21	10.1
不愿意	5	2.4
缺失	5	2.4
总计	207	100.0

如表5-47所示，有78.2%的居民对现在的生活满意，其中非常满意的占总人数的27.5%，满意的占总数的50.7%，不满意的占1.4%。由此可以看出，调研社区内大多数居民对目前的生活比较满意。

表5-47 您对现在的生活满意吗

满意程度	频数	百分比（%）
非常满意	57	27.5
满意	105	50.7
一般	38	18.4
不满意	3	1.4
缺失	4	2.0
总计	207	100.0

如表5-48所示，对小区生活适应的居民占调查总数的74.4%，不适应的占4.8%。由此，可以看出，大多数居民已经适应小区生活，但是还有一部分居民不适应搬迁后的小区生活。

表 5-48　您对小区生活适应吗

适应程度	频数	百分比（%）
适应	154	74.4
一般	35	16.9
不适应	4	1.9
非常不适应	6	2.9
缺失	8	3.9
总计	207	100.0

由表 5-46、表 5-47、表 5-48 得出，村民对于迁入社区后的生活满意度和适应度都较高，85.0%的人是愿意迁入新社区的，78.2%的人对于目前的生活感到满意，74.4%的人适应社区内的生活。朝阳村的玛钢厂较多，很多年轻人在玛钢厂上班，收入较高，村民的生活方式逐渐趋同于城镇，随着村民生活水平的提高，村民对新社区的适应性也越高。

第三节　就地城镇型城镇化道路

一　农村就地城镇化道路的探索

（一）促进非农产业的发展，扩大农民就业途径

产业支撑能有效解决就地城镇化过程中的资金问题，能培育小城镇自身的造血功能。实施农村就地城镇化战略，政府应统筹全局，出台企业落户城镇的扶持和奖励政策，鼓励企业进入小城镇，以增强成熟企业进入城镇的动力，通过产业的聚集增强小城镇的吸纳力，引导居民就地实现就业创业。[1] 朝阳村是谷县有名的富裕村，村上有 16 家玛钢厂，工厂吸纳了附近村子的众多劳动力，并且极大地提高了村民的收入。在农村社区中，大部分年轻人在玛钢厂打工，从事纯农业生产的较少。同时，多年的经济发展使村民们的思维活跃，除了在玛钢厂工作从事非农产业的人较多，村民对子女的教育问题也越来越重视。

---

[1] 虞昌亮：《试论就地城镇化需要破解的难题与对策》，《哈尔滨金融学院学报》2015 年第 1 期，第 68—70 页。

就地城镇化在发展途径上充分挖掘本地区的优势资源，满足本地区的发展需求，本质上是一种自下而上的内源形式发展方式。[①] 朝阳社区的发展经验表明，要发展农村就地城镇化，就要破解农村收入的难题，尽可能多地为农民解决收入问题，积极吸纳周边劳动力发展乡镇企业，通过乡镇企业的发展，提高农民收入，从而促进农村城镇化的发展。乡镇企业的发展为村庄注入了新的思路和生活的可能，反过来也促进着乡镇企业和村庄的发展。朝阳村农民大部分进行兼业生产，农户虽然家里有农田，进行农业生产，但以打工为主，花销主要由打工收入支持。随着经济的发展，村民的生活和思想已经逐渐现代化，很多老村中人们的生活方式也很先进，因此搬入社区对于村民的生活及生产影响不大，尤其是对于年轻人，他们更适应社区的生活。

（二）完善就地城镇化战略下的公共配套服务

完善公共配套服务是提升社区居民幸福感的重要途径。基础设施是一个城镇先导性、保障性的基础工程。[②] 朝阳社区内各项基础设施健全，小区内设有健身器材、篮球场、绿地等设施，夏天傍晚居民乘凉聊天，在社区形成交流中心。完善的服务配套设施使社区居民在社区的生活十分便捷。在笔者访谈的过程中很多居民都说小区的环境好，生活方便，言语中充满了自豪感。

要在土地之外给予农民最基本的生活保障，建立和完善以农村基本养老保险、农村合作医疗保险、农村特困人群医疗救助、农村最低生活保障为基本框架的多层次的农村社会保障体系。通过调研发现，搬入新社区之后居民的生活开支增加，生活成本增多，同时社会保险缺乏。农民"上楼"是城镇化发展不可逆的潮流，然而城镇化并不是单纯地改变住房条件，而是更应该倡导人的城镇化。农村面貌发生根本变化，田园风光醉人，具有独特的魅力，农民享受城市文明，农民素质提高，生产生活方式、思想观念发生根本变化，农业实现现代化，城乡公共服务均等化，社会保障完善，这本身就是符合人的城镇化的内在要求。这会使农民对于农

---

① 唐丽萍、梁丽：《适用与限度：我国就地城镇化研究》，《求实》2015 年第 7 期，第 63—69 页。
② 杨萍：《新型城镇化背景下就地城镇化模式优化路径分析》，《商业时代》2014 年第 17 期，第 43—44 页。

村和农业产生自豪感和认同感,改造传统农业,再造乡土中国。[①] 实现农村人的城镇化,要加强农民的社会保障,解决农民的后顾之忧。在访谈中,谈到社会保障的问题,农民对于自身身份还是持原有的观念,城镇人口享有的社会保障他们不能同等地享有,而家庭经济的压力也使他们不能自己负担。从老村搬到新社区的所有生计以及花销的风险都要村民自己承担,使他们对自己的身份定位没有改变,幸福感有所下降。实现就地城镇化不仅要完善社区内的硬件基础设施,在农民自身利益方面也要同步,为农民"上楼"解决后顾之忧。

(三)丰富居民生活,提升社区凝聚力和归属感

丰富社区居民的生活,可以提升社区的凝聚力和归属感。在调研中发现,朝阳村换了领导班子后,新的村干部在丰富村民生活方面有许多举措,结合村子的实际情况和特色,挖掘了众多形式多样的集体活动。在社区中开展广场舞活动;组织村民参加县里的篮球比赛,在村子里掀起了"篮球风";结合朝阳村的历史特色,开展高跷课,正月组织村民闹社火。形式多样的集体活动极大地丰富了村民的生活,并且提升了村民的自豪感和归属感,对于村子里的改变社区居民如数家珍。良好的生活环境和丰富的集体活动带给社区居民与城市人一样的生活体验,在一定程度上减少了社区居民受传统异地城镇化模式和固有思想的影响,从而安心在农村生活,更好地推进农村城镇化。

(四)创新管理措施,实现社区的统一管理

朝阳村的管理由村委会统筹安排,村庄的管理相对于其他村庄具有一定的特色。首先在村庄环境卫生管理方面,村子内严禁个人私自存放垃圾,村子有固定的垃圾点。在老村中,村民要负责将自己住房附近的卫生打扫干净,下雪天要先清扫街道的积雪,保证村子道路通畅,各自家中的积雪要集中到指定地点。同样在社区卫生管理上,也是严格按照规定,每周两次集中收垃圾的时间,村委会组织人将垃圾集中处理,严禁个人私自在社区内倾倒垃圾。基于严格的社区管理,社区环境良好,整个社区内看不到垃圾,社区居民在多年的生活中早已将规定变成了习惯,上至老人下

[①] 李强、陈振华、张莹:《就近城镇化与就地城镇化》,《广东社会科学》2015年第1期,第186—199页。

至牙牙学语的孩童都不会随意丢弃垃圾。良好的社区环境增加了居民对社区的归属感和自豪感。其次是严格的社区进出制度以及"天眼"工程。在社区主要路口，居委会都安装了监控设施，并且社区24小时有门卫和保安，陌生人进出小区必须进行登记。严格的管理制度保证了小区的治安，社区居民生活十分放心。

朝阳社区居民适应性强在很大程度上得益于社区良好的管理，严格的管理不仅使社区环境得到了保障，也方便了居民生活。要想使村民对新的社区有认同感和幸福感，就要保证居民生活的质量。农村就地城镇化并不仅仅是村民住所的改变，更多的是农村以及村民观念向现代化的改变。

二 农村就地城镇化的特色

朝阳村社区居民的适应性强，生活满意度高，是农村就地城镇化的典型，其就地城镇化的发展有着得天独厚的优势和特色。

（一）依托乡镇企业，农民非农产业收入高

朝阳村有十多家玛钢厂，村子里大部分青壮年劳动力主要从事非农产业，收入较高，并且村子里的玛钢厂历史悠久，村子发展比较快，距离县城近，地理位置优越，交通便利，村子的发展有着极大的优势。中共十八届三中全会指出，"推动大中小城市和小城镇协调发展、产业和城镇融合发展"，产业融合发展是城镇化发展的关键，产业支撑是新型城镇化的核心，工业发展水平决定着城镇化的质量。发展符合地方特色的工业是就地城镇化的立身之本。[①] 而朝阳村就地城镇化的成功得力于符合地方特色的工业的支撑，既为村民提供了就业保障，也促进了农村的发展。

（二）独具一格的管理制度以及较高的落实效率

相较于其他村庄，朝阳村有着一套独具一格的管理制度，并且在村委会的引导下严格落实，经过多年的建设，这些制度早已成了村民生活中的习惯。表现最明显的是社区里的环境卫生，清洁度远远高于一些城镇。同时，村子和社区都实行统一管理，对于社区事务实行统一的短信通知，在高效的管理下，村民养成了良好的习惯以及自觉性，村民素质提高。高效

[①] 焦晓云：《新型城镇化进程中农村就地城镇化的困境、重点与对策探析："城市病"治理的另一种思路》，《城市发展研究》2015年第1期，第108—114页。

统一的管理是社区事务管理的另一个有力保证，在一定程度上推进了城镇化建设，减少了其中的一些问题。

（三）老屋新屋并存，村民居住有季节性

朝阳村的社区用地占用的是村中的公共用地，没有占用村民的耕地和宅基地，大部分的居民在老村中的老屋还保留着，因此社区居民的居住具有一定的季节性。村民的老屋多为有庭院的平房，村民有在院子里种枣树的习惯，因此夏季老屋十分凉快，村民纷纷从社区搬到老屋中避暑。冬季，社区可以集中供暖，老屋则需要农户自己烧锅炉，村民纷纷从老屋搬到社区过冬。因此村民在朝阳社区中居住具有一定的季节性，根据季节进行迁徙。朝阳社区对村民房屋以及土地的保护减少了村民的压力，极大地方便了他们的生活。

第四节 小结与讨论

21世纪以来，我国城镇化进程加速推进，2015年我国城镇化率达到56.10%，然而城乡经济差距的不断扩大带来了众多的社会问题。大城市的"城市病"问题凸显，而中小城市和城镇的吸引力不足，探索一条适合我国国情的城镇化建设的道路显得尤为重要。这意味着我国的城镇化建设面临重大的变革，对于我国农村社会发展而言这既是一个挑战，更是一个机遇。就地城镇化作为实现城镇化的重要途径之一，成为就地实现农民生产生活方式转变的有效方法。本章通过对山西省谷县胡镇朝阳村的实地调研与分析，探索农村就地城镇化后农民生活各方面的变化以及适应情况，深入了解分析农村就地城镇化给村民生活各方面所带来的变化，进而总结农村社区发展的经验，为其他地区城镇化的发展提供经验参考。

朝阳村发展历史悠久，上千年的历史孕育了朝阳村丰厚的文化底蕴，为其城镇化的发展奠定了可靠的基础。同时朝阳村城镇化的发展也离不开相关政策和规划的有力支持，谷县多年来一直是农业农村工作发展的先进县，2002年被山西省确定为六个首批农业农村现代化示范县之一，2006年被农业部定为山西省唯一省部共建新农村示范村联系村所在县，其中朝阳村被列为谷县首批村庄规划试点村。朝阳村对其城镇化的发展有明确的规划和目标，这是其城镇化发展的指路灯。

朝阳社区居民就地城镇化的适应性强，生活满意度高，是农村就地城镇化的典型，其就地城镇化的发展有着得天独厚的优势和特色，主要表现在以下几个方面。第一，依托乡镇企业，农民非农产业收入高。朝阳村距离县城近，地理位置优越，交通便利，村中有工业企业16家之多，村中大部分青壮年劳动力主要在这些企业工作，非农收入较高。第二，独具一格的管理制度以及较高的落实效率。相较于其他村庄，朝阳村有着一套独具一格的管理制度，并且在村委会的引导下严格落实，经过多年的建设，这些制度逐渐内化为村民的习惯，在一定程度上推进了城镇化的建设。第三，老屋新屋并存，村民居住具有两栖性。朝阳社区居民在村中的老屋还保留着，由于夏季老屋十分凉快，村民从社区搬到老屋中避暑；冬季，社区可以集中供暖，村民从老屋搬到社区过冬。

新型城镇化是以人为核心的城镇化，农民作为城镇化的主体，其在就地城镇化过程中的适应性问题是检验新型城镇化是否达标的关键所在。在生活方式方面，居民收入增加的同时，支出也在增加。居民收入来源由单一依靠农业变为农工相辅的方式，收入来源的多元化是其收入增加的主要原因。与此同时，由于各方面原因，农民搬迁后的支出项目明显增多，使其支出费用相应增加。在生产方式方面，首先表现在职业的转换上，就地城镇化前农户大多以务农为主，收入并不高。在就地城镇化后，大部分农户失去土地，农民借助玛钢厂的发展实现职业的转变，为提高家庭收入，改善生活水平提供契机。在收入结构方面，以务农和务工为主，但就地城镇化之前务农的比例更大，就地城镇化之后务工所占的比重则更为突出。在居住方式方面，居民住房由传统庭院式平房到单元楼房转变。村民从原来的农村房屋搬入小区集体的单元楼，这种居住方式的变迁使村民需要舍弃旧的环境和居住方式，适应新的小区生活。同时，由于单元楼房的空间限制，家庭结构也由主干家庭到核心家庭转变。在交往方式方面，虽然社区居民的同质性较高，但是邻里关系因为楼墙的隔离而逐渐疏离。村民的生活习俗变化不大，生活方式有了一定的变化，虽然村民间的交往在小区中有所减少，但是村中一些约定不成文的习俗大家仍然会遵守，不存在适应性障碍。在社区管理方面，社区基础设施健全，管理严格，同时，社区活动较多，居民参与度高，这在居民对社区的认同感和凝聚力方面发挥着重要作用。由此种种，社区居民对于社区满意度较高。

通过朝阳村就地城镇化的发展经验，可以看到农村就地城镇化道路的探索，要注意以下几个方面。第一，促进非农产业的发展，扩大农民就业途径。朝阳村一产以种植业和养殖业为主；二产则以玛钢铸造、电力金具为主，产业的吸附能力较强；三产以商品零售、餐饮服务及外出打工等为主。产业支撑能有效解决就地城镇化过程中的资金问题，能培育小城镇自身的造血功能。第二，完善就地城镇化战略下的公共配套服务。朝阳社区各项基础设施健全，完善的服务配套设施使社区居民的生活十分便捷。大多数居民都认为小区环境好，生活方便。第三，丰富居民生活，提升社区凝聚力和归属感。朝阳社区村干部在丰富村民生活方面有许多举措，结合村子的实际情况和特色，挖掘了众多形式多样的集体活动，这些活动极大地丰富了村民的生活，提高了他们对社区的适应性。第四，创新管理措施，实现社区的统一管理。朝阳社区的环境卫生管理和安全管理方面独具特色，不仅使社区环境得到了保障，也保障了社区安全，方便了居民生活。

就地城镇化作为城镇化的重要途径，具有得天独厚的优势，可以让农民更好地适应城镇化之后的生活。这主要是因为就地城镇化可以依托当地资源解决农民的就业问题，为农民提供稳定且较高的经济收入，这使农民可以适应"上楼"之后的经济压力。就地城镇化从物质层面满足农民需求的同时，由于其能在很大程度上保留原有村民的生活习俗，因此可以从精神层面实现农民在离土不离乡的情况下生活质量与城市居民的同步。

第六章　政策支持型农民集中居住及其文化适应

——基于甘肃省调研经验

第一节　农民集中居住研究现状及调研区域简介

一　农民集中居住研究现状

城镇化是我国特定社会经济条件下、特定体制下的产物，在城镇化的转化中，矛盾日益突出。实现城镇化向城市化的战略转变刻不容缓，这是经济全球化和知识经济时代的要求，更是我国经济发展的现实要求。这是学者杨新海和王勇对如今城镇化的趋势以及背景进行分析时的观点。[1] 在城镇化的过程中也出现了许多不同于以往单纯的城市社区和农村社区的社区，学者付少平称之为过渡型社区。"过渡型社区"是指在城市化发展过程中、在农村社区向城市社区转变的过程中形成的兼具农村和城市双重特征的一种新型社区，是农村城市化过程中的过渡形式。付少平等人认为，过渡型社区是伴随着城市化的快速发展，在地方政府的主导和推动下出现的一种新型社区形态。[2]

而随着城镇化的不断加深，类似的新型社区不断出现，但由于是自上而下的人为推动，不可避免地会产生一些问题，主要表现为失地农民问题、外来流动人口问题，以及由外来人口和原住失地农民彼此磨合衍生出

---

[1] 杨新海、王勇：《"城镇化"的背景与发展趋势》，《城市问题》2005年第4期，第2—6页。

[2] 王璞、付少平、王黎黎：《中国"过渡型社区"现状初探》，《特区经济》2013年第1期，第169—170页。

的社会整合问题。①

目前国内学者对新型社区所衍生的各类问题都进行了研究调查,尤其是土地问题和失地农民的相关问题得到了广泛关注。学者郭占锋、付少平在陕西杨区失地农民集中居住的社区针对失地农民的调查发现,随着城市化的持续推进,土地作为失地农民最大的生活依靠被政府征用之后,失地农民的生活方式发生了根本性的改变。从农民到市民的转型过程中,失地农民的城市适应性问题开始变得异常突出。而失地农民的城市适应困境主要体现在收入来源不稳定、生活成本大幅增加、居民归属感缺失、新型社区管理失序四个主要方面。②而学者刘华则对城镇化背景下失地农民保障问题进行了研究,认为土地是农民安身立命、工作生活的重要场所和生存基础。如果农民失去了土地,也就意味着失去了最宝贵的家庭财富、最基本的就业岗位、最稳定的生活保障和最后的致富资本。但是,农民为城镇化发展做出巨大牺牲后,却因现行的农村土地产权制度、土地征用与补偿制度存在诸多缺陷,其基本的合法权益都难以得到有效保障。这使不少失地农民变成了"种田无地,就业无岗,低保无份"的三无农民,成为真正意义上的弱势群体,这也成了影响我国社会稳定的巨大的不稳定因素。③除了以上问题外,学者吉孝敏针对失地农民的价值观也进行了分析,他发现不稳定、多变是失地农民价值观的一个主要特点,以迷失、困惑为突出表现的价值观危机是失地农民价值观的另一个特点。④

除此之外,新型社区中居民社区的参与度以及对新社区的归属感问题也是另一个值得关注的重点,学者叶继红对此进行了深入研究,他通过对江苏农民集中居住区新移民的抽样调查发现移民的社区参与率总体上偏

---

① 郭占锋、付少平:《城乡一体化进程中失地农民的城市适应困境与应对策略——以陕西省杨凌示范区为例》,《西南民族大学学报》(人文社会科学版)2013年第11期,第34—37页。

② 郭占锋、付少平:《城乡一体化进程中失地农民的城市适应困境与应对策略——以陕西省杨凌示范区为例》,《西南民族大学学报》(人文社会科学版)2013年第11期,第34—37页。

③ 刘华:《城镇化背景下失地农民保障问题研究》,《生产力研究》2012年第8期,第60—61页。

④ 吉孝敏:《城市化进程中失地农民的价值观分析与重建》,《农业·农村·农民》2013年第7期,第39—41页。

低，其主要原因是受到移民社会网络和邻里关系、社区关注与社区认同、意见征求与政策公平度以及参与途径和参与方式等因素的综合影响。为此，需要从有利于移民社区融入的角度出发，充分重视集中居住区移民的社区参与工作；培育和增强集中居住区移民的社区参与意识；加强移民的社会交往与邻里互助；改善移民集中居住环境，激发社区参与热情；引入农民在集中居住过程中的决策参与机制；拓宽移民社区参与渠道，提高社区参与积极性。[①] 而在集中居住区移民的社区归属感方面，叶继红把它定义为：因征地而移至农民集中居住区的失地农民（笔者将该群体视为非自愿移民来研究），对新居住地在思想和心理上的认同、满意和依恋的状态。针对此问题，叶继红在已有文献的基础上，结合农民集中居住区实际，在江苏省部分农民集中居住区进行调查，通过对江苏农民集中居住区移民的抽样调查和问卷资料分析表明，总体上，移民的社区归属感主要取决于移民社会适应能力、社区居住条件、社区邻里关系以及移民社会交往能力等因素。因此，他得出了需要提高移民社会适应能力，改善社区居住条件，增进社区邻里关系，拓展移民社会网络的结论。[②]

村民自治和居民自治在治理基础上存在着一定的差异，即在依赖实体、地方性规范、社会秩序和人情交往等方面并不相同，如果忽视了二者之间的差异可能会导致严重的后果。学者秦海燕通过村民自治和居民自治的差异分析探讨了"让农民上楼行动"的弊端，旨在提醒政策制定者和实施者不要盲目地推进城镇化。[③]

目前国内学者各自从新型社区中存在的问题以及农民集中居住的动因、机制、功能、居住模式和推进战略以及新型社区所带来的对居民和社区乃至国家的影响等方面研究了目前农民集中居住的各方面现状与问题，并从不同角度对新型社区农民集中居住衍生的各种问题进行了解析研究。

---

① 叶继红：《城市新移民社区参与的影响因素与推进策略》，《中州学刊》2012年第1期，第87—92页。
② 叶继红：《城市新移民社区参与的影响因素与推进策略》，《中州学刊》2012年第1期，第87—92页。
③ 秦海燕：《村民自治与居民自治的差异分析——以"让农民上楼行动"为例》，《行政与法》2012年第2期，第43—46页。

二 调研区域简介

调研区域	农民集中居住社区类型	区域概况	调研社区概况
甘肃山县	自然灾害型移民社区	山县隶属于甘肃省天水市，位于甘肃省东南部，地处秦岭山地北坡西段与陇中黄土高原西南边缘复合地带，海拔在1365~3120米，属温带大陆性半湿润季风气候。总面积为2011平方公里（2011年），总人口为475500人（2011年）	陈门新村位于山县关镇中部，由陈门村和家坡村2个村落合并而成，占地126亩，住宅占地86亩，无耕地，现有355户1527人。当地以"三粉"加工和玉器加工为主；邓堡村位于山县关镇，由8个自然村组成，占地面积为12平方公里，耕地面积为1893亩，其中果园有150亩。现有309户1265人，村中有5个小组，共有37名党员。当地村民以从事农业生产为主，主要种植的粮食作物为玉米、小麦等，主要经济作物为苹果
甘肃阿镇	资源枯竭型移民社区	阿镇辖12个行政村，有5个社区居民委员会，总人口为29000人，其中农业人口为10320人。辖区内有兰阿煤矿、兴荣公司、公安派出所、法庭、地税、工商、金融、邮电、教育、商贸等省、市、区企事业单位20个，区域单位以工矿企业、商业企业为主，分布在城区中心地段，有乡镇企业20个，其中有：煤炭企业14个，中、小学10所，医院2个，个体诊所16个	2007年7月，阿镇矿区采煤沉陷区综合治理项目获得国家发改委的批准。"民意小区"是阿镇矿区采煤沉陷区综合治理项目的主要建设内容。工程于2008年5月开工，占地面积为56亩，总建筑面积为6万多平方米，主体为六层砖混结构，建设16栋住宅楼。目前，4个行政村、929户、3300余人已整村搬迁"民意小区"，并成立了民意社区

第二节 资源枯竭型移民社区文化适应性研究
——以甘肃省金市阿镇为例

一 基本信息

1. 年龄结构分布情况

如表6-1所示，20岁及以下的占4.0%，21~30岁的占22.0%，31~

40岁的占15.5%，41~50岁以上的占18.5%，50岁以上的占40.0%。40岁以上的人占调查样本总数的58.5%，超过一半，其中大部分是50岁以上的社区居民。由于青壮年外出打工，劳动力流失严重，因此50岁以上的人所占比例较大。

表6-1　年龄结构分布情况

年龄	频数	百分比（%）
20岁及以下	8	4.0
21~30岁	44	22.0
31~40岁	31	15.5
41~50岁	37	18.5
50岁以上	80	40.0
总计	200	100.0

2. 性别结构分布情况

样本中男性所占比重为41.0%，女性所占比重为59.0%，男女比例相差较大（见表6-2）。由于集体搬迁之后家庭生活负担较重，青年男性多半外出谋生，小区内剩下女性较多，所以样本中女性所占比重较大。

表6-2　性别结构分布情况

性别	频数	百分比（%）
男	82	41.0
女	118	59.0
总计	200	100.0

3. 受教育水平分布情况

由表6-3可以看出，居民文化程度偏低，以初中学历和小学学历为主。其中缺失值占1.0%，从未上过学的占17.0%，小学学历占22.5%，初中学历占31.5%，高中学历占15.0%，专科或大学学历占13.0%，总体上来看该社区居民的文化水平较低。

表 6-3 受教育水平分布情况

学历	频数	百分比（%）
从未上过学	34	17.0
小学	45	22.5
初中	63	31.5
高中	30	15.0
专科或大学	26	13.0
缺失	2	1.0
总计	200	100.0

4. 社区家庭人口情况

由表 6-4 的分析可知，家庭人口总数为 1 的占 1.5%，家庭人口总数为 2 的占 1.0%，家庭人口总数为 3 的占 11.0%，家庭人口总数为 4 的占 32.5%，家庭人口总数为 5 的占 28.0%，家庭人口总数为 6 的占 16.5%，家庭人口总数为 7 的占 4.5%，家庭人口总数为 8 的占 2.5%，家庭人口总数为 9 的占 1.0%，家庭人口总数为 10 和家庭人口总数为 11 的各占 0.5%。调查地区农户家庭总人口平均为 4~5 人，社区样本家庭人口众数为 4 口人，这表明该社区住户以核心家庭为主。

表 6-4 社区家庭人口情况

人口总数	频数	百分比（%）
1	3	1.5
2	2	1.0
3	22	11.0
4	65	32.5
5	56	28.0
6	33	16.5
7	9	4.5
8	5	2.5
9	2	1.0
10	1	0.5
11	1	0.5

续表

人口总数	频数	百分比（%）
缺失	1	0.5
总计	200	100.0

5. 搬迁前家里所拥有的土地资源情况

由表6-5可以看出，搬迁前小区内绝大多数家庭拥有宅基地和耕地，大部分人家里没有林地。其中，搬迁前家庭拥有宅基地的占92.0%，拥有耕地的为89.5%，拥有林地的家庭占6.5%。这主要是因为社区内居民在搬迁之前多以种植农作物为生，所以基本上都有耕地；然而阿镇地处西北，来自太平洋的暖湿气流无法到达，因此经年干旱，降水稀少，地表径流缺乏，不适宜植被生长，山上多是裸露的岩石与黄土，每家每户鲜有林地。

表6-5 搬迁前家庭拥有土地资源情况

搬迁前拥有土地资源	频数	百分比（%）
宅基地	184	92.0
耕地	179	89.5
林地	13	6.5

6. 搬迁后政府的补偿标准

通过表6-6可以看出，政府对农户搬迁之后进行住房补贴的占18.5%，享受低保或粮食补贴的占9.0%，住房补贴和低保均有的占44.5%，其他占17.5%，缺失值占10.5%。政府进行补贴的农户占89.5%，说明政府在这方面做得较好，但其覆盖面有限，在接下来的工作中还需进一步完善。

表6-6 政府的补偿标准情况

补偿标准	频数	百分比（%）
住房补贴	37	18.5
享受低保或粮食补贴	18	9.0
住房补贴和低保均有	89	44.5
其他	35	17.5

续表

补偿标准	频数	百分比（%）
缺失	21	10.5
总计	200	100.0

7. 居民对现在的社区生活满意程度

由表6-7分析可知，居民对现在的社区生活非常满意的占2%，满意的占35.5%，一般的占46%，不满意的占16%，非常不满意的占0.5%。其中表示对现有生活持一般态度的人接近一半，由于迁入社区时间较长，即使当初有诸多不适应，但随着时间的推移人们逐渐对社区生活持接受的态度。不满意和非常不满意人数占16.5%，不足1/5，表明社区内大部分人对现有的社区生活比较满意。

表6-7　居民对现在的社区生活满意程度

满意程度	频数	百分比（%）
非常满意	4	2.0
满意	71	35.5
一般	92	46.0
不满意	32	16.0
非常不满意	1	0.5
总计	200	100.0

二　农民集中居住文化适应性分析

1. 生活方式

人类不同的居住地、文化和生产方式都会作用于人类的生活方式，从而产生一定的影响，而这种影响的外在表现则是不同居住地、文化和生产方式下，人们生活方式的差异。这种差异对于民意小区内从农村搬迁过来的居民来说是明显的，在他们之前，祖辈自然形成了一套符合农村生存状况的生活方式。然而，前几年乡镇企业过度开采煤矿资源使他们的耕地沉陷、房屋开裂，他们不得不离开农村地区而进入政府为他们建设的民意小区里生活。从此，他们的身份不再是农民，而是在小区里生活的居民，随着从农民到市民这一身份的转变,他们的生活方式也发生了巨大的变化。

随着社会进步,国家提出各项措施来保障搬迁移民的基本生活,民意小区中的居民也不例外地享有各种社会保障。这主要是因为之前居民均生活在农村,当时地方矿区矿业的快速发展使矿场的采煤量急剧增加,而其带来的后果就是农村社区地面塌陷。这对于依靠土地生活的农民来说是致命一击,因此国家筹划将村里的农民统一安排搬入民意小区,以此来解决农民亟待解决的问题。政府也针对搬入社区的农民推行了最低生活保障,以此来保障搬迁居民的生活问题。根据在民意小区的问卷调查数据来看,每个居民都至少享有一种社会保障,且享受农村最低生活保障的人数最多、所占的比例最大(见表6-8)。

表6-8 民意小区居民享有社会保障情况统计

	频数	有效百分比(%)
享有医疗保险	138	69.0
享有养老保险	104	52.0
享有农村最低生活保障	147	73.5
享有其他保障	16	8.0

但是,农民在搬入社区之后的社会保障使用状况受到了明显影响。在未搬迁到民意小区之前农民都生活在以村为单位的较小的社会空间中,在村子里村民的日常生活需求基本能得到满足,其中包括农民日常生活中必不可少的医疗在村内的卫生所就能够实现报销。他们搬迁到民意小区之后虽然生活条件和环境发生了巨大的变化,但实际情况与预想的相反。以与居民密切相关的医疗为例,居民反映在民意小区中虽然有好几家小诊所,但是这些诊所都是私人的,不在农村合作医疗保险的报销范围内,所以他们有病一般都会去镇上的诊所。离小区最近的医疗合作报销的地点就是镇上的卫生所,但是卫生所的医生和医疗条件有限且服务态度不好,并不能满足居民就医的需求。居民只能无奈地说,国家现在对农民的政策都很好,但是落实到地方上的情况就与国家所预想的极为不同了。

从居民现在生活与之前生活的比较中可以看出,他们的生活不论在形式上还是实质上都发生了很大的变化。在搬迁前,因为农民都有各自的土地可以耕种,因此蔬菜和粮食都可以自给自足,或者大多数都是自己耕种而只有小部分依靠市场来满足。但是,在搬入社区之后,农民的土地大多因为采矿发生塌陷而不能耕种,再加上搬迁后的社区距离原来的耕地较远,已经没有人再愿意回到原来的村子去耕种土地,因此居民生活所需的蔬菜和粮食只能通过市场来满足。搬入社区之后居民基本不再耕种土地,居民的空闲时间开始增多。

居民在社区中生活时的经济收入和消费状况与在农村社区中相比较而言也发生了较大的变化。根据表6-9中所列出的数据,在未搬迁之前家庭的年收入平均为14630元,搬迁后的家庭年收入变化为20846元,其中每年每个家庭的平均收入增长了6216元。在统计的支出状况中,搬迁前的支出状况为每个月平均支出782元,搬迁后每个月支出增加了713元,平均为1495元。从总体的数据来看,家庭平均支出的增长幅度要远高于家庭平均收入水平。

表6-9 搬迁前后收入与支出对比

单位:元

	均值	对比
搬迁后家庭年收入	20846	+6216
搬迁前家庭年收入	14630	
搬迁后家庭月支出状况	1495	+713
搬迁前家庭月支出状况	782	

笔者通过与村民交流,简单地分析了一下收入增长的原因。收入水平上升的原因主要在于,搬迁后地理环境的变化使居民收入来源更为多元化,工作地点也发生了变化。未搬迁之前,村民都生活在狭小的空间之内,交通不便使村民只能在村庄周围寻求经济收入来源。搬迁到社区之后居民的收入水平得到明显提高的原因主要是居民远离了收入较低的农业耕作而更多的劳动力投入收入较高的其他行业之中,再加上社区交通便利,村民外出打工的机会大大增加。根据搬迁前后的消费水平变化,可以看到搬迁后的支出有接近一倍的增加。究其原因,居民们说之前在家的时候每个月的支出主要是水电费,还有就是亲戚朋友家红白喜事的随礼,占较大比例的是孩子们上学的学费。但是搬迁后与原来的生活状况相比已然发生了翻天

覆地的变化，蔬菜、水果以及粮食都不再能自给自足，因为社区内的构造已经不能再使用土锅灶和土厕，因此家里的水电费和煤气费在家庭的支出中占据了较大的部分，成了家庭的一大负担。再加上居民购买房屋时的贷款，这些支出项目和支出金额对于一个普通家庭来说无疑是很沉重的负担。

新的社区管理和发展模式也必然会不同于之前居民们居住的农村社区，因此居民们还是要有一个适应的过程。在新的社区之内居民们所面对的最大的变化就是所要交往和接触的对象发生了很大变化。之前他们都是以一个村落为单位，日常的活动范围就在农村社区之中，交往的对象也大多是本村的村民。但是在新的社区中就发生了变化，民意小区是由不同村子的村民搬迁而集中居住在一起的，这就意味着居民们不仅要经常与之前生活在其他村落内的陌生人接触和打交道，而且要尝试着接受不同的文化。这种新的变化对于年轻人来说轻车熟路，但是对于年纪较大、接受新事物能力有限的老年人来说无疑是一种挑战。而这种多元化的社区必然是会存在一些问题的，据居民们反映，在新的社区中所存在的最大的问题就是安全问题。未搬迁之前，村民们因为受到熟人社会和乡规的制约，他们的行为都是符合村庄规范的。但是在新的社区中就有所不同了，安全成为大家共同担心的问题。陌生的社区环境使居民不知从何处防范，再加上居民之间的熟悉程度不高，他们之间并没有形成统一的共识，这对社区的发展与稳定来说是极度危险的。

在居民对当前社区生活的满意程度的调查中笔者得到了以下数据。有37.7%的居民对当前的社区生活持满意的态度，48.7%的居民对现在的社区生活持一般态度，有13.6%的居民对当前的社区生活持否定的态度（见表6-10）。在调查中不难发现居民们对当前社区生活的满意程度多是持被动的、无奈的态度。在调查中问及满意度时，居民们最多的答复就是都生活在这里这么久了，肯定对现在的生活也觉得比较满意了，要是不满意我们还能怎么样。

表6-10 居民对社区生活满意程度

	频数	有效百分比（%）
非常满意	11	5.5
比较满意	64	32.2

续表

	频数	有效百分比（%）
一般	97	48.7
不满意	23	11.6
非常不满意	4	2.0
缺失	1	

因为居民搬迁到民意小区内生活已有 6 年，因此对社区内的生活也能够接受从而达到认同，但是实际上他们对在小区内的生活并不持肯定的态度，只是已经习惯了当前的生活模式。在居民们对社区生活不满意的原因调查中不难发现，生活成本增高是居民们内心对新的社区生活不满意的主要原因（见表 6-11）。

表 6-11　对社区生活不满意的原因

	频数	百分比（%）
生活成本增高	48	63.2
收入水平降低	21	27.6
社区环境不好	5	6.6
其他	2	2.6

2. 生产方式

集中居住是我国推进城镇化建设的强大动力，随着我国经济的迅猛发展，城镇化步伐不断加快，越来越多的地区开始实施农民集中居住安置工作。在推进农民集中居住的过程中，农户大量的耕地被占用，一些自然村落在城镇化的过程中逐渐走向了"终结"，成千上万名农户开始进入城市集中居住。但由于部分地区在推进农民集中居住过程中速度过快，与当地的经济发展速度和城镇化发展速度不匹配，从而产生了一些消极影响。农民虽然已经实现了空间位置上的转移，但是由于其生活习惯、思想观念、价值系统和生活方式难以在短时间内改变，加上集中居住后社会保障体系、就业安置工作等滞后，农户开始出现适应性问题。农户从农业社区搬迁到非农业社区，在逐渐远离原来熟悉的农业社区文化之后，却又难以对城市社区的文化进行很好的适应，从而导致农户在集中居住过程中产生文化适应性问题。下面将从农户搬迁前后家庭收入来源、职业两个方面的变化进行具体分析。

（1）农户集中居住前后家庭收入来源对比分析

在集中居住之前，务农人口所占比例为66.5%，务工人口比例为19%，从事个体经营的人口所占比例为2.5%，主要依靠政府补贴生活的农户仅占被调查农户的1.5%（见表6-12）。由此可见，农户在集中居住之前，主要以务农为生，同时务工也占有相当大的比例，而依靠个体经营和政府补贴生活的农户所占比例相对较小。

农户搬迁之后的家庭主要收入来源是依靠务工，所占比例为70%，务农的农户所占比例为1%，从事个体经营的农户所占比例为6.0%，依靠政府补贴维持生计的农户所占比例为21.0%（见表6-12）。由此可见，在农户搬迁进集中居住小区之后，家庭收入来源发生了变化，主要依靠务工收入。但是，从总体上来看，收入结构发生了很大的变化，以务工为主，由于失去土地，务农所占比例严重变小，而政府补贴比例增大，这说明集中居住前后农户的收入来源、收入结构变化较大，改变了之前以务农为生的收入结构。

由以上的分析讨论可以看出，农户在集中居住前后，收入来源和收入结构变化较大，实现了实质性的改变，搬迁前农户主要依靠务农获得收入，务工所占比例较小，个体经营和政府补贴占比最小；搬迁后农户主要依靠务工收入，务农收入急剧下降，政府补贴大幅增加，而个体经营也有所增加。这表明集中搬迁对农户收入影响较大，一方面增加了农民的收入，另一方面改变了农民的收入结构。

表6-12 入住小区前后家庭收入来源情况对比

	入住前		入住后	
	频数	百分比（%）	频数	百分比（%）
务工	38	19.0	140	70.0
务农	133	66.5	2	1.0
个体经营	5	2.5	12	6.0
政府补贴	3	1.5	42	21.0
缺失	1	0.5	4	2.0

第六章　政策支持型农民集中居住及其文化适应

续表

	入住前		入住后	
	频数	百分比（%）	频数	百分比（%）
总计	200	100.0	200	100.0

由表 6-13 可以看出，农户在搬迁前主要从事粮食种植的占 80%，经营果园的占 1%，从事蔬菜种植的占 1.5%，从事养殖的占 0.5%，其他占 6%，缺失值为 11%。搬迁之前大多数农户是以从事粮食种植为主，其余的种类相对较少，这说明搬迁之前农民的收入来源较为单一，收入结构较为脆弱；搬迁之后，收入来源渠道增加，改变了脆弱的收入结构。

表 6-13　搬迁前农户主要从事种类情况

主要从事	频数	百分比（%）
粮食种植	160	80.0
经营果园	2	1.0
蔬菜种植	3	1.5
养殖	1	0.5
其他	12	6.0
缺失	22	11.0
总计	200	100.0

（2）集中居住前后农户职业变化情况对比分析

通过以上的对比分析可知，在农民集中居住之后，务农人数所占比例逐渐缩小，务工人数所占比例逐渐增加，而从事个体经营的农户所占比例变化不大。由此可见，集中居住对从事个体经营的农户影响不大，对务农的农民的影响最大。集中居住前，农户大多以务农为生，有固定的土地和农业收入来源；而集中居住后，大部分农户失去土地，社会保障体系和就业保障制度尚不健全，无法为失地农民提供充足的社会保障，由此导致他们的生活出现一定困难。

在调查中发现，当前有 70 名小区居民所从事的工作主要是自己找的，自己创业、亲朋好友帮忙联系、政府提供和其他方式相对较少。这既说明政府在解决集中居住居民可持续生计方面工作的不足，也说明了集中居住之后居民的可持续生计途径过于单一。因此,这就需要当地政府不能盲目于当前的集中居住,更应该考虑解决居民集中居住之后的工作问题,使集中居住之后的居民生活得以维持。

从表6-14中可以看出,工作单位离家近、难以找到其他工作和该工作稳定成为居民从事目前这份工作的三个主要原因,因此当下所从事的工作也许并不是居民最理想的工作。

表6-14 从事目前这份工作的原因

从事该工作的原因	频数	个案百分比（%）
该工作稳定	19	27.1
能发挥特长	12	17.1
工作单位离家近	27	38.6
工作环境好	6	8.6
发展前景广阔	7	10.0
收入较高	9	12.9
社会地位较高	1	1.4
难以找到其他工作	24	34.3
其他	5	7.1

由以上的讨论可知,集中居住对从事农业生产和涉农生产的农户影响较大,农户从依靠粮食种植变为依靠外出打工,这一变化不仅与当地自然条件因素有关,而且与农户自身文化素质较低有关。笔者认为,政府及相应的社区负责人员应采取积极的就业政策和措施,提高失地农民的再就业率。

3. 居住方式

村民大多是因为当地原先主要依靠开采煤矿,后开采过多导致地面沉陷,而村子位于沉陷区,靠政府补贴居住到民意小区。靠天生活了大半辈子的村民搬入小区,需要适应与以往生活完全不同的环境、方式,笔者对村民可以适应搬迁之后的环境持怀疑态度。

(1) 居住情况

首先,笔者对村民原住房样式进行了统计,情况分布如表6-15所示,有88.8%的村民在搬迁之前居住在传统的农村庭院式平房,居住在平房的村民数量累计百分比达到了94.4%，居住在其他类型住房的村民只占总体的5.5%。数据表明，搬迁之前绝大多数村民居住在庭院式的平房，这种类型的平房宽敞明亮，适宜劳动工具的进出与摆放。在后面的分析中我们也可以看到父母与成年子女大多一同居住，村中庭院式平房满足这样的居住方式，同时也方便老人与儿童的出行。

表6-15 村民原住房样式统计

样式	频数	有效百分比（%）
村中的庭院式平房	175	88.8
村中的非庭院式平房	11	5.6
村中的庭院式楼房	4	2.0
村中的非庭院式楼房	5	2.5
本地或外地的小区	1	0.5
其他	1	0.5
缺失	3	
合计	200	100.0

在对村民对于房子空间的体验状况调查中，笔者进行了搬迁前后的对比，在对原先房子空间大小的回答中，情况分布如表6-16所示，认为很宽敞或较宽敞的有90.5%的村民，有3.5%的村民觉得原先所居住的房子刚好合适，只有6%的村民认为自己的房子拥挤。数据表明，大部分村民对搬迁前居住空间持满意态度。

表6-16 村民对原住房空间的态度分布

态度	频数	百分比（%）
很宽敞	147	73.5
较宽敞	34	17.0
刚好合适	7	3.5
拥挤	6	3.0
较拥挤	6	3.0
合计	200	100.0

其次，笔者统计了村民对目前居住空间的态度，情况分布如表6-17所示，有56.6%的村民认为房子拥挤，认为房子拥挤和较拥挤的累计达到82.4%，只有17.6%的村民认为目前居住的楼房刚好合适或者宽敞。

表6-17 村民对现住房空间态度分布

态度	频数	有效百分比（%）
很宽敞	2	1.0
较宽敞	9	4.5
刚好合适	24	12.1
拥挤	112	56.6
较拥挤	51	25.8
缺失	2	
合计	200	100.0

数据表明，大多数村民对搬迁后的房子空间是不满意的，村民认为现在房子空间拥挤的主要原因首先是目前房子面积太小（见表6-18），原先村民的房子面积大多在200平方米左右，而搬迁后只有70平方米左右，巨大的面积差异使村民感到拥挤；其次是家庭人口的增加，使原本就不宽敞的房屋更加拥挤。

表6-18 村民认为房间拥挤的原因统计

原因	频数	百分比（%）
房子面积本来较小	153	87.4
房子的上下高度较低	6	3.4
先前的旧家具等生活用品占据较大空间	3	1.7
家庭人口的增加	13	7.4
合计	175	100.0

如案例6-1中的芦某，她认为搬迁后最大的问题就是居住空间变小，家庭成员在交流、说话时都要考虑会不会影响他人，给家里的老人带来不便。

案例6-1：芦某，女。她觉得搬迁到社区对人们来说最大的挑战就是要去适应空间改变。以前在农村地区，每家的院子少说也有二三百平方米，房间少说也有三四间，院子是大家公共活动的地方，每个家庭成员都有自己的房间，与外人见面也好、自己活动也好，相互之间都不会有太大的影响。但是现在到新的社区之后，一家五六口人住在一个七十多平方米的两室的屋子里，某个人的朋友来后其他人都要回避以为他们提供宽敞的空间。家庭里的每个成员都要因为减少对其他人的影响而压低说话的声音，这对于年轻人说是易于接受的，但是对于已经大半辈子都习惯大声说话的老年人来说是一项巨大的挑战。

(2) 家庭类型未有太大变化

接下来笔者对居住情况进行分析，从样本对"搬迁前后您所属大家庭（父母和成年子女）的居住方式"这一问题的回答中，200个样本中有效回答198个，缺失2个，情况分布如表6-19所示：有62.6%的村民一直都居住在一起，搬迁后居住方式并没有太大变化（一直都分开或居住在一起）的累计百分比达到了68.7%，而搬迁后居住方式有变化的占总体的31.3%。

表6-19 村民家庭类型变化情况统计

	频数	有效百分比（%）
失地前分开居住，现在住在一起	21	10.6
失地前住在一起，现在分开居住	41	20.7
一直都是分开居住的	12	6.1
一直都是住在一起的	124	62.6
缺失	2	
合计	200	100.0

数据表明，搬迁到民意小区对大多数村民来说居住方式并没有太大变化，这一点可能与民意小区的地理位置及环境和原先村子较相近有关。

(3) 生活习性发生改变

在入住民意小区后，村民的生活习性发生了一些变化。从样本对"你会遭受到邻里噪声的影响吗？"这一问题的回答中，200个样本中有效回答199个，缺失1个，情况分布如表6-20所示，有54.3%的村民表示遭受到邻里的影响，剩下45.7%的村民表示并未遭受邻里噪声的影响。

表6-20　村民现受到邻里噪声影响统计

	频数	有效百分比（%）
是	108	54.3
否	91	45.7
缺失	1	
合计	200	100.0

从表6-20的数据中并不能看出邻里噪声对村民造成太大影响，但是从表6-21中我们可以看出75.9%的村民表示会压低声音说话。数据表明，搬迁到民意小区后村民逐渐通过改变自己的行为减少对旁人的影响。

表6-21　村民现是否会压低说话声音统计

	频数	有效百分比（%）
是	151	75.9
否	48	24.1
缺失	1	
合计	200	100.0

经过了解，发现在入住民意小区前有75%的村民会在房子附近种植粮食作物或蔬菜水果（见表6-22）。

表6-22　村民原住房周围种植情况统计

	频数	百分比（%）
是	150	75.0
否	50	25.0
合计	200	100.0

失去土地后，小区可种植的土地便是绿化带，但只有10%的村民表示会在绿化带种植粮食作物或蔬菜水果（见表6-23）。

表 6-23 村民现绿化带种植情况统计

	频数	百分比（%）
是	20	10.0
否	180	90.0
合计	200	100.0

这一数据并不完全准确，因为笔者在实际调查过程中发现不少绿化带种植着粮食作物或蔬菜水果，村民对这一问题的回答可能存在隐瞒，也可能是调查的样本对整体情况的反映存在误差，但是还是可以说明搬迁到民意小区对村民生活习性的改变。

（4）分化的适应状况

对于分化的适应状况，总体来说村民对社区环境较为适应，如表 6-24 所示，200 个样本中有效回答 199，缺失 1 个，其中适应的村民累计百分比达 49.2%，不适应的村民累计百分比只有 13.1%，还有 37.2% 的居民对适应性表示"一般"。

表 6-24 村民现对社区环境适应情况统计

	频数	有效百分比（%）
非常不适应	6	3.0
不适应	20	10.1
一般	74	37.2
适应	94	47.2
非常适应	4	2.0
其他	1	0.5
缺失	1	
合计	200	100.0

虽然数据表明村民对搬迁后的环境适应性良好，但是在"入住新社区您最大的不适应是？"这一问题的回答以及对村民的深度访谈中，我们可以发现，村民内心深处对目前生活存在抵触，大部分人还是更喜欢以前的生活。其中可以看到最不适应的地方是失去了土地，丢掉了生存的根本以及对楼房小空间的不适应（见表 6-25）。

表 6-25　村民现不适应原因分布

	频数	有效百分比（%）
没有土地，好像丢掉生存根本	64	33.2
无地可种，无事可做	37	19.2
对楼房的小空间不适应	72	37.3
其他	20	10.4
缺失	7	
合计	200	100.0

案例 6-2、6-3、6-4 表明，其实对居住的适应与否还是要看个人对生活的理解。

案例 6-2：王某，女，72 岁。搬到民意小区给她的生活方式、居住方式都带来了一定的影响，有了很多新的朋友，思想上接触了很多全新的东西。总的来说，王某对现在的生活是比较满意的，她在闲暇时跟小区的好友聊聊天，一起健健身，生活得很开心。

案例 6-3：李某，女，67 岁。李某对搬迁后的生活没有太满意也没有太不满意，生活还是要继续。搬迁过来 6 年，她早已适应了这里的生活。

案例 6-4：芦某，女。芦某说到现在可以把在社区里生活的人分为两种，一种是觉得社区生活比较好的，另外一种则是对进入社区之后的生活不太满意的。对社区生活持肯定态度的村民都认为他们搬到社区里来是一件堪比"天上掉馅饼"的事情，也没有想到这张馅饼能够掉到农民的头上。与之前在农村中的生活相比较，农民住进楼房最起码冬天不再需要处理家里厚厚的积雪了，并且街道上的商店使农民一出门就能买到心仪的商品，再加上新社区附带的便利的交通使村民们能够自如地出行。而那些对社区生活不满的人自然也有其理由，搬到社区之后远离了能够给予他们生活支持的土地，现在不论是粮食还是蔬菜都需要从市场中购买，这使村民们的日常生活开支又增加了很大一笔。再加上村民之前在农村中生活习惯了，都比较喜欢开阔的空间，但是搬到社区之后紧挨着的楼房和狭小的生活空间对于村民的生活来说是很大的挑战。因此，这些原因的存在使搬迁进社区的村民不得不被划分为两个阵营，对在新的社区里的生活也自然会有两种截然不同的态度。

总的来说，居住方式改变后，村民处于一种极其矛盾的状态：一方面民意小区的外部环境、人际来往与阿镇并无太大差别，但同时又提供了原先所不能得到的便利，使村民仿佛适应了这样的居住方式；另一方面，居住方式改变给大多数人带来生活、工作的不便利和不适应，生活品质下降，使村民内心深处不太适应这种改变。

4. 交往方式

（1）社区居民同质性较低，但邻近单元均为同村人

由表6-26可知，在社区居民构成的问题上，16%的居民认为都是同村人，21%的居民认为大部分是同村人，60%的居民认为少部分是同村人，3%的居民选择其他。由以上数据得出，此次调研所涉及的调查对象来自多个村庄，同质性较低。

表6-26 社区居民构成

居民构成	频数	百分比（%）
都是同村人	32	16.0
大部分同村的	42	21.0
少部分同村的	120	60.0
其他	6	3.0
合计	200	100.0

（2）邻里之间社交频繁

在表6-27中，被调查者中有一人未进行选择，即有0.5%的无效样本量。在余下99.5%的有效样本量中，18.1%的居民认为自己和邻居交流次数非常多，46.7%的居民认为自己与邻居交流次数比较多，27.1%的居民认为自己和邻居交流次数一般，8.0%的居民认为自己和邻居交流次数很少。数据显示，64.8%的居民和邻居交流次数非常多或比较多，超过被调查人数的一半。由此发现，集中居住对居民交往方式没有太大影响，搬

迁之后居民间交往依然频繁。

表 6-27 邻里间交流次数

交流次数	频数	百分比（%）	有效百分比（%）
非常多	36	18.0	18.1
比较多	93	46.5	46.7
一般	54	27.0	27.1
很少	16	8.0	8.0
缺失	1	0.5	
合计	200	100.0	100.0

（3）居民社交圈扩大，扩大途径较为单一

由表 6-28 可以看出，86%的居民在小区内认识了新朋友，14%的居民在小区内没有认识新朋友。由以上数据可知，搬进小区之后，大多数居民的社交圈扩大了。

表 6-28 结识新朋友状况

是否结识新朋友	频数	百分比（%）
是	172	86.0
否	28	14.0
合计	200	100.0

在表 6-29 中，除去 25 个缺失值，78.9%的居民认识新朋友的途径是经常见面、慢慢熟悉，5.7%的居民是其中一人主动交流，5.7%的居民是通过偶然机会认识，2.3%的居民是通过在同一个地方工作，4.0%的居民是互相帮助过，3.4%的居民选择其他。这说明居民扩大社交圈的方式较为单一，主要是经常见面、慢慢熟悉。

表 6-29 与新朋友的认识途径

认识途径	频数	百分比（%）	有效百分比（%）
经常见面，慢慢熟悉	138	69.0	78.9
其中一个人主动交流	10	5.0	5.7
偶然机会认识	10	5.0	5.7

续表

认识途径	频数	百分比（%）	有效百分比（%）
在同一个地方工作	4	2.0	2.3
互相帮助过	7	3.5	4.0
其他	6	3.0	3.4
缺失	25	12.5	
合计	200	100.0	100.0

（4）社区邻里关系较为和谐

由表6-30可知，被调查者中有一人未进行选择，即有0.5%的无效样本量。在余下99.5%的有效样本量中，8.0%的居民与邻居亲如家人，68.8%的居民与邻居关系很好，21.1%的居民与邻居交情一般，2.0%的居民与邻居关系不好。数据显示，76.8%的居民与邻居亲如家人或关系很好，超过被调查人数的一半。由此可知，民意社区内邻里关系较好，出现矛盾居民一般都会采取协商的方式，很少用暴力手段解决问题。案例6-5、6-6的描述，也证实了这一点。

表6-30 邻里关系状况

与邻居的关系	频数	百分比（%）	有效百分比（%）
亲如家人	16	8.0	8.0
关系很好	137	68.5	68.8
交情一般	42	21.0	21.1
关系不好	4	2.0	2.0
缺失	1	0.5	
合计	200	100.0	100.0

案例6-5：李某，女，67岁。搬迁过来6年，她早已适应了这里的生活。邻里相处很好，经常坐在一起聊家常，李某也认识了很多新的朋友，日常生活中有红白喜事时，邻里之间都会互相帮助。

案例6-6：林某，男，70岁。林某和邻居以前是一个大队的，也是留守老人，两家经常合伙吃饭，互相照顾不分彼此。林某闲暇时间也会在4号、5号楼之间的空地乘凉聊天，因为这两栋楼的住户以前都是一个村上的,比较熟悉。他说以前大家会为了占耕地问题而争吵,现在不存在这个问题,因为大家都没有地了,因此彼此之间的关系反而更加和睦。

(5) 风俗习惯变化不大

在调查中发现,搬迁之后婚丧嫁娶的礼仪变化不大,唯一的变化就是举办地点。由表6-31可知,被调查者中有一人未进行选择,即有0.5%的无效样本量。在余下99.5%的有效样本量中,举办婚礼、寿辰等活动时,5.5%的居民在自己家里举办,2.5%的居民在自己家里或者邻居家里举办,75.4%的居民在饭店、餐厅等场所举办,16.6%的居民在小区空地举办。

表6-31 婚礼、寿辰举办地

婚礼、寿辰举办地点	频数	百分比(%)	有效百分比(%)
自己家里	11	5.5	5.5
自己家里或者邻居家里	5	2.5	2.5
饭店、餐厅等场所	150	75.0	75.4
小区空地	33	16.5	16.6
缺失	1	0.5	
合计	200	100.0	100.0

因此,迁入社区之后,原来村子里的习俗变化不大。但因为房屋空间普遍变小,居民大多不再在家中举办红白喜事,而是选择到饭店、餐厅等场所。

(6) 老人交往方式变化较小,孩子交往对象变化较大

由表6-32可知,去除3个缺失值,71.6%的居民家中有60岁以上的老人,大部分的老人每天的主要活动是找其他老人聊天。案例6-7中对李某的访谈让我们看到了社区内老人生活的一个侧面:

案例6-7:李某,男。因为在民意小区中生活的大多数都是老人,因此老年人也成了课题组不得不关注的群体。当问及老年人在小区中的生活状况时,李某说老年人哪里有什么生活啊,现在小区也不

像是在农村的时候那样随便,每天在楼上的家里也待不住,闲的时候下楼和其他人打打牌或是聊聊天,更多的老人的生活还是围绕着孙辈转。孙辈年龄比较小的老人就要帮着儿女在家带孙辈,孙辈年龄比较大的也需要老人给做饭、洗衣服。当然,在小区里生活的老人也有很多不方便的地方,比如说看病。在农村的时候,卫生所就在村子里,看病买药什么的都很方便,并且医疗保险可以报销,但是在小区里的私人诊所不能用医疗保险报销,小区离镇上卫生院较远,且卫生院条件差、医务人员态度差。

表 6-32 老人存在状况

有无60岁以上老人	频数	百分比(%)	有效百分比(%)
有	141	70.5	71.6
没有	56	28.0	28.4
缺失	3	1.5	
合计	200	100.0	100.0

由表 6-33 可知,去除 1 个缺失值,68.8% 的居民家中有 18 岁以下的孩子,这说明超过 2/3 的小区住户家中有孩子。

表 6-33 孩子存在状况

有无18岁以下孩子	频数	百分比(%)	有效百分比(%)
有	137	68.5	68.8
没有	62	31.0	31.2
缺失	1	0.5	
合计	200	100.0	100.0

在孩子的主要玩伴这个问题上(见表 6-34),除去 61 个缺失值,24.5% 的孩子主要和以前村里的孩子玩,31.7% 的孩子主要和单元楼内认识的新朋友玩,9.4% 的孩子主要和小区其他单元楼的新朋友玩,15.1% 的孩子年龄太小交流很少,2.2% 的孩子基本不与其他孩子接触,17.3% 的孩子主要和学校同学玩。案例 6-8 的描述体现了这种变化:

案例 6-8：武某，女，25 岁。武女士的儿子刚刚上小学，没有搬进社区的时候，他都是和原来村里的孩子一起玩耍。现在，他和原来的朋友们交集变少，已经很少和他们一起玩了，很多时候都是去找学校里认识的同学一起玩。

表 6-34 孩子主要玩伴

主要玩伴	频数	百分比（%）	有效百分比（%）
以前村里的孩子	34	17.0	24.5
单元楼内认识的新朋友	44	22.0	31.7
小区其他单元楼的新朋友	13	6.5	9.4
孩子年龄太小交流很少	21	10.5	15.1
基本不与其他孩子接触	3	1.5	2.2
学校同学	24	12.0	17.3
缺失	61	30.5	
合计	200	100.0	100.0

经过以上分析，笔者发现老人的交往方式并没有发生明显变化，仍然是找其他老人聊天；18 岁以下孩子的交往对象明显扩大，除了以前村里的孩子，单元楼内认识的朋友和学校同学均成为重要交往对象。

(7) 闲暇时间主要活动变化不大

入住社区前，在闲暇时间里 64.5% 的村民在家休息或整理家务，7.0% 的村民找朋友打扑克牌或打麻将，1.0% 的村民逛街购物，10.0% 的村民串门，0.5% 的村民外出旅游，16.5% 的村民选择其他，0.5% 的村民没有回答这个问题。数据显示，在家休息或整理家务是村民度过闲暇时间的最主要方式，占比达到 64.5%，除此之外，选择串门和其他的村民也较多，占比分别达到 10.0% 和 16.5%。

入住社区后，在闲暇时间里 34.0% 的居民在家休息或整理家务，13.0% 的居民找朋友打扑克牌或打麻将，5.5% 的居民逛街购物，22.0% 的居民串门，2.0% 的居民外出旅游，22.0% 的居民选择其他，1.5% 的居民没有回答这个问题。数据显示，居民度过闲暇时间的方式主要有在家休息或整理家务、串门以及其他，占比分别达到 34.0%、22.0% 和 22.0%（见表 6-35）。

第六章 政策支持型农民集中居住及其文化适应

表 6-35 闲暇时间活动

	入住前		入住后	
	频数	百分比（%）	频数	百分比（%）
在家休息或整理家务	129	64.5	68	34.0
找朋友打扑克牌或打麻将	14	7.0	26	13.0
逛街购物	2	1.0	11	5.5
串门	20	10.0	44	22.0
外出旅游	1	0.5	4	2.0
其他	33	16.5	44	22.0
缺失	1	0.5	3	1.5
合计	200	100.0	200	100.0

由以上数据可知，迁入社区后，在家休息或整理家务的人数有较大下滑，但仍然最多。除了在家休息或整理家务，选择其他选项的人数均有不同程度的上涨，这说明搬迁之后居民度过闲暇时间的方式逐渐增多。

5. 社区管理

新型社区是适应现代化的要求，以地域性为特征、以认同感为纽带构建成的社区组织体系，新型社区的管理一定程度上影响人们对新型社区的满意程度。以下将从基础设施、社区卫生环境、治安管理以及居委会管理等方面来分析民意社区的社区管理状况。

（1）基础设施与场所建设依然有待完善

阿镇民意小区在基础设施与场所的配置上相对比较完善，如表6-36所示，98.5%的人认为社区有垃圾箱，扔生活垃圾较为方便；87.5%的人认为社区有路灯，只不过路灯经常坏，有时候根本不亮；76.0%的人认为有社区服务大厅，其实就是有居委会和支委会办事处；72.0%的人认为有健身场地，可以方便居民进行锻炼；71.0%的人认为社区有卫生所，不过都是私人的，只能看一些小病；70.0%的人认为社区有商店，社区旁边就是复古一条街，街道上有各式各样的门面房，经营者多为社区居民，主要包括餐饮店、肉铺、酒店、调料店、家居服饰店、五金交电店铺、家电维修店、粮油店、日用百货店、发艺店以及超市等，可以满足居民基本的日常需求；65.5%的人认为社区有信息公告栏，居委会事务的通知多在公告栏贴出，方便居民了解居委会的事务。其余的休息椅、停车场以及幼儿园所选比例均不足50%，我们在实地调研中也未曾发现以上设施。

表6-36 民意社区基础设施、场所建设情况

基础设施与场所	频数	百分比（%）	个案百分比（%）
你居住的社区是否有垃圾箱？	197	16.1	98.5
你居住的社区是否有路灯？	175	14.3	87.5
你居住的社区是否有休息椅？	28	2.3	14.0
你居住的社区是否有公告牌？	131	10.7	65.5
你居住的社区是否有停车场？	52	4.3	26.0
你居住的社区是否有健身场地？	144	11.8	72.0
你居住的社区是否有商店？	140	11.4	70.0
你居住的社区是否有卫生所？	142	11.6	71.0
你居住的社区是否有幼儿园？	62	5.1	31.0
你居住的社区是否有社区服务大厅？	152	12.4	76.0
总计	1223	100.0	611.5

案例6-9：赵某，男，29岁，初中文化水平。迁入社区之前，虽然赵先生家中有地，但种地的收入只占家庭总收入的小部分。以前，赵先生的父亲在煤矿上班，有固定工资收入，包括赵先生的收入在内，家中一月进账6000元左右。而现在，赵先生的父亲不再在煤矿工作，家中收入主要依靠赵先生，包括政府补贴在内，一月也只有5000元左右。而且赵先生的工作属于临时工性质，这让他很没有安全感。收入降低的同时，赵先生还要支付水电费、暖气费、燃气费、物业费等，蔬菜、粮食的价格也在不断上升，赵先生感到力不从心。

赵先生的话语中透露出对社区的不满。社区内没有垃圾箱，大家都把垃圾随手乱丢，道路上经常有垃圾，清洁工清扫也不及时；下雨天路上有时会积水，家里的下水道建得也不好，排水不畅；社区里绿化力度不够，很多花草还是居民们种的，种类不统一，好看但比较杂；房屋的隔音效果不好，白天车辆来来往往声音很大，傍晚的时候居民们跳广场舞的声音也很吵，这些都令赵先生不满。同时，赵先生认为社区的治安也很差，他觉得这里的居民既有各个村子里搬迁过来

的，也有本来镇上的，太乱了。社区有保安，但平时保安只待在大门口，不会进来巡逻。大门口的保安对外来人员进出也没有限制，自己的安全得不到保障。赵先生表示，希望社区能够建立门卡制度，本社区居民刷卡进社区，非本社区居民进入社区时需要登记。

赵先生和妻子正在计划要孩子。他们希望孩子能在一个好的环境下成长。但他们对社区配套的医疗、教育体系没有信心。据他说，他生病时会到社区里的私人诊所看病，社区外的街道上也有一个卫生所，他有时也会到那里看病。这也是社区居民最方便的看病方式。但如果有了孩子，他不放心带孩子来私人诊所和卫生所看病，因为总感觉规模太小和不够正规。同时，赵先生认为，社区的妇幼保健体系不完善，做产前检查和新生儿筛查等需要跑太远，太麻烦了。教育方面，赵先生认为附近的幼儿园不算是社区的配套机构。他认为应该在社区内建设幼儿园，方便接送幼儿，也能保障儿童安全。儿童游乐设施的缺失也是问题，社区内只有健身器材，不适合儿童娱乐。孩子们在整个社区内跑来跑去玩耍不安全，赵先生认为社区内应建立一个儿童游乐中心，或者在特定位置建设儿童游乐设施，可以方便家长看管孩子。

由以上分析以及案例6-9可以看出，民意社区有垃圾箱、路灯、公告牌、健身场地以及商店等基础设施，但仍需要进一步完善，比如购置休息椅、建设停车场和幼儿园等。

（2）社区卫生环境存在问题较多

如表6-37所示，90.5%的人认为社区每天都有专人清扫街道，4.0%的人认为没有清洁工每天清扫街道，5.5%的人表示不清楚，没有关注这个问题。

表6-37 社区每天是否有专人清扫街道分布情况

	频数	百分比（%）
是	181	90.5
否	8	4.0
不清楚	11	5.5
总计	200	100.0

如表6-38所示，去除1个缺失值，76.9%的人认为社区内的垃圾清扫较为及时，16.1%的人认为清扫不够及时，社区内依然有垃圾，7.0%的人表示不清楚是否及时清扫。

表6-38 居民认为社区内垃圾清扫是否及时分布情况

	频数	百分比（%）	有效百分比（%）
是	153	76.5	76.9
否	32	16.0	16.1
不清楚	14	7.0	7.0
缺失	1	0.5	
总计	200	100	100.0

如表6-39所示，居民认为社区依然存在诸如垃圾处理问题、废水处理问题、噪声污染问题、绿化问题和其他方面的问题等，不过所占的百分比均未超过50%，分别为28.5%、22.5%、44.5%、40.5%、16.5%。居民根据自己所处的环境和居住的情况，有不同的环境诉求，所以无法一概而论。

表6-39 社区存在的环境问题分布

环境问题	频数	百分比（%）	个案百分比（%）
社区环境存在垃圾处理问题	57	18.7	28.5
社区环境存在废水处理问题	45	14.8	22.5
社区环境存在噪声污染问题	89	29.2	44.5
社区环境存在绿化问题	81	26.6	40.5
社区环境存在其他方面问题	33	10.8	16.5
总计	305	100.0	152.5

（3）小区治安管理较为混乱

如表6-40所示，去除1个缺失值，只有4.5%的人认为社区任何时候都有保安巡逻，12.1%的人认为固定时间有保安巡逻，33.7%的人认为基本没有保安巡逻，38.7%的人认为从来没有保安巡逻，10.6的人表示不了解是否有保安巡逻。在调研过程中，笔者看到小区门口每天有两三个保安执勤,但他们只是定点在小区大门口蹲守或者闲聊,很少进行巡逻,没有发挥实质性作用。

表 6-40 社区平时保安巡逻情况

	频数	百分比（%）	有效百分比（%）
任何时候都有	9	4.5	4.5
固定时间有	24	12.0	12.1
基本没有	67	33.5	33.7
从来没有	77	38.5	38.7
不了解	21	10.5	10.6
其他	1	0.5	0.5
缺失	1	0.5	
总计	200	100	100.0

由于安保不到位,小区内会有盗窃现象的发生,11.0%的人认为盗窃案件发生非常多,23.5%的人认为比较多,26.5 的人认为发生频率一般,22.5%的人认为很少发生偷盗现象,8.5%的人认为基本没有盗窃现象,8.0%的人表示不了解(见表 6-41)。这些盗窃案件一般交由保安或者当地派出所处理,经过当地政府一段时间的治理,盗窃案件的频率在一段时间内会有所下降,但是总会反复。

表 6-41 社区内的盗窃现象发生情况

	频数	百分比（%）
非常多	22	11.0
比较多	47	23.5
一般	53	26.5
很少	45	22.5
基本没有	17	8.5
不了解	16	8.0
总计	200	100.0

总体而言,居民对社区的治安管理评价一般,如表 6-42 所示,只有2.0%的人认为非常好,21.0%的人认为比较好,50.5%的人认为一般,

20.0%的人认为较差,6.5%的人认为很差。由此可见,社区的治安管理仍有待提升。

表6-42 居民对社区的治安管理的评价

	频数	百分比(%)
非常好	4	2.0
比较好	42	21.0
一般	101	50.5
较差	40	20.0
很差	13	6.5
总计	200	100.0

(4)居委会管理不当,居民积极性无法调动

如表6-43所示,民意社区居委会通过以下方式通知事务,认为贴通知的人有35.5%;认为设立通知栏、公告牌来进行通知的有49.0%;认为广播通知的有5.5%;发宣传单通知的有6.5%;张贴宣传标语进行通知的有24.5%;其中还有3.5%的人认为社区没有进行宣传或通知过事务,3.0%的人表示不清楚。因此可以看出,居委会通知事务的主要方式是通过设立通知栏或者公告牌、张贴通知和宣传标语,但是调查中我们发现,很多居民并不关心方针政策,也有社区根本没有宣传的缘故。相较以前都是村干部通过喇叭或者直接入户进行政策的宣传来说,社区生活要求居民主动了解方针政策,从被动转为主动需要一个过渡期。

表6-43 居委会通知事务方式

通知方式	频数	百分比(%)	个案百分比(%)
贴通知	71	27.8	35.5
设立通知栏、公告牌	98	38.4	49.0
广播通知	11	4.3	5.5
发宣传单	13	5.1	6.5
张贴宣传标语	49	19.2	24.5
不宣传	7	2.7	3.5
不清楚	6	2.4	3.0
总计	255	100.0	127.5

在社区集体活动方面，如表6-44所示，去除1个缺失值，30.4%的人认为社区有中老年人广场舞，每天晚上都有一部分妇女在固定地点锻炼。但是这是居民自发组织的，其中所有的费用都由其成员自己支付，社区居委会既不支持也不反对。除此之外，33.5%的人认为社区有体育友谊赛，31.4%的人认为社区从没有举办过任何集体活动。

表6-44 社区举办的集体活动的类别

	频数	百分比（%）	有效百分比（%）
中老年人广场舞	59	29.5	30.4
儿童系列活动	3	1.5	1.5
妇女节演出与表彰	3	1.5	1.5
全民嗨歌的文艺演出	3	1.5	1.5
体育友谊赛	65	32.5	33.5
从没举办过类似活动	61	30.5	31.4
缺失	5	2.5	
系统	1	0.5	
总计	200	100	100.0

同时，如表6-45所示，大家也表示如果社区举办集体活动，积极参加的占38.0%，依据具体情况可能会参加的占41.5%，不参加的仅占15.5%。可见，如果社区积极举办各类集体活动，居民的参与意愿还是较为强烈的。

表6-45 社区举办集体活动的参加意愿

	频数	百分比（%）
积极参加	76	38.0
可能会参加，看情况	83	41.5
不参加	31	15.5
不清楚	7	3.5
其他	1	0.5
缺失	2	1
总计	200	100.0

如表6-46所示，居民之所以不愿意参加集体活动，40.5%的人认为

是因为自己不感兴趣；另一个重要的原因就是没有时间，大多数人起早贪黑工作，没有休息日，即使难得拥有假期，更愿意在家陪陪家人，好好休息，而不愿意参加集体活动。10.1%的人单纯不喜欢参加集体活动，8.9%的人是因为没有收到通知，所以没办法参加。因此，可以看出，居民对居委会组织集体活动的期望值较高，但是居委会也要组织符合每个年龄段、每种人群的活动，才能充分调动居民参与的积极性。

表6-46　不愿意参加的原因

	频数	百分比（%）	有效百分比（%）
不感兴趣	32	16.0	40.5
没有时间	32	16.0	40.5
不喜欢参加	8	4.0	10.1
未通知，不知道	7	3.5	8.9
缺失	120	60.0	
系统	1	0.5	
总计	200	100.0	100.0

案例6-10：李某，女，67岁。家里有5口人，儿子跟儿媳妇在外地打工，常年不在家。儿媳妇患有疾病，在无医保的情况下每年花销很大，李某和老伴儿两人靠低保生活。原先家里有5亩地，后来由于位于沉陷区，地下煤矿开采过多，整个地区沉陷，家中土地都荒废了，于2010年搬到这个社区。搬迁过来6年，他们早已适应了这里的生活。

李某对其他的事情都没有太担心，唯独社区管理方面例外。首先，社区的基础设施很不完善，最基础的休息椅都没有，老人大多搬小板凳在楼下休息，或者经常看到有老人自己拿着小板凳到处走，偶尔有休息椅还是个人摆放在那里的。社区的路灯常年不亮，即使在春节期间也是如此，这在大多数居民是老年人的民意小区其实存在了很多安全隐患。课题组在后期与居委会工作人员交流中得知这些基础设施建设都是外包给物业公司的，但是由于时间限制课题组并不能去与物业公司交流，所以并不太清楚这样做的原因，也不太清楚到底是居委会的不作为还是物业公司的不负责。

其次，社区的治安环境特别差，经常会有偷盗的现象，而且小区内有很多抽大烟的人，小区的居民生活很不安稳。对于社区的清洁问题，李某说其实只有临近门口的几栋楼附近有人打扫，靠近里面的就没有人打扫了。

李某特别希望小区的管理者能切实负责起来，把各项工作落实，能举办一些集体活动或者给予村民自发组织的活动一些支持，能建设一个老年人活动的场所，让老年人的生活更丰富多彩，而不是只有在收费的时候积极。实际上笔者在对其他人的调查中发现，多数人都希望能有一个这样的场所，能多有些活动，大部分人还是很乐意参加集体活动的，同时也发现只有在收费事务上居委会工作人员做得才比较到位。

从以上分析以及案例 6-10 的现实情况可以看出，社区居委会在其成员的凝聚力和参与度上并没有发挥积极有效的促进作用，使社区成员对居委会产生相当程度的不满。小区社区管理虽有一定的规模和相应的方式，但是由于居委会管理不当，其仍然无法充分调动人们的社区建设积极性以及对社区的认同感，从而引发人们对社区的不满情绪。

三　阿镇农民集中居住存在的主要问题

1. 社区公共配套设施不健全

民意小区内，经常见到在楼下乘凉的居民，他们通常自己带着马扎，因为小区内并没有休息椅。提起休息椅，他们表示希望社区增设休息椅，因为每次出来都要拿马扎比较麻烦。同时，他们还希望社区增设垃圾箱。显然，民意小区的公共服务配套设施并不够完善。居民还反映，在社会保障方面，低保标准设置过低，而且人员变动更新迟缓。一对夫妇还告诉我们，社区的医疗保险覆盖不全面，社区配套医疗体系如妇幼保健体系也不健全。简言之，民意小区公共服务建设不完善已经影响了居民生活。

2. 转型发展带动力不强

作为一个煤炭资源枯竭型小城镇，阿镇试图发挥其得天独厚的旅游资源优势，发展生态旅游业，实现经济社会转型跨越发展。然而笔者认为，转型发展并没能充分带动就业。在民意小区，多数被调查者表示就业是困扰他们的大问题。搬迁之后，原本依靠种地过活的村民失去了基本的收入来源。他们中大多数文化水平不高，也没有一技之长，很难找到合适的工作。从民意小区居委会工作人员口中我们得知，阿镇附近有新荣化工和兰阿煤矿，社区内有七八十人在里面上班，主要是青壮年男性。而老人和女性则很难找到工作，就算找到工作也多是临时工。没有工作就没有收入，村民们对失业充满了无奈。

3. 社区管理松散

在调查过程中，常常有居民抱怨：社区的卫生环境差，清洁工只清扫大门附近；小区里路灯常年不亮，安全门也总是坏；治安管理比较差，大门处保安核查不严，人员随意进出社区，也没有负责巡逻的保安。他们表示，物业并不是一开始就这样，在刚刚迁入社区的时候，物业服务较好，时间久了却越来越差。于是，我们在社区服务大厅的物业窗口询问了居委会工作人员。她表示，社区物业已经外包给物业公司，因此这些不归居委会管。不过笔者没有见到物业公司的人，也无从得知他们的说法，但民意小区的管理松散是不争的事实。

四 提高阿镇农民集中居住文化适应性的途径

1. 保障居民生活，促进居民就业

阿镇成为塌陷区后，大部分开采煤矿的小工厂倒闭，原先在工厂工作的村民失业，同时塌陷也意味着农民失去了赖以生存的土地。研究表明，搬入民意小区后，由于大部分农民学历低，积蓄少，部分年轻人还能靠外出打工获得收入，而年长者基本丧失劳动能力，所以收入变少；而原先基本不需要购买的蔬菜、粮食现都需要购买，同时物价增高，意味着支出变多。同时笔者了解到，在社会保障这方面部分贫困家庭并未得到政府的帮助。农民基本的生活得不到保障，由此导致农民的文化适应问题。

由上可知，提高阿镇农民集中居住适应性，政府应拓宽就业途径，提供更多的就业岗位；为农民特别是初中文化程度及以下的农民提供职业技能培训，提高其从事非农产业的能力，[1] 同时加大宣传，让更多的农民参

---

[1] 张金明、陈利根：《农民集中居住的意愿、影响因素及对策研究——以江苏省江都市为例》，《农村经济》2009年第10期，第17—20页。

与到培训中；另外，加大政策和资金的扶持力度，逐步建立健全国家、集体、个人、外商等多渠道筹资、共同开发建设的多元化投资机制；[1] 贯彻落实国家对集中居住农民的相关政策，同时为农民提供更多的社会保障。而农民自身也应不断提升自己，提高竞争力。

2. 改善社区环境，增强社区居民认同感

农民集中居住要充分重视居住环境对于居民的影响，从改善集中居住环境入手，通过居住地社区环境建设（包括硬件环境建设与人文环境建设），引导居民积极参与社区活动，加强邻里沟通与交往。而从相关的研究来看，一些学者从城乡文化差异的角度出发，认为城市文化在开放性和流动性、社会关系非人情性、社区认同、社会参与意识、法律意识以及竞争意识等方面与乡村文化存在差异，而失地农民内在的文化特征决定了他们不可能迅速融入快节奏、异质性和开放性的城市生活，对所处社区和整个城市缺乏相互认同的文化归属感。

首先，应完善社区的基础设施建设，通过一定的空间规划和安排（如增加绿地和广场面积等），扩大社区公共空间。其次，该社区老年人比例很高，应建立老年人活动中心，同时建设图书馆、健身馆等。再次，应提高居民对社区活动的参与度，拓宽居民参与社区活动的渠道，调动居民参与的积极性，引导他们参与社区建设、关注社区发展，从而提高居民的社区归属感。最后，社区应多开展一些社区活动，研究数据表明绝大多数人愿意参加社区活动，这样的社区活动也有利于居民快速融入社区，增加对社区的感情，增加相互认同的文化归属感。与此同时，民主参与（如选举）还有助于移民在新居住地的创业和发展，促进移民落地生根。[2]

3. 加强社区管理，真正做到为民服务

贾燕、李钢等人基于阿马蒂亚·森（Amartya Sen）的"可行能力"理论从有利于移民经济适应的角度提出农民搬进集中居住小区后，政府应完善配套措施、提高物业管理水平、提升小区的生活品质、增加农民

---

[1] 张金明、陈利根：《农民集中居住的意愿、影响因素及对策研究——以江苏省江都市为例》，《农村经济》2009年第10期，第17—20页。

[2] Hayduk, R. *Democracy for All: Restoring Immigrant Voting Rights in the United States* (New York: Routledge Press, 2006), p.63.

福利。[1]

而从现状来看，农民集中居住区的社区建设与管理工作要远远落后于房屋和道路建设。研究表明，搬入民意小区后，多数人表示治安环境差，社区工作人员的服务不到位。首先，应加强对社区治安的管理，保障人民的生命财产安全，使农民集中居住后能安心安全生活，同时对违法犯罪人员加大惩处力度，维护良好的社区风气。其次，社区工作人员要一心为民，为人民做实事，如户籍制度方面要有创新性，力争缩小迁移农民与城镇居民在享受社会福利方面的差距，从而真正实现农民非农化。再次，提高物业的管理水平，使农民能生活得安逸舒适。最后，亦要通过广播、条幅、板报等多种方式向农民宣传集中居住对于提高其生活质量的意义，教育引导农民以市民为模仿和学习对象，告别传统生活方式，转而形成与城市相适应的文明和健康的生活方式，提高其适应城市生活的能力。

第三节　自然灾害型移民社区文化适应性研究

——以甘肃省山县为例

一　基本信息

从性别方面来分析（见表6-47），样本男45.2%、女54.8%的比例和全国男性占全国总人口的51.27%、女性占48.73%略有偏差。从年龄段上来看，20岁以下和50岁以上的人口总共有83人，占样本总量的61.5%。由此可见，这个地区的青年人所占比例不高，劳动力流失，主要是青壮年劳动力外出打工所致。

一个地区的人口受教育程度是反映该地区人口素质的重要指标，它是一个国家和地区的文化教育普及和发展程度的标志。一般来说，受教育程度越高的地区，其人口素质、社会经济发展水平和文明程度也越高。表6-47显示，没上过学的有26人，大概占总样本的1/5，初中及以下学历的人占74.9%，本科及其以上的仅有10人，反映出当地低水平的受教育状况，这也间接影响了下文要分析到的居民对新社区的适应程度。

---

[1] 贾燕、李钢、朱新华、王静、李妍：《农民集中居住前后福利状况变化研究——基于森的"可行能力"视角》，《农业经济问题》2009年第2期，第30—36页。

表6-47 基本信息统计

	项目	频数	百分比（%）
性别	男	61	45.2
	女	74	54.8
户口	农村	85	63.0
	城镇	39	28.9
	非城镇非农村	10	7.4
	不清楚	1	0.7
年龄	20岁以下	29	21.5
	20~29岁	16	11.9
	30~39岁	8	5.9
	40~49岁	28	20.7
	50~59岁	37	27.4
	60岁及以上	17	12.6
学历	从未上过学	26	19.3
	小学	24	17.8
	初中	51	37.8
	高中	17	12.6
	专科	7	5.2
	本科及以上	10	7.4
身份	残疾人员	1	0.7
	失地农民	52	38.5
	下岗职工	5	3.7
	乡村从业人员	37	27.4
	在校学生	10	7.4
	农村富余劳动力	30	22.2

从样本所在的家庭总人口来看（见表6-48），四口人和五口人的家庭占所有家庭的57.8%。

表6-48 家庭总人口统计

	家庭人口	家庭数量	百分比（%）
您家总共有几口人	1	2	1.5

续表

家庭人口	家庭数量	百分比（%）
2	3	2.2
3	16	11.9
4	49	36.3
5	29	21.5
6	24	17.8
7	6	4.4
8	3	2.2
9	1	0.7
10	2	1.5
合计	135	100.0

（第一列："您家总共有几口人"）

从表6-49可以看出，没有在外打工的家庭占43%，有1人及以上的在外打工的家庭占57.1%。由此可见，当地的青壮年劳动力大量外流，妇女、儿童和老人留守在家。调查的所有样本的总人口为636人，劳动力总人口为302人，在外打工的总人口为131人，劳动力人口占总人口的47.5%，在外打工人口占总人口的20.6%。

表6-49 家庭劳动力与外出打工人口统计

	家庭中劳动力数量	家庭数量	百分比（%）
劳动力人口	0	4	3.0
	1	29	21.5
	2	62	45.9
	3	19	14.1
	4	16	11.9
	5	3	2.2
	6	1	0.7
	7	1	0.7
在外打工人口	0	58	43.0
	1	46	34.1
	2	19	14.1
	3	3	2.2

续表

	家庭中劳动力数量	家庭数量	百分比（%）
在外打工人口	4	7	5.2
	5	2	1.5

从当地推进农民集中居住区建设的实践来看，政府部门起了十分重要的推动作用。这显然是一种外部的行政力量在起作用，本质上是政府通过规划来实施社会干预行为。在社会政策学家看来，规划即表达了干预的思想，规划倡导者坚持认为可通过理性的干预来指导社会与经济的发展进程，以达到改善社会的目的。事实也是如此，地方政府希望通过这场有目的、有计划的社会行动来推动农村社会发展，改变当地的城乡社会结构。从表6-50来分析，52.6%的人主要是通过政府政策引导，这是因为陈门新村统一把老村落的宅基地进行征用作为公共用地，失去宅基地的村民才接受政府政策引导进行了搬迁；而邓堡村则是因为原村落位于地震频发的山地地带，出于安全考虑，政府出面进行了整村搬迁，这种搬迁主要是在外力的干预下形成的。

表6-50 搬入新社区的原因

原因	频数	百分比（%）
为了做生意方便	5	3.7
家人多外出打工，土地已经流转他人	5	3.7
政府政策的引导	71	52.6
新社区的设施和生活环境等好	4	3.0
为了子女的教育方便	8	6.0
经济收入增加，有经济负担能力	4	3.0
其他原因	38	28.1
合计	135	100.0

二 农民集中居住文化适应性分析

农民集中居住状况与文化适应问题有多方面的表现形式，主要包含生活方式、生产方式、居住方式、交往方式以及管理方式的转变和适应。其中包括"技术层面适应、制度层面适应以及观念层面适应"。[①] 本次研究详细了解以上五个维度、三个层次的变化,以期全面把握当地居民的文化适应状况。

1. 生活方式

生活方式是农民文化适应现状的间接表现,能够细致而直观地反映出集中居住后农民的消费结构、娱乐方式等方面的变化。本节通过调查居民生活的收入变化、支出用途变化以及借贷状况来了解居民的生活水平,通过调查居民的享受性消费来探究农民搬入新社区集中居住后的生活现状。表6-51反映的是居民家庭年收入和月支出变化情况的统计量:

表6-51 家庭年收入和月支出情况变化分析

	以前家庭年总收入	现在家庭年总收入	过去每月支出	现在每月支出
有效	97	106	78	91
缺失	38	29	57	44
均值	15334.02	22004.72	1221.15	1979.12
中值	11000.00	20000.00	1000.00	2000.00
众数	20000	20000	1000	2000
极小值	1000	1500	100	200
极大值	60000	100000	10000	15000

从总体上看,居民的家庭年收入和月支出都有所增加。在家庭年收入上,两个村庄呈现不同的特点。在陈门新村,70%的搬进来的农户家庭年收入较之前有所增加,邓堡村60%的住户表示家庭年收入较之前有所增加,这取决于两村不同的生存模式。陈门村已进入城市范围,居民多以非农生产为主;邓堡村多数村民还是以农业种植为主业。在生活支出方面,两村住户有90%认为支出增长,10%住户表示支出没有太大变化。造成支出增加很重要的一个原因是,失地后农民失去了重要的粮食来源,自给自足的模式被打破。

[①] 叶继红:《城郊失地农民的集中居住与移民文化适应》,《思想战线》2010年第36期,第10页。

调查显示，搬进新社区前农民的粮食和蔬菜大多来自自家土地，有65%左右的村民耕种自己所食用的粮食和蔬菜。搬进新社区后，粮食和蔬菜全部依靠购买的比例有了明显提高，由21.5%上升到77.0%，而自己耕种的比例由24.4%下降到2.2%，这充分体现了农民生产方式的变化。尽管支出增加，但是居民的消费结构没有发生大的变化，主要用于四个方面：日常开支（购买食品、日用品、衣物等，缴纳水电、燃气、供暖、交通等费用）、教育投资、医疗费用以及支付房借（贷）款。其中，支付房借（贷）款是因为迁移而增加的支出项目。

借款的居民与贷款的居民数量相差不大，有58户居民在购房中有借款，其中有一部分居民既贷款又借款。与贷款相比，借款有着手续更加简单、无须支付利息以及偿还时间可商定的优点，更加依靠血缘或情感。在借款的居民中，有97%是向亲戚借款，借款金额也以小额资金为主。

对于世代生长在土地上的传统农民来说，房子更是其终生的依靠。从主观上来说，村民不愿意失去祖辈流传下来的老房子；从客观上来说，新社区的房屋现代化水平更高，基础设施更加齐全，交通更加便利，利于后代未来的发展。因此，为了给自己和后代一个稳定的生活环境，村民宁愿背负沉重的借贷负担，也要拥有属于自己的房子（见表6-52）。

表6-52 "农户购置房产的借款数额"的问题反馈情况统计

类型	频数	百分比（%）
3万元以下	26	19.3
3万~5万元	12	8.9
5万~7万元	7	5.2
7万元以上	12	8.9
缺失	78	57.8
合计	135	100.0

综合以上几个方面，在生活满意程度上，研究如表6-53所示，4.4%的人对现在生活非常满意，58.5%的人对现在生活比较满意，25.2%的人觉得现在的生活一般，11.1%的人对现在的生活不满意。根据调查数据，满意程度与家庭收入存在正相关关系，收入较高的居民对生活的满意度较高。

表 6-53　生活的满意程度统计

类型	频数	百分比（%）
非常满意	6	4.4
比较满意	79	58.5
一般	34	25.2
不满意	15	11.1
缺失	1	0.7
合计	135	100.0

生活成本高和收入水平低是导致居民不满的主要原因。这部分居民失去了土地，没有创业的本钱与技能，又没有找到合适的工作，搬入新社区后的日常支出比以前更多，生活压力更大因而产生不满。社区环境引起部分居民的不满，特别是在邓堡村，近半年都没有自来水供应，村民只能购买蓄水桶储水，生产生活十分不便。

案例 6-11：黎某家房屋在 2008 年汶川大地震中遭到损坏，现已变成危房，经过修缮后现在黎某的父母在山中老房居住。黎某家有 6 亩土地，主要种植小麦以及蔬菜，现在土地主要由黎某打理，老父母平时也做一些力所能及的农活。黎某有一台拖拉机，用于运输粮食及肥料等，在空闲时也帮别家运输并收取一些费用。农闲时，黎某就到山县的建筑工地打零工。黎某坦言，选择如今的生活方式是无奈之举，因为自然灾害，他们必须离开原来的住处，与家人分离。搬入新家后与土地的距离变远，从事农业活动更加不便。新家面积小，原来家中家具、农具多，而且家庭人口多，显得十分拥挤。旧家在山中，周围绿树环绕、空气清新，黎某表示他十分怀念山中生活。而新社区没有进行绿化，垃圾也无人管理，今年从春节后至今一直没有自来水供应，虽然自来水没有正常供应，自来水费却要照常缴纳，这更加令黎某对现在的生活环境感到不满。

2. 生产方式

生产方式影响着农民的就业以及收入，土地的有无是农民生产方式转化的关键。就业情况更是制约着农民市民化的进程,本部分通过调查农民是否继续从事农业生产以及农民的就业现状来分析农民的收入来源和生产方式的选择。

(1) 收入来源

农民收入的变化主要是通过职业的变化来体现的。失地前,农民以务农为主,家庭收入来自出售农作物和加工农副产品;失地后,农民被卷入城镇化的生产方式中,生产也渐渐与农业脱离。

根据调查,如表6-54所示,务农的比例大幅下降,从现实情况来看,减少的这部分来自陈门村,因为陈门村居民基本失地,邓堡村的村民则还留有土地。外出打工的人数增加了近一半,外出打工的劳动力主要是青壮年,打工地点有远有近,远的到了上海、广东等经济发达地区,近的就在天水市、金市等周边县市。

表6-54 收入来源统计(多选)

项目	频数 前	频数 后	百分比(%) 前	百分比(%) 后
务农	108	44	80.0	32.6
外出打工	48	80	35.6	59.3
附近打零工	12	21	8.9	15.6
做小生意	17	29	12.6	21.5
政府补助	5	5	3.7	3.7

(2) 农民就业状况

就业是民生之本,是人们改善生活条件的基本前提,也是构建和谐社会的基础条件。农民集中居住后一般都伴随着土地被征用以及农民的非农化,这意味着农民集中居住后便失去了传统的农业生产方式,转而实现非农领域就业。农转非后移民就业状况关系着其搬入新社区后的生计问题,直接影响他们的收入水平,是集中居住后需要解决的核心问题。

通过调查得知,搬入新社区后实现就业的农民比例较低(见表6-55),占34.1%,这部分农民大多在山县工作,往往从事劳动量大、技能需求较低的工作。

表 6-55　农民是否就业统计

	频数	百分比（%）
是	46	34.1
否	88	65.2
缺失	1	0.7
合计	135	100.0

在有工作的居民中，固定工作和临时工作各占一半。从事临时工作的大多是失地农民，就业范围集中在建筑业、家装业和运输业。有固定工作的居民大都是搬入新社区前就已经从事该项工作，他们一直是以工资收入为主要来源，他们中的很多人不是陈门村人，他们有购房的需要和能力，因而搬入陈门新村。

从农民工作的获得渠道来看（见表 6-56），农民大多依靠自身能力去争取工作，个人能力的高低、对就业资源的掌握程度影响着农民的就业水平。调查中我们得知，实现就业的农民大部分对工作比较满意，对工作不满的原因主要是工资低、工作强度大以及工作环境差。农民的就业问题制约农民对城镇化的适应程度，影响农民未来的生活水平。

表 6-56　工作获得方式统计

项目	频数	百分比（%）
自己找	24	17.8
自主创业	16	11.9
亲戚朋友帮忙联系	3	2.2
政府提供	4	3.0
缺失	88	65.2
合计	135	100.0

通过调查可以得出影响农民就业（创业）的几点重要因素。①文化水平低与技能缺乏。农民过去以种地为主，文化水平低、技能单一，就业的竞争力弱。②年龄和身体因素限制。青壮年劳动力往往选择外出打工，择业范围较广；而中老年劳动力的身体素质不佳，就业受到限制。③传统观念的影响。④资金短缺或融资不畅。农民表示农村信用社对小额贷款的审

核程序严格,没有支持创业的信贷产品。⑤政府缺乏对农民就业的政策引导,没有为农民提供就业培训服务。

(3) 农业活动现状

邓堡村的集中居住是由于地震搬迁,村民土地大部分没有流失,陈门村的居民中也有部分居民仍有土地。调查中仍有44户,约占32.6%的居民表示他们仍然从事农业生产,这部分农民的生活方式已经向城镇化转变,但生产方式依然保留农村的传统。

表6-57显示,农民主要从事粮食种植,平均种植面积较小,种植类型比较单一,各家分散耕作,没有形成大规模的集中联合生产,农产品的商品率也比较低。

表6-57 搬入新社区种地农民生产类型

项目	频数	百分比(%)
粮食种植	84	62.2
经营果园	8	5.9
蔬菜种植	11	8.1
养殖	6	4.4
缺失	26	19.3
合计	135	100.0

村民继续务农的原因主要是存在农本的传统思想观念。在继续从事农业活动的农民中,有39.2%的村民认为祖辈土地不应该放弃耕种,另有35.3%的村民认为务农的收入稳定可观。对于农民来说,务农的自主性更大,不用到社会上奔走谋生、看他人脸色,土地让他们有安全感和归属感。而土地的流失则是农民不再进行农业活动的主要原因,对这些农民来说,放弃农业生产也是无奈之举。

案例6-12:杨丽娟(化名),女,29岁,陈门新村居民,初中学历,目前无业。家中目前有4口人,杨丽娟本人、丈夫和两个孩子,大女儿3岁,在上幼儿园;小儿子10个月,由她本人照看,照看小儿子是她的主要事务。目前对于她来说最大的问题是生活成本增加伴随原谋生方式失去带来的比较大的生活压力。沟通中了解到,在旧村中，杨丽娟家中有4亩多地，除种植小麦外，还种植了一些常吃的蔬菜，自给之余还可以出售一部分蔬菜。搬入新村后，原有土地被征用，粮食和蔬菜全部需要购买。原本每月的支出在2000元左右，搬入新村后每月的支出在3500元左右，增长的部分除去物价的增长因素外主要是由失地造成的。除了生活成本的增加外，让她感受到压力增加的原因更在于原谋生方式的失去，杨丽娟家在旧村时主要的收入来源是"三粉"加工，靠"三粉"加工每年能够收入7万元左右。由于土豆粉在加工后需要晾晒，需要占用比较大的场地，新建的社区里没有足够的面积支撑土豆粉的生产，加之家里孩子小，照看孩子占用较多的时间，"三粉"的加工就停了下来。目前家中只有她丈夫一人有收入，自己开小型客车，每月收入2000多元，不足以支撑家里的花销，短时间内的花费主要来自原本的积蓄，"吃老本"。

杨丽娟还提到，面对较大的生活压力她和丈夫打算在未来3年内再次从事"三粉"加工行业。"三粉"的加工不需要投入太多，设备只需要和面机和轧粉机，此外就是需要比较大的场地进行晾晒。她表示希望通过购买一些土地来支持自家的"三粉"生产。因为她家的"三粉"质量比较好，有固定的客户，销路不错，但就是目前无法生产。此外，当地小额贷款困难，也是她家面临的一个较为突出的问题。要是购买土地的话，她家一时拿不出足够的现金，需要贷款。当地的贷款主要依赖甘肃省农村信用社，但是在调查中了解到，山县当地的10万元以下的小额贷款条件苛刻，并且可选择的种类较少，农民贷款比较困难。

（4）社会保障

社会保障是一种预先的制度准备与安排。它不仅可以有效地解决处境不利的社会成员当前的困难，而且可以有效地增强社会成员解决未来困难的能力。社会保障具有收入再分配的功能，能够保障居民在年老、失业、患病、工伤、生育时的基本生活和医疗不受影响，满足低收入群体以及受灾害人员的基本生存需求。社会保障在农民集中居住的过程中发挥着重要作用，完善的社会保障制度能够为农民建立风险保障措施，消除农民的后顾之忧。

在调查中笔者发现，农村合作医疗保险的覆盖面广，135名调查对象中有132名参与了农村合作医疗,农民可以根据自身需求和经济水平购买相应规格的医疗保险。有81人参与了养老保险,基本上60岁以上的老人每月都能拿到相应的养老金额。调查中有6人表示自家符合最低生活保障标准,享有低保。但除了这些国家社会保障,大部分农民没有另外购买其他保险,135人中仅有3人购买了其他保险,他们在矿区从事高危工作,注重风险投资。当问到没有购买其他保险的原因时,村民表示一方面是收入有限,无力购买;另一方面是对保险产品认识不足,缺乏判断能力。另外,有相当一部分的村民对社会保障的落实情况不满,因为社会保障的资格审核、资金发放等各环节的工作都要经过村干部,村干部在具体实施的过程中存在诸多问题,没有做到公平公开,导致部分符合条件的村民没有得到应得的保障。

3. 居住方式

随着城乡一体化进程的不断加快,农村人口从分散的自然村不断向密集的新型社区集中,这使原来的居住方式发生了巨大的改变。变化主要体现在房屋结构和房屋面积的改变,随着房屋结构和房屋面积的改变,人们的居住方式也发生了变化。

(1) 房屋结构和房屋面积

如表6-58所示,从居住房屋结构上来看,在有效回收的135份问卷中有71.1%的农户以前居住在自己盖的平房(山县当地人称之为"窝房")中,有24.4%的农户居住在自己建的楼房中,其中以二层居多。还有3.7%的农户较早离开农村的老房,一直住在本地或外地的新型社区中。

表6-58 以前主要居住房屋结构统计

项目	频数	百分比(%)
村中的平房	96	71.1
自家建的楼房	33	24.4
新型社区	5	3.7
缺失	1	0.7
合计	135	100.0

从住房面积上看,陈门新村农户住房面积均值为120平方米,搬迁前

的平均住房面积为150平方米左右。邓堡村农户现在平均住房面积为45平方米,原平均住房面积为120平方米,约为现在住房面积的2.6倍。从表6-59中分析得出,有45.9%的农户觉得现在的房子拥挤,有54.1%的农户认为现在的房子不拥挤。陈门新村的王女士现在居住在只有一层的房屋中,家中除客厅和厨房外只有两间卧室。家中有一男一女两个孩子,姐姐现在已经开始工作,弟弟还在读高中。"我和孩子的爸爸住在一个房子里,两个孩子住在一个房间里。老大读书时住在学校宿舍不常回来,可是放假回家他俩就不得不住在一起。孩子以前小倒不觉得不方便,可是现在都长大了,家中实在太拥挤,没办法给他们腾出地方。"当问到拥挤的原因时,有43户觉得是因为房屋面积较小,还有14户认为是因为家庭人口的增加。新社区的房屋是统一规划的,没有根据农户家庭人口数进行分配。农户子女的成长需要更多的空间,但新社区房屋空间有限,孩子往往不能拥有单独的卧室。而习惯于分散居住的老人进入集中居住的新社区后,面对相对封闭、活动范围缩小以及周围高楼林立的生活环境,容易产生压抑感。

表6-59 现在的房子拥挤情况和拥挤原因统计

项目	频数	百分比(%)	拥挤的原因			
			房屋面积小	农具占用空间	家具较多	人口增加
拥挤	62	45.9				
不拥挤	73	54.1	43	4	1	14
合计	135	100.0	62			

农民集中居住于社区定会受社区环境的影响,农民失去了自己的私密空间,逐渐习惯公共空间,这个过程中必然有行为和心理上的转变,这一过程也是农民树立公民意识、重新进行身份认同的重要途径。

城乡一体化在不断推进,社区也随城乡一体化的发展而日益进步,农民作为新社区的主体,他们的利益需要得到足够的重视。农民需要足够的时间去慢慢融入这个公共的空间,社区的建设应当充分考虑农民的实际情况,社区管理部门应为农民提供高效、周全的服务,积极引导农民在居住方式上的良性转变。

(2) 家庭居住方式

居住环境的改变引起居住方式的转变,居住方式又连带影响着家庭的交往方式。从表6-60分析可得，59.3%的农户与家人一直生活在一起，有22.2%的农户以前与家人住在一起而现在分开居住，还有15.6%的农户一直都是与家人分开居住。

表6-60 家庭居住方式统计

项目	频数	百分比（%）
以前分开居住，现在住在一起	3	2.2
以前住在一起，现在分开居住	30	22.2
一直都是分开居住的	21	15.6
一直都是住在一起的	80	59.3
缺失	1	0.7
合计	135	100.0

在调查中笔者得知，与家人分开居住的方式有以下几种：年轻人搬到社区居住而老年人留在原来住所、住在同一社区的同一街道、住在同一社区但是不同的街道以及分居于本地和外地。造成这种分居现象出现的原因有以下几个方面。①方便从事农业活动。农户搬迁到山下而土地留在山上，为方便照看庄稼老人一般选择留在山上随时下地干活，年轻人除种地外还有别的谋生手段，农忙时年轻人上山种庄稼也比老人要方便一些。②安土重迁思想的影响。这种思想一般出现在老年人身上，他们不愿意轻易变更多年的居住地，不愿意浪费时间去适应新的环境，就会造成年轻人住进新的社区而老年人仍旧留在原来住所这种居住方式的出现。③家庭成员的增加。随着子女的成长，父母多会给儿子在社区内买一套房子作为婚房，儿子结婚组建自己的家庭后便与父母分开居住。

4. 交往方式

在农村社区中人们的交往方式受居住方式的影响，并由此形成稳定的社交体系。调查发现，进入新型社区后，54.8%的农户认为同一街道居住的大部分是同村人，15.6%的农户认为同一街道居住的大部分是同村人，认为同一街道居住的都是别村人和少部分同村人的分别占14.8%和12.6%。

农民交往的同质性和内倾性特征使"熟悉程度"成为衡量交往的重要尺度。同村人之间居住较集中，熟悉程度也很高，交往密切，关系好；异村人与自己的同乡居住较远,对邻里间的熟悉程度不高甚至很陌生,基本不交往,关系不好。但同时,从表 6-61 中可以看出,46.7% 的农户与本社区的住户交流比较频繁,有 23.7% 的农户与社区住户交流频率一般,另外交流"非常多"和"很少"的分别占总数据的 15.6% 和 13.3%。可知,非本村人还是能够融入新社区中的,本村人也能够足够接纳他们,说明社区居民在不断融合成一个新的集体,交往范围不再只局限于自己的邻居,而是面向整个社区。与邻居交流较少的农民也占了较大比重,主要原因是"自己或邻居不在家"和"自己或邻居不常出门"。因为"不常在家"和"不常出门",农民见面的机会就少,交流也自然不多。

表 6-61　与本社区住户交流频率统计

项目	频数	百分比（%）
非常多	21	15.6
比较多	63	46.7
一般	32	23.7
很少	18	13.3
缺失	1	0.7
合计	135	100.0

一般来说,社区农户交流的频率增加自然会产生相应的纠纷。但是此次调查显示,陈门新村与邓堡村并没有出现这种现象。从表 6-62 中可以看出,78.5% 的农户与自己的邻里几乎没有纠纷,19.3% 的农户很少有纠纷,纠纷"一般"和"较多"的仅占 1.5% 和 0.7%。纠纷很少发生,一方面是农户观念转变,重视自己的公共形象,不愿为一些琐事而斤斤计较;另一方面是因为大部分农民失地,土地利益等纷争减少,而社区对公共事业有专门管理,能够协调村民的利益关系。在对存在纠纷的用户进行调查时,课题组发现纠纷大多发生在居民与外来人、同村人与异村人之间,而纠纷的事端以生活小事居多。

表 6-62　搬入新社区后所在的社区产生纠纷情况统计

项目	频数	百分比（%）
较多	1	0.7

续表

项目	频数	百分比（%）
一般	2	1.5
很少	26	19.3
几乎没有	106	78.5
合计	135	100.0

虽然农民的生活环境和交往方式发生了一定的变化，但是风俗并未彻底改变。从表6-63中可以看出，74.1%的农户还是会选择在自己的家里举办一些重要活动（如祝寿、红白喜事），只有7.4%的农户选择在饭店、餐馆等场所举办。因为农民的交往具有内倾性和同质性，因此即使搬到别的地方也还是会与老村的亲戚朋友往来，尤其是自己的亲戚，过年过节都会频繁走动。

表6-63 现在一些重要活动（如祝寿、红白喜事）等的举办地点统计

项目	频数	百分比（%）
自己家里	100	74.1
家里和邻居家里	24	17.8
饭店、餐馆等场所	10	7.4
缺失	1	0.7
合计	135	100.0

从表6-64中可以看出，56.7%的农户表示搬入新社区后和以前老村的亲戚朋友聚会或交流的次数没有什么变化，即使是生活环境改变也不会影响同质性；42.5%的农户表示搬入新社区后与老村的亲戚朋友聚会或交流的次数变少了。

表6-64 搬入新社区之后和以前老村的亲戚朋友聚会或者交流的次数

	频数	百分比（%）	有效百分比（%）
增多	1	0.7	0.7
减少	57	42.2	42.5
没什么变化	76	56.3	56.7
缺失	1	0.7	

续表

	频数	百分比（%）	有效百分比（%）
合计	135	100.0	100.0

案例 6-13：刘某，女，22 岁。她是兰州理工大学的一名毕业生，2010 年家坡村拆迁，她跟随家人来到陈门新村并开始融入这个陌生的环境。刘女士家里总共有五口人，除父母外还有两个弟弟。刚刚毕业的刘女士并没有找到合适的工作，弟弟一个读高中一个尚是襁褓中的婴儿，因此养家的重担就全部落在父母的肩上。刘女士的家紧邻街道，父母依靠家中的门面房经营着小商店，这是目前家里唯一的经济来源。由于同一街道商户较多、竞争激烈，家里商店的经济收入并不是很高，两个弟弟的抚养和教育费用也在不断增加，刘女士急需一份收入稳定的工作以减轻家庭负担。

当问到住进新社区后最大的困难时，刘女士说道："我们家坡村人在陈门村就是外来人，我们远离了以前的朋友要面对一个新的群体，在这里我们感觉很陌生，就像是被孤立起来一样。"陈门新村居住的主要是原陈门村人，少部分家坡村、邓家堡和南关街人，他们分散地居住于整个社区，彼此间隔得比较远。刘女士所属的家坡村是部分拆迁，一些亲戚和朋友仍然居住在原来的村子里，他们之间也由原来的面对面交流变成了电话交流。刘女士说虽然她也想结识一些新的朋友但毕竟需要一些时间去相处，而且自己在外地上大学平日里不在家或是邻居比较忙根本没有机会去搞好邻里关系。刘女士现在用在家上网看电视代替以前朋友间的互相串门，但是偶尔也会去找老朋友出门转转，但是由于大家离得比较远，找起来比较麻烦，与老朋友在一起的时光也慢慢减少了。陈门新村居住的大多是原陈门村人，像刘女士这样的外来住户突然要增添一些陌生的邻居难免需要时间去适应。入住四年的刘女士家庭对陈门新村仍然缺乏归属感，如果遇到什么困难还是倾向于自己解决或者找原来的村干部解决，不会在第一时间想到寻求现在所居住的陈门新村居委会的帮助。刘女士家的户口仍然属于家坡村，要办什么手续就得自己回到原居住地办理，这也给家里人造成困扰。

虽然现在还不能完全适应搬迁后的环境，真正融入陈门新村，但是刘女士和家人并不排斥这里的生活，他们相信自己很快就能以一个陈门新村居民的身份去生活。"婚丧嫁娶只要有人邀请我们，我们一定不会拒绝，如果邻居家里有需求我们也一定会去主动帮忙。"刘女士也是一直在努力与自己的新邻居建立良好的交往关系，她时常通过跳广场舞的形式结识一些新的朋友。另外刘女士还建议社区今后能够多举办一些集体活动，在社区里建设一个方便居民交流的场所，也可以开办一些兴趣班让大家在农闲时学习一些知识并且扩大交流范围，增进大家的感情，早日融入新社区。

社区公共空间条件与社区活动的开展也存在着直接关系，社区只有举办各种活动才能得到居民的普遍认同。因此，社区要举办多样性的活动，以满足各个年龄阶层的需求，从而帮助社区居民自觉地建设和完善其社区的人际关系网络。

新社区的建设把农民带入了一个陌生的环境，在这个陌生的环境中农民需要重新融入这个群体，这个群体中尤其像刘女士这样的异乡人，他们在居住环境和社区交往上都面临着巨大的压力。农民进入新社区后虽然与自己的老朋友、老亲戚保持着联系，但是随着地域和时间的推移这种关系是否还能维持下去？新的社交网络又是否能建立起来？这是今后新型社区建设需要探讨的问题。

5. 社区管理

农村社区是新农村建设和新型城镇化推进过程中出现的一种新型的过渡式的组织形式，具有规模大、居住集中等特征，而这些特征也决定了当前的农村社区管理所面临的困难和挑战与以往是不同的，有着鲜明的阶段性特征，且问题较为突出。农村社区管理在社会主义新农村建设和发展中具有重要的地位和作用，分析当前农村社区的特点，总结建设中的经验和问题，对进一步认识农村管理问题，发展和建设新农村有重要的意义。本部分的社区管理研究主要涵盖基础设施、生活环境、治安状况、住户情况、居委会建设和社区活动六个主要部分。

（1）基础设施

两村的基础设施的基本情况如下。陈门新村有两个大停车场、四家小商店、一个社区卫生所,离村不远有一个幼儿园。社区内路面全部硬化,家庭饮用水为自来水,全天供应。在社区的四个定点位置放有垃圾桶(陈门新村被四条主干道路分为四个大部分,垃圾桶放置在四个区域的边缘),定期由镇上的清洁人员清理。社区主干道安装有路灯,但并没有投入使用。

邓堡村村内有两个门市部,在村口有一个幼儿园,村里没有卫生所,就医需要到邻近村落或位于关镇的县人民医院。邓堡村有的路面没硬化,村内铺设有自来水管,但由于去年冬季管道损坏,村民已经有半年没有使用自来水。村口设有一个可移动垃圾池,定期由镇上的清洁人员清理。社区内没有安装路灯等公共照明设施。

调查中发现,山县当地集中居住村落的基础设施的相关建设较其他地区而言是相对不足的,具体表现在基础设施的不健全和服务体系的不完善。以邓堡村为例,以上两方面就表现得十分突出。基础设施不健全,村落除了主干道外还没有进行路面的硬化,在下雨天时,路面泥泞,影响农用机械设备的使用,这对一个以农业为主要收入来源的村落影响较大;服务体系不完善,自来水管损坏后,较长时间内没有得到修复,近半年来,村民吃水全部靠买,由此带来了额外的支出,加重了村民的负担。究其根本原因,是当地经济长期的落后。山县是国家级贫困县,当地经济和居民的收入都是较低的,这直接影响到村落基础设施的情况,当地政府无法投入足够的资金来帮助村落建设完备的基础设施体系,居民也无力集资来改善居住环境,基础设施的薄弱问题就这样长期存在,制约着社区的发展和居民生活水平的提高。

(2)生活环境

山县的农民集中居住社区都是在2008年建立起来的,经过近五年的建设和发展,社区的居住环境较以往的旧村有了显著的提升,如今的社区街道整洁,交通便利。居民家中的厕所全部进行了改造,卫生条件有了很大的提高。此外,社区的环境建设也取得了一定的成绩,这主要表现在社区的绿化工作上。环境绿化是衡量一个社区建设情况的因素之一,综合表6-65可以看出,超过20%的居民认为社区的绿化情况是好的,69.6%的居民认为社区的绿化情况一般。

表 6-65　新社区绿化情况反馈

项目	频数	百分比（%）
非常好	3	2.2
比较好	25	18.5
一般	94	69.6
不太好	9	6.7
很差	3	2.2
缺失	1	0.7
合计	135	100.0

由上可见，绝大多数居民对于目前的居住环境表示认可，认为生活环境较以往有了较大的变化。然而我们也注意到，尽管从总体上来看社区的绿化基本得到村民认可，但由于社区的规模较大，还有部分地区没有进行绿化或绿化水平较低。特别是邓堡村，由自来水终端导致的缺水，十分明显地影响到了社区的绿化，水资源的珍贵不得不让村民放弃种植花草，从而节约在用水方面的开支。可见，在山县地区，水资源在社区的绿化乃至环境建设上起到了十分关键的作用，只有在保证水资源充足的情况下，居民才会主动种植绿化植物。

（3）治安状况

如表 6-66 所示，45.1% 的居民认为新社区的治安状况好，14.1% 的居民认为社区的治安较差，在问及认为治安差的原因时，只有不到 10% 的居民回答自身遭遇过盗窃等治安事件。

表 6-66　新社区的治安满意度反馈

项目	频数	百分比（%）
非常好	1	0.7
比较好	60	44.4
一般	53	39.3
较差	19	14.1
很差	1	0.7
缺失	1	0.7
合计	135	100.0

此外，通过对当地的治安服务情况的调查发现（见表6-67），57.8%的居民对于盗窃现象的处理情况表示不了解，14.8%的居民表示基本不处理，各有3.7%的居民认为处理得比较及时和不及时。

表6-67 新社区内盗窃现象的处理效率统计

项目	频数	百分比（%）
比较及时	5	3.7
一般	26	19.3
不及时	5	3.7
基本不处理	20	14.8
不了解	78	57.8
缺失	1	0.7
合计	135	100.0

这表明当地的治安负责人可能存在缺位或不作为的情况，对于居民反映的治安问题采取相对消极的态度。这就需要当地政府适当地加强治安服务队伍的建设，保证社区居民的生命和财产安全。

（4）住户情况

农村居民集中居住小区多为几个小区合并组建而成，陈门新村由陈门村、家坡村等四个村落合并而成，邓堡村情况比较特殊，由于地震而搬迁到社区集中居住，目前全村的居民是由原山上的三个自然村村民组合而成。相对于老村落，新的居住社区的人口密度增大，人员成分也较以往更加复杂：居民的来源更加多元，既有本村居民也有外村居民，还不乏一些因打工或子女上学而前来租房的租户。而外来租住的现象是值得我们关注的，它在一定程度上反映了当地的人口流动情况和人口的复杂程度。调查结果如表6-68所示，53.3%的村民认为外来人租房居住的现象比较普遍，但同时31.1%的居民认为基本没有上述现象，此处出现的两个分布峰值应做出解释。

表6-68 新社区外来人员租房居住现象统计

项目	频数	百分比（%）
非常普遍	2	1.5

续表

项目	频数	百分比（%）
比较普遍	72	53.3
一般	13	9.6
不太普遍	4	3.0
基本没有	42	31.1
不清楚	1	0.7
缺失	1	0.7
合计	135	100.0

出现两个峰值的原因是陈门新村和邓堡村的地理位置不同。陈门新村在关镇的边缘，临近县城，在此租住房屋的人较多，多为在县城打工和因子女在县城读书而进城的租户，因此陈门新村的租房居住现象比较普遍，出现一个峰值。与此相对照，邓堡村位置较偏，离县城较远，在此租房居住的人基本没有，因而出现了第二个峰值，变为"基本没有"。通过对比可发现，社区所处的地理位置对于人口的流动具有显著影响。

（5）居委会建设

农村居民集中居住，除了以上所描述的变化之外，还有十分重要和显著的一项，就是村庄行政职能的变化。李培林在其《村落的终结》一书中提出，村落是由五种边界共同划定的存在范围：经济边界、自然边界、行政边界、文化边界和生活边界。在这个特定的范围内，村民全体从事生产生活，共同创造着具有特殊地域色彩、文化色彩的乡村社会。[①] 而乡村社会的管理和正常运转则是由经济边界衍生出的经济职能结构、文化边界衍生出的文化职能结构和行政边界衍生出的行政职能结构决定的。其中行政职能结构作为其中重要的组成部分，规定了乡村社会性事务的决策主体、决策方式以及执行手段和形式，明确乡村社会成员应尽的义务和享有的权利。

在集中居住之前，每个小村落在长期的形成和发展过程中，形成了属于自己村落的决策和行为模式，与其他村落之间有着较为明显的边界。然而在合并成立新村之后，成立并组建了新的居委会，谁来当新的一村之首，往往成为最重要的问题，处理不好就会出现基层社区管理薄弱和"缺

---

① 李培林：《村落的终结》，商务印书馆，2010，第36页。

位"的问题。

在调查的两个社区中最为突出的有两个问题：一是社区管理权力的"缺位"和基层政权的"越位"；二是居民参与热情低，对居委会信任度低。下面进行详细的说明。

首先，社区管理的"缺位"和基层政权的"越位"。这一现象在陈门新村表现得十分突出。陈门新村农民集中居住社区成立后，进行了一次民主选举，选举出新的居委会主任和支部书记，目前已经进行了两届选举。从选举结果来看，新的居委会主任和支部书记由组成新村中人数占绝对优势的村落原主任和支部书记当选。新的领导班子选举出来后，理应引导新村走上新的发展道路，可为什么会出现管理"缺位"呢？通过调查发现，主要原因有三点。第一，搬入新村，农民失去土地和"三粉"加工作坊，经济收入成为主要问题。居委会成员平日多忙于个人的工作，忙于挣钱，对社区内的事务不上心，工作互相推诿。久而久之，社区工作便无人问津。第二，两委之间的矛盾导致主任和书记之间产生冲突，从而加剧了管理的"缺位"。第三，包村干部干涉社区事务，民主选举流于形式，挫伤了村干部的工作积极性。

调查中我们找到该村的主任王全（化名），他表示村子无人管理主要原因是村支书不负责任和个人素质较低。当年村子搬迁，在居民的征地赔偿和低保名额分配时，村支书偏袒自家人和与其关系好的人，在房屋评估时存在问题，并且把低保名额分给了与其关系较为密切的人，这引起了村民较大的不满。为了躲避村民的指责，村支书长期不敢露面，将村里的事务全部推给他（主任）来做，这占用了他较多的时间，影响了家里"三粉"生意的经营。此外，村支书个人性格不太好，瞧不起人，给了他很不好的印象，由此二人之间的关系变得不再融洽。他还表示，村里的工作过于"浮夸"，包村干部"一手遮天"，基层选举流于形式，尽管他当时在选举时表示不想再担任村主任，但最终还是被选为村主任，这引起他的不满，于是不再管理村里的事务。由此，村里的日常管理事务由包村干部直接来管理，基层管理出现了比较严重的"缺失"，导致村支书和村主任都不管理村里的事务，反而由镇上干部管理的乱象。从村主任的描述中可见，导致社区管理"缺位"的根本原因是新村建设时利益的分配不均引起了多方不满，其中包村主任本人。在这一矛盾的分解下，社区事务逐渐没有人去管理，造成"缺位"甚至"空位"现象。

从案例 6-14 看，邓堡村也存在基层政权"缺位"的现象。

案例 6-14：60 岁的杨女士是邓堡村人，现在与老伴两人住在一起，有两个儿子，一个常年在连云港打工。杨女士的老伴患有慢性病，需要常年医治，家中每年要支付一大笔医药费用。当问到家里是否享受最低医疗保障时，老人摇了摇头，说道："村里的干部都是自己亲戚的干部，他们一般都不联系陌生人，村里的事情我们都不太了解，反正知道了名额也都是干部亲戚的。"杨女士说村上的干部与村民们不太接触，村干部对社区事项以及国家政策等的宣传不足，自己又不能及时获得消息，有时候只有通过邻里间的交流传递才能知晓。"别的事情可以暂且不提，但是现在急需解决的就是用水问题。"据村民介绍，村子里从半年前在没有通知的情况下就开始停水，村干部至今没有解决这个问题。村民为了生存必须从村外购买水来做饭和维持日常生活。他们需要花费 300 元去购买白色的大水桶进行储水，桶里的水用完后需要到村外买水，灌满大桶需要 60 元，灌满一小桶需要 5 元。家中的一切用水包括做饭、洗衣服用水全都靠这一桶水。杨女士说自己已经足够节约，最大限度地保证水的循环利用，可是一大桶水还是只能维持三四天。杨女士强调，暂且不提每个月买水的花费，每次买水时将水桶运到村外这对于他们两个年过花甲的人来说都是一件困难的事情。"不过幸好我们有热心的亲戚和邻居，他们每次去买水都会顺带帮我们灌满，也多亏这些热心人我们才少受很多麻烦。"好心人的帮助也使杨女士感到一丝安慰。但是买水并不是长久之计，杨女士希望村干部尽快帮助大家解决这个最基本的问题。因为用水的紧张，杨女士院子里种的菜也全部枯死，原本可以自给的蔬菜也需要额外去购买。除了停水外，杨女士说村子里的卫生处理情况也比较差。"村里的路上都是垃圾没人处理，小孩、老人行走起来不太方便，天一热起来，那个臭味特别刺鼻。"杨女士说道。村子对垃圾并不规范管理，村民更是为了图一时方便随便将垃圾扔在山上的荒地上，山上的垃圾无人清理，长期堆放导致了严重的环境污染。

基层政权的"越位",与当地的特色政策分不开。由于甘肃省地处内陆,社会内生的发展动力弱,社会变迁缓慢。鉴于发展进程的落后性和迟缓性、发展动力的模糊性和分散性及发展任务的艰巨性和复杂性的现实,2012年,甘肃省委、省政府召开会议,研究部署"联村联户,为民富民"行动,要求在全省开展省、市、县、乡单位联系贫困村和干部联系特困户工作,"双联"和帮扶的对象是全省58个贫困县、8790个贫困村和40多万户贫困户,要通过实实在在的帮助,让特困群众加快脱贫致富的步伐,让老百姓尽快富起来,这是一个综合性、大规模、全覆盖和长效化的民心工程。这一超常规行动的目的是"兴陇富民",实质是转型跨越,核心在于推进扶贫、惠及百姓。这一政策落实到基层政权,具体到山县关镇,镇上抽调一部分乡镇干部,作为包村干部进驻每个社区,每个社区有两名包村干部,负责协助村"两委"开展日常工作。但在实际中发现,由社区管理的"缺位"造成的社区事务无人问津,最终推到包村干部的身上,造成社区事务最终由包村干部决定,日常的管理事务也由包村干部来做,这早已超出了包村干部的"协助"功能,其反客为主,越俎代庖,成了社区真正的管理者。由此,"缺位"和"越位",二者相互作用,导致恶性循环,问题逐渐加重。

其次,居民参与热情低,对居委会信任度低。调查中针对这一问题,课题组进行了居民对居委会主要工作了解情况的统计,如表6-69所示,85.8%的居民对于居委会的事务表示了解很少或不了解。

表6-69 对居委会的主要工作了解情况

项目	频数	百分比(%)	有效百分比(%)
比较了解	6	4.4	4.5
基本了解	13	9.6	9.7
了解很少	55	40.7	41.0
不了解	60	44.4	44.8
缺失	1	0.7	
合计	135	100.0	100.0

而在不了解的原因调查中(见表6-70),去除18个缺失值,有38.5%的居民表示是"了解渠道少,不知道怎么去了解",还有41.9%的

居民认为"与我无关，没必要了解"。根据前文所述，前者的原因在于社区"两委"干部的"缺位"和不作为，后者的原因在于居民的参与热情低，对居委会工作不关心。

表6-70 对村委会情况不了解原因

	频数	百分比（%）	有效百分比（%）
居委会宣传不到位	3	2.2	2.6
了解渠道少，不知道怎么去了解	45	33.3	38.5
了解了也没什么作用	11	8.1	9.4
与我无关，没必要了解	49	36.3	41.9
其他原因	9	6.7	7.7
缺失	18	13.3	
合计	135	100.0	100.0

具体分析来看，二者之间存在着较为密切的联系。不作为导致不参与和不信任，不参与和不信任又加剧了不作为。

为了更好地说明当地情况，在这里引入"村民公共参与"这一概念。村民公共参与是指村民通过参与村庄公共政治生活，影响村庄公共权力系统及村民自治运作的政治行为。从一定程度上说，村民参与村庄公共政治生活的广度、深度和自由表达程度，反映了村庄公共权力系统的开放程度和基层政治的发展水平。不仅如此，村民公共参与的发展直接关联着村庄基层权力执掌者和权利相关者之间和谐政治关系的构建，对乡村政治信任的重建有着不可忽视的重要意义。村民公共参与不足，会影响乡村公共权力的民众支持和认同，影响村庄治理的公共性和民主性，影响村务运作的透明度和公开性，从而加剧社区管理的"缺位"。

造成居民公共参与水平低的原因是多方面的，其中主要原因有三点。第一，未能给社区居民的公共参与建立起完备健全的参与制度，主要表现为民主决策环节的居民公共参与制度保障不足以及居民代表会议的运作规则和决策程序不够完善。居民在这两个过程中的发言权和监督权没有保障，因此造成社区居民的不参与。第二，村"两委"干部在管理过程中存在不当行为。如前文所述，在旧村搬迁的过程中，涉及赔偿和低保的问题，村"两委"干部存在着明显的为个人谋私利和偏袒亲戚、熟人的行为，这造成利益分配的不公正和不平衡，从而使"两委"干部的言行遭到社区居民的质疑，公信力下降，导致居民对社区事务不关心，甚至出现抵制的情况。第三，在日常生活中，由于失地和生活成本上升造成的压力，社区居民将主要时间投入在赚取收入上，对于自己没有发言权的公共事务，很多居民选择了不关心和放弃。

（6）社区活动

调查发现，山县的这两个集中居住社区平时很少组织活动，举办最多的集体活动是育龄妇女的健康体检和"文化下乡"活动，以及每年在暑期展播的几场电影。健康体检有户籍的限制，只有户籍在本社区的已婚育龄妇女才能够参加健康体检，并非针对所有在村居住的已婚育龄妇女。对于文化下乡的电影展播，近乎是一种自发性的居民娱乐活动，居委会没有特意地组织观看，观看与否完全取决于村民意愿。调查数据表明（见表6-71），有26.7%的居民表示愿意积极参加社区举办的活动，但由于社区不组织活动，他们无活动可参加。同时，有35.6%的居民表示不参加社区举办的活动，对此我们对原因进行了追问。

表6-71　社区举办集体活动参与意愿统计

项目	频数	百分比（%）
积极参加	36	26.7
可能会参加，看情况	46	34.1
不参加	48	35.6
不清楚	4	3.0
缺失	1	0.7
合计	135	100.0

如表6-72所示，28.9%的居民表示，不参加的原因在于没有时间参加，这与村民失地后忙于生计有很大的关系。

表6-72　不愿意参加集体活动的原因统计

项目	频数	百分比（%）
不感兴趣	12	8.9
没有时间	39	28.9

续表

项目	频数	百分比（%）
不喜欢参加	20	14.8
未通知，不知道	6	4.4
缺失	58	43.0
合计	135	100.0

在调查中也有不少居民表示，现在空闲时间明显比以往少很多。集中居住后，特别是失地农民，失去了主要的经济收入来源，同时，社区靠近城市，消费水平高于之前，每月的支出明显高于以往，为了获得足够的经济收入，很多村民要从事多种职业，同时打好几份工，来补贴家用。工作占据了他们的大量时间，空闲时间减少，使他们与社区的互动机会减少，即使社区组织活动也很难有足够的时间来参加。由此，居民休闲娱乐的变化亦证明了集中居住给农村居民生活方式所带来的巨大的变化。

三　山县农民集中居住存在的主要问题

经过前文六个方面的综合描述和相关分析，笔者总结后认为，制约山县农村居民集中居住社区良性发展的主要问题有以下五个方面。

1. 农民收入问题

农村居民集中居住后，居住方式的改变所带来的生产方式的变化，是首先要解决的问题。无论是对于已经失地的陈门新村村民，还是对于由农业主导的邓堡村的村民，面对日益增加的生活成本，找到一条真正可以长期持续解决收入来源问题的方案是极其必要的。因为收入作为各项社会生活的基础，深刻地影响村民对新环境适应的各个方面，对于其他问题的解决也起到关键性的作用。

在陈门新村和邓堡村，课题组在访谈中发现：多数村民认为补偿偏低，他们的利益受到损害。土地补偿费一般都由集体经济组织所有，再由集体经济组织进行分配。当地政府占有大部分的补偿收益，农民作为集体土地的直接使用者和经营者得到的补偿却相对较少，由此激化了失地农民和农村基层组织之间的矛盾。

2. 农民就业问题

关于农民就业问题，学界曾经不将其作为问题来探讨和研究，但是随着城市化进程的推动和农村居民的集中居住所带来的生产生活方式的深刻变革，它已经作为居民收入问题的内涵性问题逐渐为人们所关注。解决好收入问题，就业是关键。

问卷显示，当地移民为初中及以下学历的占74.8%，对被征地之后重新进入城市劳动力市场寻求非农就业的人来说，这样的受教育水平确实偏低。当前，随着城市经济的快速发展和科技的飞速进步，城市产业也渐渐从劳动力密集型向资源和技术密集型方向转型，这就对从业者提出了更高的要求。农民失地获得了有限的补偿后就被全面推向市场，自谋生路。虽然有研究表明在被征地农民职业转变过程中，部分征地农民通过自身努力实现了职业的提升。但是由于文化素质不高，他们在劳动力市场上根本不具有竞争优势，就业能力有限，大多数人只能从事普通工作，以简单体力劳动为主，然而这些岗位替代性又很强，增加了他们失业的风险。相应地，一些条件比较好的岗位也要求较高的文化素质，失地农民自身的素质与要求相去甚远。因此，只有极少数人可以在这样的情形下找到一份非常满意的工作。

3. 农民创业资金问题

居民生产方式和职业的转变需要一定的资金支持，但就目前小额贷款难申请的局面来看，资金问题制约了居民的职业的转变。课题组在调研中发现，多数以前从事"三粉"生产的村民想重新开始"三粉"加工产业，却因为资金问题而不得不搁置。

由于搬迁后失地农民的生活成本增加，部分人生活难以为继。这种居住方式带给农民的不仅仅是生活方式的变化，还有生活成本的变化。已有研究表明，集中居住后农民的生活成本有所增加。本次调查也显示农民的生活成本在增加，从某种程度上来说，生活成本增加成为影响农民集中居住的最大难题。对于农民来说，过高的个人支出成本构成了他们失地进城的瓶颈。相比较而言，失地之前，农民种地收益虽然不是很高，但这部分收入比较稳定，一日三餐依靠自身劳动"免费"解决，农民获得了一种较低成本的生产和生活方式。而如今失去土地，他们被迫进城，不得不按照城市的生活标准来安排基本生活，生活成本明显增加。

生活成本增加，就业遇上瓶颈，创业受制于资金，这些问题都直接导致了移民对当前生活满意度的降低。于是，资金问题也成了亟待解决的问题。

4. 社区基础设施问题

如前文所提及，山县受制于经济发展水平，当地的基础设施较为落后，严重制约着居民生活水平的提高，由此带来的是基础生活设施的不完善。在上文中有提及，陈门新村安装有路灯但是没有投入使用，而邓堡村压根没有安装照明设施。同时，邓堡村没有卫生所，就医需要到邻近村落或者县人民医院。另外，邓堡村除了主干道之外还没有进行路面的硬化，下雨天路面泥泞影响通行，这对当地的发展是极为不利的。

基础设施的落后，一方面制约了当地经济的发展，另一方面也给当地村民生活带了极大不便，影响了当地居民的生活满意度。因此，加大基础设施建设投入力度就显得极为重要。

5. 社区管理问题

作为移民社区的农民集中居住区为移民提供了新的生活居所，也为他们提供了接触城市文明的重要平台。移民对新社区的参与水平不仅是社区民主政治的体现，还是培育公民社区意识和社区公共精神、提高移民社区归属感的一个重要途径，直接关系到我国农村城镇化和农民市民化的进程。在当地，社区管理问题主要表现为社区管理的"缺位"和基层政权的"越位"，这直接导致了新村治理的混乱和居民对于基层政权信任的降低以及同时伴有的公共参与热情的降低，进而导致社区参与流于形式，参与效果不理想。这种管理和制度方面的缺陷和不足，在深层次上阻碍了居民对新生活的适应和新社区的良性健康发展，社区管理的变革刻不容缓。

四 提高山县农民集中居住文化适应性的途径

针对居民收入问题，可以适当下力气研究山县当地的各方面资源和优势，对其进行整合和优化，通过招商引资的方式带动当地资源和优势转化为经济优势，从而增加当地的财政收入，同时可以提供更多的就业机会，增加居民收入。具体而言，落实到居民层次，就是想方设法为居民的就业和创业搭建良好的平台，从而带动其走上致富道路。

针对居民就业问题，根据前文所分析的目前山县集中居住居民的从业情况，应对社区居民提供技术和就业从业方面的相关培训。提高社区居民作为劳动者的劳动素质，增强自主择业和创业的能力，同时还能够提升当地社区居民的就业层次，提高居民收入和生活水平。政府应该采用多元化生计策略，降低失业和贫困的风险，出台相关扶持政策，帮助征地农民就业，进行人力资本投资，提高被征地农民的人力资本存量。同时应该调整生计政策，保障动迁农民的可持续生计，包括充分挖掘和利用各种资本，实现可持续生计。[①]"无论是人力资本、社会资本，还是传统的物质资本或有形资本，都是重要的社区'资产'，都可以被用来实现可持续生计。"[②]

针对资金问题，政府可以主动采取适当措施，鼓励和帮助银行扩大小额贷款方面的业务，帮助居民缓解短期内的资金周转困难。

针对基础设施问题，政府需要在财政上给予大力的帮助，并在公共服务、公共管理和制度措施方面有所创新，努力改变农村社区这一薄弱环节，为社区的发展奠定坚实的基础。一方面，要加大对基础设施的投入力度，改善诸如饮水、就医等关系到人民群众切身利益的重要问题；另一方面，要大力发展当地经济，依靠社区内生力量完善与补充基础设施和相关服务体系。

针对社区管理问题，要从以下方面认真整改。首先，健全和完善社区的管理机制，建立起全体社区居民参与的决策机制和监督机制，形成制度和规则，切实保障居民的利益。其次，严防基层政权的"越位"现象，减少对社区等居民自治组织的干预，使村落的管理活动恢复正常。最后，引导和规范乡村干部的治理行为。社区通过教育和培训，促使居委会干部牢固树立村民自治的理念；社区通过指导和激励，促使居委会干部扮演村民公共参与促进者的角度。

第四节　对比与总结

一　两个社区对比分析

甘肃省山县陈门新村与邓堡村以及金市的民意社区都属于农民集中居

---

① 叶继红：《农民集中居住与移民文化适应》，社会科学文献出版社，2013，第133页。
② 高鉴国：《社区公共资产的社会属性》，《山东大学学报》（哲学社会科学版）2005年第1期，第43—46页。

住的新型农村社区,它们的建立与发展都有赖于国家政策的支持。虽然同为国家政策支持而建立起来的农民集中居住社区,但几个社区并不完全相同,有其自己的特性,主要表现在以下几个方面。

首先,建立原因。陈门新村是因为政府统一把老村落的宅基地征用作为公共用地,失去宅基地的村民在政府引导下进行了搬迁,一定程度上还保留着村民原有的耕地。而邓堡村则是因为原村落位于地震频发的山地地带,地震的频繁出现使原村落的房屋、耕地遭到破坏,严重威胁附近村民正常的生产生活,出于安全考虑,2007年之后附近村民陆续搬入这两个新型农民集中居住社区,搬迁之后,他们虽然也拥有土地,但多数已经无法耕种。民意社区的建立与阿镇的煤炭资源是分不开的,由于阿镇煤炭资源丰富,地方矿区矿业的快速发展使矿场的采煤量急剧增加,而其带来的后果就是附近农村中的地面塌陷,耕地遭到破坏,村民正常的生产生活遭到破坏,因此国家安排村民统一搬迁至民意社区。

其次,家庭居住方式。在陈门新村和邓堡村,搬迁之后年轻人或者出于照顾土地的考虑,与家中身体健康的老人分开居住,或者由于结婚生孩子等考虑到居住空间而与老年人分开居住,抑或者是为了照顾老人,而与老人住在一起。出于上述多种原因考虑,搬迁之后家庭的分合现象较为突出。但是这一现象在民意社区并不明显,民意社区的家庭类型在搬迁前后并无太大变化,没有出现搬迁分居或搬迁合居的现象,相反处于一种相对稳定状态:一直都分开或一直都居住在一起,这可能与民意社区的地理位置和原先村子较近有关,较近的距离无论是耕种土地还是照顾老人都是极为方便的。

最后,居住环境。陈门新村与邓堡村的居民多数属于远距离搬迁,搬迁前后农民的生活环境差别较大,比如一直住在山上的村民如今搬入社区,生活条件和生活环境都发生了巨大变化,人际交往范围也从熟人扩展到了陌生人。在民意社区,由于是近距离搬迁,其外部环境、人际来往与原住地相比并无太大差别,虽与陌生邻里有交往,但由于邻近单元均为同村人,人际来往依旧集中在熟人之间。

二 政策支持型农民集中居住及其文化适应性总结

新农村建设在如火如荼地进行中,以传统农民为主体的新型社区也在不断建成,农民集中居住现状及搬入新社区后的文化适应问题也越来越引起学者们的关注。笔者通过在甘肃省的调研,尝试从生产方式、生活方式、居住方式、交往方式和社区管理(公共生活)五个方面来讨论集中居住农民的文化适应问题。

在生产方式方面,最大的变化在于传统的农业种植不再是集中居住农民收入的主要来源,搬迁之后农民失去赖以为生的土地,只能另寻他路,其中主要有外出打工、附近打零工、做小生意以及政府补助等几种形式。对于失去土地保障的农民来说,如何生存成为其前所未有的挑战。青壮年选择到距离遥远的城市打工,妇女、儿童和老人留守在家,容易引发一系列的家庭和社会问题;选择到附近城市打零工的村民,由于受教育水平低,没有一技之长,只能从事劳动量大、技能需要较低的工作;经营小本生意的村民,往往会面临资金短缺和收入不稳定的威胁。

在生活方式方面,自给自足的慢节奏的生活方式成为历史。通过调查笔者发现,居民的家庭收入和支出都有所增加,但这不是传统农民自愿选择的结果,在某种程度上,收入的增长是被支出的增长驱动的。在传统村落居住的农民,几乎可以在自家土地上获得所有需要的农产品,不需要交换自然就不需要金钱。但是在集中居住、失去土地以后,自给自足的模式就被打破了,几乎所有的生活用品都需要购买。而且,在集中居住以后,额外的生活支出也逐渐多起来,如日常生活中的水电费、燃气费、供暖费和交通费,其他还有教育投资、医疗费用以及房贷还款,所有这些就不是传统农民一年只工作几个月就可以满足的了。而且,地方政府在强制集中居住,收走农民土地的同时,并没有为农民提供足够的增收机会,导致社区居民固定就业与临时工作各占一半,农民收入的稳定性难以得到保障,自然就会导致居民的不满。

在居住方式方面,集中居住之后村民的居住面积都有所减少,尤其是在邓堡村,由之前的120平方米降为现在的45平方米,造成了家庭住房空间的拥挤。在传统的农村社区,宅基地可以随着人口的出生而增加,集中居住的新社区却没有根据农户家庭人口数进行分配,而且只购买一栋住房的费用就已经超出了传统农民家庭的承受能力。空间极致利用的集中居住方式和传统农村社区宽松的空间布局有很大的差别,紧凑的空间安排往往会给习惯了宽敞空间的居民带来不舒适感,尤其是对于习惯分散居住的老人而言，他们在面对相对封闭、活动范围缩小以及周围高楼林立的生活环境时，容易产生压抑感。其实，不仅仅是老人，对于那些相对年轻的成年人来讲，在传统村落社会中形成的习惯在搬迁到新社区之后也很难马上发生改变。在农民的传统观念里，"公共"与"私人"没有明确的界限，例如在乡下的白天，各家各户的大门往往是敞开的，从门外经过的人可以将院子一览无遗。同时，门外的空地、道路即使并不划归个人，也往往被户家视为自家领地的一部分。在集中居住之后，空间利用得十分紧凑，户与户之间往往仅一墙之隔，个人的空间被严格限制在住房之内，但是这并没有妨碍住户在门外放置杂物，种植蔬菜。这就说明，即使农民搬进了新的环境，但是由于其自身的保守性和自私性，也很难在极短的时间内改变他们"公共"与"私人"不分的情况。

在交往方式方面，传统农民社会交往的同质性和内倾性特征并没有发生改变。在乡土社会，村落往往是一个或几个家族的聚居地，人与人之间不仅相互熟识，而且大多有以血缘为纽带的联系。在集中居住后，即使搬到别的地方农民也还是会与老村的亲戚朋友往来，尤其是亲戚，过年过节都会频繁走动。通过调查笔者发现，同村人之间居住较集中，熟悉程度也很高；异村人与自己的同乡居住较远，对邻里的熟悉程度不高甚至出现"很陌生"的情况。因此，在社会交往方面，居民与邻居交流频繁或太少占比都较大。邻里交流较少，主要是由于彼此见面的机会少，很多人将自身与邻里交流较少的原因归结为双方不常在家或者不常出门。在新社区，很少举办能够促进居民交流的社区活动，社区也没有获得居民的普遍认同。

公共生活包含社区管理和公共参与两个方面。通过调查，笔者发现了两个问题：一是社区管理权力的"缺位"和基层政权的"越位"；二是居民参与热情低，对居委会信任度低。社区管理权力"缺位"主要是由于村委会不作为和社会保障分配不公，难以获得村民的信任自然无法正常开展工作。而且当地的特色政策造成了基层政权的"越位"，包村干部"一手遮天"，基层选举流于形式。通过调查，笔者还发现，有一多半的人对居委会的事务不了解或了解很少，这是与村委会的不作为相联系的。在某种程度上，不作为导致不参与和不信任，不参与和不信任又加剧了不作为。

以上从五个方面分析了集中居住之后村民生活的变化及其对村民社区

生活文化适应的影响。综合来看，问题的主要根源是当地政府的不作为以及传统农民的保守性。在改变村民居住方式的过程中，政府是主要的推动者，但是仅仅限于强制村民搬迁到集中居住的新社区之中，对于这种改变所带来的一系列变化，无论是生产还是生活方面，都没有提出良好的应对措施，这给搬迁居民的生产生活带来了很大的困扰。从农民自身来看，教育水平偏低，缺乏必要的劳动技能和资本积累，这些都是阻碍他们发展的重要因素。新农村的建设，并不仅仅是建设整齐划一的居民小区，更重要的是当地居民生产、生活方式的根本改变。这就要求地方政府要秉持负责任的态度，全面地思考和解决农民的生产生活问题，避免只注重地方政绩，而给当地农民的生产生活带来更大的问题。

第七章　结论与讨论

农民集中居住是农村城镇化与城乡一体化发展的必然结果。农民集中居住将是一个长期的实践过程，也是一种探索新型农村社区的过程，对社会主义新农村建设有着重要的参考价值。

调研发现，农民集中居住的实践在不同地区差异较大，农民适应性程度参差不齐。陕西省杨区农民"上楼"之后失去土地资本，政府补偿偏低，农民无法在城市就业，导致生计不可持续。同时，"上楼"之后农民生活成本急剧增加，并且新型社区管理无序，农民社区归属感缺失，导致农民适应性差，适应能力弱。陕西省邑县农民集中居住在乡镇周边区域，没有"上楼"居住，其生计方式没有改变，只是居住方式由分散走向集中，仍然依靠土地收入和打工收入。由于农民拥有的资本差异和农民分化，集中居住区建设出现阶段性和渐进性，贫困农户无法承担新型社区的居住成本，依然居住在旧村，无法享用新型社区的服务资源，造成旧村和新型社区之间的割裂以及土地资源的浪费。虽然若干个行政村的农民集中居住在同一社区，但是在管理方面仍然依赖原来行政村的干部，对新型社区管理者缺乏认同，出现交往内倾化现象。陕西省阳县灾害移民搬迁是一个由分散居住到集中居住的过程，移民搬迁前后所处的自然环境和人文社会环境发生了巨大的变化，导致移民在生产、生活、社会交往以及社区管理等方面都发生了明显的改变，难免会使移民在短时间内对搬迁后陌生的居住环境和生活方式产生不适应感，主要体现在以下四个方面：搬迁移民的耕地远离新居，依赖土地的生计方式在逐渐隐退；搬迁移民的收入来源减少，家庭生活成本却在不断增加；社会交往淡化且场所欠缺，使农户的婚丧礼仪习俗出现调适；集中居住社区环境有待改善，移民难以适应新社区管理模式。

调研显示，四川省成市江区复兴社区的农民主要生计是花木种植，因此，农户的收入较高，有能力支付"上楼"居住的成本，同时社区规划和管理有序，农户交往范围扩大。相对于其他地区而言，农民集中居住之后的适应性较强。在河南省张庄中心社区的调查发现，该农民集中居住社区是依靠附近旅游业而发展起来的，但是旅游业并不是农户的主导产业。周边村庄农民集中居住之后，其生计方式未有很大改变，绝大部分农户依然依靠土地收入，导致农户适应能力弱。另外，只有一少部分农户入住集中居住社区，而大部分农户都居住在原来村庄，使农村社区管理出现"二元结构"以及新旧社区失衡发展等问题。在山西省谷县调研发现，农民实现就地城镇化，生活空间未发生改变；农户依托乡镇企业，农民非农产业收入较高；社区同质性较高，生活习俗变化小；社区管理合理有效，村民满意度较高；公共服务配套完善，公共基础设施健全；居民社区生活丰富，社区凝聚力和归属感强，农民的适应性较强。甘肃省金市的调查地点是一个煤炭资源枯竭型地区，产业面临转型发展的需求，很多地区已经成为采空区和塌陷区，因此农户不得不搬迁到安全地带。农民集中居住之后，失去土地，生计成为其最大的问题。加之地方产业转型面临困难，能提供就业的机会少。现在农民集中"上楼"居住之后，生活成本加大，农户难以承受。除此之外，农民的市民化程度不彻底，导致身份认同危机和生活保障困难。总之，农民集中居住问题呈现地区差异性、类型复杂化以及问题多元化等特征。

值得注意的是，本书的调查区域选择有限，只能在中西部地区选择具有代表性的省份，鉴于农民集中居住社区的特点和类型都存在差异，因此梳理共性的问题是极其困难的。另外，农民集中居住及其文化适应性研究是一个庞大的课题，需要继续深入研究的内容很多，诸如农民集中居住之后的生计可持续问题、社会交往和社区融合问题，以及新型社区管理问题等。

致　谢

时光飞逝，经过三年的摸索、调研和不断的反思总结，国家社会科学基金西部项目"中西部地区农民集中居住过程中的文化适应研究"已经到了课题结题的阶段。回首这三年的时光，从发现问题、提出课题、项目申报、制订计划、具体实施、实地调研、撰写报告……到现在的课题结项，每一项工作都收获很多。从2013年7月到2016年9月，课题组成员分别到陕西省、山西省、河南省、甘肃省和四川省5个省份进行实地调研，累计调查农户1980户，有效问卷1659份，收集典型案例90个。在此课题的研究期间，课题组成员克服各种困难，从问卷设计到实地调查都是严格按照社会学的规范进行的。这三年，课题组成员深入农民集中居住的社区进行了长期跟踪调查，在收集到了大量的第一手资料的基础上，结合已有的文献资料最后撰写了30多万字的研究报告。本书是课题组全体成员集体研究的成果，在此需要感谢参与调查研究的全体成员：娄梦玲、伍广梅、姚自立、曾超然、吴奕佳、魏舒、吴媚、菅路洁、黄丹、王涵、王鑫、张和荣、杨思颖、张央央、包玉峰、李卓、吴丽娟、苏瑾、李琳、李晗锦、李娜、许静、谭雅君、邹岱熹、焦明娟、梁亮、余翱、李楠、王潇驰、姚健、张森等人。同时，感谢各个地区的农民朋友的配合，以及各地方工作人员的大力支持。在这里感谢在课题调研过程中给我们提供了大量帮助的朋友们。

"中西部地区农民集中居住过程中的文化适应研究"课题到这里算是结束了。但是农民集中居住及其文化适应性研究是一个庞大的课题，对之研究和探索是远远没有结束的，要继续深入研究的内容很多，诸如农民集中居住之后的生计可持续问题、社会交往和社区融合问题，以及新型社区管理问题。在这里诚请各位专家学者能给我们提出宝贵的意见，以使我们对农民集中居住的研究能够更加深入地进行下去。

附　录

附录一　调研问卷汇总

（一）四川省问卷

农民集中居住状况与适应性调查问卷

问卷编码：_____

尊敬的朋友：

您好！

为了了解您生活状况的变化，我们开展了这项调查活动。本次调查大约会占用您十分钟的时间。为了使调查顺利进行，请您根据自己的实际情况填写问卷，感谢您的支持与合作！

西北农林科技大学农民集中居住状况调查小组
2014 年 8 月_____日
调查员：_____

填写说明：请在符合您实际情况的选项上打"√"或在"_____"处填上适当内容。

一、基本信息

1. 您的性别是_____。

①男　　　　　　②女

2. 您的年龄是_____。

①20 岁及以下　②21～30 岁　　③31～40 岁　　④41～50 岁

⑤50 岁以上

3. 您的受教育程度是_____。

①从未上过学　　②小学　　　　③初中　　　　　④高中

⑤专科或大学

4. 您家总共有_____口人，劳动力数量为_____人，务农人数为_____人。

5. 您家土地总面积为_____亩，用途是_____。

①自家耕作　　②承包给别人使用　　　　③闲置

6. 您家拥有哪些土地资源？_____

①宅基地　　　②耕地　　　　③林地　　　　　④草地

7. 家中土地主要用于_____。

①粮食种植，面积_____亩

②花木种植，面积_____亩

③蔬菜种植，面积_____亩

④养殖：养殖场面积_____亩

⑤其他

8. 上楼前，您家宅基地面积为____（统一折算为平方米）____，现在住房面积是_____。

9. 上楼的政策为_____。

10. 您对这种政策如何看？_____

①非常满意　　②满意　　　　③一般　　　　　④不满意

⑤非常不满意

11. 如果不满意，您认为主要的原因是_____。

①政府赚取了较大利润　　　　②房地产公司赚取巨额利益

③上楼之后生活成本高涨　　　　④其他

二、生活方式方面

1. 目前，您家庭收入主要来源于_____。

①务农　　　　②务工　　　③个体工商经营

④政府补贴　　⑤子女供养　　⑥其他

2. 上楼前，您家庭中粮食的主要来源为_____，现在为_____。

①自己种植　　②市场购买

③少部分自己种植，大部分市场上购买

④大部分自己种植，少部分市场上购买

⑤一半自己种植,一半市场上购买

⑥其他

3. 上楼前,您家庭中蔬菜的主要来源为_____,现在为_____。

①自己种植

②市场购买

③少部分自己种植,大部分市场上购买

④大部分自己种植,少部分市场上购买

⑤一半自己种植,一半市场上购买

⑥其他

4. 您的家庭年总收入为_____元。

5. 上楼前,您每月的支出为_____元,现在您每月的支出为_____元。

6. 上楼前,您的生活费支出主要用于_____,现在主要用于_____。(多选)

①购买粮食　　②购买蔬菜

③购买农业生产资料(如化肥、农药、种子、厨具)

④购买电器家具　⑤供孩子上学

⑥医疗费用　　⑦购买社会保障

⑧支付房款　　⑨水、电、煤气、天然气费用

⑩交通费用　　⑪红白喜事送礼

⑫其他

7. 上楼前,您努力挣钱是为了_____,现在是为了_____。

①购买食物　　②购买用品　　③供孩子上学

④盖房子　　⑤买房子　　⑥其他

8. 现在您的生活支出的变化情况为_____。

①大大增加　　②有所增加　　③基本不变

④有所减少　　⑤大大减少

9. 您认为生活支出变化的主要原因有_____。

①生活成本的变化　　　　②收入的变化

③生活环境的变化　　　　④物价变化

⑤其他原因

10. 上楼前您每周外出购物的次数为_____，现在每周外出购物的次数为_____。

①9 次以上　　　②4 ~ 8 次　　　③1 ~ 3 次　　　④几乎不去

11. 现在，您家附近有寺庙或教堂吗？_____

①有　　　　　　②没有

12. 您愿意搬迁到社区（上楼居住）吗？_____

①非常愿意　　　②愿意　　　　　③一般

④不愿意　　　　⑤非常不愿意（选择①②③的跳过下一题）

13. 如果不愿意，您认为主要的原因是_____

_____。

14. 您对现在的生活满意度为_____。

①非常满意　　　②比较满意　　　③一般　　　　　④不满意

⑤特别不满

15. 您对现在所居住的小区的适应吗？_____

①非常不适应　　②不适应　　　　③一般　　　　　④适应

⑤非常适应　　　⑥其他

16. 如果不满意或者不适应，您面临的主要困难是哪一方面？_____

①生活成本　　　②收入水平　　　③社区环境　　　④人际交往

⑤居住方式

三、生产方式方面

1. 您现在是否有工作？_____

①是　　　　　　②否

2. 您现在的主要工作是_____，失地前的主要工作是_____。

①务农　　　　　②服务员　　　　③装修工　　　　④搬运工

⑤夜市经营地摊　⑥司机

3. 请问您现在的工作属于？_____

①固定工作　　　②临时工作

4. 您失地前主要工作地点是在_____，现在的主要工作地点是在_____。

①本地　　　　　②外地

5. 您现在的工作是通过什么方式取得的？＿＿＿＿

①自己找的　　　②自己创业　　　③亲朋好友帮忙联系的

④政府提供的　　⑤其他方式

6. 您从事这份工作的原因有＿＿＿＿。（可多选，按重要程度）

①这份工作稳定　　　　　②能发挥自己特长

③工作单位离家近　　　　④工作环境好

⑤工作发展前景广阔　　　⑥收入较高

⑦社会地位较高　　　　　⑧难找到其他工作

⑨其他

7. 您认为很难找到工作的原因是＿＿＿＿。

①竞争大　　　　　　　　②适合的工作岗位少

③自己能力不足　　　　　④缺少政策支持

⑤心理上难以适应工作　　⑥其他

8. 您认为找一份好的工作主要依赖于＿＿＿＿。（可多选，按重要程度）

①有一定工作经验　　　　②有关系、熟人、路子

③有文凭，学历高　　　　④有自己的一技之长

⑤劳动能力强，精力旺盛　⑥能埋头苦干

⑦其他

9. 您对目前工作是否熟悉？＿＿＿＿

①非常熟悉　　②比较熟悉　　③熟悉　　④不太熟悉

⑤很不熟悉

10. 您对目前的工作是否满意？＿＿＿＿

①满意　　　　②不满意

11. 您现在享有以下哪些社会保障？＿＿＿＿（可多选）

①医疗保险　　　　　　　②养老保险

③农村最低生活保障　　　④其他

12. 政府是否为农民提供了相应工作岗位？＿＿＿＿

①是　　　　　　②否　　　　　　③不清楚

13. 政府是否提供了相关就业培训？＿＿＿＿

①是　　　　　　②否

14. 如果有，家里是否有人参加就业培训？＿＿＿＿

10. 上楼前您每周外出购物的次数为_____，现在每周外出购物的次数为_____。

①9次以上　　②4~8次　　③1~3次　　④几乎不去

11. 现在，您家附近有寺庙或教堂吗?_____

①有　　　　　②没有

12. 您愿意搬迁到社区（上楼居住）吗?_____

①非常愿意　　②愿意　　　③一般

④不愿意　　　⑤非常不愿意（选择①②③的跳过下一题）

13. 如果不愿意，您认为主要的原因是_____

_____。

14. 您对现在的生活满意度为_____。

①非常满意　　②比较满意　　③一般　　　④不满意

⑤特别不满

15. 您对现在所居住的小区的适应吗?_____

①非常不适应　②不适应　　　③一般　　　④适应

⑤非常适应　　⑥其他

16. 如果不满意或者不适应，您面临的主要困难是哪一方面?_____

①生活成本　　②收入水平　　③社区环境　　④人际交往

⑤居住方式

三、生产方式方面

1. 您现在是否有工作?_____

①是　　　　　②否

2. 您现在的主要工作是_____，失地前的主要工作是_____。

①务农　　　　②服务员　　　③装修工　　　④搬运工

⑤夜市经营地摊　⑥司机

3. 请问您现在的工作属于?_____

①固定工作　　②临时工作

4. 您失地前主要工作地点是在_____，现在的主要工作地点是在_____。

①本地　　　　②外地

5. 您现在的工作是通过什么方式取得的？_____

①自己找的　　　②自己创业　　　③亲朋好友帮忙联系的

④政府提供的　　⑤其他方式

6. 您从事这份工作的原因有_____。（可多选，按重要程度）

①这份工作稳定　　　　　　②能发挥自己特长

③工作单位离家近　　　　　④工作环境好

⑤工作发展前景广阔　　　　⑥收入较高

⑦社会地位较高　　　　　　⑧难找到其他工作

⑨其他

7. 您认为很难找到工作的原因是_____。

①竞争大　　　　　　　　　②适合的工作岗位少

③自己能力不足　　　　　　④缺少政策支持

⑤心理上难以适应工作　　　⑥其他

8. 您认为找一份好的工作主要依赖于_____。（可多选，按重要程度）

①有一定工作经验　　　　　②有关系、熟人、路子

③有文凭，学历高　　　　　④有自己的一技之长

⑤劳动能力强，精力旺盛　　⑥能埋头苦干

⑦其他

9. 您对目前工作是否熟悉？_____

①非常熟悉　　②比较熟悉　　③熟悉　　④不太熟悉

⑤很不熟悉

10. 您对目前的工作是否满意？_____

①满意　　　　②不满意

11. 您现在享有以下哪些社会保障？_____（可多选）

①医疗保险　　　　　　　　②养老保险

③农村最低生活保障　　　　④其他

12. 政府是否为农民提供了相应工作岗位？_____

①是　　　　　②否　　　　　③不清楚

13. 政府是否提供了相关就业培训？_____

①是　　　　　②否

14. 如果有，家里是否有人参加就业培训？_____

①是 ②否

15. 如果参加了培训，请问您觉得对就业是否有帮助？_____

①帮助很大 ②帮助一般

③完全没帮助 ④不清楚

16. 如果没有工作，您平时会做什么？_____

①什么都不做 ②找朋友打牌

③打麻将 ④其他

四、居住方式方面

1. 您所居住的村庄位于_____。

①平原地区 ②丘陵地区 ③山区

2. 上楼前您主要居住在_____。

①村中的庭院式平房 ②村中的非庭院式平房

③村中的庭院式楼房 ④村中的非庭院式楼房

⑤本地或外地的小区 ⑥其他

3. 您在原来房子居住的时间为_____。

①2年及以下 ②3~5年 ③6~10年

④11~20年 ⑤20年以上

4. 上楼前后您所属大家庭（父母和成年子女）的居住方式为_____。

①失地前分开居住，现在住在一起

②失地前住在一起，现在分开居住

③一直都是分开居住的

④一直都是住在一起的

5. 如果家庭成员现在是分开居住的，请问分开方式为_____。

①小区的不同单元楼 ②同一单元楼的不同楼层

③同一单元楼的同一楼层

6. 您认为原来房子的空间_____，现在房子的空间_____。

①很宽敞 ②较宽敞 ③刚好合适 ④拥挤

⑤较拥挤（选择①②③的跳过下一题）

7. 您认为现在房子空间拥挤主要是因为_____。

①房子面积本来较小

②房子的上下高度较低

③先前的旧式家具等生活用品占据较大空间

④先前的农具等占据了空间

⑤新添置的家具等生活用品较多

8. 您会对现在的居住环境感到压抑吗？_____

①经常会　　　②偶尔会　　　③一般不会　　　④从来不会

9. 您是否会受到邻里噪声的影响？_____

①是　　　　　②否

10. 在现在的房子里，您是否会降低说话声音？_____

①是　　　　　②否

11. 失地前，您家地板铺设的是_____，失地后铺设的是_____。

①水泥　　　　②瓷砖　　　　③木地板　　　　④其他

12. 您大约多久拖一次地板？_____

①每天一次　　②两天一次　　③三天一次　　④五天一次

⑤每周一次　　⑥不固定，视情况而定

13. 在邻居来访时，您是否希望客人脱鞋？_____

①是　　　　　②否

14. 失地前，您会在房子附近种植一些粮食作物或者是蔬菜瓜果吗？_____

①是　　　　　②否

现在您会在社区绿化带内种植吗？_____

①是　　　　　②否

15. 您认为自己现在是城里人吗？_____

①是　　　　　②否（选择①的跳过下一题）

16. 如果认为不是，为什么？_____

五、交往方式方面

1. 与您住在同一单元的_____。

①都是同村人　　　　　　　②大部分同村的，少部分外村的

③少部分同村的，大部分外村的　　④其他

2. 您所在单元楼内房屋空置的现象_____。

①非常普遍　　　　　　　　②比较普遍

③一般 ④几乎没有

3. 您在本单元认识的人_____。

①非常多 ②比较多 ③一般 ④很少

4. 您熟悉您的邻居吗？_____

①非常熟悉 ②比较熟悉 ③一般 ④很陌生

5. 您与邻居交流的次数_____。

①非常多 ②比较多 ③一般

④很少（选择①②③请跳过下一题）

6. 您与邻居交流少的原因主要有_____。（可多选）

①自己不常在家 ②邻居不常在家

③自己很少出门 ④邻居很少出门

⑤双方均无交流意愿 ⑥邻居是外来租房人员，不放心

⑦其他

7. 与单元楼内邻居见面时，您会_____。

①主动打招呼 ②对方打招呼后再回应

③一般不打招呼

④从来不打招呼（选择①②的跳过下一题）

8. 见面不打招呼的原因有_____。

①不是同村人，不熟悉 ②从来没有见过，不认识

③同村人，但没什么可说的 ④没有必要打招呼

⑤不知道说什么 ⑥其他

9. 您在小区内是否结识了新朋友？_____

①是 ②否（选择②的跳过下一题）

10. 您与新朋友是怎么认识的？_____

①经常见面，慢慢熟悉 ②其中一个人主动交流

③偶然机会认识 ④在同一个地方工作

⑤互相帮助过 ⑥其他

11. 过去，您闲暇时，会_____；现在闲暇时，会_____。

①整理家务 ②看电视

③在家休息 ④出去打扑克牌或打麻将

⑤逛街购物 ⑥串门

⑦其他

12. 如果有时间，您会选择和谁拉家常？_____（可多选）

①家人　　　　　②亲戚　　　　　③朋友　　　　　④邻里

⑤同事　　　　　⑥其他人

13. 外出购物您会选择与谁同行？_____

①家人　　　　　②亲戚　　　　　③朋友　　　　　④邻里

⑤同事　　　　　⑥其他人

14. 如果需要借一笔钱，您会先找谁？_____

①银行等信贷机构　　　　　②亲戚

③朋友　　　　　　　　　　④邻里

⑤同事　　　　　　　　　　⑥其他人

15. 如果与邻居或小区内的居民产生纠纷，您会优先选择哪些方式解决？_____（可多选，按优先顺序）

①用暴力手段解决　　　　　②双方协商

③找居委会帮忙　　　　　　④用诉讼方式

⑤其他方式

16. 您与现在的邻居相处怎么样？_____

①亲如家人　　　　　　　　②关系很好

③交情一般　　　　　　　　④关系不好

⑤因为某些事起过冲突

17. 家里有红白喜事，您会邀请邻居来帮忙或者参加吗？_____

①会　　　　　②不会

18. 邻居家有红白喜事，您会主动去帮忙或者参加吗？_____

①会　　　　　②不会

19. 现在，家里的一些婚礼、寿辰等活动主要是在哪里举办？_____

①自己家里　　　　　　　　②自己家里和邻居家里

③饭店、餐馆等场所

20. 您现在与家人交流主要是通过哪些方式？_____

①面对面交流　　　　　　　②发送短信息

③互通电话　　　　　　　　④通过网络聊天或者视频

21. 您搬入小区后和家人聚会或者交流的频次_____。

①变多　　　　②变少　　　　③不变

22. 您家里是否有 60 岁以上的老人？_____

①有　　　　②没有

23. 如果有，请问老人们每天主要做什么？_____

①在家看电视　　　　　　　②在小区内找其他老人聊天

③与人打扑克、下棋　　　　④去练习广场舞（如秧歌）

⑤闲不住，依然在工作

24. 您家是否有 18 岁以下的孩子？_____

①有　　　　②没有

25. 如果有，请问孩子的主要玩伴是_____。

①以前村里的孩子

②单元楼内认识的新朋友

③小区其他单元楼认识的新朋友

④孩子年龄太小交流很少

⑤基本不与其他孩子接触，自己在家上网、看电视等

六、社区管理方式

1. 您居住的小区都有以下哪些设施？_____（多选）

①垃圾箱　　　②路灯　　　　③休息椅

④ 公告牌　　　⑤电梯

2. 您居住的小区都有以下哪些场所？_____

①停车场　　　②健身场地　　③商店

④卫生所或医院　⑤幼儿园　　⑥社区服务大厅

3. 您认为小区内电梯的维修是否及时有效？_____

①是　　　　②否

4. 小区内是否每日都有人专门负责街道的清洁工作？_____

①是　　　　②否　　　　③不清楚

5. 小区单元楼内的楼梯是否有人负责按时清扫？_____

①是　　　　②否　　　　③不清楚

6. 您认为小区的垃圾清理是否及时？_____

①是　　　　②否　　　　③不清楚

7. 您认为小区的绿化情况如何？_____

①非常好　　　②比较好　　　③一般　　　④不太好

⑤很差

8. 您认为小区环境存在哪些方面的问题？_____（多选）

①垃圾处理问题　　　　　②废水处理问题

③噪声污染　　　　　　　④绿化问题

⑤其他

9. 小区平时是否有保安巡逻？_____

①任何时刻都有　②固定时间有　③基本没有

④从来没有　　　⑤不清楚

10. 小区内的盗窃现象_____。

①非常多　　　②比较多　　　③一般

④很少　　　　⑤基本没有　　⑥不了解

11. 小区对盗窃现象的处理是否及时？_____

①非常及时　　②比较及时　　③一般

④不及时　　　⑤基本不处理　⑥不了解

12. 您认为小区内外来人员租房子居住的现象_____。

①非常普遍　　②比较普遍　　③一般

④不太普遍　　⑤基本没有

13. 您对小区内外来人员租房子居住的看法是_____。

①认可　　　　②不认可　　　③无所谓

14. 如果您的财物在社区内被盗，您会选择找谁来处理？_____

①居委会　　　②原来的村主任

③派出所　　　④自己调查找小偷

⑤自认倒霉，不处理了

15. 您认为小区的治安管理环境如何？_____

①非常好　　　②比较好　　　③一般

④较差　　　　⑤很差

16. 您所在小区收取物业管理费的标准是每户每月_____元。

您认为收费是否合理？_____

①合理　　　　②不合理

17. 居委会一般采取哪些方式使您了解社区内公共事务（如停水、停电、收费事务）？_____（多选）

①专人逐个楼层贴通知

②在社区设立固定的通知栏、公告牌

③广播通知

④居委会不宣传，要自己主动去了解

⑤不清楚

18. 居委会一般采取哪些方式使您了解国家政策方针？_____（多选）

①设立固定宣传和咨询点

②在社区设立宣传板、公告牌

③在社区内张贴宣传标语

④发宣传单

⑤广播宣传

⑥居委会不宣传，要自己主动去了解

⑦不清楚

19. 社区都举办过哪些集体活动？_____

①中老年人广场舞　　　　②儿童节系列活动

③太极拳等培训演示　　　④体育友谊赛

⑤文艺演出　　　　　　　⑥组织外出郊游

⑦社工举办的活动　　　　⑧从没举办过类似活动

20. 您对居委会的主要部门或主要工作_____。

①非常了解　　②比较了解　　③基本了解　　④了解一些

⑤完全不了解（选择①②③④的跳过下一题）

21. 不了解的原因是_____。

①居委会宣传不到位

②了解渠道少，不知道怎么去了解

③了解了也没什么作用

④与我无关，没必要了解

⑤其他原因

22. 如果社区内举办集体活动，您会_____。

①积极参加   ②可能会参加，看情况
③不参加   ④不清楚

23. 您认为当前这种新型农村社区建设存在的主要问题是什么？

_____

_____

24. 您对社区以后的发展有什么建议？

_____

_____

_____

_____

（二）河南省问卷

问卷一

农民集中居住状况与适应性调查问卷

尊敬的朋友：

您好！

为了了解您生活状况的变化，我们开展了这项调查活动。本次调查大约会占用您十分钟的时间。为了使调查顺利进行，请您根据自己的实际情况填写问卷，感谢您的支持与合作！

西北农林科技大学农民集中居住状况调查小组
2015 年____月____日
调查员：_____

填写说明：请在符合您实际情况的选项上打"√"或在"_____"处填上适当内容。

一、基本信息

1. 您的年龄为_____。

①20 岁及以下   ②21～30 岁   ③31～40 岁

④41～50 岁   ⑤50 岁以上

2. 您的性别为_____。

①男　　　　　　②女

3. 您的学历是_____。

①从未上过学　　②小学　　　　　③初中

④高中　　　　　⑤专科或大学

4. 您家总共有_____口人，劳动力数量为_____人，迁入社区前务农人数为_____人。

5. 入住社区的时间为_____年_____月。

6. 搬迁前土地总面积为_____亩，被占用土地面积为_____亩。

7. 搬迁前，您家拥有哪些土地资源？_____

①宅基地　　　　②耕地　　　　　③林地

8. 您家被占用土地的用途是_____。

①商业用地　　　②工业用地　　　③农业用地

④公共用地　　　⑤其他

9. 您家未被占用的土地有_____亩，用途是_____。

①自家耕作　　　②承包给别人使用　　　　　③闲置

10. 搬迁前，您家宅基地面积为_____，现在住房面积是_____。

11. 拆迁后，政府的补偿标准是_____

_____。

12. 您对这种补偿标准如何看？_____

①非常满意　　　②满意　　　　　③一般

④不满意　　　　⑤非常不满意

13. 如果不满意，您认为主要的原因是_____。

①政府赚取了较大利润

②房地产公司赚取巨额利益

③搬迁之后生活成本高涨

④其他

14. 您愿意搬迁到社区来吗？_____

①非常愿意　　　②愿意　　　　　③一般

④不愿意　　　　⑤非常不愿意

15. 如果不满意，您认为主要的原因是_____
_____
_____。

二、生活方式方面

1. 您现在享有以下哪些社会保障？_____（可多选）

①医疗保险　　　②养老保险　　　③农村最低生活保障

④其他

2. 如果没有工作，您平时会做什么？

①什么都不做　　②找朋友打牌

③打麻将　　　　④其他

3. 搬迁前，您家庭中粮食的主要来源为_____，现在为_____。

①自己种植　　②市场购买

③少部分自己种植，大部分市场上购买

④大部分自己种植，少部分市场上购买

⑤其他

4. 您家庭中蔬菜的主要来源为_____，现在为_____。

①自己种植　　②市场购买

③少部分自己种植，大部分市场上购买

④大部分自己种植，少部分市场上购买

⑤其他

5. 搬迁前，您的家庭年总收入为_____元，现在为_____元。

6. 搬迁前，您每月的支出为_____元，现在您每月的支出为_____元。

7. 搬迁前，您生活费支出主要用于_____，现在主要用于_____。（多选）

①购买粮食

②购买蔬菜

③购买农业生产资料（如化肥、农药、种子、厨具）

④购买电器家具

⑤供孩子上学

⑥医疗费用

⑦购买社会保障

⑧支付房款

⑨水电费支出

⑩暖气费支出

⑪煤气、天然气费用

⑫交通费用

⑬红白喜事送礼

⑭其他

8. 现在您的生活支出费用的变化情况为_____。

①大大增加　　　②有所增加　　　③基本不变

④有所减少　　　⑤大大减少

9. 您认为生活支出变化的主要原因有_____。

①生活成本的变化　　　　　②收入的变化

③生活环境的变化　　　　　④物价变化

⑤其他原因

10. 您现在每周外出购物的次数为_____。

①5次以上　　　　　　　　②3~5次

③1~2次　　　　　　　　　④基本不购物

11. 对外开放的社区发展模式给您生活带来哪些变化？_____

①经济收入增加　　　　　②交往对象扩大

③思想方式变化　　　　　④其他

12. 这种模式带来了哪些问题？_____

①社区安全问题　　　　　②社区环境问题

③影响居民生活质量　　　④其他

13. 您对现在的生活满意程度为_____。

①非常满意　　　　　　　②比较满意

③一般　　　　　　　　　④不满意

⑤特别不满

14. 如果不满意或者不适应，您面临的主要困难是哪一方面？_____

①生活成本　　　　　　　②收入水平

③社区环境　　　　　　　　　④人际交往

⑤居住方式

三、生产方式方面

1. 搬迁前，您家庭收入主要来源于_____，现在来源于_____。

①务农　　　　　　　　　　②务工

③个体工商经营　　　　　　④政府补贴

2. 如果您在搬迁前以务农为主，那么您主要从事_____。

①粮食种植，面积_____亩

②经营果园，面积_____亩

③蔬菜种植，面积_____亩

④养殖：养殖场面积_____亩，品种_____

⑤其他

3. 您现在是否有工作？_____

①是　　　　　　②否

4. 您现在的主要工作是_____，搬迁前的主要工作是_____。

①务农　　　　　　　　　　②务工

③个体经营　　　　　　　　④其他

5. 请问您现在的工作属于？_____

①固定工作　　②临时工作

6. 您失地前主要工作地点是在_____，现在的主要工作地点是在_____。

①本地　　　　　　②外地

7. 您现在的工作是通过什么方式取得的？_____

①自己找的　　　　　　　　②自己创业

③亲朋好友帮忙联系的　　　④政府提供的

⑤其他方式

8. 您从事这份工作的原因有_____。（可多选，按重要程度）

①这份工作稳定　　　　　　②能发挥自己特长

③工作单位离家近　　　　　④工作环境好

⑤工作发展前景广阔　　　　⑥收入较高

⑦社会地位较高　　　　　　　⑧难找到其他工作

⑨其他

9. 您对目前的工作是否满意？_____

①满意　　　　　　②不满意

四、居住方式方面

1. 搬迁前您主要居住在 _____ 。

①村中的庭院式平房　　　　　②村中的非庭院式平房

③村中的庭院式楼房　　　　　④村中的非庭院式楼房

⑤本地或外地的小区　　　　　⑥其他

2. 搬迁前后您所属大家庭（父母和成年子女）的居住方式为_____。

①先前分开居住，现在住在一起

②失地前住在一起，现在分开居住

③一直都是分开居住的

④一直都是住在一起的

3. 您认为原来房子的空间 _____，现在房子的空间 _____ 。

①很宽敞　　　②较宽敞　　　③刚好合适　　　④拥挤

⑤较拥挤（选择①②③的跳过下一题）

4. 您认为现在房子空间拥挤主要是因为_____。

①房子面积本来较小

②房子的上下高度较低

③先前的旧家具等生活用品占据较大空间

④先前的农具等占据了空间

⑤新添置的家具等生活用品较多

5. 您会对现在的居住环境感到压抑吗？_____

①经常会　　　　　　　　②偶尔会

③一般不会　　　　　　　④从来不会

6. 您是否会受到邻里噪声的影响？_____

①是　　　　　②否

7. 在现在的房子里，您是否会降低说话声音？_____

①是　　　　　②否

8. 搬迁前，您会在房子附近种植一些粮食作物或者是蔬菜瓜果吗？

397

_____

①是　　　　　　②否

9. 现在您会在社区绿化带内种植吗？_____

①是　　　　　　②否

10. 您对现在所居住的社区适应吗？_____

①非常不适应　　　　　　②不适应

③一般　　　　　　　　　④适应

⑤非常不适应　　　　　　⑥其他

11. 您认为自己现在是城里人吗？_____

①是　　　　　　②否

12. 如果不是，为什么？_____

_____。

13. 入住新的社区，您最大的不适应是_____。

①没有土地，好像丢掉生存根本

②无地可种，无事可做

③对楼房的小空间不适应

④其他

五、交往方式方面

1. 社区内居民_____。

①都是同村人

②大部分同村的，少部分外村的

③少部分同村的，大部分外村的

④其他

2. 您与邻居交流的次数_____。

①非常多　　　②比较多　　　③一般

④很少（选择①②③请跳过下一题）

3. 您与邻居交流少的原因主要有_____。（可多选）

①自己不常在家　　　　　　②邻居不常在家

③自己很少出门　　　　　　④邻居很少出门

⑤双方均无交流意愿　　　　⑥邻居是外来租房人员，不放心

⑦其他

4. 您在小区内是否结识了新朋友？_____

①是 　　　　　②否

5. 您与新朋友是怎么认识的？_____

①经常见面，慢慢熟悉　　　　②其中一个人主动交流

③偶然机会认识　　　　　　　④在同一个地方工作

⑤互相帮助过　　　　　　　　⑥其他

6. 过去，您闲暇时，会选择_____；现在闲暇时，会选择_____。

①整理家务　　　　　　　　　②看电视

③在家休息　　　　　　　　　④出去打扑克牌或打麻将

⑤逛街购物　　　　　　　　　⑥串门

⑦其他

7. 如果与邻居或小区内的居民产生纠纷，您会优先选择哪些方式解决？_____（可多选，按优先顺序）

①用暴力手段解决　　　　　　②双方协商

③找居委会帮忙　　　　　　　④用诉讼方式

⑤其他方式

8. 您与现在的邻居相处怎么样？_____

①亲如家人　　　　　　　　　②关系很好

③交情一般　　　　　　　　　④关系不好

⑤因为某些事起过冲突

9. 家里有红白喜事，您会邀请邻居来帮忙或者是参加吗？_____

①会　　　　　②不会

10. 邻居家有红白喜事，您会主动去帮忙或者是参加吗？_____

①会　　　　　②不会

11. 现在，家里的一些婚礼、寿辰等活动主要是在哪里举办？_____

①自己家里　　　　　　　　　②自己家里和邻居家里

③饭店、餐馆等场所

12. 您家里是否有60岁以上的老人？_____

①有　　　　　②没有（选择②的跳过下一题）

13. 如果有，请问老人们每天主要做什么？_____

①在家看电视

②在小区内找其他老人聊天

③与人打扑克、下棋

④去练习广场舞（如秧歌）

⑤闲不住，依然在工作

14. 您家是否有 18 岁以下的孩子？_____

①有　　　　　　②没有

15. 如果有，请问孩子的主要玩伴是_____。

①以前村里的孩子

②单元楼内认识的新朋友

③小区其他单元楼认识的新朋友

④孩子年龄太小交流很少

⑤基本不与其他孩子接触，自己在家上网、看电视等

六、社区管理方式

1. 您居住的社区都有以下哪些设施？_____（多选）

①垃圾箱　　　　②路灯　　　　③休息椅　　　　④公告牌

2. 您居住的社区都有以下哪些场所？_____（多选）

①停车场　　　　　　　　　②健身场地

③商店　　　　　　　　　　④卫生所或医院

⑤幼儿园　　　　　　　　　⑥社区服务大厅

3. 社区内是否每日都有人专门负责街道的清洁工作？_____

①是　　　　　　②否　　　　　　③不清楚

4. 您认为社区的垃圾清理是否及时？_____

①是　　　　　　②否　　　　　　③不清楚

5. 您认为社区环境存在哪些方面的问题？_____（多选）

①垃圾处理问题　　　　　　②废水处理问题

③噪声污染　　　　　　　　④绿化问题

⑤其他

6. 社区平时是否有保安巡逻？_____

①任何时刻都有　　　　　　②固定时间有

③基本没有　　　　　　　　④从来没有

⑤不清楚

7. 社区内的盗窃现象_____。

①非常多　　　②比较多　　　③一般　　　④很少

⑤基本没有　　⑥不了解

8. 您认为社区的治安管理环境如何？_____

①非常好　　　②比较好　　　③一般

④较差　　　　⑤很差

9. 居委会一般采取哪些方式使您了解社区内公共事务（如停水、停电、收费事务）？_____（多选）

①专人逐个楼层贴通知

②在社区设立固定的通知栏、公告牌

③广播通知

④居委会不宣传，要自己主动去了解

⑤不清楚

10. 社区都举办过哪些集体活动？_____

①中老年人广场舞　　　　　②儿童节系列活动

③太极拳培训演示　　　　　④妇女节演出与表彰活动

⑤全民嗨歌唱曲的文艺演出　⑥体育友谊赛

⑦组织外出郊游　　　　　　⑧从没举办过类似活动

11. 如果社区内举办集体活动，您会_____。

①积极参加　　　　　　②可能会参加，看情况

③不参加　　　　　　　④不清楚

12. 您认为当前这种新型农村社区建设存在的主要问题是什么？

_____

_____

13. 您对社区以后的发展有什么建议？

_____

_____

_____

问卷二

农民集中居住状况与适应性调查问卷

尊敬的朋友：

您好！

为了了解您生活状况的变化，我们开展了这项调查活动。本次调查大约会占用您五分钟的时间。为了使调查顺利进行，请您根据自己的实际情况填写问卷，感谢您的支持与合作！

西北农林科技大学农民集中居住状况调查小组

2015 年____月____日

调查员：_____

（方便时请填写农户）联系电话：_____

填写说明：请在符合您实际情况的选项上打"√"或在"_____"处填上适当内容。

一、基本信息

1. 您年龄为_____。

①20 岁及以下　　②21~30 岁　　③31~40 岁

④41~50 岁　　⑤50 岁以上

2. 您的性别为_____。

①男　　　　　②女

3. 您的学历是_____。

①从未上过学　　②小学　　　　③初中　　　　④高中

⑤专科或大学

4. 您家总共有_____口人，劳动力数量为_____人，当前从事农业生产的人数_____人。

二、生产生活方式方面

1. 您家共有土地_____亩，拥有哪些土地资源？_____（可多选）

①宅基地　　　②耕地　　　　③林地

2. 您家土地的用途是_____。

①自家耕作　　　　　　　②承包给别人使用

③闲置

3. 如果您继续务农，那么您主要从事_____。

①粮食种植，面积_____亩

②经营果园，面积_____亩

③蔬菜种植，面积_____亩

④养殖：养殖场面积_____亩，品种_____

⑤其他 _____

4. 您除务农外是否有其他工作？_____

①是　　　　②否（选择②的请跳过下一题）

5. 您的工作工作地点？_____

①本地　　　　②外地

6. 您的家庭年总收入约为_____。

① 5000 元及以下　　　　　　　②5001～10000 元

③10001～15000 元　　　　　　④15001～20000 元

⑤20000 元以上

7. 在家庭年总收入中农业收入占_____。

①10% 及以下　　　　　　　②11%～20%

③21%～30%　　　　　　　④31%～40%

⑤40% 以上

8. 您家庭中粮食的主要来源为_____，您家庭中蔬菜的主要来源_____。

①自己种植

②市场购买

③少部分自己种植，大部分市场上购买

④大部分自己种植，少部分市场上购买

⑤其他

9. 您的生活费支出主要用于_____。（多选）

①购买粮食

②购买蔬菜

③购买农业生产资料（如化肥、农药、种子、厨具）

④购买电器家具

⑤供孩子上学

⑥医疗费用

⑦购买社会保障

⑧红白喜事送礼

⑨其他

10. 您闲暇时，会选择_____。

①整理家务　　　　　　　②看电视

③在家休息　　　　　　　④出去打扑克牌或打麻将

⑤逛街购物　　　　　　　⑥串门

⑦其他

11. 您与邻居相处时关系怎么样？_____

①关系非常好　　　　　　②关系比较好

③关系一般　　　　　　　④关系不好

⑤关系非常不好

12. 如果与邻居产生纠纷，您会优先选择哪些方式解决？_____（可多选，按优先顺序）

①用暴力手段解决　　　　②双方协商

③找居委会帮忙　　　　　④用诉讼方式

⑤其他方式

13. 您是否愿意搬入社区？_____

①非常愿意　　　　　　　②比较愿意

③一般　　　　　　　　　④不愿意

⑤特别不愿

14. 如果愿意，您为什么没有搬入社区？_____

①社区住房容量不够　　　②家庭经济条件差

③政府的补偿标准不合理　④其他原因

15. 如果不愿意搬入社区，原因是什么？_____

①不能适应集中居住

②政府的补偿标准不合理

③不愿改变原有的生活生产方式

④其他方式

16. 您对社区以后的发展有什么建议?

_____
_____
_____
_____

(三) 山西省问卷

农村就地城镇化与适应性调查问卷

尊敬的朋友:

您好!为了了解您生活状况的变化,我们开展了这项调查活动。本次调查大约会占用您十分钟的时间。请您根据自己的实际情况填写问卷,感谢您的支持与合作!

西北农林科技大学农村就地城镇化调查小组
2015 年_____月_____日
调查员:_____
(方便时请填写农户) 联系电话:_____

填写说明:请在符合您实际情况的选项上打"√"或在"_____"处填上适当内容。

一、基本信息

1. 您的年龄为_____。

①20 岁及以下　　　　　　　②21~30 岁

③31~40 岁　　　　　　　　④41~50 岁

⑤50 岁以上

2. 您的性别为_____。

①男　　　　②女

3. 您的学历是_____。

①从未上过学　　　　　　　②小学

③初中　　　　　　　　　　④高中

⑤专科或大学

4. 您家总共有_____口人,劳动力数量为_____人。

5. 入住小区的时间为_____年_____月。

6. 入住小区前，您家有土地_____亩。

土地是否被占用？_____

① 是　　　　　　　　②否

若被占用，被占用土地为_____亩。

7. 入住小区前，您家拥有哪些土地资源？_____

①宅基地　　　　②耕地　　　　③林地

8. 您家被占用土地的用途是_____。

①商业用地　　　　　　　②工业用地

③农业用地　　　　　　　④公共用地

⑤其他

9. 您家没有被占用的土地用途是_____。

①自家耕作　　　　　　　②承包给别人使用

③闲置

10. 入住小区前，您家宅基地面积为_____，现在住房面积是_____。

11. 入住小区，政府的优惠政策有哪些？_____

12. 您对这种政策是否满意？_____

①非常满意　　　　　　　②满意

③一般　　　　　　　　　④不满意

⑤非常不满意

13. 如果不满意，您认为主要的原因是_____。

①政府赚取了较大利润　　　②房地产公司赚取巨额利益

③搬迁之后生活成本高涨　　④其他

二、生活方式方面

1. 您现在享有以下哪些社会保障？_____（可多选）

①医疗保险　　　　　　　②养老保险

③农村最低生活保障　　　④其他

2. 入住小区前，您家粮食主要是_____，现在是_____。

①自己种植

②市场购买

③少部分自己种植，大部分市场上购买

④大部分自己种植，少部分市场上购买

⑤其他

3. 入住小区前，您家蔬菜的主要是_____，现在是_____。

①自己种植

②市场购买

③少部分自己种植，大部分市场上购买

④大部分自己种植，少部分市场上购买

⑤其他

4. 入住小区前，家庭年总收入为_____元，现在为_____元。

5. 入住小区前，家庭月支出为_____元，现在月支出为_____元。

6. 入住小区前，钱主要花在_____，现在花在_____。（多选）

①购买粮食　　　　　　　　②购买蔬菜

③购买农业生产资料（如化肥、农药、种子、厨具）

④购买电器家具　　　　　　⑤供孩子上学

⑥医疗费用　　　　　　　　⑦购买社会保障

⑧支付房款　　　　　　　　⑨水电费支出

⑩暖气费支出　　　　　　　⑪煤气、天然气费用

⑫交通费用　　　　　　　　⑬红白喜事送礼

⑭其他

7. 比起入住小区前，您现在家庭开销_____。

①大大增加　　　　　　　　②有所增加

③基本不变　　　　　　　　④有所减少

⑤大大减少

8. 影响您家庭开销变化的原因有_____。

①生活成本的变化　　　　　②收入的变化

③生活环境的变化　　　　　④物价变化

⑤其他原因

9. 您现在外出购物的情况是_____。

①每天　　　　　　　　　　②每周5次以上

③每周3~5次　　　　　　　④每周1~2次

⑤基本不购物

三、生产方式方面

1. 入住小区前,您家庭收入主要靠_____,现在靠_____。

①务农　　　　　　　　　②务工

③个体工商经营　　　　　④政府补贴

2. 如果您在搬迁前以务农为主,那么您主要从事_____。

①粮食种植,面积_____亩

②经营果园,面积_____亩

③蔬菜种植,面积_____亩

④养殖:养殖场面积_____亩,品种_____

⑤其他

3. 您现在是否有工作?_____

①是　　　　　　②否

4. 入住小区前,您的工作是_____,您现在的主要工作是_____。(若无工作,请答第四部分)

①务农　　　②务工　　　③个体经营　　　④其他

5. 您现在的工作是?_____

①固定工作　　　②临时工作

6. 您入住小区前的工作地点是_____。

①本地　　　　　②外地

现在的工作地点是_____。

①本地　　　　　②外地

7. 您现在的工作是通过什么方式取得的?_____

①自己找　　　　　　　　②自己创业

③亲朋好友帮忙联系　　　④政府提供

⑤其他方式

8. 您从事这份工作的原因有_____。(可多选,按重要程度)

①这份工作稳定　　　　　②能发挥自己特长

③工作单位离家近　　　　④工作环境好

⑤工作发展前景广阔　　　　　⑥收入较高

⑦社会地位较高　　　　　　　⑧难找到其他工作

⑨其他

9. 您对目前的工作是否满意？_____

①满意　　　　　　②不满意

四、居住方式方面

1. 入住小区前，您居住在_____。

①庭院式平房　　　　　　　　②非庭院式平房

③庭院式楼房　　　　　　　　④非庭院式楼房

⑤单元楼　　　　　　　　　　⑥其他

2. 入住小区前后，您和家人（父母和子女）的居住方式为_____。

①之前分开住，现在一起住　　②之前一起住，现在分开住

③一直分开住　　　　　　　　④一直一起住

3. 您认为原来房子的空间_____，现在房子的空间_____。

①很宽敞　　　　　　　　　　②较宽敞

③刚好合适　　　　　　　　　④拥挤

⑤较拥挤（选择①②③的跳过下一题）

4. 您认为现在房子空间拥挤的原因是_____。

①房子面积较小　　　　　　　②房子的上下高度较低

③旧家具等生活用品占据较大空间　　④农具等占据了空间

⑤新添置的家具等占据了空间　　⑥其他

5. 您会对现在的居住环境感到压抑吗？_____

①经常会　　　　　　　　　　②偶尔会

③一般不会　　　　　　　　　④从来不会

6. 您是否会受到邻里噪声的影响？_____

①是　　　　　②否

7. 在现在的房子里，您是否会降低说话声音？_____

①是　　　　　②否

8. 入住小区前，您会在房子附近种粮食作物或蔬菜瓜果吗？_____

①是　　　　　②否

9. 现在，您会在小区绿化带内种蔬菜吗？_____

①是　　　　　　　　　②否

五、交往方式方面

1. 社区内居民_____。

①都是同村人　　　　　　②大部分同村的

③少部分同村的　　　　　④其他

2. 您与邻居交流的次数_____。

①非常多　　　　　　　　②比较多

③一般　　　　　　　　　④很少

3. 您与邻居交流少的原因是_____。（可多选）

①自己不常在家　　　　　②邻居不常在家

③自己很少出门　　　　　④邻居很少出门

⑤双方均无交流意愿　　　⑥邻居是外来租房人员，不放心

⑦其他

4. 您在小区内是否结识了新朋友？_____

①是　　　　　　　　　②否

5. 您与新朋友是怎么认识的？_____

①经常见面，慢慢熟悉　　②其中一个人主动交流

③偶然机会认识　　　　　④在同一个地方工作

⑤互相帮助过　　　　　　⑥其他

6. 入住小区前，闲暇时，您会_____；现在闲暇时，您会_____。

①整理家务　　　　　　　②看电视

③在家休息　　　　　　　④出去打扑克牌或打麻将

⑤逛街购物　　　　　　　⑥串门

⑦其他

7. 如果与邻居或小区内的居民产生纠纷，您会优先选择哪些方式解决？_____

①用暴力手段解决　　　　②双方协商

③找居委会帮忙　　　　　④用诉讼方式

⑤其他方式

8. 红白喜事，您会请邻居来帮忙或参加吗？_____您会主动去邻居

家帮忙或参加吗？_____

①会　　　　　　②不会

9. 现在，您家里的婚礼、寿辰等主要是在哪里举办？_____

①自己家里　　　　　　　　②自己家里和邻居家里

③饭店、餐馆等场所

六、社区管理方式

1. 您居住的小区都有以下哪些设施和场所？_____（多选）

①垃圾箱　　②路灯　　③休息椅　　④公告牌

⑤停车场　　⑥健身场地　　⑦商店

⑧卫生所或医院　　⑨幼儿园　　⑩社区服务大厅

2. 您认为小区的垃圾清理是否及时？_____

①是　　　②否　　　③不清楚

3. 您认为小区环境存在哪些方面的问题？_____（多选）

①垃圾处理问题　　　　　　②废水处理问题

③噪声污染　　　　　　　　④绿化问题

⑤其他

4. 小区平时是否有保安巡逻？_____

①任何时刻都有　　　　　　②固定时间有

③基本没有　　　　　　　　④从来没有

⑤不清楚

5. 小区内的盗窃现象_____。

①非常多　　②比较多　　③一般　　④很少

⑤基本没有　　⑥不了解

6. 居委会一般采取哪些方式通知小区内公共事务（如停水、停电、收费事务）？_____（多选）

①专人逐个楼层贴通知

②在社区设立固定的通知栏、公告牌

③广播通知

④居委会不宣传，要自己主动去了解

⑤邻里相互告知

⑥不清楚

7. 小区都举办过哪些集体活动？_____

①广场舞　　　　　　　　②儿童节系列活动

③武术表演　　　　　　　④妇女节演出

⑤戏曲等文艺演出　　　　⑥体育友谊赛

⑦组织外出郊游　　　　　⑧社火活动

⑨其他　　　　　　　　　⑩从没举办过活动

8. 如果小区内举办集体活动，您会_____。

①积极参加　　　　　　　②可能会参加，看情况

③不参加　　　　　　　　④不清楚

9. 您对目前小区管理是否满意？_____

①非常满意　　　　　　　②比较满意

③一般　　　　　　　　　④不满

⑤特别不满（选择①②③的跳过下一题）

10. 若不满意，原因是_____
_____。

七、满意度与适应性

1. 您愿意搬迁到社区来吗？_____

①非常愿意　　②愿意　　③一般　　④不愿意

⑤非常不愿意

2. 您对现在的生活满意吗？_____

①非常满意　　②满意　　③一般　　④不满意

⑤非常不满意

3. 您对现在住的小区适应吗？_____

①非常不适应　　②不适应　　③一般　　④适应

⑤非常适应

4. 如果不满意或者不适应，您的主要困难是_____。

①生活成本　　②收入水平　　③社区环境　　④人际交往

⑤居住方式

5. 入住新的小区，您最大的不适应是_____。

①没有土地，好像丢掉生存根本

②无地可种，无事可做

③对楼房的小空间不适应

④其他

6. 您认为当前这种新型农村社区建设存在的主要问题是什么？

_____

_____

_____

7. 您对社区以后的发展有什么建议？

_____

_____

_____

（四）甘肃省问卷

农民集中居住状况与适应性调查问卷

尊敬的朋友：

您好！

为了了解您生活状况的变化，我们展开此次调查活动。本次调查大约会占用您十分钟的时间。本调查所有信息仅供学术研究使用，不会对您造成任何影响，请放心填答。为了使调查顺利进行，请您根据自己的实际情况填写问卷，感谢您的支持与合作！

西北农林科技大学农民集中居住状况调查小组
2016 年_____月_____日
调查员：_____

填写说明：请在符合您实际情况的选项上打"√"或在"_____"处填上适当内容。

一、基本信息

1. 您的年龄为_____。

①20 岁及以下　　②21~30 岁　　③31~40 岁　　④41~50 岁

⑤50 岁以上

2. 您的性别为_____。

①男　　　　　②女

3. 您的学历是_____。

①从未上过学　　②小学　　　　③初中　　　　　④高中

⑤专科或大学

4. 您家总共有_____口人，劳动力数量为_____人，迁入社区前务农人数为_____人。

5. 入住社区的时间为_____年_____月。

6. 搬迁前土地总面积为_____亩，被占用土地面积为_____亩。

7. 搬迁前，您家拥有哪些土地资源_____。（多选）

①宅基地　　　②耕地　　　　③林地

8. 您家被占用土地的用途是_____。

①商业用地　　②工业用地　　③农业用地　　　④公共用地

⑤林业用地　　⑥荒废　　　　⑦其他

9. 您家未被占用的土地有_____亩，用途是_____。

①自家耕作　　　　　　②承包给别人使用

③闲置

10. 搬迁前，您家宅基地面积为_____，现在住房面积是_____。

11. 拆迁后，政府的补偿标准是_____
_____
_____。

12. 您对这种补偿标准如何看？_____

①非常满意　　②满意　　　　③一般　　　　　④不满意

⑤非常不满意

13. 如果不满意，您认为主要的原因是_____。

①政府赚取了较大利润　　　②房地产公司赚取巨额利益

③搬迁之后生活成本高涨　　④其他_____

14. 您愿意搬迁到社区来吗？_____

①非常愿意　　　　　　②愿意

③一般　　　　　　　　④不愿意

⑤非常不愿意

15. 如果不满意，您认为主要的原因是 _____
_____
_____。

二、生活方式方面

1. 您现在享有以下哪些社会保障？_____（多选）

   ①医疗保险　　　　　　　　②养老保险

   ③农村最低生活保障　　　　④其他

2. 如果没有工作，您平时会做什么？_____

   ①什么都不做　　　　　　　②找朋友打牌

   ③打麻将　　　　　　　　　④其他

3. 搬迁前，您家庭中粮食的主要来源为_____，现在为_____。

   ①自己种植

   ②市场购买

   ③少部分自己种植，大部分市场上购买

   ④大部分自己种植，少部分市场上购买

   ⑤其他

4. 您家庭中蔬菜的主要来源为_____，现在为_____。

   ①自己种植

   ②市场购买

   ③少部分自己种植，大部分市场上购买

   ④大部分自己种植，少部分市场上购买

   ⑤其他

5. 搬迁前，您的家庭年总收入为_____元，现在为_____。

6. 搬迁前，您每月的支出为_____元，现在您每月的支出为_____。

7. 搬迁前，您生活费支出主要用于_____，现在主要用于_____。（多选）

   ①购买粮食　　　　　　　　②购买蔬菜

   ③购买农业生产资料（如化肥、农药、种子、厨具）

   ④购买电器家具　　　　　　⑤供孩子上学

   ⑥医疗费用　　　　　　　　⑦购买社会保障

⑧支付房款　　　　　　　⑨水电费支出

⑩暖气费支出　　　　　　⑪煤气、天然气费用

⑫交通费用　　　　　　　⑬红白喜事送礼

⑭其他

8. 现在您的生活支出费用的变化情况为_____。

①大大增加　　　　　　　②有所增加

③基本不变　　　　　　　④有所减少

⑤大大减少

9. 您认为生活支出变化的主要原因有_____。

①生活成本的变化　　　　②收入的变化

③生活环境的变化　　　　④物价变化

⑤其他原因

10. 您现在每周外出购物的次数为_____。

①5次以上　　　　　　　②3~5次

③1~2次　　　　　　　　④基本不购物

11. 对外开放的社区发展模式给您生活带来哪些变化？_____

①经济收入增加　　　　　②交往对象扩大

③思想方式变化　　　　　④其他

12. 这种模式带来了哪些问题？_____

①社区安全问题　　　　　②社区环境问题

③影响居民生活质量　　　④其他

13. 您对现在的生活满意程度为_____。

①非常满意　　　　　　　②比较满意

③一般　　　　　　　　　④不满意

⑤特别不满

14. 如果不满意或者不适应，您面临的主要困难是哪方面？_____

①生活成本　　　　　　　②收入水平

③社区环境　　　　　　　④人际交往

⑤居住方式

三、生产方式方面

1. 搬迁前，您家庭收入主要来源于_____，现在来源于_____。

①务农 ②务工

③个体工商经营 ④政府补贴

2. 如果您在搬迁前以务农为主，那么您主要从事_____。

①粮食种植，面积_____亩

②经营果园，面积_____亩

③蔬菜种植，面积_____亩

④养殖：养殖场面积_____亩，品种_____

⑤其他

3. 您现在是否有工作？_____

①是 ②否

4. 您现在的主要工作是_____，搬迁前的主要工作是_____。

①务农 ②务工 ③个体经营 ④其他

5. 请问您现在的工作属于？_____

①固定工作 ②临时工作

6. 您失地前主要工作地点是在，现在的主要工作地点是在_____。

①本地 ②外地

7. 您现在的工作是通过什么方式取得的？_____

①自己找的 ②自己创业

③亲朋好友帮忙联系的 ④政府提供的

⑤其他方式

8. 您从事这份工作的原因有_____。（可多选，按重要程度）

①这份工作稳定 ②能发挥自己特长

③工作单位离家近 ④工作环境好

⑤工作发展前景广阔 ⑥收入较高

⑦社会地位较高 ⑧难找到其他工作

⑨其他

9. 您对目前的工作是否满意？_____

①满意 ②不满意

四、居住方式方面

1. 搬迁前您主要居住在_____。

①村中的庭院式平房 ②村中的非庭院式平房

③村中的庭院式楼房　　　　　　④村中的非庭院式楼房

⑤本地或外地的小区　　　　　　⑥其他

2. 搬迁前后您所属大家庭（父母和成年子女）的居住方式为_____。

①失地前分开居住，现在住在一起

②失地前住在一起，现在分开居住

③一直都是分开居住的

④一直都是住在一起的

3. 您认为原来房子的空间_____，现在房子的空间_____。

①很宽敞　　　　　　　　　　　②较宽敞

③刚好合适　　　　　　　　　　④拥挤

⑤较拥挤（选择①②③的跳过下一题）

4. 您认为现在房子空间拥挤主要是因为_____。

①房子面积本来较小　　　　　　②房子的上下高度较低

③先前的旧家具等生活用品占据较大空间

④先前的农具等占据了空间

⑤新添置的家具等生活用品较多

5. 您会对现在的居住环境感到压抑吗？_____

①经常会　　　　　　　　　　　②偶尔会

③一般不会　　　　　　　　　　④从来不会

6. 您是否会受到邻里噪声的影响？_____

①是　　　　　②否

7. 在现在的房子里，您是否会降低说话声音？_____

①是　　　　　②否

8. 搬迁前，您会在房子附近种植一些粮食作物或者是蔬菜瓜果吗？_____

①是　　　　　②否

9. 现在您会在社区绿化带内种植吗？_____

①是　　　　　②否

10. 您对现在所居住的社区适应吗？_____

①非常不适应　　　　　　　　　②不适应

③一般 ④适应

⑤非常不适应 ⑥其他

11. 您认为自己现在是城里人吗？_____

①是 ②否

12. 如果不是，为什么？_____
_____
_____

13. 入住新的社区，您最大的不适应是_____。

①没有土地，好像丢掉生存根本

②无地可种，无事可做

③对楼房的小空间不适应

④其他

五、交往方式方面

1. 社区内居民_____。

①都是同村人 ②大部分同村的，少部分外村的

③少部分同村的，大部分外村的 ④其他

2. 您与邻居交流的次数_____。

①非常多 ②比较多

③一般

④很少（选择①②③的跳过下一题）

3. 您与邻居交流少的原因主要有_____。（多选）

①自己不常在家 ②邻居不常在家

③自己很少出门 ④邻居很少出门

⑤双方均无交流意愿 ⑥邻居是外来租房人员，不放心

⑦其他

4. 您在小区内是否结识了新朋友？_____

①是 ②否

5. 您与新朋友是怎么认识的？_____

①经常见面，慢慢熟悉 ②其中一个人主动交流

③偶然机会认识 ④在同一个地方工作

⑤互相帮助过 ⑥其他

6. 过去，您闲暇时，会选择_____；现在闲暇时，会选择_____。

①整理家务 ②看电视

③在家休息 ④出去打扑克牌或打麻将

⑤逛街购物 ⑥串门

⑦其他

7. 如果与邻居或小区内的居民产生纠纷，您会优先选择哪些方式解决？_____（多选，按优先顺序）

①用暴力手段解决 ②双方协商

③找居委会帮忙 ④用诉讼方式

⑤其他方式

8. 您与现在的邻居相处怎么样？_____

①亲如家人 ②关系很好

③交情一般 ④关系不好

⑤因为某些事起过冲突

9. 家里有红白喜事，您会邀请邻居来帮忙或者是参加吗？_____

①会 ②不会

10. 邻居家有红白喜事，您会主动去帮忙或者是参加吗？_____

①会 ②不会

11. 现在，家里的一些婚礼、寿辰等活动主要是在哪里举办？_____

①自己家里 ②自己家里和邻居家里

③饭店餐馆等场所

12. 您家里是否有60岁以上的老人？_____

①有 ②没有

13. 如果有，请问老人们每天主要做什么？_____

①在家看电视 ②在小区内找其他老人聊天

③与人打扑克、下棋 ④去练习广场舞（如秧歌）

⑤闲不住，依然在工作

14. 您家是否有18岁以下的孩子？_____

①有 ②没有

15. 如果有，请问孩子的主要玩伴是_____。

①以前村里的孩子　　　　　　②单元楼内认识的新朋友

③小区其他单元楼认识的新朋友　④孩子年龄太小交流很少

⑤基本不与其他孩子接触，自己在家上网、看电视等

六、社区管理方式

1. 您居住的社区都有以下哪些设施？_____（多选）

①垃圾箱　　②路灯　　③休息椅　　④公告牌

2. 您居住的社区都有以下哪些场所？_____（多选）

①停车场　　　　②健身场地　　③商店

④卫生所或医院　⑤幼儿园　　　⑥社区服务大厅

3. 社区内是否每日都有人专门负责街道的清洁工作？_____

①是　　　　②否　　　　③不清楚

4. 您认为社区的垃圾清理是否及时？_____

①是　　　　②否　　　　③不清楚

5. 您认为社区环境存在哪些方面的问题？_____（多选）

①垃圾处理问题　　②废水处理问题

③噪声污染　　　　④绿化问题

⑤其他

6. 社区平时是否有保安巡逻？_____

①任何时刻都有　　②固定时间有

③基本没有　　　　④从来没有

⑤不清楚

7. 社区内的盗窃现象_____。

①非常多　　②比较多

③一般　　　④很少

⑤基本没有　⑥不了解

8. 您认为社区的治安管理环境如何？_____

①非常好　　②比较好　　③一般　　④较差

⑤很差

9. 居委会一般采取哪些方式使您了解社区内公共事务（如停水、停电、收费事务）？_____（多选）

①专人逐个楼层贴通知

②在社区设立固定的通知栏、公告牌

③广播通知

④居委会不宣传，要自己主动去了解

⑤不清楚

10. 社区都举办过哪些集体活动？_____

①中老年人广场舞 　　　　　　②儿童节系列活动

③太极拳培训演示 　　　　　　④妇女节演出与表彰活动

⑤全民嗨歌唱曲的文艺演出 　　⑥体育友谊赛

⑦组织外出郊游 　　　　　　　⑧从没举办过类似活动

11. 如果社区内举办集体活动，您会_____。

①积极参加 　　　　　　　　　②可能会参加，看情况

③不参加 　　　　　　　　　　④不清楚

12. 您认为当前这种新型农村社区建设存在的主要问题是什么？

_____

_____

13. 您对社区以后的发展有什么建议？

_____

_____

图书在版编目(CIP)数据

从村落共同体到新型社区：中原视角下农民集中居住及其文化适应/郭占锋著. -- 北京：社会科学文献出版社，2018.10

(西北农林科技大学农业与农村社会发展研究丛书)

ISBN 978-7-5201-2685-4

Ⅰ.①从… Ⅱ.①郭… Ⅲ.①农民－居住－问题－研究－中国 Ⅳ.①D669.3

中国版本图书馆CIP数据核字(2018)第091370号

西北农林科技大学农业与农村社会发展研究丛书
从村落共同体到新型社区
——中原视角下农民集中居住及其文化适应

著　者 / 郭占锋
出版人 / 谢寿光
项目统筹 / 任晓霞
责任编辑 / 任晓霞　弓翊雯

出 版 / 社会科学文献出版社·北京社发出版中心 (010) 59367159
地址：北京市北三环中路甲29号院华龙大厦　邮编：100029
网址：www.ssap.com.cn
发 行 / 市场营销中心 (010) 59367081 59367018
印 装 / 三河市尚艺印装有限公司

规 格 / 开本：787mm × 1092mm 1/16
印张：26.75　字数：437千字
版 次 / 2018年10月第1版　2018年10月第1次印刷
书 号 / ISBN 978-7-5201-2685-4
定 价 / 125.00元

本书如有印装质量问题，请与读者服务中心 (010-59367028) 联系

▲ 版权所有 翻印必究